농인의 삶과 수화언어

나남
nanam

나남신서 2026

농인의 삶과 수화언어

2020년 3월 5일 발행
2020년 3월 5일 1쇄

지은이   이준우
발행자   趙相浩
발행처   (주) 나남
주소   10881 경기도 파주시 회동길 193
전화   (031) 955-4601 (代)
FAX   (031) 955-4555
등록   제 1-71호(1979. 5. 12)
홈페이지   http://www.nanam.net
전자우편   post@nanam.net

ISBN 978-89-300-4026-6
ISBN 978-89-300-8001-9 (세트)

사회복지학 총서 110

농인의 삶과 수화언어

이준우

나남
nanam

일러두기

1. 〈한국수화언어법〉에 따라 '청각장애인' 대신 '농인'으로, '정상인' 혹은 '일반인' 대신 '청인'으로, '수화' 대신 '수어'로 사용했다. 다시 말해 농인은 청각에 이상이 생겨 소리를 듣지 못하는 사람, 곧 청각장애인을 달리 이르는 말로, 수어를 제1언어로 사용하는 사람이라는 정체성이 담긴 표현이다. 청인은 농인에 대비되는 개념으로, 음성언어를 제1언어로 사용하는 사람을 수어 사용자인 '농인'에 대비해 이르는 말이다. 또한 수화라는 용어는 일제 강점기부터 널리 사용돼 왔다. 그러나 수어가 한국어와는 다른 별도의 언어임이 법적으로 공인되어 '수화'라는 용어 대신 '수어'로 표기했다.

2. 다만, 문맥의 흐름에 따라 또는 반드시 인용한 자료의 표기를 준용해야만 할 때에는 부득이하게 '청각장애' 혹은 '청각장애인'으로 표기했다.

3. 우리나라의 경우, 수어번역도 수어통역사가 거의 대부분 담당하고 있다. 앞으로는 수어번역을 주로 하는 전문 수어번역사도 많이 나올 것으로 예상된다. 이런 흐름에 따라 수어통역사와 수어번역사를 구분하면서 수어통역사와 수어번역사를 통합적으로 부를 때는 '수어통번역사'라는 용어를 사용했다.

장애인 중 가장 오해를 많이 받는 부류가 있다면 바로 듣지 못하는 농인이다. 많은 농인은 일반인의 무지와 오해로 유·무형의 불이익에 시달린다. 이 책이 농인에 대한 오해를 불식하고 오해의 자리에 이해를 대신함으로써 결과적으로 청인과 농인 사이의 보이지 않는 거리를 좁히는 데 기여하리라 확신한다.

　2016년에 〈한국수화언어법〉이 제정되어 수어가 국어와 동등한 지위를 획득했음에도 아직도 수어에 대한 이해는 부족하다. 수어의 언어학적 연구를 토대로 한, 이준우 교수의 이 책은 수어에 대한 이해 증진에 호재로 작용할 것으로 믿는다. 저자가 수어통역과 관련된 책을 저술한 경험을 살려 집필한 이 책은 '농인', '수어' 그리고 '수어통역' 등 농 관련 핵심주제가 삼위일체를 이루며 학문적 가치가 높으므로, 결과적으로 농인의 지위 향상과 사회통합에 기여하리라는 기대가 크다. 벌써부터 기쁨과 흥분으로 설렌다. 이 책을 당연히 강력히 추천한다.

강주해 목사 (농인, 전 한국수어학회 회장)

농인과 농인의 문화, 그리고 농공동체에 대한 의식의 전환이 도전적으로 일어나는 역사적 전환점에 우리 모두 서 있다. 하지만 현실적으로 여전히 구화를 중심으로 하는 농교육 패러다임이 농교육의 주류 사고를 차지하고 있다. 청각에 장애가 있어 듣지 못하는 인간을 위한 교육이 아닌, 세상을 봄으로써 인식하는 인간을 위한 교육이어야 한다는 반성으로 스스로를 돌아봐야 한다.

이 책은 이런 맥락에서 수어라는 언어를 사용하는 언어소수자에 대한 저자의 애정이 글로 환생한 것이다. 1부는 교육자로서, 그리고 목회자로서 농인을 바라보는 저자의 철학이 담겨 있고, 2부는 농인을 농인 되게 하는 한국수어에 관해 학문적으로 고찰하고 있으며, 3부는 농인과 청인의 가교 역할을 하는 수어통번역에 대한 생각을 정리하고 있다.

이 책이 농인과 농인의 복된 삶에 관심을 가진 연구자의 발걸음을 인도하는 북극성과 같은 역할을 하리라 기대한다.

강창욱 교수 (강남대 중등특수교육학과)

이준우 교수의 책을 읽으며 한국 사회에서 한국수어가 언어로 인정받도록 투쟁했던 일들이 떠올랐다. 이준우 교수의 글은 언어로서의 한국수어를 학술적으로 명쾌하게 풀어냈고, 수어 속에 담긴 농인의 애환과 삶의 모습을 농문화라는 코드로 충실하게 설명했다. 나아가, 농인과 청인 간의 가교 역할을 충실히 할 수 있는 수어통역과 수어번역의 이론과 실제를 상세히 정리해 놓았다.

이 책을 농인과 농사회 그리고 농문화를 이해하고자 하는 사람에게 기쁜 마음으로 추천한다.

변승일 회장 (농인, 사단법인 한국농아인협회)

이준우 교수님이 청년 때 풋풋했던 모습으로 농사회에 처음 들어오셨을 때의 모습이 아직도 생생하다. 그 열정과 농인과 함께하는 농사랑의 마음이 변함없이 지속되어, 이번에 또 하나의 출간으로 이어진 걸 감사하며 축하드린다. 이 책이 농인을 좀더 이해하고, 농인과 함께하는 수어 사용을 올바른 방향으로 이끄는 지침서가 될 것으로 확신한다.

손원재 목사 (농인, 한국수화성경연구원 원장)

이준우 교수는 우리 농인과 더불어 농사회에서 청인으로서, 목회자로서, 교육자로서 30여 년을 신실하게 살아가고 있는 선한 이웃이다. 아울러, 꾸준히 글을 쓰고 책을 출간하는 보기 드문 일꾼이다. 그동안 때로는 수어에 관한 여러 지식을, 때로는 농인과 농문화를 다룬 이론과 실제를, 때로는 수어통역과 관련한 연구를 책으로 내놓았다.

그가 이번엔 농인과 청인을 위한 크고 견고한 곳간(저장고) 하나를 만들었다. 그 안에 농인의 삶과 한국수어와 수어통번역에 관한 학문적 지식과 실천적 경험을 정리해 빼곡하게 쌓아 놓았다. 그런가 하면 곳곳에 자신의 깊은 성찰과 냉철한 통찰을 깔아 놓았다.

이제 그 곳간의 열쇠가 우리에게 있다. 우리는 차곡차곡, 하나하나 그가 정리하고 쌓아둔 것이 궁금하거나, 필요하거나, 꼭 써야 할 때 언제든지 다가가 열면 된다.

손천식 위원장 (농인, 〈한국수어사전〉 편찬추진위원회)

저자 이준우 교수는 30여 년 동안 열정과 헌신으로 수어통역을 해왔고, 정성을 다해 수어를 가르치며 연구해 왔다. 또한 대학교수로서 농인 제자를 받아 훌륭한 인재로 양성하는 일에 매진하고 있다. 언제나 처음 마음과 같이 농인을 대하면서 겸손하게 섬기는 그의 모습이 자랑스럽다.

이번에 출간하는 책을 기쁜 마음으로 추천한다. 이 책은 힘이 있다. 그의 글은 그의 삶이며 그의 진정성 그 자체이다. 눈물과 땀으로 이루어진 사역의 성과이다. 많은 독자가 이 책을 읽고, 농인과 함께하는 삶을 꿈꾸기를 바란다.

양동춘 대표이사 (사회복지법인 베데스다복지재단)

저자 이준우 교수는 농인의 친구다. 그에게 농인은 연구의 대상이나 사회복지의 분야가 아니라 삶의 동반자다. 그는 농인과 함께 울고 함께 웃으면서 하나 되어 살아간다. 그는 누구보다 농인의 마음과 삶에 가까이 있다. 이 책을 읽으니 그 마음을 읽고 이해하며 그들의 삶에 함께 참여하게 된다. 수어는 그 관계의 통로다. 서로의 마음과 삶이 이 통로를 통해 흘러가고 스며든다. 이 책은 농인이나 수어통역사만의 책이 아니다. 그들과 함께 이 땅에서 살아가는 우리 모두가 꼭 읽어야 할 책이다.

유장춘 교수 (한동대 상담심리사회복지학부)

이 책은 농사회에서 농인과 부딪치며 고민하던 주제를 진솔하고 흥미롭게 풀고 있다. 특히, 농인의 정체성과 농인에 대한 사회적 인식을 매우 깊이 있게 다루고 있다. 2016년 2월 제정된 〈한국수화언어법〉에서 밝히고 있듯, 농인의 고유한 언어인 수어를 언어학적 관점에서 접근하고 있으며, 수어 연구의 동향을 다각도로 분석하고 있다. 농인과 수어에 관심이 있는 독자라면 반드시 읽기를 추천한다.

윤형영 이사장 (사회복지법인 희망나누리)

이 책은 저자가 지난 30여 년을 농인과 함께하며 썼던 글을 농인과 수어에 관한 새로운 관점이 필요함을 절감하며 재구성한 책이다. 그래서 어쩌면 저자가 앞으로의 30여 년을 어떤 관점에서 연구할 것인지 보여 주는 책이라고도 할 수 있다. 농인, 수화언어학, 수어통역 분야를 총망라한 넓은 주제를 다루고 있어, 이 분야를 공부하고 싶어 하는 이에게 도움이 될 것이다.

원성옥 교수 (한국복지대 수어교원과)

이 책에서 우리는 농사회, 농문화 안에서 오랜 시간 농인과 함께해온 이준우 교수의 삶을 만나게 된다. 그리고 수어연구, 수어교육, 수어통역, 수어번역 등 그가 쌓고 정리한 수화언어의 방대한 바다 또한 만나게 된다. 농인의 삶과 수화언어를 더 가까이 이해하는 데 값진 선물이 될 이 책을 많은 분께 권한다.

이상용 회장 (농인, 한국농아인협회 강원도협회)

오래전부터 이준우 교수는 수어를 농인의 제1언어라고 강하게 주장해 왔다. 또한 수어는 음성언어와 마찬가지로 훌륭한 언어임을 강조했다. 이 책은 그간 이준우 교수가 그토록 외쳐 왔던 수어와 바로 그 언어인 수어를 사용하는 농인의 삶을 생생하게 묘사한 수작(秀作)이다. 때로는 묵직하게, 또 때로는 재미있게, 그리고 어떤 때는 감동으로 다가오는 글의 힘이 있다. 수어를 통해 펼쳐지는 자랑스러운 농인의 삶을 가슴 깊이 되새길 수 있었다. 이 책을 읽는 독자도 그러하리라 확신한다.

정형석 상임대표 (사회복지법인 밀알복지재단)

스티븐 핑커는 '언어는 인간 본질로의 창'(Language is a window into human nature)이라고 말했다. 언어에 대한 관심은 곧 인간에 대한 관심이며, 인간에 대한 관심은 곧 언어에 대한 관심으로 연결된다. 이준우 교수의 농인과 농사회에 대한 헌신과 사랑의 삶은 수어연구와 발전에 대한 관심과 열정으로 확연히 이어져 왔다. 이 책에 실린 이 교수의 한국수어에 관한 글이 자연언어로서의 한국수어 정체성을 확립하며 한국수어 연구와 교육 발전에 중요한 디딤돌이 되기를 바란다.

조준모 교수 (한동대 국제어문학부)

나남신서 2026

농인의 삶과 수화언어

차례

청인인 내가 농인과 함께한 지도 어느덧 30년이 훌쩍 지났다. 그동안 농인과 농인사회에 조금이나마 도움이 되도록 나름대로 노력해 왔다고 자부한다. 수어통역사와 사회복지사, 목회자를 길러내 농인사회와 함께하게 하고, 그들을 돕는 일에 최선을 다하고 있다. 아울러 농인의 언어인 수어를 청인이 배울 수 있도록 여러 권의 수어학습서를 내놓기도 했다. 《수화언어의 이해와 실제》 초급 과정, 중급 과정, 고급 과정 등이 대표적 학습서다. 《소리 없는 세계를 향하여》, 《에바다: 기독교 농아인 사역 지침서》, 《수화통역 입문》, 《농인과 수화》, 《데프 앤 데프》, 《오지 않는 버스를 기다리는 아이》 등 농인을 이해하도록 돕는 책들도 쓰거나 번역했다.

과분할 정도의 격려와 칭찬도 받았다. 내가 쓴 수어학습서와 책을 읽은 청인이 농인의 삶을 이해하고 더 나아가 그들의 언어인 수어를 익히고 사용할 수 있게 되었다. 이들은 농인의 든든한 지원군이 되었고, 농사회에서 농인과 더불어 사는 일이 빈번하게 일어났다. 감격스럽고 감사할 뿐이다.

하지만 지금 시점에서 돌이켜 보면 아쉽게도 내가 잘 몰랐기 때문에 비판적 성찰이 필요한 일도 있었다. 그 가운데 대략 세 가지 정도가 뼈아프다.

첫째, 농인이 소리를 듣지 못한다는 현상을 너무 단선적으로 이해했다. '소리를 듣지 못하는 사람'이라는 측면만 부각한 문제 제기는 자칫 농인을 의료적 관점으로만 보게 할 수 있었다. 청각장애를 치료와 재활을 통해 극복해야 할 질병 혹은 손상으로 접근해 언어치료, 구화교육, 인공와우 수술, 청능훈련 등 의료적이며 재활적인 서비스에 과도하게 집중되게끔 했다. 이는 곧 농인을 치료와 재활의 대상으로만 한정시켰다. 농인 당사자나 가족이 치료와 재활에 참여할 수 없는 경우, 그들을 자선적 대상으로 삼아 시혜적 태도를 취하게 되는 결과를 초래했다.

그렇다면 실제 농인은 어떤 상태에서 살고 있는가? 농인이 못 듣는 것은 맞다. 그러나 모든 소리를 다 듣지 못하는 것은 아니다. 어떤 소리는 듣고, 어떤 소리는 못 듣는 것이다. 이런 관점에서 보면, 농인은 소리 없는 세계에서 사는 게 아니라 듣지 못하는 음역대가 존재하는 삶을 사는 것이다. 소음 속에서 말소리를 분별하는 데 어려움을 겪거나, 저음역대는 잘 듣지만 고음역대는 제대로 못 듣는 등 농인마다 소리를 듣지 못하는 수준과 범위는 천차만별이다.

그래서 청각장애를 가진 사람을 보다 정확하게 구분하자면, 크게 두 영역으로 나뉜다. 즉, 사용하는 제1언어를 기준으로 수화언어를 제1언어로 사용하는 농인과 음성언어를 제1언어로 사용하는 농인이다. 물론

이 두 유형의 사람 간에도 다양한 차이가 있다. 음성언어를 거의 청인과 유사하게 구사하며 청인사회에서 살아가는 사람이 있고, 음성언어를 사용하면서도 문자통역서비스를 보완적으로 필요로 하는 사람도 있다. 수어를 사용하는 경우에도 농인사회에서는 수어로 의사소통을 하고 청인사회와는 수어통역사를 매개로 하여 사는 사람이 있다. 어떤 사람은 수어를 하지만 유창하게 쓰지는 못한다. 또 다른 사람은 수어를 하면서도 문자통역과 구어(口語)를 활용하기도 한다. 이처럼 청각장애를 안고 살아가는 사람 간에도 개별적인 다양성과 이질성이 공존한다.

중요한 사실은 음성언어를 기반으로 돌아가는 청인 중심사회에서 농인이 정확한 음성 정보를 판별하지 못한다는 점이고, 그로 인해 의사소통상 장애가 발생할 경우 파생되는 사회적 불이익이 문제가 된다는 점이다. 내가 다소 무심했던 부분이 바로 이 지점이다. 청각장애를 갖고 사는 사람에게 청인의 음성언어를 강요해 왔던 것만큼 '수어와 농인이 필요로 하는 다각적인 의사소통 지원'에 대해 더욱 강력한 권리적인 접근을 해야 했다. 그러나 그런 단계까지 이르지는 못했다. 즉, 청각 손실을 보충하는 청각 재활 중심의 서비스에만 국한할 것이 아니라 다양한 삶의 영역에서 의사소통의 어려움과 차별을 경험하는 농인의 의사소통을 적극적으로 지원하는 서비스가 필요하다. 이것이 농인의 사회 참여에 필요한 가장 기본적인 접근이며 아울러 필수적인 사회적 지원이었다. 그러나 이 점을 분명하게 인식하지 못했다. 그 결과, 농인은 서비스를 제공받아야만 하는 수동적이며 의존적인 서비스 이용자로 전락하고 말았다. 농인 스스로 주체적 존재로 자립하는 데 필수적인 지원, 즉 수어통역을 비롯한 의사소통 지원서비스 등을 당연한 권리로 제공받지 못하는 경우가 나타났다.

둘째, 농인과 가장 많은 시간을 함께할 수밖에 없는 청인 수어통역사의 헌신과 희생을 지나치게 강조했다. 그러다 보니 청인 수어통역사는 언제나 변함없이 한결같은 모습으로 농인을 '섬기고 사랑해야 하는 숭고한 전문가'(?)로 이해되는 일이 빚어졌다. 농인이 요구하면 무조건 도와야 한다는 강박관념이 본의 아니게 만연되고 말았다. 자연히 청인 수어통역사의 활동이 수어통역과 수어번역의 전문성보다는 농인의 복지적 필요와 욕구를 충족하는 방향으로 집중되는 경향이 두드러졌다.

수어통역과 수어번역의 질을 향상하기 위한 자기 계발과 더 나은 업무 수행을 실현하는 데 도움이 될 '통역 및 번역의 역량강화 교육과 훈련'에 힘을 쏟기보다는 농인의 일상생활 속 여러 문제를 해결하고 돕는 일에 몰입될 때가 더 많았다. 다시 말해, 수어통역사로서의 직업적 정체성보다는 사회복지사 혹은 상담사 또는 비서 등과 같은 일을 통역업무와 병행해야 하는 모습이 수어통역사의 바람직한 역할로 둔갑하게 되었다.

수어통역사와 수어번역사는 어떤 전문가여야 하는지에 관한 심도 있는 고민이 미흡했다고 자성한다. 과연 '직업으로서의 수어통역과 수어번역'의 성격과 기능은 무엇인지, 수어통역사와 수어번역사의 가치와 직업윤리는 무엇이며 이들은 구체적으로 어떤 업무를 감당해야 하는지 등과 같은 본질적인 '직업 정체성'을 명확하게 정리하고 설명해야 할 때가 됐다고 본다.

셋째, 내가 그토록 애정을 쏟아 왔던 수어교육이 본의 아니게 '한국수어'(Korean sign language)가 아닌 '수지 한국어'(signed Korean)를 보급

〈그림 1〉 수지 한국어와 한국수어 용례 비교

• 수지 한국어

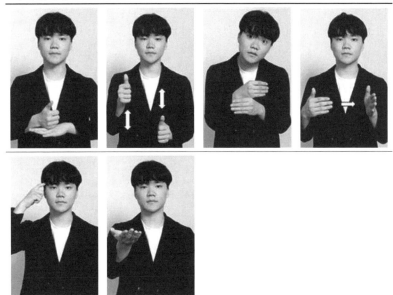

기말고사는 언제 끝나니?

• 한국수어

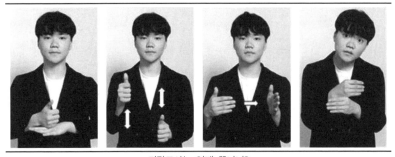

기말고사는 언제 끝나니?

하는 데 일조했다. 가장 최근에 쓴 《한국수화 회화 첫걸음》과 《손으로 세상을 향해 말하다!》를 제외한 나머지 수어학습서는 대부분 '한국어 대응 수어어휘 학습' 위주의 교육 과정으로 구성했다. 흔히 '한국어 대응 수어' 혹은 '한글식 수어'라 불리는 수지 한국어는 한국어어휘마다 수어어휘를 대응해 손을 움직이고, 말과 수어어휘를 함께 표현하는 형태를 띤다. 엄밀하게 말해 수지 한국어는 한국수어가 아니고, '한국어'로 보는 게 맞다. 음성언어의 어순과 똑같이 수어어휘만 나열하고 생생한 표정과 동작, 수어만의 독특한 문법적 양식을 담아내지 못한 채 수어를 사용한다면, 이는 수어가 아니라 '수지 한국어'로 보아야 한다. 아무리 수어어휘를 많이 알고 이를 현란하게 활용하더라도 만약 '수지 한국어'를 쓴다면, 이는 한국수어를 이해하고 사용하는 게 아니다. 수어문법을 준용하며 농인이 실제 사용하는 수어표현으로 수어를 사용할 때에만 진정한 '수어화용'(사용)인 것이다(〈그림 1〉 참조).

수어문장은 수어어휘를 한국어문장 방식과 동일하게 연결하는 기계적 결합의 결과물이 되어서는 안 된다. 수어는 음성언어와는 완전히 다른 차원의 '시각언어'이며 '공간활용언어'이기 때문이다. 그래서 한국수어는 몸의 표지, 즉 역할과 방향의 전환이라 할 수 있는 '굴절'(주어와 목적어에 따라서 방향의 변화가 있는 경우) 등을 통해 한국어어휘 못지않게 발화하고자 하는 내용을 효과적으로 전달한다(〈그림 2~4〉 참조).

또한, 한국수어의 '분류사'는 사물이나 생명체의 모양과 차원을 표지하기 위해 선택한 수형의 형태와 동작을 창조적으로 변화함으로써 서술어를 문법적으로 수식하는 데 사용된다(〈그림 5~7〉 참조).

아울러, 한국수어에서 비수지신호는 대단히 중요하다. 비수지신호

〈그림 2〉 굴절의 예시 1

(내가 상대방에게) 빌리다   (상대방이 나에게) 빌리다

〈그림 3〉 굴절의 예시 2

(내가 상대방에게) 문자를 보내다   (상대방이 나에게) 문자를 보내다

〈그림 4〉 굴절의 예시 3

(내가 상대방을) 비난하다   (상대방이 나를) 비난하다

<그림 5> 분류사의 예시 1

(젓가락으로) 먹다　　　　(숟가락으로) 먹다

<그림 6> 분류사의 예시 2

사람이 비틀비틀 걸어가다가 넘어졌다

<그림 7> 분류사의 예시 3

축제가 시작되자 사람들이 몰려가다

〈그림 8〉 비수지신호 예시 1

이름이 어떻게 되세요?   이름이 뭐니?

〈그림 9〉 비수지신호 예시 2

숙제 다했어?   응, 다했어.

〈그림 10〉 비수지신호 예시 3

이거 먹어본 적 있어?   아니, 안 먹어 봤어.

비가 세차게 내리다

는 마치 한국어의 자음과 같은 역할을 한다. 표정을 비롯해 눈썹, 눈, 시선, 코, 입, 턱, 혀, 볼, 공간, 몸의 방향 등에 담긴 비수지신호를 활용하지 않는 수어는 더 이상 수어가 아니다(〈그림 8~11〉 참조).

만약 이와 같은 수어의 특성을 모른 채 한국어어휘에 대응하는 수어어휘만 대입해서 이를 한국어 어순대로 나열하는 것은 수어문장이 될 수 없다. 수어로 대화할 때 농인은 상대방의 손보다는 눈과 몸 전체를 본다. 농인의 언어는 손의 언어이자 동시에 눈의 언어다. 즉, 시각언어이고 공간언어인 것이다. 자연히 공간 활용과 동시성, 도상성이 수어문법의 대부분을 차지한다. 공간의 구문형태론적인 사용과 도상적인 사용, 어떤 의미와 문법정보가 동시에 전달되는지, 주어와 목적어가 어떻게 기능하느냐에 따라 동사가 어떻게 변화하는지 등이 수어를 진정한 시각언어답게 하는 것이다(〈그림 12~14〉 참조).

이런 수어의 본질적 특성들을 나는 이미 알고 있었으며 실제 농인과의 만남에서도 빈번하게 사용했다. 처음 수어를 접할 때부터 나는 농인

〈그림 12〉 시각언어로서의 수어 예시 1

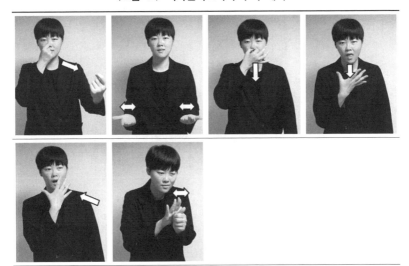

친한 친구가 일이 힘들다고 해서 위로해 주었다

〈그림 13〉 시각언어로서의 수어 예시 2

크게 부풀어 오르다

〈그림 14〉 시각언어로서의 수어 예시 3

자동차 두 대 사이에 주차하다

과 함께 있었고, 그들과 함께 지내면서 자연스럽게 농인의 언어인 수어를 배웠다. 하지만 내가 청인에게 수어를 알리고 가르칠 때는 아무런 문제의식도 없이 청인의 입장에서 가장 손쉬웠던 한국어 대응 방식의 수어어휘 중심의 교육을 했다. 솔직히 그때는 몰랐다. 그게 최선이고 효율적이며 효과적인 줄 알았다. 그러나 수화언어학을 접하고 본격적으로 연구하면서 수어통역과 수어번역에 관해 올바르게 이해하게 되었고, 비로소 정말 알아야 했던 것, 집중해서 추구해야 할 방향을 놓쳤다는 사실을 깨달았다. 한동안 자책할 수밖에 없었다. 돌이켜야만 했다. 어떻게든 흐름을 바꿔야만 했다. 그게 내게 주어진 숙명이자 사명이라고 확신했다.

2015년, 내가 몸담고 있는 강남대에 수도권에서는 처음으로 수화언어통번역학 석사 과정(수화언어통번역학 전공, 수화언어교육학 전공)을 일반대학원에 개설했다. 그런 다음, 지난 5년 동안 열정을 다해 강남대 일반대학원 수화언어통번역학과의 교과 과정을 진정한 '수화언어학'에 기초한 수어통역학, 수어번역학, 수어교육학이 되도록 힘썼다. 이 과

26

정을 체계적이며 혁신적인 대학원 교육 내용으로 담아내기 위해 처절하게 몸부림쳤다. 특히, 국내 최고의 교수진이 강의할 수 있도록 최선을 다했다. 언어학 분야의 김동언 교수, 수어통역학 분야의 김연신 교수, 이미혜 교수, 수어학 분야의 남기현 교수, 변강석 교수, 홍성은 교수 등이 정성껏 강의하고 학생 지도에 힘써 주었다. 더욱이 학문적 선배이자 멘토인 강창욱 교수께서 물심양면으로 뒷받침해 주었다. 게다가 훌륭하고 유능한 수어통역사와 농인 지도자들이 대학원에 입학해 짧은 시간 안에 대학원이 자리 잡을 수 있었다.

대학원을 통해 심도 있는 연구와 교육을 할 수 있는 학업 환경이 조성되면서 나는 다양한 수어 관련 연구를 공격적으로 수행해 나갔다. 차곡차곡 연구 성과를 쌓으며 한국연구재단에 등재된 전문 학술지에 투고할 논문을 작성했고, 감사하게도 여러 학술지에 내 논문이 게재됐다. 나아가 수어 관련 자료와 책도 적극적으로 출간했다. 또한 국립국어원과 한국전자통신연구원으로부터 수탁한 프로젝트도 최선을 다해 성심껏 추진했다. 돌이켜 보면 이 모든 일은 내가 과거에 놓쳐 학문적·실천적으로 미흡했던 부분들을 되돌리기 위한 수고였다.

이 책은 바로 이 같은 내 노력의 결과물을 종합적으로 재구성해 정리하고 묶은 것이다.

그동안 펴냈던 내 연구 성과물은 책, 논문, 보고서 등과 같이 다양한 형태로 표현되었을 뿐만 아니라 여러 채널(출판사, 학회, 토론회 등)로 전달됐다. 따라서 그 내용들이 제각각 흩어져 있었다. 그러다 보니 막상 내가 쓴 글을 찾아서 보려고 할 때도 불편하기 짝이 없었다. 또한 애써 작업한 내용이 그냥 꼭꼭 숨겨져 있는 것 같은 아쉬움도 컸다. 나를 포함해 내 제자들, 나아가 농인사회에서 함께 활동하고 있는 학문적 동지들과 후학들, 잠재적 독자에게 조금은 더 친절하게 내 글들이 읽힐 수 있도록 해야겠다는 생각이 강하게 들었다. 이는 나의 작업이 완벽해서가 아니다. 더 많은 사람이 농인의 삶과 수어에 대한 깊은 성찰과 탐색을 하도록 내 글들이 기본적인 읽을거리가 될 수 있었으면 하는 바람이 더 컸다.

하지만 이 모든 자료를 한데 모아 놓고 주제별로 다시 의미 있게 재구성하는 일은 결코 녹록지 않았다. 원자료를 다시 들여다보아야 했고, 전체적인 맥락에서 세심하게 다시 살펴보아야 할 부분도 있었다. 새롭게 보완해서 삽입해야 할 부분도 적지 않았다. 내가 썼던 글들을 재구조화하는 과정에서 예상과는 달리 엄청난 시간과 노력을 투입하며 혹독한 경험을 했다.

그냥 포기하려고도 했다. 왜 나는 늘 일을 이렇게 벌이는지 모르겠다고 투덜대다가 한동안 손을 놓고 있었다. 작업이 지지부진해졌음은 물론이다. 바로 그때 나를 무척 아껴 주시는 사회복지법인 희망나누리 윤형영 이사장께서 격려해 주시고 소정의 연구비까지 지원해 주셨다. 큰 힘이 됐다. 다시금 의욕을 낼 수 있었다. 미처 연구하지 못했던 부분을 수정·보완하고, 그동안 이런저런 이유로 엄두조차 내지 못했던 새로운 내용을 집필했다. 그리고 그 내용은 강남대 일반대학원 수화언어통번역학과 강의를 통해 가장 먼저 선을 보였다. 학생들의 생생한 반응이 큰 도움이 됐다. 때때로 의미 있는 의견이 있어 이 책의 내용을 풍성하게 하는 데 무척 유익했다.

이렇게 지난한 과정을 거쳐 마침내 책을 완성했다. 이 책은 크게 세 부분으로 구성했다. 제1부 "농인의 삶"에서는 농인의 실제적인 삶을 다뤘다. 제2부 "한국수어"에서는 한국수어를 언어학적으로 이해하도록 구성했다. 마지막으로 제3부 "수어통역과 수어번역"은 농인과 가장 밀접하게 상호 연결돼 있는 수어통역사와 수어번역사를 다뤘다. 나름대로 "농인의 삶과 수화언어"라는 주제에 맞춰 구성해 보려고 한 것이다.

이렇게 서두를 써 내려가다 보니 문득 이길옥 시인이 쓴 〈그늘〉이라는 시가 생각난다.

그늘의 힘은 대단하다. / 아무나 쉽게 그늘을 만들지 못한다. / 땡볕 가시에 독이 오른 여름 한낮 / 이마에 솟는 땀방울이 후끈 달아오를 때 … 그늘의 위력은 무한하다. … 어렵고 힘들 때 기대어 의지할 수 있는 / 슬프고 괴로운 때 등 다독여 위로받을 수 있는 / 좌절하여 풀 죽어 있을 때 / 가슴에 안아 용기를 심어줄 수 있는 그늘 … 그늘은 / 넉넉한 품으로 포근히 감싸안아주고 / 든든한 버팀목이 되어주어야 그늘다운 것이다. / 심해에 풍덩 빠져도 건져주는 / 천 길 낭떠러지에서 뛰어내려도 받아주는 / 그게 그늘인 것이다.

그렇다. 그늘은 먼저 도드라지게 나대는 일이 없다. 그늘은 항상 조용히 그림자처럼 주체를 뒷받침하면서 주체를 주인공이 되게 한다. 나는 꿈꾸어 본다. 우리 사회의 정책과 제도, 문화와 일상의 삶이 '주체'가 되고, 수어를 사용하는 수많은 청인이 농인에게 진정한 그늘이 됨과 동시에, 농인 또한 당당하게 청인의 그늘이 되는 세상을…. 그래서 이 책이 많은 사람에게 읽혔으면 하는 바람이 크다. 그 결과로, 언어적·사회적·문화적으로 소수집단에 속한 농인에게 '그늘'이 되고, 그 커다란 그늘에서 밝고 힘 있게 성장한 농인이 청인에게도 그늘이 될 수 있는 일이 많이 늘어났으면 한다. 그러기 위해서는 우선 농인에게 든든한 '그늘'이 되는 의사소통 지원 정책과 서비스가 확고하게 구축되었으면 좋겠다. 수어를 제1언어로 사용하는 농인의 권리를 실현하고 해당 기관의 편의 제공 의무 이행을 강화할 수 있도록 체계적인 수어통역서비스 네트워크가 견고하게 결성됐으면 한다. 아울러 유능한 수어통역사와 수어번역사가 늘어나고 이들이 신명 나게 일할 수 있었으면 좋겠다.

농인과 청인이 전혀 차별 없이 누구나 바라는 대로 자아를 실현하며 살 수 있도록 하는 세상이 하루빨리 왔으면 한다. 그날을 꿈꾸며 《농인의 삶과 수화언어》의 세계로 초대한다.

2019년 겨울
이 준 우

제 1 부

/

농인의 삶

당신, 참 애썼다. // 나는 이제 안다. / 견딜 수 없는 것을 견뎌야 하고 / 받아들일 수 없는 것들에 지쳐, / 당신에게 눈물 차오르는 밤이 있음을. // 나는 또 감히 안다. / 당신이 무엇을 꿈꾸었고, / 무엇을 잃어 왔는지를. … 당신, 참 애썼다. // 사느라, 살아내느라, / 여기까지 오느라 애썼다. …   — 정희재, 〈어쩌면 내가 가장 듣고 싶었던 말〉

주옥같은 이 시의 내용 중 '당신, 참 애썼다'가 가슴을 친다. 청인 중심의 세상에서 살아가는 농인에게 격려하고 싶다.
"당신, 참 애썼다. 사느라, 살아내느라, 여기까지 오느라 애썼다!"

제 1 장

농인으로 산다는 것

제 1 절   행복한 농인의 삶을 향한 희망

인간의 인간됨은 타인과의 의사소통을 통해 관계를 형성하며 살아간다
는 데 있다. 음성언어를 사용하는 사람이 다수인 사회에서 청력에 기능
적 손상을 가진 사람은 자연히 음성언어를 통한 상호작용이 제한되고,
이로 인해 의사소통의 제약까지 경험한다. 이렇게 의사소통의 어려움
을 겪는 사람을 청각장애인 혹은 농인이라고 부른다.

   이 장1(그리고 이 책 전반적으로)은 주로 수어를 제1언어로 사용하는
농인에게 초점을 모았다. 그러나 이 작업은 대단히 어려웠다. 현재 우
리 사회에는 농문화와 농사회(수어를 기반으로 형성된 커뮤니티) 속에서

---

1 이 글의 골격은 2017년 "청각장애인의 의사소통"을 주제로 열린 〈청음회관(현 청음복
   지관) 개관 32주년 기념 심포지엄〉에서 내게 주어진 주제였던 '청각장애인의 의사소통
   과 커뮤니티'와 관련해 발표했던 강연 원고이다.

살아가는 농인이 엄연히 존재한다. 그러나 최근 의료기술 발달은 이 같은 농사회에 큰 변화를 가져왔다. 인공와우 이식수술의 급속한 확대로 청각장애를 가진 사람이 청인이 되는 것이 현실화되고 있다. 이런 상황에서 농인의 삶을 그들의 언어인 수어와 수어를 기반으로 형성된 커뮤니티를 중심으로 살펴보는 것은 결코 쉬운 일이 아니었다.

그나마 수어를 하나의 제스처 내지 몸짓 정도로 여겨 왔던 사회적 통념이 최근 크게 변화하고 있는 것은 정말 다행스러운 일이다. 이는 〈한국수화언어법〉이 제정되고 시행되면서 다양한 측면에서 수어가 하나의 언어로서 인정을 획득해 가고 있는 데 기인한다. 특히, 국립국어원의 '한국수어 (웹)사전'과 관련한 다양한 연구사업2은 언어로서의 수어를 보급하고 국민에게 수어가 언어라는 인식을 심는 데 커다란 역할을 했다. 이런 긍정적 인식 변화 속에서 농인의 삶과 문화, 사회 등에 관한 관심도 그 어느 때보다 높아지고 있다. 한동안 수어교육 열기가 주춤했는데, 수어를 배우고자 하는 청인도 점차 늘어나고 있다. 더욱이 수어에 관심이 없었던 구어 사용 농인이 농인사회로 진입하는 경우가 눈에 띌 정도로 많아졌다. '다름의 공존'이 가능한 여건이 조성되고 있는 것이다. 다양한 문화가 존재한다면 세상은 더 행복해질 것이라는 기대도 하게 된다. 생각하는 방식과 언어, 견해의 다양성은 이 세상을 더욱 활

---

2 최근 수행된 연구로 "한국수어 전문용어, 문화정보 구축"(2015), "수형 기반 한국수어 사전 구축"(2016), "한국수어사전 수어 뜻풀이와 용례 구축 및 정비"(2017), "한국수어 사용 실태 조사"(2017), "한국수어 말뭉치 연구 및 구축"(2018), "한국수어문법 기초 연구"(2018), "한국수어 전문용어 구축을 위한 연구"(2018), "한국수어 문화정보 해설 영상자료 구축"(2018), "한국수어사전 정비 및 구축"(2018) 등이 있다.

기차게 만들 것이라는 희망이 있기 때문이다.

하지만 내 자녀가 농인사회의 일원이 된다면 어떨까? 당사자나 가족이 아닌 제3자의 입장에서는 농문화와 농사회를 얼마든지 존중할 수 있다. 그러나 '청각 능력의 상실'이 나와 내 자녀, 내 가족의 일원 중에 일어난다면 상황은 완전히 달라진다.

아직은 아니지만, 의료기술의 발달로 앞으로 누구나 청각 능력을 갖출 수 있는 시대가 온다면 그때는 어떻게 될까? 과연 그때에도 농인의 상태가 유지되게끔 지원해야 할까? 어쩌면 순수한 상태로 유지되는 농문화와 농사회야말로 농인을 더 큰 불행으로 이끄는 요인이 되지는 않을까? 청각 능력을 갖추지 못한 채 태어난 사람이 앞으로도 계속해서 언어적·문화적·사회적 공통점을 갖게 될까? 그들의 언어인 수어는 여전히 사용될까?

여기에 대한 대답은 분명하다. 물론 "그렇게 될 것이다".

이미 수어를 기반으로 둔 농인문화와 농인사회가 형성되어 있고, 아무리 세상이 변해도 수어를 제1언어로 사용해야만 하고, 또 사용하기를 원하는 농인이 계속 존재할 것이기 때문이다. 소셜 네트워크 서비스(social network service)가 빠르고 좋아도 여전히 손 편지를 쓰는 사람이 있고 전자책이 편리해도 종이책을 고집할 수밖에 없는 것처럼, 농인의 언어도 계속해서 사용될 것이다. 농문화와 농사회가 농인에게 가져다주는 연대와 친밀감, 그로 인한 역동성 등과 같은 소중한 유산을 농인은 결코 잃어버리지 않을 것이다. 오히려 농문화와 농사회의 어느 부분이 귀중하고 그 이유가 무엇인지를 고민하며, 청인문화와 청인사회에 마치 'K팝'처럼 농문화와 농사회의 우월성을 드러내는 일이 많아질 것이다.

그럼에도 의학과 과학기술의 발달은 끊임없이 수어를 모어(母語)로 사용하는 농인을 '청인', 즉 우리 사회의 주류인 청인이 표준화한 바로 그 '청인' 집단에 속하도록 하는 방향으로만 이끌어 가려고 할 것이다.

한 가지 고민은 있다. 아무리 경험이 많다지만 청인인 내가 어떻게 농인의 의사소통과 삶을 감히 논할 수 있겠느냐는 점이다. 그럼에도 농문화와 농사회에 관한 깊이 있는 성찰을 독자와 나누기 위해 이 책을 집필한다.

자, 이제 본론으로 들어가 보자.

농인의 행복은 무엇인가? 행복한 농인의 삶은 무엇인가? 우리가 그토록 애써 왔듯 농인에게 말을 가르치면 과연 행복한 삶이 전부 이루어지는가? 무엇 때문에 청인사회에 농인을 편입하려고 하는가? 농인사회와 청인사회는 공존할 수 없는가?

이 같은 본질적 질문들을 스스로 던지고 그 질문에 대한 답을 내 나름대로 생각해 보았다. 그리고 지금, 가슴에 담아 두었던 몇 가지 생각을 솔직하게 풀어내고자 한다. 그동안 나는 학술논문 등 과학적이며 논증적인 글을 주로 써왔기에 이 책이, 그것도 제 1장부터 감정적인 것 같은 느낌이 들어 자꾸만 마음이 쓰인다. 그래도 이 방향이 좋다는 생각이다. 왜냐하면 사랑하고 사랑받는 대상인 농인의 삶을 평가하거나 분석하고 싶지 않기 때문이다. 그러다 보니 때로는 감정적으로, 때로는 논리적으로 접근하게 됐다.

제시한 사례에서는 가명을 사용했다. 청인사회보다 작고 좁은 농인사회에서 아무리 선한 의도라도 실명이 거론되었을 때 혹 당사자에게 누가 될 수 있기 때문이다.

어찌 됐든 내게 글은 세상을 바꾸고, 사람을 변화시키는 출발점이다. 이 책에서 다룬 내용이 농인의 삶의 현장에서 정책이 되고, 제도가 되며, 프로그램으로 만들어졌으면 한다. 농인이 살아가는 삶의 현장과 그 속에서 일구어지는 세상을 더욱더 행복하고 풍성하게 만들어 갈 주역은 바로 이 책을 읽는 독자 여러분이다. 미래 주역인 독자 여러분을 생각하며 희망을 품는다. 이번 장은 그런 희망을 꿈꾸며 내 생각을 풀어낸 내용으로 채워 보려고 한다.

제 2 절   농인으로 산다는 것

청인이 주도적으로 이끌어 가는 음성언어 중심의 세상에서 농인은 손해를 보거나 불이익을 당하기 십상이다. 이런 현실에서 농인에겐 주류가 될 것인가 아니면 비주류가 될 것인가 하는 선택의 문제가 따른다.

일반적으로 농아동의 90% 이상이 부모에겐 청각장애가 없다. 이런 이유로 대다수 부모는 자녀를 주류인 청인사회의 구성원으로 만들기 위해 노력한다. 부모는 자녀의 청각장애를 없애거나 피할 수만 있다면 무슨 일이든 마다하지 않는다. 부모는 거의 집착에 가까울 정도로 혼신의 힘을 다해 농아동을 돌본다. 부모는 자녀가 구화와 독화를 습득하도록 엄청난 노력을 기울인다. 이를 통해 자녀가 청인사회에서 제 몫을 하며 살아가길 바란다.

그러나 안타깝게도, 농아동이 독화에 능숙해지고 남들이 이해 가능한 수준으로 발화하는 경우는 흔치 않다. 오히려 긴 시간 동안 투자했던 언어치료와 청능훈련에 비해 청인 수준의 발화에 이르지 못하는 경우가 허다하다. 또한, 정작 익혀야 할 실제적인 인생의 가치들과 지식, 사람들과의 따뜻한 관계성 등을 체득하지 못해 오히려 손해를 보는 우를 범하기도 한다.

한편, 농인 자녀 중 다수는 사춘기에 이르러 농정체성을 발견한다. 농인 자녀는 수어를 자유롭게 사용하는 농인사회로 옮겨 가면서 자아 정체감과 자신감을 비로소 오롯이 느낀다. 반면, 이를 지켜보는 청인 부모는 고통스럽다. 자식을 농인사회에 빼앗기는 느낌을 받기 때문이다. 그래서 농아동을 키우는 일은 긴장이 끊임없이 계속되는 지난한 과정이 된다.

1. 긴장의 시기

농아동이 자라는 동안 그 가족은 극심한 긴장의 시기를 네 차례 정도 겪는다. 첫째, 청력 상실의 확인 과정, 둘째, 학교 교육의 시작, 셋째, 사춘기 시작, 넷째, 성년기 진입이다.

1) 청력 상실의 확인 과정

청각장애를 최종적으로 확인하는 일은 오랜 시간 동안 정서적으로 고달픈 과정이다. 대체로 부모는 아이에게 뭔가 문제가 있음을 상당 기간 알고 있지만 딱히 꼬집어 그것이 무엇인지는 모르는 경우가 많다. 자녀가 농인 징후가 보여 소아과에 데려가면 대부분의 의사는 '별문제 아니니 너무 걱정하지 말라'고 얘기한다. 부모는 의사의 말을 믿고 '아이가 좀 늦되나 보다' 하고 대수롭지 않게 넘어간다. 그렇게 시간을 보내다 어느 순간 자녀가 청각장애라는 최종 진단을 받는다. 역설적이게도 부모는 이 순간 안도감을 느낀다. 한참 시간이 흐른 뒤 알았지만 자녀에게 무엇이 잘못되었는지 확실히 알았기 때문이다. 그러나 이 안도감은 오래가지 못하고 여러 복잡한 문제를 야기한다.

부모는 자녀의 청각장애가 누구의 잘못 때문에 일어난 일인지 궁금해한다. 아버지 쪽의 문제인지, 아니면 어머니 쪽의 문제인지 따져본다. 심지어는 자녀의 청각장애가 과거 자신의 잘못 때문에 하나님 혹은 신이 징벌을 내린 것이라 해석하는 경우도 있다.

청각장애에 관해 아는 것이 없으므로, 부모는 자녀가 자기 일은 자신이 할 수 있는 사람으로 성장하여 사회에서 생산적인 역할을 맡을 수 있을지, 아니면 일생 동안 무거운 짐이 되어 가족의 자원을 재정적으로 그리고 정서적으로 고갈시키고 말 것인지 등에 관해 제대로 알지 못하기 때문에 의외로 담담하게 지내기도 한다. 그러나 그것도 잠시일 뿐이다. 농아동을 둔 가족의 경제적인 문제는 즉각적이며 광범위하게 나타난다. 의료, 상담 그리고 수십만 원에서 수백만 원씩 하는 보청기와 언어치료, 청능훈련 등 각종 기기와 치료재활서비스 이용 경비 등이 가정의 재정적 자원을 빠르게 고갈시킬 수도 있다.

막다른 절벽에 선 심정으로 부모는 묻게 된다. "이 아이가 '정상'이 될까? 과연 말을 할까?" 여러 전문가는 농아동과 그 가족을 처음으로 낙담

케 하는 것이 바로 이 시점이라고 말한다. 만일 부모가 이때 정확하고 올바른 조언을 받지 못한다면 그 부정적인 영향은 오랜 기간 지속된다.

대부분 부모는 농아동의 기본적인 문제가 '말을 못 하는 것'이라 생각한다. 그러나 집중해야 할 문제는 '듣지 못한다는 것'이다. 전문가는 조용히 그러나 단호하게 이 차이를 부모가 이해하도록 해야 한다.

부모가 받아들이기 어려운 또 다른 하나의 사실은 청각장애를 되돌릴 수 없다는 점이다. 그러나 부모는 이 사실을 제대로 인식하지 못한다. 일단 자녀에게 청각장애 진단이 내려지면, 부모는 '교정의학적'인 치료를 기대한다. 사회적으로 질병을 일탈이라고 여기므로, 부모는 청각장애도 맹장염, 편도선염, 폐렴 또는 감기와 퍽 흡사한 방법으로 치료할 수 있다고 으레 단정한다. 그들은 자녀를 고쳐줄 의약품 또는 외과적 기술이 틀림없이 있다고 믿는다. 그러나 청각장애는 당사자는 물론, 부모 등 온 가족이 일평생 짊어지고 가야 할 숙명과도 같다.

부모가 청각장애에 대비하는 일이 지난한 과정임을 깨닫는 데는 많은 시간이 필요하다. 충격과 비탄을 이겨내고 자녀의 청각장애를 성숙하게 받아들이지 못한 부모에게 '청각장애'라는 그 말 자체는 하나의 이단(異端)이 된다. "행복은 듣는 세계에 있다!" 그리고 "말하라, 말하라, 말하라!"와 같은 표현만이 부모의 귀에 들어올 뿐이다.

그러다 소리를 뇌에 전달해 주는 인공와우 이식수술을 알게 되는 순간, 부모는 이 수술을 자녀의 장애로부터 해방해 주는 기적의 치료법으로 확신하게 된다. 인공와우 이식수술은 가급적 어릴 때 하는 것이 가장 효과적이다. 따라서 청각장애를 가진 당사자가 충분한 정보를 접하거나 의사 표시를 할 수 없더라도 부모의 결정으로 인공와우 이식수술이 진행되는 경우가 다반사다. 내 자녀의 장애를 고칠 수만 있다면 무슨 일이라도 하는 것이 부모의 사랑이라고 할 수 있다. 하지만 그 행위가 자녀의 삶에 어떤 영향을 미칠지 숙고하고 또 숙고하는 과정이 필요하다. 최종적으로 자녀가 삶의 방향을 스스로 결정할 기회를 주는 것이 그 어떤 일보다도 중요하다.

청각장애를 질병이라는 틀 속에서 이해하는 대신 정체성이라는 개념으로 바라볼 때, 부모는 사람과 인생의 가치를 평가하는 방식을 바꿀 수 있다. 무엇이 건강한 삶인가? 무엇이 정상인가? 농아동을 둔 부모는 무엇보다도 '차이'를 성숙하게 이해해야 한다. 부모는 자녀의 행복한 인생을 위해 자녀의 인생을 통제하기보다는 필요하다면 자신의 가치관까지도 바꿀 수 있는 용기가 있어야 한다. 아이가 무엇을 원하는지, 무엇을 꿈꾸는지를 스스로 표현할 때까지 기다려 주는 용기가 필요하다.

구화와 독화에만 집중한 접근은 의사소통 과정뿐 아니라 부모와 자녀 간 관계 그 자체에 영향을 준다. 이러한 접근은 부모와 자녀 간에 친밀한 사랑과 유대를 형성하는 데 커다란 영향을 미친다. 농인 자녀는 청능치료사와 마주 앉아 어떻게든 소리를 듣도록 온 신경을 집중하고 특정한 방식에 따라 혀를 움직이는 훈련을 끊임없이 반복해야 하는 치료실로 매일 자신을 보내는 부모를 이해하지 못한다. 지쳐 쓰러지기 직전, 잠시 집에서 휴식하려는데 이제는 부모가 그 끔찍한(?) 훈련을 실시한다. 하나의 단어를 제대로 발성하기 위해 훈련하고 또 훈련하지만, 농인 특유의 발성은 언제나 부모와 자녀 모두를 낙심케 한다. 그렇게 해서 어떻게 말을 알아듣겠느냐고 야단맞기 일쑤다.

구체적 사례를 살펴보자. 1999년, 세 살이 된 철수(가명)는 태어나 처음으로 보청기를 사용하기 시작했다. 부모는 '내 아들이 똑똑해지기 위해서는 말하는 법을 배워야 한다'는 생각으로 철수의 교육을 구체적으로 계획했다. 네 살이 되자 철수는 발전하는 모습을 보였다. 발음은 이해하기 어려웠지만 어쨌든 철수는 자신의 목소리로 발성했다. 부모는 철수가 소리를 내려고 할 때마다 간식을 주고 칭찬해 주었다. 보청기 덕에 철수는 큰 소리를 들을 수 있었고, 부모는 낼 수 있는 가장 큰 목소리로 "이거는 물이야!"라고 수십 차례 말한 다음 철수에게 물을 주는 식의 훈련을 반복했다. 세월이 흘렀다. 대학생이 된 철수는 자신의 부모를 미워한다. 부모와 자식 간의 관계는 단절되어 있다. 철수는 지금 농통역사를 꿈꾸며 열심히 수어를 배운다. 대학에 와서 만난 농인 친구들과 만나면서 진짜 행복이 무엇인지를 알아 간다고 고백한다.

부모에게는 농인 세계가 자녀를 빼앗아 갈지도 모른다는 두려움이 있고, 이는 현실이 될 수 있다. 하지만 동시에 부모는 자식이 절대로 부모의 소유가 될 수 없다는 사실을 받아들여야 한다. 부모는 자녀가 청각장애를 자기 정체성의 일부로 여기고 자신의 모습으로 살아가도록 당당한 자부심을 가지게끔 해야 한다. 이러한 방향이 길게 보면 부모와 자녀 간의 끈끈한 결속력을 유지하는 데 큰 힘이 된다.

한편, 농인 부모에게서 태어난 농아동이 청인 부모를 둔 농아동에게 결코 뒤지지 않는 높은 수준의 성취도를 보인다는 사실3은 양육에 엄청

---

3 무어스(Moores, 1996)는 농인 부모의 농인 자녀가 모든 학과목 및 읽기, 쓰기, 언어 능력, 즉 성적과 관련해 청인 부모의 농인 자녀보다 한결같이 더 우수하다고 보고했

난 에너지를 쓰는 수많은 청인 부모의 마음을 낙담(?) 하게 하기도 한다. 농아동은 집에서 제1언어로 수어를 배운다. 이런 아동은 집에서 구어를 전혀 사용하지 않을 뿐만 아니라 학교에서도 수어를 자유롭게 사용한다. 그럼에도 청인 부모에게서 태어나 집에서 구어를 사용하며 일반학교에 다니는 농인 학생보다 유창한 문해 능력을 보이는 경우가 자주 있다. 농인 부모의 농인 자녀는 비록 음성언어를 구사하는 능력은 부족할지 모르나, 어느 누구보다도 자신감을 갖고 청인과 소통하며 교류하기도 한다. 실질적인 상식과 지식, 책임감, 자립의식, 사교성, 이타성 등 여러 측면에서 앞서기도 한다.

반면, 다른 측면도 있다. 청인 부모를 둔 아동의 사회·경제적 상태가 더 나은 경향이 있다. 예를 들면, 매도(Meadow, 1972)는 숙련 기능장(技能匠)인 농인 아버지를 청인 부모 중 전문직 종사자, 관리·판매직 종사자와 대등한 위치에 놓고 비교했는데, 그 결과 농인 성인의 언어 및 구어상 한계가 광범위하게 입증됐다. 그뿐만 아니라 청인 부모의 농아동이 유치원 교육이나 사교육 서비스(학원 등) 혹은 개인교습(과외 등)을 받을 가능성이 훨씬 더 높다. 매도는 농인 부모를 둔 아동의 60%는 유치원 교육을 전혀 받지 않았다고 보고했다. 청인 부모를 둔 아동

다. 다시 말해 이 결과는 그들의 구화와 독화 능력이 대등하거나 더 우수하다는 것을 보여 준다. 또한 농인 부모의 농인 자녀는 사회·심리적 발달에서도 더 우수한 경향이 있다고 보고했다. 한편, 매도(Meadow, 1972)는 농인 부모의 농인 자녀가 더 성숙하고, 책임감이 있으며, 사교적이고, 심지어는 낯선 사람과도 기꺼이 대화하려 한다는 것을 알아냈다. 스티븐슨(Stevenson, 1988), 퀴글리와 폴(Quigly & Paul, 1990) 등의 연구에서도 마찬가지의 결과를 보고했다.

의 50%는 유치원에 다녔을 뿐 아니라 가정이나 치료실에서 추가 훈련을 받은 경험이 있었다. 또한 3년 과정의 유치원 프로그램에서 집중적인 구화 교습과 청능 훈련을 받았다. 청인 부모들은 전문가로부터 집단 상담을 받았고, 몇몇 사례에서는 아동이 청각장애에 적응하는 데 도움이 되도록 사적(私的) 정신치료 상담서비스를 받기도 했다.

다시 말해, 일반적인 농인 부모보다 한층 더 높은 사회·경제적 수준, 특히 중산층에 속하는 청인 부모의 자녀를 향한 과감하고 아낌없는 투자에도 농인 부모 아래의 농인 자녀가 교육과 의사소통에 더 우수하다는 사실은 특별한 의미를 지닌다. 이렇게 농인 부모에게서 태어난 농인 자녀가 보이는 전반적인 우수성은 수어의 조기(早期) 사용을 지지하는 것으로 해석되어 왔다.

더 나아가, 부모가 쉽게 청각장애를 받아들여 자녀 양육 과정 중 긴장이 감소했다는 점이 이 같은 우수성의 또 다른 이유일 것이다. "행복은 듣는 세계에 있다"는 식의 표어 때문에 농아동은 자신이 원칙적으로 결코 행복할 수 없다고 느끼는 것은 아닐까? 농아동이 최대한 발달하고 성장하도록 격려하고 도와주지 않아, 자기가 다른 청인 형제와 어설프게라도 닮아야만 가족에게 받아들여질 수 있다고 믿게 되지는 않았을까? 이러한 파괴적인 가족문화는 깨져야만 한다.

그렇다면 이제 우리의 시각을 전면적으로 전환해야 한다. 청인은 일반적으로 청각장애를 청각 능력의 상실로만 이해한다. 하지만 농인은 청각장애를 하나의 고유한 현상으로 본다. 청각장애는 개성이며 정체성인 것이다. 농문화는 하나의 독자적인 문화이자 삶이다. 농사회는 그와 같은 농문화를 향유할 수 있는 공동체이다. 수어는 미학적 특징이 있는 시각적 언어이며 농인을 청인과 구별하는 가장 본질적 요소다. 농인의 언어는 혀와 후두의 제한된 구조를 넘어 표정과 다양한 비수지신호를 포함하며, 여러 근육 조합이 복합적으로 작용한 창의적인 결과물이다. 이 같은 관점으로 보면 농인이 비장애인처럼 느끼기 위해 굳이 청인이 되길 원하거나 될 필요가 없게 된다. 농인에게의 조기 개입은 보청기나 인공와우 이식수술 등을 통해 가능한 한 청인처럼 보이도록 훈련시키는 행위에 국한되어서는 안 된다. 조기 개입 프로그램은 농아동과 청인 부모에게 하루라도 빨리 한국수어를 접할 기회를 제공하고 수어를 사용하는 농인과 교류할 다양한 기회를 제공하는 데 초점이 모여야 한다. 왜냐하면 농인은 자신이 사용하는 수어가 바로 곧 자기 자신이라고 믿기 때문이다. 아직은 농인 자녀가 어려서 모르지만 언젠가 농인 자녀가 자라면 그렇게 생각하게 될 것이다. 그러나 그때까지 가면 늦다. 따라서 지금부터 그렇게 해야 한다.

2) 학교 교육의 시작

부모가 긴장하는 두 번째 시기는 자녀가 일곱 살에서 여덟 살이 돼 초등학교에 입학할 때이다. 한 가족의 생활주기는 장시간에 걸쳐 가족 관계와 개인의 역할에 변화를 준다. 농아동이 유치원, 어린이집 등에서 어느 정도 학령 전 훈련을 받았을지라도, 부모는 자녀가 정식으로 초등학교에 입학하는 것을 중차대한 일로 인식한다. 입학은 아이의 역할에 처음으로 실질적인 변화가 일어나게 하는 중요한 사건이다.

이 시기에 부모가 자녀를 위해 선택하는 교육 프로그램은 매우 중요

<그림 1-1> 소보사 대안학교 전경(좌)과 활동사진(우)

하다. 우선, 아이가 자신의 새로운 역할에 성공적으로 적응하는 것이 필수적이다. 이 시점에서 적응이 제대로 이뤄지지 않으면 자녀와 그 가족의 생활주기가 멈춰 서고, 다음 단계에 대한 아이와 가족의 기대를 바꾸어 놓을 수도 있다. 이때 목표와 기대는 직접적인 경험이나 관련된 여러 전문가의 조언에 크게 영향을 받는다.

우리나라 실정에서 거의 대부분 구화전용(口話專用) 프로그램에 속한 농아동의 부모는 자녀를 위한 교육 과정의 일차적 기능이 구화와 독화 사용 능력을 함양시키는 데 있다고 생각한다. 그래서 수어보다는 구화교육을 강조하는 농학교에 보내거나, 처음부터 일반학교에 보내고 방과 후에 집중적인 언어치료와 청능훈련 등을 병행하는 경우가 많다. 그러나 최근 들어 아주 소수이긴 하지만 '소보사'(소리를 보여주는 사람들)와 같이 수어를 통한 대안적 농교육을 지향하는 대안학교가 설립되면서 수어를 중심으로 하는 교육에 관심이 점차 확대되고 있다.

이 시기에 부모는 통학하는 학교에 보낼지, 기숙학교에 보낼지를 고

<그림 1-2> 서울농학교 전경

출처: 서울농학교 홈페이지.

민한다. 좀더 구체적으로는 통합 특수학급이 있는 일반학교, 구화교육 중심으로 교과 과정이 진행되는 특수학교, 혹은 구화와 수어를 모두 사용하는 농학교 혹은 수어 중심의 대안학교 등 사이에서 결정해야 한다. 이러한 결정은 여러 전문가의 정서적 호소 혹은 이성적 조언 등 상충된 의견 가운데 다소 혼란스러운 상황에서 내려진다. 이때 문제는 여러 제안이 흔히 이분법적 조건으로 이뤄진다는 것이다. '모 아니면 도'를 요구하는 셈이다.

이러한 상황에서, 수어를 어느 정도 허용하는 농학교는 많은 농아동에게 밝은 희망을 안겨 주며 등대 같은 역할을 했다. 1993년, 서울에 있는 모 농학교에 다니던 아이는 수어로 내게 다음과 같이 말했다.

"우리 학교에 와서 나는 나와 같은 사람이 이렇게 있다는 걸 처음 알았어요. 나도 친구가 생겼어요."

해맑게 웃으며 이야기하는 아이를 보며 농학교는 농인 학생이 자신

〈그림 1-3〉 서울삼성학교

〈그림 1-3〉 서울삼성학교

출처: 서울삼성학교 홈페이지.

의 정체성을 찾는 데 매우 핵심적인 요소임을 깨달았다.

하지만 농문화와 수어의 소통과 공유, 전달과 전수의 공간이었던 농학교에 다니는 학생은 점차 줄고 있으며, 심지어 농학교 자체가 지적장애 학생을 포함한 중증 및 중복장애 학생을 위한 학교로 급격히 탈바꿈되는 중이다.

3) 사춘기의 시작

자녀가 사춘기로 접어들면 가족 내에는 역할에 따른 긴장이 증가한다. 흔히 이 시기의 청소년은 신체적·정서적 변화를 겪으며 모든 것이 불확실하다. 더는 어린아이도 아니고 그렇다고 성인도 아닌 딜레마에 직면하기 때문이다. 가족이라는 구조에서 자신의 위치를 정립하지 못한 농청소년의 경우, 그 힘겨움은 더욱 가중된다. 농청소년과 그 부모에게 사춘기가 상호 간 스트레스가 심한 시기인 점은 분명하다.

많은 측면에서 농청소년과 청인 청소년 간 격차는 더욱 커지고 있는 듯하다. 그러나 어떤 기준으로 격차를 보아야 할지 유념해야 한다. 농청소년의 사회성은 청인 청소년의 사회화 양태와는 다르다. 음성언어 중심의 사회에서 농청소년의 말은 부모가 기대했던 만큼 잘 터지지 않았을 수도 있다. 자녀에게 '말하고, 또 말하고, 또 말하기'를 강조한 부모라면 자녀가 앞으로도 말을 능숙하게 하지 못할 수 있다는 사실을 인지해야만 한다. 그러나 말하기나 수어 사용하기의 가능 여부가 결코 사람 간의 우열을 가늠하는 기준이 되어서는 안 된다.

또한 사회적 관계가 다양해짐에 따라 부모는 자신의 농인 자녀가 청인 청소년보다 청인 친구가 적으며, 청인 친구들도 성격이 매우 다양하다는 사실을 알게 된다. 청인 친구는 언제든지 농인 자녀 곁을 떠날 수 있는 것이다. 바로 이 시점에 많은 부모가 그동안 실낱같이 붙잡아 왔던 희망이 산산조각이 나고, '정상'에 대한 꿈 또한 으깨지는 것을 경험한다. 자녀가 어릴 때 그 갈등을 헤쳐 나갈 수 있도록 도움을 받지 못했음을 뒤늦게 인식하면 좌절과 원망, 그리고 적개심이 밀물처럼 밀려온다. 그 분노는 다름 아닌 자기들을 오도(誤導) 하고 현실을 직시하도록 준비시키지 못한 전문가들을 향한다.

가족 내에서도 농인 자녀의 지위는 청인 형제보다 약화되는지도 모른다. 출생 순서와는 상관없이 농인 자녀는 결국 가족의 영원한 막내둥이(?) 가 될 수도 있다. 부모는 농인 자녀가 제 동생만큼 성숙하지 못하다는 것을 알면서도 그 원인은 무엇인지 잘 알지 못한다. 농인 자녀가 미숙한 원인이 자녀가 잠재력을 계발하도록 자신이 돕지 못해서라는 점을 인식하지 못하는 것이다. 부모는 농인 자녀의 동생이 데이트를 하느라 밤늦게까지 외출해도 크게 걱정하지 않는다. 반면 농인 자녀의 경우에는 시시콜콜 간섭할 때가 많다. 부모가 지니고 있을지도 모르는 차별화된 기대의 한 예를 부모의 고백으로 접할 수 있다.

교수님은 내 아들에게 커다란 잠재력이 있다고 지금 말씀하시지만 솔직히 저는 그 애가 이 세상에 잘 적응하지 못하는 것 같아요. 걔 동생은 우등생이죠. 전 과목이 우수해요. 좋은 대학에 갈 거라고 봐요. 그 때문에 약간의 긴장이 있죠. 우리 부부는 동생이 어디를 가든 다 허락해요. 공부하러 갈 거니까요. 길동(가명)이는 청각장애인이니까 그럴 만한 능력도 없고 책임감도 없다고 생각했죠. 우리 부부는 길동이가 밤늦게 외출해 있도록 놔둘 수가 없었습니다. 혹시라도 손짓하는 장애 친구들이랑 다닐까도 걱정이었어요. 들을 수 있는 아이들과 지내야지 더 많이 배울 거라고도 생각했어요. 장애인이어서 걱정이었죠. 밥은 먹고 살 수 있을까 내내 염려가 많았어요. 하나부터 열까지 내가 다 챙겨 주려고 했죠. 그래야 잘 살 수 있으니까요. 그래도 동생이 잘되면 형을 잘 보살펴줄 거예요. 그게 제 소망이지요.

이 같은 부모의 생각은 농인을 여전히 병리적인 관점으로 보고 있음을 그대로 보여준다. 청각장애를 질병으로 보는 것은 저주나 다름없다. 하나의 문화로서 농문화를 인정하고, 농인의 언어인 수어를 받아들이고, 농사회를 수용하지 않으면 농인은 영원히 패배자로서의 삶을 살아가야 할지도 모른다. 이런 일은 모든 사람에게 불행한 일이다. 농문화와 농사회 그리고 수어를 인정하고 격려하며 함께하는 일은 모든 사회 구성원에게 유용한 결과를 낳는다.

4) 성년기 진입과 부모로서의 삶

고려해야 할 마지막 긴장의 시점이 찾아오는 것은 농인이 원래 가족을 떠나 독립하려고 준비할 때다. 대략 20대부터이다. 물론 이 시점을 정확하게 이해하도록 뒷받침해 주는 자료는 거의 없다. 하지만 이 시기의 농인이 대략 두 가지의 인생 항로를 두고 결정하는 것은 분명하다. 하나는 청인사회에서 청인정체성으로 살아가는 것이다. 이 경우 농사회와 농문화와는 완전히 단절하고 청인과 함께 살아간다. 다른 하나는 농학교를 중심으로 농사회와 연결되어 살아왔든, 아니면 청인학교에서 통합되어 지내 왔든 성년기가 되면서 농사회에 본격적으로 진입하는 경우이다.

강남대 일반대학원 수화언어통번역학과에 재학 중인 강재희와 민병화의 글4은 성년기가 되는 농인의 삶을 나타내는 중요한 자료다.

나는 어릴 때 열병으로 청각장애를 갖게 된 후부터 농인의 모국어인 수어를 배우지 못한 채 구화교육에 기초한 교육을 받으며 말을 열심히 배웠다. 하지만 아무리 말을 열심히 배워도 발음을 제대로 올바르게 구사하지 못해 선생님이 심지어 내 뺨을 마구 때린 적도 있었다. … 마음에 너무나 큰 상처를 받고 평생 잊을 수 없는 나쁜 기억으로 남았다. … 초등학교 4학년 때 일반학교로 전학하여 농인으로서의 정체성은 가슴속에 깊이 묻은 채 청인 중심

---

4 2019학년도 1학기 강남대 일반대학원 수화언어통번역학과의 교과목 "농사회의 이해"에서 강재희와 민병화가 과제로 제출한 "내가 생각하는 농문화"의 일부를 인용했다.

의 세계에서 청인과 오직 필담으로만 의사소통하면서 자라왔다. …

고등학교 2학년 때 내 인생에 커다란 변화가 있었다. 그동안 아무 생각 없이 열심히 지내 오다가 문득 내가 남들과 달리 청각장애를 갖고 있다는 생각에 나의 정체성을 고민하게 되었고 학업을 포기하고 자퇴했다. 몇 년 동안 방황하며 살아오다가 우연히 교회를 통해 농인과 수어를 처음으로 접했다. 나의 정체성을 확립해 가면서 농인만의 문화, 농문화를 접하며 농인으로서의 삶에 큰 변화가 일어났다. …

20대부터 농문화 속에 살면서 나는 농인으로서 '농문화' 하면 떠오르는 게 딱 하나 있다. 바로 '동질감'이다. … 청인보다 농인은 동질감이 특별히 강하다. … 식당에서나 거리에서 서로 낯선 농인을 만나면 자연스럽고 반갑게 인사를 나누고, 먼 여행에서 낯선 농인을 만나도 먼저 인사를 건네기도 하고, 특히 한번 모이면 시간이 가는 줄 모르고 밤늦게까지 열심히 수다를 떨기도 한다. … 동질감, 이게 바로 농문화의 핵심이라고 생각한다 (강재희).

약 19년 전 농사회에 처음 입문했을 때 느꼈던 '희열감', 그것은 말로 표현할 수 없을 만큼 저에게는 역사적인 일입니다. 제가 농사회에 입문한 해를 기준으로 그 이전과 이후의 삶이 너무나도 대별되기 때문입니다.

저는 청인사회에서 자라 한국어를 제1언어로 습득하고 청인과 스스럼없이 지내 왔지만 마음 한구석에는 '고독함'이 제 어깨 위를 내리누르던 기억이 많았습니다. 청인사회에서 사람들과 어울리고 난 후 "오늘은 너무 피곤해서 사람들의 입 모양을 제대로 읽지 못했지만 내일은 오늘보다 더 집중을!", "내일 '학생 자치회의'가 있는데 내 발언을 미리 시나리오로 만들고 친구들에게 나눠 주면 친구들이 내가 하는 말을 더 잘 알아듣겠지?", "음악 실기가 한 달도 더 남았는데 벌써부터 불안하다" 등과 같은 내용으로 그날 밤 일기장을 빼곡하게 채운 것만 봐도 농사회에 입문하기 전의 제 인생은 늘 말(言)과 귀(耳)와의 전쟁이자 말과 귀에 예속된 인생이었습니다. 당시 초·중·고등학교 시절에는 왕따도 없었고, 청인 친구들이 잘해 주어서 행복한 인생이었다고 자부할 만도 한데 마냥 행복하다고 보기 어려웠던 까닭은 당시 공부와의 전쟁이 아니라 의사소통과의 전쟁까지 감내해야 했기 때문이었던 것 같습니다.

그러던 20대 초중반, 농사회에 발을 들이고 나서부터 … 과거에는 상대방의 입 모양을 보며 60%까지는 이해했다고 가정할 때 나머지 40%는 제 머리로 경우의 수를 조합해 가며 의미를 이해했다면, 농인과의 만남은 편안한 상태로 상대방의 수어 표현을 보고 쉽게 이해하게 된 것이지요. 그때부터 농사회에 점차 빠져들기 시작했습니다. …

〈한국수화언어법〉이 시행되었습니다. 한국수어가 한국어와 동등한 언어로 국가적 지위를 부여받은 것이지요. 근래 들어 농인이 자신의 꿈을 서서히 발현하려는 긍정적인 모습이 곳곳에서 포착됩니다. 농인 댄서를 비롯해 수어문학가(수어 시인), 농인 시의원, 농인 디자이너 등 자신의 꿈을 드러내는 농인이 점차 늘어나고 있어 무척 고무적입니다. …

저는 한 사회가 발전하려면 그 사회의 내용물인 문화가 견고해지고 풍성해져야 한다고 믿습니다. … 농사회도 마찬가지입니다. 농사회를 특징짓는 이야기가 없으면 그것은 죽은 사회나 진배없습니다. 여기서 이야기란 일반적인 대화의 형태를 말하는 것이 아니라, 그 이야기를 규정할 만한 가치·신념·지향점 등 특정 문화가 농축된 것을 뜻합니다. … 그런 의미에서 제가 바라는 농사회는 바로 문화가 넘치는 사회, 이야기가 샘솟는 사회입니다. … 저는 한국의 농사회를 특징짓는 이야기에 모두가 뛰어들어 자유롭게 이야기할 날을 손꼽아 기다립니다(민병화).

이렇듯 농인은 성년기를 보내면서 자신의 인생에 관해 많이 고민하며 청인 중심의 사회에서 생존하기 위해 고군분투한다. 먹고사는 문제는 사람이라면 똑같이 해결해야 할 인생의 가장 중요한 과제일 텐데, 농인들은 더욱 힘겹게 삶의 과제를 짊어진다. 실제로 취업 문도 청인의 경우보다 훨씬 더 좁다. 여러 선행 연구와 조사통계를 종합해 보면, 우리나라 청각장애 근로자가 받는 급료는 같은 또래 청인의 급료보다 대략 평균적으로 22~40%가 낮았다.

가정을 꾸리는 문제도 이 시기의 주요 과제다. 농인도 연애하고 결혼하거나 독신으로 지낸다. 이런 모습은 청인과 전혀 다르지 않다. 다만 농인의 경우 상당히 많은 수가 자신과 같은 장애를 가진 농인과 결혼한다는 점이 다르다. 농인 부부의 자녀 대부분은 정상적인 청각을 지닌다. 이렇게 농인 부모를 둔 청인 자녀를 '코다'(Coda)라고 부른다. 풀랭의 책 《수화, 소리, 사랑해!》(Poulain, 2014)의 7쪽부터 13쪽까지의 내용은 저자의 자기 고백으로, 큰 울림을 준다.

우리 부모님은 소리를 듣지 못한다. 듣지도 말하지도 못한다. 난, 아니다. … 나는 두 개의 언어로 말한다. 내 안에는 두 개의 문화가 살고 있다. 말소리와 대화 소리, 음악 소리가 있는 '소리'의 낮. 수화와 소리 없는 대화, 시선만이 오가는 '침묵'의 밤. … 두 세계로의 항해. 말과 수화. … 두 개의 언어. 두 개의 문화. 그리고 두 개의 나라. …

　나는 엄마의 치마를 잡아당겼다. 나를 좀 봐달라는 뜻이었다. 엄마는 몸을 돌려 나를 보며 웃었다. 그리고 머리를 살짝 기울였다. "응?"이라는 뜻이었다. 나는 엄마를 올려다보며 오른손으로 가슴을 두드렸다. "나". 그러고는 입안에 손가락을 연거푸 넣었다 뺐다. "먹다". 내 수화는 무척 서툴렀다. 엄마가 웃었다. 엄마는 두 손의 엄지를 배에 대고 나머지 손가락을 엄지에 모으면서 몸을 앞으로 구부렸다. "배고파". … 이것이 농인의 세계에서 대화하는 방식이다. "맞아요, 엄마. 나 배고파요!"… 목도 말랐다. 두리번거리며 엄마를 찾았다. 그때는 내가 갓 걸음마를 시작했을 무렵이었다. 난 비틀비틀 주방까지 걸어가다 그만 균형을 잃고 말았다. 엄마가 순간적으로 돌아서더니 가까스로 나를 붙잡았다. 아무 소리도 못 들었을 텐데. 엄마는 항상 내게 무슨 일이 일어나는지 감지했다. …

　내 목소리를 듣지 못하는 만큼 엄마아빠가 얼마나 나를 지켜보았는지 모른다. 내게 아무 일도 일어나지 않은 것은 당연했다. 그들은 한시도 나에게서 눈을 떼지 않았으니까. 이것이 다가 아니었다. 부모님은 늘 나를 매만지고 쓰다듬어 주었다. 눈빛과 손짓, 미소 그리고 내 볼을 어루만지는 손길. 모두 소리를 대신하는 것들이었다. 뭔가 마음에 들지 않을 때 엄마아빠는 눈살을 찌푸렸다. 사랑한다고 말하고 싶을 때는 나를 꼭 끌어안고 뽀뽀해 주었다. 이런 상황이 그리 나쁘지만은 않았다. 오히려 더 자주 뽀뽀해 줬으면 했다. 특히, 아빠가 더 많이 뽀뽀해 주길 바랐다. …

　우리 집은 아주 작았다. 나는 부모님과 한방에서 잤다. 나는 밤중에 결코 우는 법이 없었다. 우는 것은 아무 소용이 없었다. 어차피 엄마아빠는 내 소리를 듣지 못했으니까. 엄마는 밤에 두세 번씩 깨서 내가 잘 자고 있는지,

혹시나 내가 자다가 죽은 건 아닌지 확인했다. 혼자서 걸어 다닐 정도로 자랐을 무렵에는 오히려 내가 일어나 엄마아빠를 깨웠다. 주로 뭔가 필요하거나 악몽을 꿨을 때였다. 하지만 자주 있는 일은 아니었다. 나는 잠을 깊이 잘 자는 아이였고, 모든 소리에 무감각했다. 내 잠자리는 평온했다. …

가끔 나는 수화를 할 때 아무 의미도 없는 말을 정반대로 표현했다. 그러면 엄마는 바로잡아 주었다. … 그것도 두 가지 언어로. … 엄마의 목소리는 이상했다. 엄마는 길거리를 지나는 다른 사람들과 말도 다르게 했다. 하지만 그게 우리 엄마였고, 나는 그런 엄마를 이해했다.

또 다른 한편으로 연구가 필요한 분야는 농인 부모 사이에서 태어난 청인 자녀의 발달과 그러한 가족에 의해 이뤄지는 생활주기의 적응 유형이다. 예를 들어, 청인 조부모는 이 상황을 하나의 지속적인 위기로 인식하는가? 조부모는 청인 자녀의 가족보다 농인 자녀의 가족에 더 많은 관심을 두는가? 농인 부모는 청인 자녀에게 어린 나이에도 어른 같은 역할을 맡도록 요구하는가? 자녀가 전화를 주고받을 때 중개자 역할을 하고 면대면(面對面) 상황에서 통역자의 역할을 한다면, 이것이 가족 구성원 개개인의 역할과 기능 그리고 기대에 어떤 영향을 끼치는가? 이와 같은 의문에 대한 해답은 현재로서는 추측일 뿐이다. 심층적인 연구가 필요하다.

농문화와 농사회 속에서 살아가는 대다수 농인은 청인 중심의 세상에 적절하게 적응하며 살고 있다. 결혼하고, 자녀를 낳아 기르며, 세금을 납부하고, 지역사회의 이익에 기여하는 등 다른 사람과 마찬가지로 인생을 즐기고 있다. 그들 문제의 대부분은 농사회에서가 아니라 오히려 강압적인 청인사회에 의해 야기된다. 매일 부딪혀야 하는 적대적인 세계에서 농인은 살아남고 견뎌 낸다. 이는 인간이 소유할 수 있는 정신력의 승리라고 해도 과언이 아니다.

이런 측면에서 우리의 시각을 전환할 필요가 있다. 즉, 농인을 구성원으로 둔 가족에게 '비정상적인 것, 잘못된 것 또는 병적(病的)인 것은 무엇인가?'라는 의문으로 접근하는 것이 아니라, '만족스럽게 적응하는 농인 자녀를 둔 가족의 특징은 무엇인가?'라고 물어야 한다. 집안에 농인이 있을 때, 그 농인의 나이와 성별만 보지 말고 다른 가족 구성원의 나이와 성별, 청력 상태 그리고 종교나 사회경제적 지위 같은 요인까지 고려하는 안목이 요구된다. 다시 말해, 청각장애를 가족의 화목과 융합의 저해 요소로 생각하면 안 된다는 것이다. 성인기에 접어들어서까지 '청각장애' 현상을 병리적으로 보는 가족이어서는 안 된다.

2. 농의 사회적 측면

'청각장애'는 무수한 변수를 다 포괄하는 용어다. '청각장애'(*deafness*) 혹은 '농'(*deaf*)의 사회적 측면은 이 수많은 변수와의 작용을 살펴야만 한다. 당연히 '농인'(*deaf*)의 많은 사회적 문제는 음성언어 기반의 청인 중심사회 속에서 살아가야 하는 데서 발생한다. 이런 점에서 청력 상실의 측정 단위인 '데시벨'(*decibel*)과 관련해서만 농인의 사회적 문제를 보고 고려해서는 안 된다.

청각장애 문제를 다룰 때, 다른 모든 장애 중에서도 가장 사회적으로 소외시키는 장애 중 하나와 종종 직면하곤 한다. 즉, 의사소통장애다. 청력 상실은 의사소통을 방해한다. 듣는 능력이 없다면 삶이 어떤 모습일지를 상상해 보기란 어렵다. 대부분 사람은 불빛이 갑자기 꺼졌을 때 어두워진 방 안에 있어본 경험이 있다. 그 경험을 통해 잠시 동안 볼 수 없는 것이 어떤 일인지 체험한다. 아니면 눈을 감고 보지 못하는 상태를 그냥 한번 해 볼 수 있다. 그러나 귀를 '닫지'는 못한다. 이 문제의 심각성을 인식하거나 잘 이해하지 못하는 것은 아마 청각을 빼앗기는 일이 어떤 일인지 체험할 수 없기 때문일 것이다. 청력 상실이 구어와 언어 발달에 끼치는 영향을 잘 알고 이해하는 사람은 많지 않다. 헬렌 켈러(Helen Keller)는 그의 저서 《삶의 한복판》(*Midstream*)에서 다음과 같이 썼다(Harrington, 2000).

우리의 문제는 지칠 대로 지친 감각을 달래주는 정적(靜寂)이 아니다. 그건 잔혹하게 그리고 완벽하게 고립시키는 침묵(沈默)이다. 청각은 인간이 보유한 가장 깊은, 가장 인간답게 하는 철학적인 감각(感覺)이다.

결국 농인의 수어를 통한 의사소통은 들을 수 없다는 사실보다 훨씬더 큰 의미가 있다. 수어를 사용하는 농인은 자신의 언어인 수어를 사랑한다. 설령 농인이 음성언어를 구사할 수 있다고 해도 수어를 사랑한다는 사실은 변하지 않는다.

그런데 여전히 문제는 있다. 청인 중심의 사회에서 의사소통의 장벽에 의해 농인의 사회경제적 지위가 청인보다 낮을 가능성이 크다는 것이다. 이 문제를 세심하게 들여다보자.

1) 농인의 사회경제적 지위

"농인이란 누구인가?" 농인이야말로 이 땅에서 살아가는 사람 중 가장 오해받는 사람이 아닐까? 농인은 말을 할 때 오해를 많이 받는다. 음성이 일반적인 경우 거의 없는 탓이다. 또한 그 서툰 언어 때문에도 오해를 받는다. 그러나 무엇보다도 그들은 눈에 보이지 않는 투명한 유리벽, 즉 의사소통의 장벽에 의해 장애를 입은 남성으로서, 여성으로서, 그리고 어린이로서 오해를 받는다. 농인도 청인이 그렇듯 별의별 종류의 사람이 다 있다. 듣기만 할 수 있다면 사회의 최상층에 위치할 것이 분명한, 그래서 지도자 반열에 오를 사람이 있는가 하면, 맨 하위에서 맴돌 농인도 있다.

그렇다면 농인, 그들은 누구인가? 그들은 무한한 가능성을 지닌 사람이다. 삶을 살아가다 보면 어느 시점, 전혀 예기치 못했던 장소에서 농인을 우연히 만나고 매우 놀라기도 할 것이다. 공공건물에 들어가 재산세에 관해 문의하다가 전혀 듣지 못하는 농인에게 말을 하고 있음을 알아차리게 될지도 모른다. 사업용 명함을 만들기 위해 어느 인쇄소에 들어가서야 그 주인이 농인이라는 것을 아는 경우도 있을 것이다. 겉으로 보기에 멀쩡하다고 해서 오해하지 말아야 한다. 청각장애는 지극히 복잡한 장애일 수 있다.

그들은 어디에 있으며 무엇을 하는가? 농인들은 사람들 사이에 엷게 흩어져 살고 있다. 사실 어떤 지역에서는 농인이 거의 눈에 띄지 않는다. 실제로 일반학교에서 교육을 받거나 농촌이나 어촌, 산촌 지역 등에서 거주하는 경우, 의외로 여러 농인이 수년 혹은 수십 년을 살면서도 다른 농인을 본 적이 없었다고 한다. 성인이 된 후 '한국농아인협회' (지방 지회 포함)에 연결되어서야 비로소 자신과 같은 농인을 만나게 되었다는 것이다. 물론 일반적인 경험은 아니다. 이는 하나의 극단적인 사례일 수 있다. 취업의 기회가 비교적 많은 공단이나 대도시 지역에는 농인이 훨씬 더 많이 몰려 있다. 즉, 농인은 소도시 지역에는 드문드문 흩어져 있는 반면 대도시에는 집중되어 있다고 말할 수 있다. 그동안 우리나라의 농인은 청인과는 달리 취업의 문이 좁았기 때문에 경제적 기회에 따라 살 곳을 선택해 왔다. 이 같은 제한적인 기회를 감안할 때, 농인은 놀라우리만큼 많은 수가 각계각층에 들어가 자리 잡고 있으며, 능력 측면에서도 청인과 전혀 다르지 않음을 입증하고 있다고 해도 과언이 아니다.

2) 지역사회에서의 사회적 위치

농인은 이중(二重) 세계에 산다. 지역사회라는 틀 속에서 볼 때 농인은 자신이 생계를 책임지며 사는 경제적 공동체의 일부이면서도, 다른 측면에서는 하나의 사회적 부채(負債)이기도 하다. 많은 농인이 가정을 유지하고 세금을 납부하며 훌륭하게 아이를 키우면서 학교에 보낸다. 말썽을 일으키는 경우는 거의 없다. 그러나 실용적 의사소통상의 어려움으로 정치활동, 시민운동, 자원봉사 그리고 기금 모금 등과 같은 지역사회의 여러 가지 일에는 적극적으로 참여하지 못한다. 농인이 시민운동단체에 가입하는 특별한 경우가 있기는 하지만 결코 일반적 현상은 아니다. 청인이 주류인 일반 지역사회에서 적극적으로 참여하거나 사회봉사 활동을 하기란 쉽지 않다. 왜냐하면 청인과 어떤 방법으로건 의사소통을 쉽게 할 수 없을 뿐만 아니라 언어상의 문제가 있는 농인에게 지역사회에서 활동하는 일은 그리 실용적인 일이 아니기 때문이다.

이런 탓에 농인은 사교적으로 함께 어울리고 싶은 욕구에 따라 자기들끼리 모여 하나의 하위문화를 형성한다. 이 하위문화는 실질적으로 자급자족형이다. 그 문화에 완전히 몰입한 농인은 그 문화야말로 자신의 모든 욕구를 충족한다고 여긴다. 궁극적으로 자신은 지역사회 생활의 본류(本流)로부터 사교적으로 소외되었기에 또 다른 대안적인 터전을 찾았다고 생각한다.

농인은 원하기만 하면 농인이 운영하는 교회나 농인 목사를 통해 필요한 종교적 체험을 누릴 수 있다. 농인이 주관하는 볼링이나 농구와 같은 체육 활동에도 참여할 수 있다. 사교 서클 등 농인이 운영하는 클럽도 있다. 농인 공동체 활동에 참여하고자 하는 농인의 욕구를 충족하기 위해 지방 혹은 전국 수준의 농아인협회가 있어 하나의 집단으로서 농인에게 의사소통을 지원하거나 다양한 농인복지와 관련된 일을 수행한다. 농인의 사회성에 관한 활동이 과거보다 활발하게 일어나고 있다.

3) 지역사회에서의 경제적 상황

농인 대다수는 청각장애에도 불구하고 다양한 직업 영역에서 좋은 실적을 보인다. 일부 업종에서는 농인 근로자의 능력과 자질에 관한 찬사가 나오기도 한다. 롯데 캐논의 성공 사례가 대표적이다. 2009년부터 시작된 장애인고용사업으로 한국장애인고용공단에서 맞춤교육을 받고

〈그림 1-4〉 롯데 캐논에서 일하는 청각장애인

출처: 롯데 공식 블로그.

선발된 농인 근로자들은 안산사업소에서 든든한 역할을 하고 있다. 이처럼 근로자로서 농인은 업계에 가치 있는 이익을 주고 전체 지역사회에 보람 있는 공헌을 한다.

그럼에도 농인은 능력에 합당한 일자리를 구하기가 어렵다. 더욱이 4차 산업혁명이 빠르게 진행되면서 자동화와 인공지능 및 로봇 시스템에 의해 생산이 급속도로 증가하고 있다. 이로 인해 농인의 일자리는 계속 줄고 있다. 얼마 없는 일자리마저 청인과 치열한 경쟁을 해야 한다. 이에 따라 농인의 형편이 더욱 악화될 가능성이 크다.

첨단 과학기술을 활용한 다양한 수어통번역 시스템을 구축하거나 청인사회 곳곳에 수어를 통한 소통 가능성을 제도적으로 보장하는 일이 시급하다. 그렇지 않다면 농인복지 실천가와 재활 전문가는 본연의 업무는 제쳐 놓고 농인을 위한 직장 사냥꾼(?)이 되어야 할지도 모른다.

4) 농사회 내에서의 계층화

계층이라는 단어가 연상시키는 불쾌한 어감을 제거하려는 정치체제의 노력에도 청인의 세계는 분류되고 계층화된다. 농인의 세계도 마찬가지다. 내가 경험하고 개인적으로 관찰한 결과, 농인의 계층화는 수어 사용 능력에 비례한다. 수어를 유창하게 구사하면서 뛰어난 사교 능력을 농인들로부터 인정받으면 상위계층 농인이 된다. 반면 수어를 전혀 못하다가 뒤늦게 수어를 배워 농사회로 편입한 경우, 혹은 중복장애 농인은 농인 공동체에서 리더십을 갖지 못하는 경우가 흔하다.

계층화에는 교육 역시 상당한 영향을 끼친다. 농인 대학생이나 대학원을 졸업한 농인 또는 폭넓은 독서를 통해 지적 소양을 갖춘 농인은 비슷한 교육을 받거나 유사한 관심을 가진 농인과 어울리려고 하는 경향이 있다. 중도에 학업을 중단했던 사람 역시 비슷하게 교육받은 사람과 어울려 움직인다. 이것은 일반적인 떼 지어 모이기 현상이다. 농사회는 청인사회보다는 훨씬 작은 규모여서 이 같은 계층화 현상이 더욱더 도드라져 보일 수밖에 없다. 평범한 일상생활이나 모든 농인이 함께 모이는 상황 가운데 계층화 현상이 빈번하게 나타나곤 한다.

하위계층에 속했다고 느끼는 농인은 상위계층에게 적대적이며, 상위계층은 하위계층과 함께 섞이는 모임에서 스스로 초연한 태도를 취하며 우월의식을 가진다. 수년씩 함께 같은 농학교에 다니고 교류하며 형성된 농사회의 경우 서로를 알고 있으며, 그중 많은 사람을 아는 사람이 흐름을 주도하기도 한다.

농사회에는 비밀이라는 것이 없다. 듣지 못한다는 것이 별문제가 되지 않는다. 오히려 농인은 농사회에서의 삶을 행복하게 즐긴다. 오래 전 레인(Lane, 1984: 89~90)은 다음과 같이 말했다.

세상 어느 한곳에 듣지 못하는 사람으로만 구성된 사회가 있다고 가정하자. 누가 이들을 열등하다고, 무지하다고, 더구나 사회성이 형편없다고 말할 수 있겠는가! 그들은 풍부한 수어로 자유롭게 소통하며 행복하게 살고 있을 것이다. 수어는 전혀 모호하거나 난해하지 않을 것이다. 수어를 통해 이들은 마음에 있는 생각을 역동적으로 정확하게 표현할 것이다. 누구도 이들이 문명화되지 못했다고 말할 수 없을 것이다. 오히려 이들이 소리를 듣고 말하는 사람들보다 더욱 신뢰할 수 있는 법과 정부 그리고 경찰을 갖고 있을지도 모른다.

농사회는 분명히 존재하며 절대로 청인사회보다 열등하지 않다. 농사회도 청인사회와 마찬가지로 나름의 규칙과 관습, 문화 등이 있다. 청인사회의 위계와 계층, 지위 등과 유사한 모습이 나타난다. 농사회와 청인사회는 언어가 다를 뿐 존중받아야 할 사람들이 사는 공동체라는 면에서는 전혀 다르지 않다.

제 3 절　　　계속 존재할 농사회

이 장을 마무리하면서 다음의 말을 결론으로 삼을까 한다. "언어가 결여된 가운데 생각하고 깨닫는 행위를 상상할 수 없듯, 생각과 깨달음이 결여된 채 언어를 구사하는 행위도 상상할 수 없다." 인간은 생각하는 존재이며 자신의 생각을 언어로 구사하며 수용하는 가치 있는 존재이다.

그래서 조심스럽지만 인공와우 이식수술을 언급하지 않을 수 없다. 나는 인공와우 이식수술을 무조건 하지 말아야 한다는 반대론자는 결코 아니다. 다만 깊은 성찰 없이 대세에 흔들려 무조건 해야 한다는 경향이 커져 가는 것만은 꼭 막아야겠다는 입장이다. 인공와우 이식수술을 한다고 해서 들을 수 있는 것이 결코 아니기 때문이다. 좀더 정확하게 말해, 인공와우 이식수술을 하면 '듣는 것과 유사한 어떤 행위를 할 수 있다'고 이해해야 한다.

조기에 인공와우 이식수술을 받으면 구어 능력이 발전하는 토대가 될 수 있다고 한다. 하지만 모든 농인이 다 그런 것은 아니다. 안타깝게도 현대의학 부문에서는 수술 성공 여부의 수준과 범위, 증상 등에 대한 합의된 준거 틀을 제시하고 있지 못한 실정이다. 외과 수술로 인공와우 장치가 이식된 다음에도 피시술자의 뇌에 맞게 확실히 '매핑'(mapping) 되도록 청각사(혹은 청능재활전문가 등)가 일련의 조정을 통해 해당 장치를 조율한다. 길고도 험한 언어적 재활 과정이 끝없이 펼쳐지는 것이다. 또 인공와우 이식수술을 통해 무언가를 듣게 되는 변화가 농인의 행복한 삶을 절대적으로 보장하지도 않는다. 이 같은 지난한 진행 과정에 관해 사려 깊은 숙고가 요구된다. 이런 이유로 인공와우 이식수술에 대한 결정은 신중할수록 좋다는 입장이다.

　인공와우 이식수술에는 농아동의 부모로 하여금 언어 습득 문제를 간과하게 만들 수 있다는 문제도 있다. 인공와우 이식수술을 받으면 거의 모든 아이가 소리를 충분히 잘 인식한다. 그러나 과거의 장치는 소리가 너무 왜곡되어 언어로 이해할 수 없는 경우가 많았다. 새로운 인공와우 장치가 등장하면서 이런 문제가 감소하기는 했다. 하지만 과거의 이런 문제가 완전히 사라진 것은 아니라고 생각한다. 이는 이식수술을 받은 아이 중 일부는 수술을 통해 말하는 능력을 키울 수 있다는 기대 때문에 수어를 배울 기회가 주어지지 않아 언어가 충분히 발달하지 못해 언어장애 아동으로 분류되는 끔찍한 상황에 처할 수 있음을 의미한다. 생각하고 또 생각하고 아이의 입장에서 성찰한 후에 결정해야 할 일이다.

　무엇보다도 수어의 소중함을 이야기하는 입장임을 이해해 주었으면 한다. 다시금 물어본다. "내 자녀가 농인이라면 자녀의 농문화를 온전히 기뻐하며 수용할 수 있겠는가? 내 자녀가 사용하는 수어를 배우고 그 수어를 통해 자녀와 함께 농사회와 교류할 마음이 있는가?" 청인 부모와 농인 자녀 간의 상황을 가정한 이 질문에 답하기란 그리 어렵지 않을 수도 있다. 하지만 청인 부모와 어린 농인 자녀의 관계가 청인사회와 농사회의 관계를 보여 주는 축소판이라고 가정한다면 이는 결코 가벼운 물음이 아니다. 권위주의적 태도로 농인을 무조건 가르치려 하고, 치료하려고 하며, 자기중심적인 오늘날 우리 청인사회가 농사회를 억압하고 있지는 않은지 부모와 자식 간 관계 설정을 통해 살펴보는 것이야말로 농문화와 농사회 그리고 수어를 인정하는 첫걸음이 될 수 있지 않을까 싶다.

4차 산업혁명 시대에 접어든 지금도 농사회는 존재할 수 있을까? 농사회는 존재할 것이다. 첨단 과학기술의 발달과 의학기술의 진보로 농사회에 속한 구성원의 모습이 다소 변할지는 모른다. 그러나 농문화와 농사회가 농인에게 제공하는 따스함과 안락함, 상호 연대감과 같은 정서적 유대는 절대 잃어버리지 않을 것이다.

농사회는 지금까지 계속되어 왔고 앞으로도 계속 존재할 것이다. 아니, 질적으로 더 깊게 살아 움직일 것이다.

제2장

농인에 대한 관점과 농정체성 및 농문화

제1절　　　고민해 오던 질문

1988년부터 농인과 함께하면서 끊임없이 고민해 오던 질문들이 있다.

첫째, 농인을 들을 수 있게 한다면 과연 우리는 농인에게 완전한 자아를 갖게 해준 것일까? 혹 농인의 온전한 상태를 오히려 더 위태롭게 만드는 것은 아닐까? 구체적으로 얘기해, 부모가 농인 자녀에게 인공와우 이식수술을 시켜야 하는가? 그 일이 정말 올바른 일인가? 이 부분에 대해서는 제1장에서도 강조했다. 그럼에도 여전히 고민이다.

둘째, 농인에게 수어를 반드시 허용해야 하는가? 어떻게든 구어를 하게끔 해야 하지 않겠는가? 무엇이 농인에게 좋은 것인가? 더욱이 제4차 산업혁명의 시대가 아닌가? 첨단 과학기술이 인공와우보다 훨씬 더 좋은 기기를 개발해 내지 않을까? 그런데도 수어를 계속 고집해야 하는가? 이 질문들에 대해 어떻게 생각하는가?

셋째, 농인이 농사회에서 농문화를 향유하며 살아가도록 해야 하는가? 아니면 어떻게든 청인사회에 들어오도록 힘써야 하는가? 과연 농문화는 앞으로도 지속될 수 있을까? 물론 제 1장에서는 계속 존재할 것이라 단언했다. 하지만 다시 한 번 생각해 보자. 정말 그럴까?

넷째, 앞으로 농인의 인생은 어떻게 펼쳐질 것인가? 그들에게 인생의 비전은 어떻게 설정되어야 하는가? 단지 먹고사는 문제가 아니라 자신이 정말 하고 싶은 일을 맘껏 할 수 있도록 어떻게 준비할 수 있는가? 예를 들어 젊은 농인의 행복한 삶을 위해 대학교육을 이수하게 해야 하는가? 아니면 하루라도 빨리 직장에 취업시켜야 하는가?

이 같은 근본적인 질문에 대해 '농인에 대한 사회문화적 관점과 농정체성 및 농문화'라는 주제를 중심으로 그 해답을 찾아보려고 한다.

제 2 절   농인에 대한 관점과 농정체성

농인은 어느 곳, 어느 시대에나 있는 우리의 가족이다. 따라서 우리는 그들과 함께 더불어 살아야 한다. 함께 사는 것은 먼저 농인을 올바로 이해해야 가능하며, 그들과 인격적으로 만나야 지속이 가능하다(이준우, 2002a). 이런 맥락에서 농인이 누구인지에 관한 심도 있는 접근이 나타났다. 그 가운데 농인 당사자로부터 가장 주목받았던 시각은 농인을 언어적·사회적 장벽 속에 있는 존재로 보는 것이다. 즉, 청각장애를 들리지 않는다는 '신체적 장애'로만 보는 것이 아니라, 수어를 모르는 청인이 다수인 음성언어 중심의 사회에서 농인이 살아갈 때 필연적으로 발생하는 '사회적 관계상의 한계'로 이해하는 것이다. 이와 같은 농인에 대한 이해가 바로 '사회문화적 관점'이라 할 수 있다.

1. 사회문화적 관점

농의 정의는 전통적이고 일반적으로 개인의 '청각 상태'에 초점이 맞추어져 왔다. 이는 병리학적인 농의 개념이다(Padden & Humphries, 1988). 이런 관점에서는 농을 청인에게 의존해서 살 수밖에 없는 감각기관의 선천적 또는 후천적 상실로 인식한다. 농인은 청인에 비해 중대한 특정 결함이 있으므로, 특히 농아동에게 발화암시법(*cued speech*)이나 인공와우 등의 방법을 통해 농을 극복할 수 있는 보상 전략이 필요하다고 본다. 교육은 철저하게 듣고 말하기 위주의 구화법을 선호한다. 교육에서 수어는 배제되거나 사용이 용납되지 않는다(Lucas & Valli, 1989).

그러나 농 그 자체를 하나의 문화적·인류학적으로 해석하고 접근해야 한다는 움직임이 1960년대부터 활발히 이뤄졌다(Padden, 1998). 패든(Padden, 1998)은 농인을 농공동체, 즉 농사회의 구성원으로 언어와 문화, 전통을 공유하면서 자율적으로 살 수 있는 존재로 보았다. 우드워드(Woodward, 1982)는 농의 문화적 가치 관점으로 농을 묘사하며 농인과 청인 사이의 차이가 청각 기준의 차이가 아니라 문화적 차이라고 했다. 레이건(Reagan, 1990)에 의하면 농인의 규정 기준은 청력 손실의 정도가 아니라 농공동체의 구성원으로서 다른 농인의 생활방식과 같은

지, 다른 농인처럼 행동하는지가 기준이 된다. 이렇듯 농인을 바라보는 시각은 병리적 관점에서 사회문화적 관점으로 변화하고 있다(Lane, 1984). 사회문화적 관점은 언어적·문화적 다양성 가운데 농인이 자신만의 독특한 언어와 문화를 가진 집단으로 스스로를 인식하는 관점이다(Lane, 1992).

사회문화적 관점은 농인이 사용하는 수어를 이들의 모국어로 인정하는 것과 관련이 있다. 즉, 1950년대 중반 스토키(Stokoe, 1960)에 의해 농인이 사용하는 미국수화언어(*American sign language*)가 언어학적으로 주목받으면서, 농인을 주류 언어와는 구별된 '다른 언어'를 사용하는 언어적 소수집단으로 이해하게 된 것이다. 이 관점에서는 농인을 장애인 혹은 교정할 필요가 있는 문제 대상으로 보지 않고, 동일한 언어를 사용하는 언어적·문화적 소수집단으로 이해한다. 따라서 농인집단의 독특한 특성을 이해하려고 노력한다(Stokoe, Casterline & Croneberg, 1976). 현재 농인을 청각적 장애를 지닌 사람이라기보다는 문화적·언어적 소수집단으로 이해해야 한다는 관점이 농재활복지 전문가, 농교육자나 연구자, 언어학자로부터 폭넓은 지지를 얻고 있다(Stone, 1998).

2. 농정체성

지금까지 농정체성(*deaf identity*)에 관한 연구는 주로 미국에서 이뤄져 왔다. 이러한 연구는 농교육이나 사회복지실천 현장에서 농에 대한 병리적 관점을 극복하는 데 기여하여 서비스 이용자(클라이언트) 중심으로 농인서비스를 실천하는 데 상당한 역할을 해왔다. 특히, 농교육 분야에서 수어를 배척하고 구화를 위주로 하던 풍토에서 수어의 중요성이 강조되게끔 하는 데 결정적 역할을 했다(Andrews & Mason, 1986).

국내외적으로 최근에는 수어를 완전한 하나의 언어로 인정하면서, 농인 학생이 수어와 음성언어를 동등하게 접할 수 있는 이중언어 접근이 농교육 현장에 확산되고 있다. 이런 현상도 농정체성 연구를 통한 농공동체와 농문화에 대한 인식 개선의 결과로 볼 수 있다(Anderson & Reilly, 1997). 더욱이 1990년대 후반 미국에서는 다양한 심리사회적 문제가 농청소년의 교육과 복지 발전의 중요한 요인으로 인식되었고, 특히 농정체성이 농인의 심리사회적 기능에 중요한 영향을 끼친다는 연구 결과들이 발표되었다(Metzger, 2000). 우리나라에서도 농정체성과 관련한 다양한 연구가 진행됐다. 이런 연구들은 농정체성이 농청소년의 심리사회적 기능과 깊은 상관관계가 있음을 보여줄 뿐만 아니라 농청소년의 자립과 원만한 가정생활을 수행하는 데 중요한 요인이 됨을 밝혀 주고 있다(Fischer, 2000; 이준우, 2003a).

이를 간략하게 정의하면, 농정체성이란 사회문화적 관점에서 농인을 소수집단으로 이해하고 이들이 자신의 언어와 문화를 포함하는 농인집단에 관해 느끼는 일체감이라고 할 수 있다(Lucas & Valli, 1989). 농정체성에 관한 연구는 여러 연구자가 다루고 있다. 홀콤(Holcomb, 1997)은 농정체성 형성에서 농공동체나 수어에 대한 노출을 매우 중요한 요인으로 보고 농정체성을 균형적 이중문화정체성, 농인 중심의 이중문화정체성, 청인 중심의 이중문화정체성, 문화적 분리정체성, 문화적 고립정체성, 문화적 주변정체성, 문화적 포로정체성 등 7개 범주로 구분했다.

이 밖에 와인버그와 스터릿(Weinberg & Sterritt, 1986)은 농정체성을 농인정체성, 청인중심정체성, 이중정체성으로 구분했으며, 맥스웰(Maxwell, 1990)은 농인정체성과 청인중심정체성으로 구분했다. 특히, 와인버그와 스터릿(Weinberg & Sterritt, 1986)은 청인중심정체성을 가진 농인보다 이중정체성을 가진 농인이 타인에 대해 관대한 수용적 행위나 사회적 변화를 추구하는 경향이 있다고 했다.

농정체성을 단순하면서도 쉽게 이해되도록 잘 설명해준 학자로는 글리크먼(Glickman, 1993)이 있다. 글리크먼의 견해는 흔히 '농정체성의 4단계'라고 불린다. 이는 글리크먼과 하비(Glickman & Harvey, 1996)가 엮은 《농인 대상 문화적 긍정 심리치료》(1996)에 들어 있는 글리크먼의 글 "문화적 농정체성의 발달"(The development of culturally deaf identities)에 열거되어 있었다. 그리고 이는 글리크먼이 수와 제인(Sue & Zane, 1987)의 소수집단의 정체성 발달(*minority identity development*) 이론 틀을 빌려와 농정체성 발달(*deaf identity development*) 이론으로 만든 것이다. 농정체성 이론은 농인이 농인문화와 농인사회에 대해 어떻게 동일시하는지 혹은 하지 않는지를 공식적으로 개념화하고 정의하는 방식이다. 이 이론에서는 문화적인 관점에서 농정체성을 다음과 같이 네 유형으로 구분했다. 피셔(Fischer, 2000)는 이 이론을 토대로 농정체성 척도를 개발했다.

1) 청인중심정체성

청인중심정체성(*hearing identity*)은 병리적 관점에서 농을 이해하는 정체성이다. 농인이 청인보다 낮은 지적 능력을 가지고 있으며, 상대적으로 건강하지 못하고, 사회생활에 있어서도 미흡하다고 이해한다(Glickman & Carey, 1993). 이 정체성을 가진 농인은 청인의 삶의 양식을 따라가려는 경향을 많이 나타내는데, 여기에서 농인은 청인 중심사회로의 이동을 사회적 성공이자 나아가 장애를 극복하는 방법으로 이해한다(Fischer, 2000).

2) 주변정체성

주변정체성(*marginal identity*)을 가진 농인은 농에 대해 혼돈과 양가감정을 느낀다. 의사소통 측면에서는 음성언어와 수어 모두 미흡하다는 특징이 있으며, 농인사회와 청인사회 모두에서 적응하지 못하는 경향이 있다. 또한 농인 또는 청인 누구와도 깊은 인간관계를 형성하고 유지하는 데 어려움이 있다. 따라서 농인사회와 청인사회 중 어디에 소속감을 가져야 하는지를 알지 못하고 소속감을 갖는 준거집단이 자주 변하는 특성을 보인다(Glickman & Carey, 1993).

3) 몰입정체성

몰입정체성(*immersion identity*)은 농인문화와 청인문화를 분명하게 구분하고 두 문화 중 농인문화를 강조하는 단계다. 청인중심정체성을 가진 사람과 달리, 이 정체성을 가진 사람은 농을 치료받아야 하는 장애의 개념이 아니라 문화적 차이로서 강조한다.

몰입정체성에 머무는 농인은 청인세계의 가치를 낮게 평가하는 대신, 농인세계는 이상적인 것으로 여긴다. 농인은 항상 옳고 청인은 옳지 않다는 사고나 태도가 몸에 깊이 배어 있다. 따라서 청인은 불공정하다고 인식하며, 항상 청인에게 대응할 준비를 하고 있다.

또한, 농문화를 매우 중요한 가치로 인식한다. 수어가 음성언어보다 더 우위에 있다거나, 농인은 오직 농학교에서 특수교육을 받아야 한다거나, 농인 학생에 대한 교육이나 상담은 농인이 맡아야 한다고 생각하기도 한다. 그리고 수어를 표현하면서 동시에 말을 하는 것은 필요하지 않다고 강조한다. 청인세계에 분노를 느끼며, 이 분노는 이중문화정체성에 도달하면 감소한다(Glickman & Carey, 1993).

4) 이중문화정체성

이중문화정체성(*bicultural identity*)을 가진 농인은 농을 문화적인 차이로 인식한다. 청인문화와 농인문화를 모두 존중하고, 두 문화의 강점과 약점을 모두 인식한다는 특징이 있다. 몰입정체성에서 나타나는 청인사회에 대한 분노는 없으며, 오히려 이들과 함께 어울리는 문화를 지향한다. 따라서 수어와 음성언어를 함께 존중하며 의사소통을 할 때 두 가지 방법을 같이 사용한다. 이중문화정체성을 가진 사람은 농에 대해 균형적인 시각을 가지고 있다(Glickman & Carey, 1993).

제 3 절　　농사회의 특성

농사회란 청인사회의 시각에서 바라보고 이해하는 '농인사회'를 말한다. 이해를 돕기 위해 예를 들어 보자. 뉴욕이나 샌프란시스코에 가본 사람은 누구나 그 도시에 있는 '코리아타운'에 관해 들어 봤을 것이다. 19세기 말에서 20세기 초까지, 다양한 국적의 수많은 사람이 미국으로 이민을 갔다. 그러면서 당시 미국의 대도시에는 국적과 언어가 같은 사람끼리 모여 사는 지역이 생겨났다. 그들은 낯선 땅에서 함께 모여 살며 미국문화에 적응할 때까지 심리적·사회적으로 서로 의지하고 도왔다. LA에 있는 코리아타운, 즉 한인타운이 탄생한 것이다.

　농사회의 구성과 목적 그리고 조직은 코리아타운과 같은 미국 내 이민자 집단과 매우 흡사하다. 농인사회는 청인사회로부터 다소 동떨어져, 상호 호혜적인 혜택과 즐거움을 위해, 비슷한 처지에 있는 사람들로 구성된다. 그 이유로는 크게 두 가지를 들 수 있다.

　첫째, 농인이라는 상호 동류적인 특성 또는 청각장애라는 동질적 요인을 가지고 있기 때문이다. 실제로 농인은 같은 청각장애를 가진 사람과 함께 있는 것을 더 편하게 여긴다. 모든 농인 성인의 80% 이상이 청각장애를 갖고 있는 농인과 결혼한다(Bishop & Hicks, 2005)는 연구가 이 같은 사실을 보여 주는 대표적 사례다. 이는 한국에서도 마찬가지이다. 강원도 수어문화원에서 연구원으로 활동하고 있는 이율하와 연구진(2018)의 조사 결과, 강원도 농인 74%가 농인 배우자와 결혼하는 것으로 나타났다. 이를 단지 강원도만의 현상이 아니라 전국적 실태로 봐도 무방할 것이다.

둘째, 상호 인정된 수어라는 동일한 시각언어를 사용함으로써 자유롭고 쉬운 의사소통이 가능하기 때문이다. 국립국어원과 한국농아인협회가 공동으로 조사해 발표한 《2017년 한국수어 사용실태 조사》 결과에 따르면 농인이 주로 사용하는 의사소통 방법은 '수어'로 나타났으며, 특히 일상적 의사소통에서 가장 많이 사용하는 언어가 '수어'라는 응답이 69.3%였다(국립국어원, 2017). 또한 이율하와 연구진(2018)의 조사에서는 농인의 72%가 수어로 의사소통한다고 나타났다. 이는 농인의 주된 의사소통 방법이 수어임을 분명하게 말해 준다. 이렇게 수어를 제1언어로 사용하며 살아갈 수 있는 것은 수어를 통해 의사소통할 수 있는 농사회가 있기 때문이다.

그렇다면 농인의 공동체인 농사회가 청인에게는 철옹성일까? 그렇지 않다. 농인과 청인 간의 언어적·사회적·문화적 장벽은 결코 견고하지만은 않다. 많은 농인이 직장과 학교, 지역사회에서 청인을 사귀고 있으며 청인 가족과도 좋은 관계를 유지한다.

다만 청인이 어떤 농인과 빨리 친구가 되고 싶을 때 문제가 발생할 수 있다. 이 문제에 관해 몇몇 연구자는 청인이 농인과 친밀한 관계를 갖기 위해서는 모종의 '신뢰의 표징'(credentials)이 필요하다고 지적했다.

즉, 장기적 관점에서 농인과 신뢰할 만한 관계를 맺을 수 있다는 증거가 필요하다는 것이다. 예컨대 손으로 의사소통을 할 수 있는 능력, 즉 수어를 사용할 수 있어야 한다. 그저 전반적으로 우호적이라는 것만으로는 충분하지 않다. 사랑과 수용, 그리고 신뢰와 함께 수어 사용 능력의 함양은 농인과 청인 간 장벽을 깨뜨리는 데 크게 기여할 수 있다.

그렇다면 농사회를 설명할 수 있는 특성은 무엇일까?

1. 농문화적 가치

대부분 농인은 청인 부모 밑에서 양육받으며 성장한다. 그러나 일부 농인은 농인 부모로부터 태어나 어릴 때부터 농문화 속에서 자란다. 이들은 태어난 직후부터 부모의 언어인 수어를 배우기 시작하고 수어를 아주 유창하게 사용한다. 또한 이들은 부모가 속한 농문화와 농사회의 신념과 행동을 배운다. 학교에 들어가서는 농인 부모 가정에서 출생하지 않은 많은 농아동에게 문화적이며 언어적인 표상이 되고, 이후 농문화와 농사회의 일원이 되는 데 도움을 주기도 한다.

농문화에서는 어느 정도의 청력 손실이 있는지가 농인의 기준이 아니다. 오히려 다른 농인과 같은 정서와 삶의 가치, 태도를 공유하는지, 다른 농인처럼 행동하며 사는지가 중요한 기준이 된다. 실제로 농사회에서 농문화를 누리며 사는 농인은 흔히 다른 농인 친구의 청력 손실에 관해 자세하게 알지 못한다. 자신과 친한 농인 친구가 전화를 사용할 정도로 청력이 좋다는 것을 알고 깜짝 놀라기도 한다.

그래서 농문화에서는 청력 상실 혹은 청력 손실의 정도를 따지기보다, 농인이 지향하는 농문화적 가치를 가장 중요하게 여긴다. 농문화적 가치는 농인이 어떻게 행동하는지, 그리고 무엇을 가치 있다고 생각하는지를 반영하는 '그 무엇'이다. 그렇다면 이는 과연 무엇인가? '농문화적 가치'는 무엇을 의미하는가?

1) 수어

농인이 가장 가치 있게 여기는 것은 단연 '수어'다. 그래서 우리나라의 경우 '한국수어'가 대표적인 농문화적 가치다. 여기서 주의해야 할 것은 '수지 한국어'가 아닌 자연언어로서의 '한국수어'라는 점이다.

수어는 농문화에서 중요한 가치임에 틀림없다. 모든 농인이 수어를 모국어 수준으로 사용할 수 있는 것은 아니다. 즉, 모든 농인이 수어를 1차 언어로서 부모로부터 배우지는 않는다. 음성언어를 1차 언어로 사용하면서 농문화에 적응한 경우도 많다. 그럼에도 대다수 농인이 수어를 소중히 여기고, 수용하고 있으며, 과거에 비해 더 많은 농인이 수어를 사용하려고 애쓰고 있고, 수어를 자랑스러워하고 있다는 점이 중요하다.

수어를 선호하는 농인은 수어를 통해 의사소통한다. 수어를 사용함으로써 농인이 음성언어에 기반을 둔 주류 문화로부터 소외되기도 한다. 그러나 동시에 농인과 어울리며 유창한 언어를 사용한다는 자부심을 느낄 수 있다.

수어는 손으로 구현되기 때문에 손이야말로 농인에게는 그 어떤 것보다도 소중한 가치를 지닌다. 손은 일상생활에서도 요긴하지만 동시에, 특히 농인에게는 언어적 매개체로서의 역할을 수행한다. 표정을 비롯해 다양한 '비수지신호'도 농인에게는 중요하다.

농인은 흔히 수어로 표현할 때, 공간을 도화지로 삼은 것처럼 활용해 그림을 그리듯 표현한다. 어떤 수어는 대상을 시각적으로 표현하지만, 때로는 '궁궐'과 같이 '전통적인 처마'의 모양을 상징적으로 그리기도 한다. 또한 어떤 수어는 어떤 움직임의 특징을 나타내기도 한다. 가령 '말'과 같이 말이 뛰는 모습을 절묘하게 표현하기도 한다. 반면, 어떤 수어는 과도한 몸짓보다는 그 실체를 극명하게 드러내기도 한다. 이를테면 '하얀색'과 같다.

한편, 농문화에서는 '말하는 행위'를 주의해야 한다. 말하기는 농사회에서는 적절한 행동이 아니다. 말하거나 입을 움직이는 것은 농인들에게는 부정적인 이미지를 떠올리게 한다. 말은 과거 농인으로 하여금 자신의 언어인 수어를 대신해 사용하도록 강요되어온 억압의 상징이기도 하다. 그 결과, 여전히 많은 농인이 말하기에 관해 언제나 자신들이 손해를 보고 있다고 느낀다.

농문화 속에서 자란 농아동은 수어에서 사용하는 정도에서 자연스럽게 움직이는 정도로만 입을 사용한다. 농사회에서는 과장된 말하기를 예의 없거나 품격이 낮은 행동으로 간주한다. 많은 농인이 입을 다물고 수어 하는 것을 품위 있는 것으로 여긴다. 이를 미적으로도 아름답고 적절하다고 받아들인다.

수어를 통한 자유로운 소통은 농문화에서 보편적인 삶의 양식이다. 다른 농인과의 지속적 만남은 중요한 사회적 활동이며, 최소한의 사회적 관계를 유지하는 마지노선이기도 하다. 실제로 많은 농인이 공식 모임이 끝나도 집에 가지 않는다. 시간이 많이 지나도 삼삼오오 모여 늦게까지 이야기하거나 식당 영업이 끝났으니 이제는 나가 달라고 할 때까지 수어로 대화하는 농인의 모습을 흔히 발견할 수 있다. 이는 농인이 수어를 통해 아무런 방해도 받지 않고 의사소통할 수 있는 것을 즐기기 때문이다. 농인은 동일한 농문화적 가치를 공유하는 또 다른 농인과 함께 살고 함께 더불어 만날 때, 지지와 신뢰에 기초한 진정한 만남이 가능하다고 느낀다.

2) 수어시, 농유머, 농이야기, 농연극

농문화적 가치를 나타내는 중요한 요소로 수어시(*sign language poetry*)와 농유머, 농이야기(내러티브), 농연극 등이 있다. 농문화적 가치는 글로 담긴 책을 통해 전승되지 않는다. 오히려 독특한 수어의 조합과 농인 특유의 다양한 표현이 내포된 수어시와 농유머, 농이야기, 농연극 등을 통해 농문화적 가치가 공유되고 확산된다. 특히, 농인의 이야기에는 성공담이 넘쳐난다. 행복하고 기쁨이 넘치며 자신의 자아를 온전히 실현했다는 이야기야말로 농이 청력의 상실이나 문제 혹은 결함이 결코 아니라는 강한 신념과 자부심을 농인의 삶에 심어 준다. 이와 같은 농문화적 가치의 형식 역시 시각적 표현에 기초한다. 이것이야말로 음성언어 중심의 청인문화와 구별되는 가장 중요한 특성이다.

3) 농문화적 행동 양식

농인은 농사회에서 살아가면서 농문화적 행동 양식을 창출하고 보급해 보편화했다. 농인은 이런 행동 양식들을 농사회에서 소중하게 여기고 지킴으로써 농인으로서의 정체성을 유지해 나간다. 두 손을 높이 올려 흔들어 박수를 대신하는 것, 허리선 위로 수어를 하여 상대방이 수어를 읽는 부담을 덜어 주는 것, 수어통역사가 옷의 색상에 신경을 쓰는 것 등을 행동 양식의 예로 들 수 있다.

농인은 청인보다는 농인과 함께할 때 편안해한다. 자연히 놀러 갈 때도 농인들과 함께한다. 특히, 농문화적 행동 양식에서 두드러지는 것은 여행이다. 국내든 해외든, 일정이 짧든 길든, 농인은 시각을 만족시키는 여행을 즐긴다. 그리고 그 여행은 수어와 함께하는 여정이 된다. 눈으로 보며 다니고 눈으로 보며 소통하는 것이다. 운동도 좋아한다. 축구나 야구, 볼링, 당구, 스킨스쿠버 등이 대표적이다. 물속에서 수어로 대화하는 스킨스쿠버의 경우 폭넓게 보급되지는 않았지만 마니아층이 형성돼 있을 정도다. 볼링의 경우 많은 농인이 즐기는 운동으로 자리 잡고 있다. 수어로 대화하며 점수도 매기고, 조금만 해 보면 누구나 다 할 수 있는 운동이기 때문이다. 그리고 종교적 활동도 빼놓을 수 없다. 가령 교회에 가서 예배하는 것을 들 수 있다. 모든 종교의식은 수어로 진행되고 교인끼리도 수어로 대화하며 교제한다.

농문화적 행동 양식의 공통된 특징은 수어로 소통하기에 편안해야 한다는 것이다. 결국 농문화를 향유하며 살아가는 농인은 가장 농인다운 것이 무엇인지를 늘 생각하면서 농인처럼 행동하고, 농인의 언어인 수어를 사용하고, 농인으로서의 자부심을 농인이 아닌 사람들에게 분명히 나타내면서, 농정체성을 확고하게 규정해 나간다.

2. 심리적 안정감

일정한 지역의 농인 성인 비율은 청인보다 매우 낮다. 이로 인해 농인사회는 작은 '읍'과 같은 분위기를 풍기며 그런 환경에서 흔히 나타날 수 있는 즐거움과 문제점을 동시에 지니는 경우가 많다. 요컨대, 농인사회 내의 모든 사람은 서로 다 알고 지내며, 모든 애경사에 농인사회 모든 구성원이 전부 동참한다. 이러한 작은 '읍'다운 분위기에서 농인은 언제 어디서든 신중한 처신을 요구받으면서도, 동시에 농인사회의 구성원인 자신이 죽으면 모든 구성원에게 애도를 받으리라고 기대할 수 있기도 하다.

농인사회 구성원들이 서로 긴밀히 결속되어 있으므로 참여 가능한 사회적 활동도 많다. 특히, 농인 성인의 상당한 숫자가 모여 사는 도시지역에서는 여러 가지 조직체, 운동팀 등 사교클럽, 종교단체, 주민회의 등과 같은 단체모임이 농인들을 꽁꽁 엮어 '촘촘한' 하나의 공동체가 되게 한다.

3. 삶의 현장을 뛰어넘는 농문화의 연대감

농사회는 농인 각자의 삶의 자리에 존재한다. 예를 들어 서울과 경기도, 즉 수도권에 거주하는 농인과 경상도, 전라도, 충청도, 강원도, 제주도 등에 사는 농인의 농사회는 약간씩 다를 수 있다. 그러나 큰 차이는 나지 않는다. 당연히 농인은 한 지역에서 다른 지역으로 옮겨갈 수 있고, 상대적으로 쉽게 새로운 농사회의 일원으로 받아들여질 수 있다. 그뿐만 아니라 나라와 민족이 다르고 언어가 달라도, 심지어 수어마저 달라도 농인들은 서로 통한다. 조금씩 달라도 상호 간에 소통이 가능하다. 농문화의 연대감 때문이다. 실제로 농인들은 농문화에 관한 지식을 바탕으로 상호 연대감을 형성한다. 그리고는 어디를 가든, 어디에서 생활하든 자신이 속할 수 있는 농사회와 연결되기 위해 애쓴다. 새로운 농사회의 일원이 되어 특별한 사안들을 알아 간다.

이렇듯 지역이 다르고 나라와 민족이 다르며 삶의 현장이 달라도 모든 농인이 공유하는 단 하나의 농문화가 존재한다. 농문화는 지역을 뛰어넘어 농인 간의 강력한 연대와 결속력을 이뤄낸다.

4. 공통의 목적

농사회는 공통의 목적을 공유하는 농인의 모임이다. 농사회가 추구하는 공통의 목적은 제법 많다. 예컨대 의사소통 지원, 고용과 직업생활 확대, 정치 참여 보장, 학교교육의 발달, 사회복지서비스 확충 등이 공통의 관심사이자 공동으로 해결해 나가야 할 사안이다. 가장 중요한 공통의 목적 중 하나는 농인의 정체성이자 의사소통 방법으로서의 수어에 관해 사회적으로 올바른 이해를 확산하고, 청인사회를 향한 수어교육과 수어를 보급하는 것이다.

한국의 농사회 가운데 공통의 목적을 달성하기 위한 가장 대표적인 곳은 한국농아인협회를 중심으로 한 '농커뮤니티'(공동체)다. 지금까지 농인 인구가 별로 많지 않은 도시에서는 농인들이 서로 만나고 정을 나누고 정보를 교환할 수 있는 현장을 자조단체인 한국농아인협회가 제공해 왔다. 한국농아인협회는 수어통역사의 배출처이자 그들에게 도움과 힘을 주는 원천이며, 농인의 욕구에 별 관심을 기울이지 않는 청인 중심의 세계에서 유일한 사랑과 우정의 근원지이다. 무엇보다도 수어통역센터는 농인이 청인 세계와 연결될 때마다 커다란 역할을 감당하고 있다. 농인들은 수어통역센터를 이용하면서 동시에 한국농아인협회와도 긴밀한 상호작용을 하고 있다. 한국농아인협회의 수고와 노력은 농사회를 떠받쳐 주는 토대이자 농사회를 바르게 인도하는 원동력이다.

최근에는 온라인 커뮤니티를 중심으로 다양한 농인소집단이 활발하게 운영되고 있다. 저마다의 욕구와 기호에 부응하는 동아리 형태의 농인소집단도 생겨나고 있다. 농청년회, 농대학생연합회 등이 대표적이다. 이제 농사회라는 커다란 상위 공동체 산하에 작은 공동체들이 오밀조밀 만들어지는 모양새다. 이들 소집단도 결국은 농인의 권리와 생활 만족, 욕구 등을 실현해 나가는 출구이자 활력소로서의 역할을 할 것이다.

제 4 절　　　**변화를 향한 제안**

헬렌 켈러는 "시각장애는 사물과 우리를 차단하지만, 청각장애는 사람과 우리를 차단한다"고 했다(Harrington, 2000). 많은 농인에게 수어를 통한 의사소통은 큰 의미가 있다. 수어를 사용하는 사람들은 그들의 언어를 사랑한다. 설령 그들이 청인세계의 언어를 구사할 수 있더라도 이같은 사실에는 변함이 없다.

농인 인권운동가 캐럴 패든(Carol Padden)과 톰 험프리스(Tom Humphries)는 "문화는 농인에게 그들이 현재에 적응하기보다 과거를 계승한다고 믿게 한다. 따라서 그들은 스스로를 불완전한 청인으로 생각하는 대신 함께 어울려 살아가는 농사회의 문화적·언어적 존재로 생각한다. 그리고 이런 생각은 그들에게 오늘날의 세상에서 다른 사람과 더불어 존재해야 하는 이유를 제공한다"고 말했다.[1] 그렇다면 이제 한국사회에서는 어떤 일이 일어나야 할까? 농인에 관한 관점의 변화와 농사회 및 농문화를 수용하도록 돕기 위한 내 나름의 제안을 다음과 같이 제시해 본다.

1. 수어를 적극적으로 수용하는 혁신적인 농교육 실시

농사회와 농문화를 수용하고, 병리적 시각이 아닌 사회문화적 관점으로 농인을 바라보는 인식에 기초한 새로운 농교육이 실시되어야 한다.[2] 농

1　Padden & Humphries, 2005, pp. 161~167에서 자세한 내용을 살펴볼 수 있다.

인에게 조기 개입이란 보청기나 증폭기 또는 가능한 한 청인처럼 보이도록 아이를 훈련시키는 행위만을 의미하지 않는다. 훌륭한 조기 개입 프로그램은 농아동과 청인 부모에게 일찍부터 수어를 접할 기회를 제공하고 수어를 사용하는 농인과 교류할 다양한 기회를 제공하는 것이다.

그런데 농아동을 둔 대다수 청인 부모는 "자녀가 청각장애입니다. 그렇지만 인공와우 이식수술만 하면 들을 수 있고 말할 수 있습니다"라는 말을 청각장애 진단과 함께 의사로부터 듣는다. 즉, 의사로부터 인공와우 이식수술 이외의 방법에 관한 정보는 거의 접하지 못한다. 인공와우 이식수술은 자연스럽게 기정사실화되고, 향후 자녀가 받아야 할 청각재활과 구화교육을 향해서만 모든 에너지가 집중된다.

하지만 농아동을 둔 농인 부모의 입장은 확연히 다르다. 이들은 아이가 인공와우 이식수술을 하더라도 완전한 청인이 될 수 없음을 분명하게 안다. 오히려 인공와우 이식을 하면 아이가 성장하면서 청인세계와 농인세계 어디에도 끼지 못한 채 정체성의 혼란을 겪을 것이라는 사실도 잘 안다. 농인 부모는 자신의 아이가 농인인 것을 기쁘게 받아들이고 이들을 잘 키우면, 두 언어와 문화를 익숙하게 향유할 수 있다고 자랑스럽게 생각한다.

실제로, 김병하와 강창욱(1992)의 연구와 곽정란과 서영란, 이정옥 (2011)의 연구에 따르면, 연구에 참여한 농인 부모 역시 청인 부모가

---

2 사회복지를 전공한 입장에서, 다른 영역이라고도 볼 수 있는 농교육과 관련해 제언을 하는 데 부담이 크다. 그럼에도 농인의 높은 삶의 질과 행복한 생활을 향한 도전이라는 의미에서 조심스럽게 작성해 보았다.

자녀에게 말을 거는 것처럼 자연스럽게 수어로 의사소통을 하고 있었으며, 이들 자녀 모두는 이 과정을 통해 자연스럽게 수어를 습득했다. 농인 부모 역시 청인 부모와 마찬가지로 자신의 제1언어를 육아에 사용하고 있었으며, 이것은 자녀의 정서적 안정과 언어 발달에 긍정적인 영향을 미치는 것으로 조사됐다. 또한 연구에 참여한 농인 부모들은 수어로 동화책을 읽어 주면서 자녀에게 '문해 지도'를 하고 있었으며, 자녀가 잘 모르는 내용은 수어를 사용해 쉽게 설명해 이해를 돕고 있는 것으로 나타났다. 이와 같은 지도 방법은 자녀의 문해 능력 발달에 매우 긍정적인 영향을 미치고 있었다. 농아동을 둔 농인 부모들은 자녀가 앞으로도 수어를 계속 사용하기를, 그리고 농인으로서 자긍심을 가지고 살아가기를 희망하고 있었다. 한편, 농인 자녀들은 어릴 때부터 자연스럽게 수어를 습득하면서 언어 발달 지체의 문제를 겪지 않았으며, 부모와 자연스럽게 대화를 즐기고 있었다. 그뿐만 아니라 수어를 통해 문장을 접하기 때문에 문장에 대한 거부감이 적었을 뿐만 아니라, 어려운 내용은 부모가 한국수어로 쉽게 설명해 주어 내용도 잘 이해하고 있었다.

이런 맥락에서 강창욱(2012)과 원성옥·김경진·허일(2013)의 연구는 울림이 크다. 강창욱(2012)에 의하면, 청각장애교육에서 가장 기초적이면서 핵심적인 지도는 언어 지도인데 한국의 농교육 현장은 기능적인 방법에 과도하게 집중됨으로써 본연의 교육적 책임을 다하지 못한다는 한계가 있었다. 다시 말해, 청각장애교육 현장에서 언어 지도라고 하면 언어만을 지도하는 것, 좀더 좁게는 특정 언어의 기능(예: 구화교육)만을 지도하는 것으로 인식하는 경향이 있었다는 것이다. 그러나 언어를 지도할 때는 무엇보다도 인지와 언어의 관계를 고려한 지도가 필요하며, 사고의 계발과 활용이 뒷받침되지 않는 언어 지도는 소기의 성과를 기대하기가 어렵다. 나아가 언어 지도의 궁극적인 목표는 의사소통의 능력을 신장하는 데 있어야 한다. 한편, 원성옥과 김경진, 허일(2013)의 연구는 농인 학생에게 더욱 이른 시기에 수어 능력을 발달시켜 그 언어로 자신의 경험을 처리하고 사고하도록 하고, 그에 따라 2차 언어인 국어 문어를 발달시켜야 한다고 지적했다. 수어 습득을 위한 환경의 제공은 당연히 농인 학생의 의사소통 및 학습의 권리로서 보장되어야 한다는 것이다.

이러한 연구들을 종합 정리해 보면, 농교육에서 오로지 구화 능력만을 키우려는 구화 일변도 방식의 수업은 언어 지도의 본래 방향에 부합하지 못함을 알 수 있다. 학생이 스스로 생각하고 표현하며 자신이 인식하는 것을 종합적으로 구성해낼 수 있는 능력을 갖추게끔 하는 것이 언어 지도의 본질이다. 이는 수어도 교육 현장에서 반드시 활용돼야 함을 말한다.

원성옥과 권순우, 김지숙, 김선영(2014)의 연구에서 결과로 도출된 농아동의 수어교육에 관한 농인 당사자들의 생생한 의견은 이러한 내용을 보증하고도 남기에 충분하다.

농인 입장에서는 … 그런 프로그램을 먼저 개발해 일반 아이들과 뒤처지지 않게 동등하게 발달할 수 있지 않을까 생각합니다. 가능하다면 그림, 사진을 보여 주고, 시각적으로 습득하게 하는 것입니다. 농인은 시각 중심이기 때문에 … 한국 사회는 청력 중심인데, 시각적으로 집중해 물건,

콘텐츠에 많이 노출되고, 이것을 통해 뇌 발달에 자극을 주는 게 제일 중요한 시발점이 되지 않을까 생각합니다.

어린이집에서 매우 이른 시기부터 교육을 하는 것으로 알고 있습니다. 이 기회를 이용해 수어교육을 그 안에 삽입하는 것도 좋을 것 같습니다. 왜냐하면 농아를 낳았을 때, 아기들이 태어나자마자 말을 하는 게 아니고 제스처로 대화를 시도하잖아요. 제스처나 몸동작으로 언어 발달을 한다고 합니다. 그러니까 빨리, 일찍 어린이집 교육 과정에 수어를 넣어도 될 것 같습니다.

교육하는 방법에 대해 제안하고 싶습니다. 일반 아이를 낳으면 6개월 이후에 옹알이를 하잖아요. 그런데 농아동은 그런 표시가 없으니까, 그렇다면 인지적으로 수화를, 완전히 수화를 가르치자는 게 아니라 그림을 보여 주고 '사자' 제스처를 보여 주면서 따라 하게 하는, '인지적 수화'(= 공간적 수화)를 노출시키는 게 필요한데, 그런 프로그램이 없는 것 같습니다.

구화보다 수화교육을 먼저 시키는 것이 필요해요. 농학교조차 구화 중심 교육을 하고 있는데, 언어 선택에 따라 농인 학생의 욕구를 반영하는 것이 필요해요. 그렇기 때문에 농인이 처음부터 구화교육을 하는 것보다, 수화교육을 먼저 시작하는 수화교육 중심으로, 다시 말씀드리면 제가 말씀드리는 국어는 한국어교육을 말하는 건데요. 구화교육을 먼저 시키기보다 수화교육을 먼저 시키는 게 좋을 것 같아요.

농학교 안에서도 수화교육은 이루어지지 않고 있습니다. 이런 부분 때문에 아이들은 자기들끼리 쓰기 때문에 수화를 다르게 사용하고, 그러다 보니 언어 전승에도 문제가 있고 …. 농인 성인을 만날 기회가 특수학교 자체에서는 없어요. 그런 부분에서 가능하면 같이 만날 수 있는 연계 프로그램을 만들어줄 필요가 있습니다. 농인은 이상한 사람이 아니구나, 어른이 되어 저렇게 살아갈 수 있구나 …. 다양한 모습을 보여 줘야 내 아이를 키울 때 다양한 생각을 할 수 있죠. 그런데 오로지 말만 시키면 모든 문제가 해결될 수 있을 거라는 말도 안 되는 신화 하나만 믿고 가는 경우가 많아요.

따라서 농교육에서 수어와 구화의 균형이 필요하다. 다시 말해 이중 언어적 접근이 이뤄져야 한다. 하지만 우리나라는 여전히 수어를 철저히 배제하고 구화 중심의 교육에 치중하고 있다. 이런 현상의 이면에는 수화언어를 농인의 언어로 자연스럽게 받아들이지 않는 사회 분위기가 자리 잡고 있다. 그리고 이런 분위기에 편승해 구화를 선호하는 부모의 태도도 복합적으로 작용한다. 따라서 교육 과정이나 사회 분위기가 구화와 수어를 동등하게 인정하고 받아들일 수 있도록 변화되어야 한다.

농청소년에게 학교 현장에서 수어를 배우고 사용할 수 있는 권리를 보장하는 이중언어 및 이중문화 접근 확립에 대한 사회제도적 노력과 동시에 실천적 과제가 필요하다. 세부적으로 실천해야 할 대응 방안은 다음과 같다.

첫째, 농학교 교사의 태도 개선을 위한 프로그램이 필요하다. 이중 언어 및 이중문화 접근이 교육 현장에서 실천되기 위해서는 우선 농학교 교사의 태도가 긍정적이어야 한다. 아무리 좋은 방안이 제시되어도 교사의 직접적 실천 없이는 이뤄지지 않기 때문이다. 따라서 농학교 교사의 농인 및 농인 교육에 대한 인식을 긍정적으로 변화시킬 수 있는 다양한 접근이 이뤄져야 할 필요가 있다. 가령, 농학교 교사를 대상으로 수화언어 교육 강좌나 수화언어 재인식 워크숍 등과 같은 프로그램을 개발·시행해볼 수 있다. 아울러 교사 양성 과정이나 교사 재교육 과정에서 이중언어 및 이중문화 접근의 이론과 실제를 강조해 실천적 문제점과 한계를 함께 해결할 수 있는 방안을 연구해야 한다.

둘째, 이중언어 및 이중문화 접근에 대한 실증적 검증이 이뤄져야 한다. 이론과 가설이 항상 현실적으로 나타나는 것은 아니다. 특수교육과 재활복지는 현장 중심의 실천 학문이므로 대안 없는 부정이나 막연한 선입견을 배제한, 현장에서의 직접적인 검증이 이뤄져야 한다. 이를 위해 이중언어 및 이중문화 접근을 기반으로 하는 교육적 시도를 시범적으로 감당할 농학교가 선정되고 임상적으로 실행될 필요가 있다. 이런 시도에 대한 결과를 통해 이중언어 및 이중문화 접근의 수월성이 객관적으로 증명될 수 있다. 이 같은 실증적인 검증이 토대가 될 때, 농학교의 변화는 이뤄질 수 있을 것이다.

셋째, 농학교 교육 과정이 개선되어야 한다. 농학교 교육 과정에서 수화언어를 지도할 방안을 검토해야 한다. 교육 과정에서부터 수화언어가 배제될 때 농청소년의 농정체성은 부정적으로 발달할 수밖에 없다. 그러므로 긍정적인 이중문화 정체성을 형성하기 위한 교육 과정이 시급히 개선되어야 한다. 아울러 농학교에 농인 교사를 크게 확충하는 방안도 검토될 필요가 있다.

그런데 사실 이상과 같이 제시한 방안들이 너무 늦은 것은 아닌지 염려된다. 이미 농학교에는 농학생이 사라지고, 그 자리를 발달장애학생이나 지체장애학생이 채워 가고 있기 때문이다. 그럼에도 지금이라도 농학교를 전면적으로 개혁해야만 하는 것은 농학교의 본질이 바로 농문화의 출발지이기 때문이다.

2. 가족을 강력한 지지체계로 만들기

농아동을 포함해 농청소년의 역량을 강화하기 위해 그 가족을 든든한 지지체계로 만들어나가야 한다. 우선 농청소년과 부모와의 상호작용을 촉진할 수 있는 다양한 사회복지실천 개입을 개발할 필요가 있다. 이를 통해 심리사회적 지지를 해나가야 한다. 농청소년에게 그 무엇보다도 중요한 생애 발달적인 과업은 심리사회적 기능을 긍정적으로 향상시키는 일이다.

구화만이 강조되는 가정과 학교에서 생활하는 농청소년은 이중문화정체성을 형성할 수 없다. 이로 인해 정신건강과 스트레스 대처 방식, 가정생활 및 학교생활 적응은 부정적 방향으로 진행될 수밖에 없다. 이중문화정체성이 형성되지 못한 농청소년이 긍정적이며 성숙한 심리사회적 기능을 갖고 건강하게 생활하기란 쉽지 않다. 농청소년이 자라 건강한 사회인이 될 수 있도록 심리사회적 기능은 향상되어야 하며, 이를 위한 가장 시급한 과제는 농청소년의 농정체성을 어떻게 효과적으로 긍정적인 수준까지 높여 나갈 수 있을지에 대한 실질적 방안을 찾는 일이다.

이런 맥락에서 부모와 가족을 강력한 지지체계 혹은 지지망으로 만드는 일은 매우 유용한 작업이다. 우리나라 현실에서 농청소년이 자신의 미래를 긍정적으로 조망하며 소망의 비전을 갖는 일은 외로운 과정이 될 수 있다. 그러므로 부모와 그 가족의 지원이 절실하게 요구된다. 가족의 지원 없이는 농아동과 농청소년의 비전 수립은 어떤 전략으로도 가능하지 않다. 가족의 헌신적인 지지와 지원을 받는 아동기 및 청소년기 농인 자녀가 이렇게 말할 수 있다면 얼마나 좋을까? "엄마도 농인이었으면 좋았을 것 같아요. 청각장애가 있어서 행복해요." 농인 자녀가 자신이 농인이 아니었다면 좋았을 것이라 말하지 않고, 오히려 엄마도 농인이면 좋겠다고 고백하는 가족이 이 땅에 많아졌으면 하는 바람이다.

3. 농문화 수용하기

농문화운동은 1960년 미국의 윌리엄 스토키(William Stokoe)가 언어로서 미국수화언어의 복잡성을 인지하고 학술적으로 언어적 성격을 규명하고 나서야 오늘날의 형태로 탄생했다. 하지만 농문화운동은 1984년 인공와우 이식수술이 미국 FDA의 승인을 받으면서 커다란 도전과 위기에 직면했다. 최근 일각에서는 농문화가 이미 끝났다고 말하는 사람들까지 보이고 있다.

우리나라의 경우도 예외가 아니다. 대략 10여 명의 농아동 중 8~9명이 인공와우 이식수술을 받는 것으로 추정된다. 특히, 우리나라의 경우 인공와우 이식수술에 드는 경비 중 상당 부분을 정부가 지원하고 있다. 이뿐만이 아니다. 우리나라 의료진의 기술적 수준도 세계적이어서 그 어느 나라보다도 인공와우 이식수술이 활발하게 이뤄진다. 아울러 그에 따른 언어치료와 청능재활 등도 바우처 제공을 통한 사회서비스 지원으로 원활하게 진행된다. 그러다 보니 인공와우 이식수술을 하지 않는 것이 오히려 이상한 형국이 되고 말았다. 전 세계적으로 청각장애를 가진 농인이 계속 존재하겠지만, 우리나라를 비롯해 선진국에서는 향후 50년에서 100년 안에 농인이 거의 사라질 가능성이 크다.

누구나 청각의 능력을 가질 수 있는 시대가 다가온다면, 가령 인공와우 이식수술이 지금보다 훨씬 더 정교하게 발전한다면, 순수한 상태로 유지되는 농문화는 마치 민속촌이나 박물관의 유물과 같은 처지가 될지도 모른다. 그리고 지금의 인공와우 이식수술과 관련된 논란도 후대에서는 더욱 나은 세상을 향하기 위해 부득이하게 치러야 할 대가였다고 평가할지도 모를 일이다.

그렇다면, 청력을 갖지 못한 채 태어난 사람들은 앞으로도 계속해서 자신들의 공통점을 갖게 될까? 그들의 언어인 수어가 여전히 사용될까?

이는 정말 어리석은 질문이다. 당연히 수어는 사용될 것이다. 최근 10여 년(2008년부터 2019년 5월까지) 동안 인공와우 이식수술을 한 후 일반학교에서 구화로 공부하고 수어와 농문화는 전혀 경험하지 못한 채 내가 몸담고 있는 강남대에 입학한 농인 학생 가운데 거의 90%가 수어를 대학에 와서 배웠다고 말했다. 좋고 싫다는 의사표현이 표정에도 전혀 나타나지 않고, 행복한지 아니면 우울한지 등도 전혀 알 수 없었던 농인 학생들이 자신과 같은 농인 대학생과 수어로 교류하며 자신의 정체성에 대한 고민을 소통하고 논의해 가면서 진정한 삶의 의미와 행복을 찾아가는 모습도 보았다. 무엇보다도 수어와 농문화에 자부심을 느끼는 농인 대학생들은 당당하다. 농문화에서는 청각장애나 손실이 더 이상 비정상이 아니기 때문이다. 농문화와 농사회 속에서 청각장애는 상실이 아닌 '농'이라는 현상을 소유한 것이며, 수어는 보편적인 삶의 요소가 된다. 자연히 자신의 '농'을 자랑스러워한다. 농은 결함이 아니라 '현상'이 된다.

스마트폰이 있고 텔레비전이 있음에도 영화는 꼭 극장에 가서 보듯 청력을 잃은 사람의 언어도 계속해서 사용될 것이다. 농문화가 청인사회에게 보여준 것 가운데에 소중한 것이 무엇이며 오히려 청인 사회에 귀감이 될 수 있는 것은 무엇인지를 살펴보는 일은 매우 가치 있는 작업이다.

엄밀하게 말하자면 농문화는 죽어가고 있지만, 역설적으로 어느 측면에서는 농문화는 점점 강해지고 있다. 최근, 농문화가 주류 문화에 동화되도록 강요받아온 것처럼 주류 문화도 농인세계에 동화되고 있음을 볼 수 있다. 단적인 예로 수어를 구사할 줄 아는 청인의 수가 증가하고 있다. 문화적 정체성으로 수어와 농인사회에서 통용되는 농문화가 아이러니하게도 주류 청인문화에 역으로 파급되고 있는 셈이다. 당당한 농인이 자신의 언어인 수어를 맘껏 사용하고 이를 청인 수어통역사가 음성언어로 통역하는 것이 전혀 어색하지 않은 세상이 다가오고 있다. 오히려, 매력적인 문화로 농문화가 탈바꿈될 수도 있다. 문화적 다양성이 존중받는 현대 사회에서 농문화는 멋진 문화의 하나로서 존중받을 충분한 가치가 있다. 더욱이 다양한 문화의 존재는 세상이 조금 더 나아지게 한다. 사고와 언어, 견해의 다양성은 이 세상을 생명력으로 더욱 가득 채워 준다.

농문화는 수용되어야 한다. 부모에게도, 그 가족에게도, 청인에게도 말이다. 당연히 농문화와 농사회는 존속되어야 하며 또한 계속 청인사회와 함께 존재할 것이다.

4. 양질의 고등교육을 통한 청인사회에서의 역할 강화

2007년 5월 25일 〈장애인 등에 대한 특수교육법〉이 제정되었고 〈장애인차별금지 및 권리구제 등에 관한 법률〉(이하 〈장애인차별금지법〉)이 2008년 4월 11일 시행됐다. 〈장애인차별금지법〉 제14조에는 "시·청각장애인의 교육에 필요한 수어통역, 문자통역(속기), 점자자료, 점자·음성 변환용 코드가 삽입된 자료, 자막, 큰 문자자료, 화면낭독·확대 프로그램, 보청기기, 무지점자단말기, 인쇄물 음성 변환 출력기를 포함한 각종 장애인보조기구 등 의사소통 수단"을 강구하고 제공하여야 한다고 명시하고 있다. 이를 통해 농인을 위한 통역은 교육권 보장을 위한 국가의 의무사항이 되었음을 알 수 있다. 농인 학생은 세상과의 소통을 위해 수어통역과 문자통역에 대해 정당한 요구를 할 수 있는 권리를 가지게 되었다.

그 결과 농인 대학생도 최소한의 학습권이 보장된 교육 환경에서 고등교육을 받을 수 있게 되었다. 2014년 12월에 조사·발표된 교육부의 〈2014학년도 장애학생 도우미 지원 사업 시행계획〉에 따르면 '청각언어장애'로 등록된 대학생은 992명으로, 이는 전체 장애인 학생 가운데 12.4%에 해당한다. 우리나라의 경우 1995년도부터 특수교육 대상자 대학 특별전형제도 시행으로 대학에 입학하는 장애인 학생이 매년 증가하고 있다. 당연히 농인 학생도 늘어나고 있다.

이런 추세는 최근 20여 년 사이에 크게 확대된 한국농아인협회 부설 수화통역센터에서 일하는 농인 통역사와 국내 6곳의 청각장애복지관에서 근무하는 농인 사회복지사가 대학교육을 받은 것으로 나타난 사실과도 일치한다. 또한 종교계의 성직자 가운데 대학과 대학원 수준의 신학교육을 받은 농인 목사도 대략 60여 명으로 추정된다. 이들 모두도 대학교육을 받았다고 볼 수 있다. 이 외에도 대학교육을 받은 많은 농인이 직장에서 인정받으며 자립적인 삶을 살아가고 있다.

이렇게 볼 때, 향후에는 대학 및 대학원에 진학하는 농인에 대한 더욱 체계적이고 실질적인 학습 지원과 양질의 교육콘텐츠 개발 및 제공이 요구된다. 특히, 대학교육 현장에서 제공되는 수어통역서비스는 농인 대학생에게 커다란 유익을 가져다주는 것으로 평가된다. 윤은희와 최성규(2016)의 연구는 이를 구체적으로 보여준다. 국내 D대학교에 재학 중인 농인 학생을 대상으로 한 이 연구의 참여자 가운데, 제공되는 수어통역에 대해 자신의 생각을 피력한 내용을 소개하면 다음과 같다.

충격으로 다가온 통역, 자신감과 미소를 되찾다: 중·고등학교 때는 그저 멍하니 앉아 있는 시간만 있다 보니 시간 낭비를 하는 듯한 느낌을 받았어요. 그리고 학생들에게 도움을 받아야 하는데 중3, 고3 때에는 점수가 중요하다 보니 도움도 점차 줄어들어 혼자 외로움을 느꼈어요. 그리고 학교를 왜 다녀야 되나 하는 생각이 들었어요. 대학교에서 수어통역 및 속기를 받음으로써 좀더 자신감도 생기고 정보를 곧이곧대로 받아들일 수 있어서, 학생들이 웃을 때 나도 뭔지 알고 따라 웃을 수 있다는 것 자체가 충격적이었어요. 중·고등학교 때는 그냥 뭔지 모르고 따라 웃기만 한 것 같은 느낌 때문에 더 그런 것 같습니다(연구참여자 D).

청인 학생과 동등한 위치에 서다, 새로운 꿈을 위한 도전: 저는 처음에 대학교에 진학할지 바로 취업을 할지 매우 많이 고민했습니다. 중·고등학교 수업 내용도 혼자서 듣기에 매우 벅찼는데 더 어려운 대학 수업을 제가 과연 도움 없이 혼자서 잘 들을 수 있을지 걱정이 많았기 때문입니다. 하지만 부모님의 권유로 대학교에 입학했고, 대학교에 와서 청각장애 학생을 위한 서비스 지원제도가 있다는 것을 알게 되었어요. 통역서비스 지원제도는 다른 학생과 똑같은 장소에서 똑같이 수업 내용을 들을 수 있다는 점과 차별받지 않고 똑같이 배우고 지식을 쌓을 수 있다는 점에서 저에게 매우 의미가 깊습니다. 통역서비스를 받음으로써 보상심리로 공부를 열심히 하게 되었고, 한국 가족·사회복지 정책 연구자가 되기 위해 현재 대학원을 고려하며 꿈을 꾸게 해주었습니다. 저에게는 통역서비스가 제 대학생활에서 가장 소중하고 큰 부분을 차지할 정도로 매우 의미가 깊습니다(연구참여자 E).

장애를 넘어 새로운 세계로의 여행: 우선 통역서비스를 생각하면 제가 대학 시절에 누렸던 최고의 권리라고 생각해요. 고등학교까지는 아무런 지원도 없이 혼자 부딪쳐야 하니까 자연스럽게 수업에 대한 흥미도 잃고, 수업을 왜 들어야 하나 생각까지 하고, 수업은 저에게 40분 동안 '멍 때리거나' 딴짓하거나 다른 공부를 하는 여가 시간이었어요. 그랬는데 대학에서 서비스를 받으니까 신세계가 열린 거죠. 이전에는 몰랐던 교수님의 재치나 수업 방식, 그리고 학생들의 반응까지 다 생생하게 전해져 오니까 마치 여기서 장애의 구분이 없는 것처럼 수업을 똑같이 받을 수 있었고, 어쩔 수 없이 이해할 수 없는 것이 아니라 온전히 내 능력으로 수업을 이해하고 그대로 성적을 받을 수 있어서 매료된 것 같아요. 수업 내용을 제대로 이해하니 공부에도 더 정진하기 쉽고 재미를 들일 수 있었던 것 같아요. 통역지원서비스는 모든 사람이 똑같이 누려야 할 교육을 장애에 상관없이 받을 수 있도록 해준 것 같아요. 여기서는 그 어떤 장애도 없었어요. 그냥 제 노력만 있을 뿐 … (연구참여자 F).

이렇게 대학교육에 수어통역을 학습지원서비스로 제공하는 것은 농인 대학생이 성장하는 데 긍정적인 역할을 하고 있다.

이와 함께 농사회의 훌륭한 지도자를 양성하기 위한 농사회의 적극적인 노력이 있어야 한다. 과거와는 전혀 다른, 민주적이며 혁신적인 발전을 지향하는 욕구와 필요가 나타나고 있는 현실에서 탁월한 리더십을 발휘할 수 있는 농인 지도자 양성이 절대적으로 요구된다. 이미 농아인협회와 수어통역센터, 농인복지관 등과 같은 농사회를 지원하는 여러 사회조직이 사회제도적 체계 속에서 운영되면서 농인 지도자의 역할과 기능, 책임이 공식적이며 공공적인 성격으로 급격히 변화하고 있다. 이에 우수한 업무 역량과 활발한 소통 능력, 청인사회와의 긴밀한 상호 협력과 연계 등을 이끌어낼 수 있는 농인 지도자를 배출해 내야 한다.

5. 수어교육의 활성화

수어를 배우면 농인의 언어를 알게 될 뿐만 아니라 언어를 통해 표현되는 그들의 문화와 삶의 양식까지도 습득하게 된다. 수어를 알고 배워 활용함으로써 농인을 만나고 사귀고 대화하면서 그들을 이해하고 사랑하며 진정한 사회통합을 실천해 나가는 사람이 있어야 한다. 이들과 농인이 힘을 합쳐 노력할 때, 우리 사회는 '농인과 함께 살기'가 보편화될 수 있고, 농아동과 농청소년, 농인 성인 및 농인 노인이 행복하게 살 수 있는 농인 친화적 지역사회가 구현될 수 있다.

그러므로 수어를 가르치는 강좌를 크게 늘려, 수어를 반드시 전 국민적으로 보급하여 활성화되어야 한다. 수어는 우리나라에서 사용되는 외국어 가운데 아주 중요한 언어로서 널리 알려져야 한다. 예를 들어 한국수어가 영어, 중국어 일본어 다음으로 인기가 있는 언어로까지 발돋움할 필요가 있다.

이때 수어교육이 충족해야 할 목적은 다음과 같다.

첫째, 농인의 문화적 경험 수준을 향상할 수 있어야 한다. 우리는 세계에 관해 아는 모든 것을 오감, 즉 다섯 가지 감각을 통해 배운다. 이들 감각 중 어느 한 가지라도 제거되거나 제한당하면 경험에 바탕을 둔 자료의 입력은 감소된다. 경험 수준은 누구에게나 그 성장·발달 과정에 중요하다. 어린 시절 겪었던 경험은 성인이 되었을 때 삶에 부딪혀 가는 방식을 크게 좌우한다. 농인이 어린 시절에 겪은 경험은 어떻게 삶에 대처하느냐를 결정하는 데 많은 영향을 끼친다. 따라서 수어통역사나 청각장애인통역사, 수어사용이 가능한 사람, 농인을 진정으로 이해하고 사랑하고자 하는 사람이 농인의 문화적 경험 수준을 높여 주는 일을 실시해야 한다.

둘째, 철저한 수어교육과 훈련을 지향해야 한다. 농인과 청인 간에 존재하는 사회적이며 심리적인 장벽은 결코 견고한 성벽이 아니다. 많은 농인이 직장과 사회에서 청인 친구를 사귀며 청인 가족과도 좋은 관계를 유지한다. 원활한 의사소통이 가능하기 때문이다. 수어를 사용하면 농인과 청인 간 대화의 물꼬가 트이고 서로 정(情)도 쌓인다. 만약 청인이 수어를 주로 사용하는 농인과 빨리 친구가 되고 싶다면 손으로 의사소통을 할 수 있는 능력, 바로 수어를 사용하는 능력을 겸비하고 있어야 한다. 그저 우호적인 것만으로는 충분하지 못하다. 농인과 그들의 문화와 함께 아름답게 성숙하려면 수화언어 교육과 훈련을 철저하게 해야 한다. 수어통역사와 수어사용자는 수어를 통한 의사소통 기술을 향상시키기 위해 부지런히 노력해야 한다. 사랑과 수용, 그리고 신뢰와 함께 수어사용 기술의 함양은 농인과 청인 간의 장벽을 깨트리는 데 크게 기여할 것이다.

셋째, 농인의 입장을 이해하게끔 돕는 수어교육이 되어야 한다. 수어교육은 단지 수어를 기술적으로 습득하게끔 하는 것이 아니라 농인의 문화를 이해하고 그들의 문화 속에서 사회통합의 실마리를 찾기 위한 도구로서 그 역할을 해야 한다. 이를 위해 농인의 입장에서 수어를 이해하고 배우는 일이 요구된다.

우선, 농인과 의사소통을 하려면 그들의 입장에서 해야 한다. 청인의 문화적 기준에서 농인과 의사소통하려 함으로써 거북하고 곤란한 입장에 처하게 하지 말아야 한다. 청인문화의 경험 수준이 높은 농인은 청인과 의사소통하기가 어렵지 않을 것이다. 그러나 경험 수준이 다소 낮은 농인에게는 그들이 이해할 수 있는 분명한 언어를 사용해야 한다.

다음으로, '농인을 위해서'(for) 가 아니라 '농인과'(with) 대화한다는 분명한 철학이 있어야 한다. 이런 철학을 통해 동등한 입장에서 진정한 나눔과 교제를 할 수 있다. 그렇게 함으로써 농인과 즐겁게 생활할 수 있고 그들로부터 배울 수 있다.

또한, 농인과 긴밀한 관계를 갖도록 노력해야 한다. 그들을 존중하고 사랑해야 한다. 그들이 청인과 청인사회를 사랑할 수 있도록 해야 한다. 이를 위해 농인의 말을 경청하는 법을 익히는 것이 좋다. 그들이 실제로 하는 말을 들어야 한다. 이해할 수 없다면 되풀이하도록 요청해도 괜찮다. 수어로 하는 대화에는 늘 부족한 이해와 미흡함이 있을 수 있기 때문에 이는 전혀 부끄러운 일이 아니다. 앞으로의 활동 계획을 짤 때, 농인에게 귀를 기울이고 그들이 하는 말을 수용하는 자세가 필요하다.

마지막으로, 농인이 겪으면서 배울 수 있는 흥미 있는 문화적 경험을 다양하게 제공하기 위해 노력해야 한다. 이런 경험을 함께 누릴 수 있는 곳은 도서관, 영화관, 박물관, 현장 견학, 교육 세미나, 워크숍 등 조금만 생각하면 얼마든지 있다. 돈이 없어서 할 수 없다는 것은 핑계다. 진정으로 농인의 문화적 경험 수준을 높이기 위해 개방된 자세로 최선을 다하려는 노력만 있다면 농인과 청인의 사회통합은 충분히 가능하다.

그동안 농에 대한 이해는 청각기관의 기능적 장애라는 관점이 지배적이었다. 그러나 농인이 사용하는 수어에 대한 언어학적 관심의 증대로 농공동체와 농문화에 대한 새로운 인식이 생겨나고 확산되고 있다. 바로, 농인을 사회문화적 관점으로 보려는 시각이다. 이에 따라 우리나라에서도 농정체성에 대한 관심이 높아지고 있으며 농인으로서의 자존감을 가지려는 움직임이 일어나고 있다.

그러나 앞서 살펴봤듯 지금 한국 사회의 실제적인 현실은 녹록지 않다. 한국의 농학교는 여전히 강력한 구화주의 교육철학을 견고하게 유지하고 있다. 그 속에서 농청소년은 전통적인 농인에 대한 병리적 관점을 습득하면서 이중문화정체성과 같은 긍정적인 농정체성을 전혀 확립하지 못하고 있다. 농인 자녀의 부모와 그 가족, 이들을 돕는 전문서비스 기관이 함께 힘을 모아 수화언어와 농정체성, 농문화에 대한 바른 이해가 농학교와 교사, 그리고 우리 사회의 모든 구성원에게 확산되도록 노력할 필요가 있다. 농청소년의 대학 진학을 장려하고, 양질의 고등교육이 이뤄지도록 힘써야 한다. 나아가 전 국민을 대상으로 하는 수어교육이 더욱 활성화될 필요가 있다.

농인이 행복하고 미래를 비전으로 꿈꾸며 오늘을 열정적으로 살아가는 아름다운 현실이 펼쳐졌으면 한다. 그게 우리 모두의 소망이 되어야 한다.

제 3 장

청인 중심사회에서의 농의 영향

제1절 　　　언어적·문화적 소수집단으로서의 농인

흔히 청각장애를 '숨겨진' 장애 혹은 '소외된' 장애라고 말한다. 겉으로 보기에 청인과 별다른 차이 없이 똑같아 보이기 때문이다. 그러나 농인은 시각장애인에 비해 생활 현장에서 훨씬 복잡하고 어려운 문제를 겪는다(Lane, 1988).

　가령, 일반아동은 태어나면서부터 청각을 통해 무언가를 매우 많이 받아들인다. 자기가 듣는 것을 모두 이해하거나 따라 할 수는 없지만, 아이는 배우고 있다. 아이가 서투른 옹알이를 할 때, 대개의 경우 아이가 비슷하게 따라 하려고 한다는 것은 어느 부모나 안다. 이것이 아이로 하여금 주위 환경과 청각적으로 접촉하는 것을 유지하게 해준다. 만약 일반아동이 이와 같은 청각적 경험을 하지 못한다면 일반아동도 농인 사이에서 나타나는 행동과 유사한 반응을 보일 것이다.

　"미소를 지어라, 그러면 세상이 너에게 미소 지을 것이다"라는 미국

격언이 있다. 이 격언은 농인에게 꼭 적용되는 말인 듯하다. 많은 오해가 단순한 미소에 기인한다. 청인이 미소를 짓고 말한다면, 농인은 이해하지 못하더라도 미소를 지으며 고개를 끄덕일 것이다. 청인과 농인은 상대방이 자신을 이해했다고 믿으나, 실제로는 거의 상대방을 이해하지 못한 채 헤어지고는 한다. 서로 오해하고 지나간다(Groce, 1985).

이런 청각장애의 결과적 특성으로 농인은 의사소통에 심각한 장애를 겪고, 실제 능력보다 훨씬 낮은 성취 수준을 보인다. 가령, 직업과 관련해 농인은 고도의 지적 과업을 요하는 전문직으로의 진출이 시각장애인보다 훨씬 어려우며, 수어라는 의사소통 수단이 있어야만 훨씬 안정적으로 직장생활을 지속해 나갈 수 있다. 실제로, 사고나 질병으로 안구나 시신경이 파괴된 사람은 실명이 성격에 영향을 미치거나 읽기에 오랜 시간이 걸리지만, 점자학습이나 말하는 책(talking books), 음성정보시스템, 라디오 등을 통해 어느 정도 불편함을 보상받을 수 있다. 두뇌의 활발한 기능 그리고 그로 인한 정신적인 활동은 시각 상실로 인해 어쩌면 전혀 장애를 받지 않는다고도 말할 수 있다.

또한 지체장애인을 생각해 보면, 지체장애란 활동 능력 상실이나 손상된 팔다리와 관계된 뇌중추의 영향으로 인한 장애다. 다시 말해, 정상적인 근육 운동을 해야 하는 팔다리로부터 전달되는 뇌세포로의 자극 상실이다. 그러나 비록 지체가 장애를 입더라도 장애에 대해 강한 의지를 갖고 정신적으로 깊이 통찰한다면, 장애가 정상적인 정신 발달에 미치는 영향은 미미할 수 있다. 또한 다른 사람과 일반적인 대화를 통해 생각과 정보를 계속적으로 교환할 수 있다.

음성언어를 중심으로 한 다수의 청인세계에서 살아가는 농인은 이러한 장애인과는 크게 다르다. 지체장애와 시각장애는 물질적 세계에만 영향을 끼치는 반면, 청각장애는 물질적 세계에는 아무런 영향을 끼치지 않는 대신 정신의 세계와 언어의 세계에 영향을 준다. 따라서 청인의 입장에서 본다면 농은 정신 영역의 타격이며, 인성(人性)의 상함이고, 의사소통의 장애이다.

아리스토텔레스는 인간을 '언어를 가진 존재'라고 정의한 바 있다. 이는 언어가 인간의 삶에 얼마나 중요한지를 단적으로 보여 준다. 언어가 인간을 인간 되게 만드는 가장 중요한 요소라는 점을 강하게 느끼게 한다(Chomsky, 1975). 이런 언어에 대한 장애를 겪는 사람, 구체적으로 말해 음성언어 중심의 사회에서 음성언어로부터 배제되어 어려움을 겪는 사람이 바로 농인이다. 즉, 이들은 단순히 귀가 잘 들리지 않고 그로 인해 말을 잘하지 못한다는 신체적 장애뿐만 아니라, 인간생활의 근간인 '언어적 소통(의사소통) 장애'까지 겪어야만 한다(Lane, Hoffmeister, & Bahan, 1996).

요컨대 음성언어가 주류인 사회 속에서 비주류의 설움을 안고 의사소통의 장애를 겪으며 사는 사람이 농인이다. 음성언어로 모든 것이 이뤄지는 청인 중심의 언어생활에서 농인은 엄청난 좌절을 느낀다. 윤수종(2019)이 엮어서 펴낸 《소수자들의 삶과 기록》 중 "청각장애인" 편을 쓴 박범서(청각장애인인권문제연구소 소장)의 자기 고백적인 글은 적나라하다.

나는 병원에 잘 가지 않는다. 어릴 때는 약골이라 잔병치레가 잦았고 고장난 귀를 치료해 보려고 부모님과 병원 문턱을 수도 없이 들락거렸지만, 이제는 나이만큼이나 인내심이 강해져서인지 웬만한 잔병쯤은 약은커녕 물한 모금으로 끄떡없이 버틴다. 내가 강골이 된 가장 큰 이유는 병원 사람들과의 의사소통이 힘들었기 때문이다. 병원에 가면 우선 접수대에서부터 말문이 막힌다. 병의 증상이 명확할 때는 스스로 진료과를 알아서 찾아갈 수 있다. 그러나 증상이 복합적으로 나타나면 내 판단만으로는 진료과를 정하기 어려워 접수처 직원에게 증상을 설명해야 한다. … 직원의 질문조차 못 알아듣는 경우가 많다. … 어릴 때는 부모님과 함께 다녀서 별 어려움이 없었지만, 다 큰 남자가 자기 병 때문에 늙으신 부모님을 모시고 다닐 수야 없지 않은가? 수어통역사를 부르자니 내 시간에 맞추어줄 사람도 드물지만, 어렵사리 맞추어 최소한 몇 시간씩 내어준 사람에게 대가도 없이 폐를 끼치기는 싫으니 이를 어찌할꼬? 대가로 줄 돈이 있더라도 병원 사람들이 몇 자 적어 주면 될 것을 병원비에 약값에 통역비용까지 주고 나면 밑지는 장사가 되니 그 또한 싫은 것이다.

장윤영과 정호영(2010)의 연구 결과도 농인이 경험하는 삶의 역경을 실제적으로 보여준다. 특히, '청인 가족 속 이방인'으로, 또 '청인동료 사회 속 이방인'으로 살아가야 하는 자신의 처지를 가감 없이 고백한 연구 참여자들의 이야기는 이 땅에서 농인으로 살아가야 하는 사람이라면 누구나 공감할 것이다.

농인 참여자는 부모나 가족, 친척으로부터 부모의 죗값이나 전생의 업보라는 말을 들어 왔다. 청인 부모는 자신에게 죄책감을 갖고 농인 자녀에 관해 열등감을 느끼며, 부모의 이런 태도는 농인에게 자신이 미천한 인간이라는 수치심을 갖게 했다.

"설날이나 친척분들 오실 때 혼자만 대화가 안 되고 혼자 방에서 자고 다른 분들은 다 거실에서 이야기할 때, 따돌림당하는 느낌, 소외당하는 느낌 ⋯ . 시대에 따라 농인을 보는 입장이 시각이 조금씩 변하니까, 옛날에는 하나님이 진노하셔서 저주를 내렸다, 가족이 죄를 많이 지어서 벙어리라고 욕도 하고 ⋯ . 엄마가 자신의 죄라고 눈치를 보고 나를 부끄러워하니까 차라리 제가 밖에 안 나가는 것이 더 좋아요."

청각장애인은 그 장애가 겉으로 드러나지는 않는다. 그래서 의사소통의 어려움만 있을 뿐 그다지 큰 어려움이 없을 것이라고 생각하는 경향이 있다. ⋯ 우리 사회는 청각장애인에 대한 사회적 거리감이 상당한 진전을 보이고 있는 듯하다. 그러나 연구 참여자들은 들리지 않음으로 인한 소외감을 다른 장애 못지않은 어려움이라고 호소했다. 가정에서와 마찬가지로 들을 수 없고, 사회 곳곳이 불편으로 가득했고, 의사소통의 한계는 동료와 사회 속에서 관계의 단절과 생활의 제약으로 이어졌다. ⋯

"학교 다닐 때는 몰랐는데 사회에 들어가 보니까 청인들하고 필담이나 여러 가지가 잘 안 되고 그때부터 삶의 역경들, 어려운 고난들이 시작된 거죠. 필담으로 글을 써야 청인하고 대화를 하는데 그게 잘 안되었어요. 청인이 농인을 무시해요. 퇴근하고 건청인끼리만 모여요. 나는 끼워 주지도 않아요. 겉으로는 동료지만 속은 정말 달라요. 내가 다른 사람이고 이질적인 사람이란 걸 느끼죠. 사회도 변했다고 하지만 속은 차별이 심해요."

청각장애라는 현상 자체보다도 그로 인한 결과가 더 큰 장애 요인으로 작용하는 것이다. 이렇게 의사소통장애라는 측면에서 농인을 이해하면 농인을 병리적으로가 아니라 사회문화적으로 볼 수밖에 없다. 따라서 농인은 단순히 청각 손실에 의한 장애인이 아니다. 농인은 수어를 사용하는 언어적·문화적 소수집단이다. 음성언어 중심의 주류 사회에서 소수집단의 일원으로 살아가야 하기 때문에 농인은 여러 사회부적응 문제를 겪는다. 이 같은 사회부적응 문제가 바로 농인이 겪는 어려움의 본질이다. 농인이 겪는 다양한 문제는 농정체성의 형성에도 크게 영향을 미친다.

제 2 절　　농의 영향

1. 농인의 심리

'농인심리'란 농인의 행동 요인과 의식 과정을 의미한다. 즉, 농인이기 때문에 나타나는 독특한 행동 양식의 요인과 사고방식 및 의식의 과정을 말한다(이준우, 2002a). 농인은 청인과 분명 다른 행동패턴을 갖는 것처럼 보인다. 일상생활에서 표면적으로 나타나는 다양한 차이를 설명하기 위해 농인심리를 살펴볼 필요가 있다. 다음 내용은 주로 청인이 농인에 관해 말하는 여러 의견이다(이준우, 2004a: 51~52).

농인은 의심이 많다, 잘 속는다, 순진하다, 상냥하다, 껄끄럽다, 내향적이다, 솔직하며 저돌적이다, 외톨박이다, 자기중심적이다, 파당적이다, 굼뜨다, 시대에 낙후되어 있다, 대체로 화난 상태다, 대체로 자만에 빠져 있다. …

농인에 대해 이런 식으로 끝없이 평가할 수 있다. 이런 평가는 사교적 모임에서나 회의장 같은 곳, 또는 농인을 대상으로 일하는 사람이 모이는 곳 어디에서나 빈번하게 들을 수 있다. 또한 많은 사람이 놀라는 일 중 하나는 농인 자신도 스스로에 대해 이와 유사한 일반론을 편다는 사실이다(이준우, 2002a).

그러나 앞서 예를 든 평가 중 어느 것 하나도 농인에게 일반화할 수 없다. 청인과 마찬가지로 농인도 좋은 사람도 있고 나쁜 사람도 있으며, 껄끄러운 사람부터 상냥한 사람까지, 사귀기 쉬운 사람부터 사귀기 어려운 사람에 이르기까지 다양하게 분포되어 있다. 또한 이렇게 각양각색의 차이로 인해 농인도 청인과 똑같이 다양한 삶의 상황과 연결되어 있다(이준우, 2004a: 52~53).

농인 부모의 농인 자녀, 청인 부모의 농인 자녀, 농인 부모의 청인 자녀, 농인 자녀를 둔 청인 부모, 농인 자녀를 둔 농인 부모, 청인 자녀를 둔 농인 부모, 청년층, 성인층, 구화 사용경력이 있는 사람, 수화 사용경력이 있는 사람, 교육 및 경험 수준이 높은 사람, 교육 및 경험 수준이 낮은 사람, 중복장애를 가진 농인 …

농인이라 해서 모두 같은 사람이 아니다. 청인이 모두 다르듯 농인도 청력 손실의 정도, 가족 상황, 사회경제적 배경, 교육적 환경 등에 따라 다르다. 다만 소리를 듣는 데 어려움이 있고 그로 인해 파생되는 여러 문제를 공통적으로 안고 살아간다는 것이 서로 같을 뿐이다.

이런 관점에서 보면 농인심리라는 용어 역시 매우 모호하다. 그럼에도 굳이 이 용어를 사용하는 것은 청각장애라는 '공통 인자'가 농인 개인에게 어떤 일반적이고 심리적인 영향을 끼치는지 파악할 필요가 있기 때문이다.

리오 제이콥스(Leo Jacobs)는 농의 원인이 농인을 천차만별, 각양각색이 되게 한다고 지적했다. 여기에는 세 가지 주요한 원인이 있다(Jacobs, 1974: 이준우, 2004a 재인용). 첫째, 청각장애의 정도와 유형, 둘째, 타고난 지능의 정도, 셋째, 교육, 가족, 지역사회와 같은 환경적 구성요인 등이다.

고려해야 할 또 하나의 사항은 농인의 심리적 문제 중 대부분이 청각장애 그 자체에서 직접 야기되는 것이 아니라는 사실이다. 오히려 더욱 일반적인 요인에서 야기된다는 점이다. 즉, 청각에 장애를 입음으로써 생길 수 있으나 농인이 아닌 모든 사람에게 심리적 문제를 일으킬 수 있는 요인으로, 소외되고 소수인 집단에 속하는 사람의 신분상 지위, 경제적 계층 등을 포함한다. 바스(Baars, 1986: 이준우, 2004a 재인용)가 든 사례를 한국의 실정에 맞도록 수정·보완, 정리하면 다음과 같다.

여기 한 남자가 있다. 그는 아늑한 교외의 집을 나서 자신의 사무실이 있는 도심으로 향한다. 값비싼 고급 의복을 차려입은 그는 요즘 한창 잘나가는 유명 건축설계회사의 고위 직책에서 일한다. 그의 업무는 설계뿐만 아니라 관리와 기획을 포함하며 광범위한 영역에 걸쳐 있다. 친구가 많고 누구와도 잘 어울리는 등 사교적 삶도 풍부하게 누린다. 그는 명문대학에서 건축설계 전공으로 석사 학위를 땄으며 그의 자녀들은 멀지 않은 곳의 대학에 재학 중이다.

또 다른 남자는 컨테이너박스로 만든 간이용 주택에서 오전 6시에 잠에서 깨어 어느 작은 공장으로 간다. 그곳에서 동력선반기계를 조작하는 일을 한다. 하루에 10시간 내지 12시간씩 일하면서 본인과 지방에 떨어져 있는 가족의 의식주를 간신히 해결할 정도의 수입을 벌고 있을 뿐이다. 고등학교를 졸업했고 열심히 일하는 사람이다. 그러나 글을 읽고 쓰기는 어렵다. 그의 사교적 접촉은 주로 농아인협회를 통하며 제한되어 있다. 그리고 청음복지관을 가끔 방문하는 것이 고작이다. 그것도 무료 치과진료라든지 무료 영화상영이 있을 때뿐이다. 그의 자녀들은 그저 그런 평범한 아이들이다. 그의 친구들도 대체로 자신과 처지가 비슷한 사람으로 역시 제한되어 있다.

세 번째 남자는 아침 늦게까지 잠을 잔다. 일자리가 없으며 수입을 〈국민기초생활 보장법〉에 의한 기초 수급에 의존한다. 경제적으로 어려움에 처하면 친지나 지인에게 도움을 요청하거나, 지하철역 주위에서 모금함을 들고 다니며 구걸하거나, 아니면 큰 교회의 사회봉사부를 찾아간다. 그는 세상과 세상 사람들을 원망하며 좌절을 느낀다. 언어 구사력도 밑바닥 수준이다. 그는 주로 충동적 느낌에 따라 살고 있을 따름이다. 즉, 어떤 특정한 순간에 마음이 내키는 일만 하며, 행위의 결과에 대해 진지하게 생각해 보지 않는다. 앞으로 남은 인생 동안 무엇을 하여 어떻게 살 것인지도 깊이 생각해본 적 없다. 지불해야 할 청구서가 밀리면 다른 곳으로 옮겨 가면 그만이다. 그의 생활패턴은 이러한 이주로 구성되며 어느 한곳에 뿌리를 내릴 만큼 충분히 오래 머무는 경우는 없다. 그의 사교적 교우 관계는 제한되어 있고, 충분하지 못한 언어 구사능력 때문에 같은 부류의 사람이 아닌 다른 사람과는 번듯한 교제를 할 수 없다. 같은 부류의 사람마저도 그를 형편없는 인간이라고 경멸한다. 그는 술, 난잡한 생활 등을 통해 절망적인 상황을 회피하려고 애쓸 뿐이다. 그가 믿는 사람은 거의 없으며, 특히 자신보다 "더 부유한" 사람을 신뢰하지 않는다고 공언한다.

이 세 사람은 모두 농인으로 태어났지만 전혀 다르다. 그러나 이 세 사람의 이야기는 한 가지 중요한 사실을 뚜렷하게 보여 준다. 즉, 세 사람 중 어느 누구의 현재 여건도 그의 농 때문에 '야기된' 것은 아니라는 점이다. 이들의 현 상태는 일반적 요인들이 그들에게 복합적으로 조합되고 작용함으로써 이루어진 것이다.

편집증을 한 가지 사례로 들어 보자. 흔히 편집증은 농인의 특성으로 치부된다. 청인 두 사람이 농인이 있는 곳에서 수어를 사용하지 않고 음성언어, 즉 말하면서 대화하고 있다면, 단언컨대 대부분의 농인은 '이 사람들이 나에 대해 말하고 있나?'라고 생각한다. 또, 어떤 농인이 청인과 회의를 하다가 전화벨이 울려 청인이 전화를 받으면 농인은 묻곤 한다. "저에 관해 이야기했나요?" 이런 일이 반복되다 보면 자연스럽게 청인은 농인이 근본적으로 편집증을 갖고 있으며 그 증세가 청인보다 더 크다고 단정한다. 그러나 이는 사실이 아니다.

어느 날 아내와 나는 한 식당에서 청인 여섯 사람과 식사를 했다. 대화가 화기애애하게 진행되던 중, 나는 아내에게 음식의 맛에 관해 수어로 몇 마디 강평했다. 나와 아내는 청인이지만 수어를 유창하게 구사할 수 있다. 나는 30년 넘게 농인과 수어로 소통하며 살아왔고, 아내는 나와 결혼해 28년을 같이 살고 있다. 당연히 내가 만나고 아는 농인 대부분을 아내도 안다. 아내도 수어를 생활의 주요 방편으로 사용한다. 그래서 가끔 우리는 중요한 대화를 할 때나 필요할 때, 농인이 없어도 수어를 사용하곤 한다. 때때로 '티격태격' 할 때나 옆에 있는 사람이 알면 곤란한 내용을 나눌 때 수어는 매우 유용하다. 그러자 즉각 친구들로부터 반응이 나타났다. "이봐! 그건 이제 제발 그만", "공평하지 못해", "너희 두 사람, 우리 이야기를 하는 거지?"라는 말을 들었다.

이 외에도 나는 여러 번 같은 일을 시험 삼아 해 봤고, 수어에 대해 알지 못하는 청인도 편집증 증세를 끈질기게 보여 준다는 것을 알게 됐다. 농인의 '심한 편집증'은 사실 대화에 끼지 못하는 사람의 정상적인 반응에 지나지 않는 것인지도 모른다.

나는 농인목회(목사)와 대학교육(교수) 그리고 수어통역과 장애인복지실천(수어통역사, 사회복지사)에서의 경험을 통해 청인이 농인에 관해 지니는 두 종류의 대표적인 생각을 정리할 수 있었다.

첫째, 농인이 듣지 못한다는 점을 제외하고는 청인과 똑같다는 생각이다. 이렇게 생각하는 사람에게 "듣지 못한다는 점을 제외하고는"이라는 표현이 개인의 발달 과정을 다룰 때는 굉장한 의미를 내포한다고 지적해야 할 필요성을 느낀다.

둘째, 농인은 청인과 전혀 같지 않다는 생각이다. 언어가 다르고, 사회문화적 관습과 삶의 양식 등이 다르다. 이렇게 생각하는 사람에게는 양쪽에서 발견되는 많은 유사성을 지적해야 할 의무를 느낀다. 그리고 또한 농인 역시 사람이라는 점을 강조하지 않을 수 없다.

따라서 농인심리를 논할 때는 반드시 두 변수를 모두 고려해야 한다. 첫 번째는 농인도 사람이므로 사람이기에 부딪히는 모든 문제와 좌절 및 기타 상황이 청인과 다르지 않다는 것이다. 두 번째는 청각장애가 끼치는 추가적 영향을 다뤄야 하며 이 추가적 요인이 농인 개인의 성장과 발달에 어떻게 영향을 미치는가도 검토해야 한다는 것이다.

그렇다면 농인의 심리를 어떻게 이해해야 하는가? 이를 위해서는 '소리의 심리학', 즉 '소리가 인간의 정신에 끼치는 영향'을 생각해야 한다. 이런 탐구 과정을 통해서 농인심리가 무엇인지를 어느 정도 파악할 수 있다(이준우, 2002a; 이준우·김연신, 2011a 재인용).

1) 소리의 심리학

정상 청력은 뚜렷하게 차이 나는 세 가지 수준에서 작동한다. 청각은 첫째로, 자유롭고 쉬운 의사소통을 구두로 할 수 있도록 허용해 준다. 누군가 "소방차"라고 말하면 그 말은 듣는 이의 마음에 즉시 어떤 특정한 그림을 그려 준다. 이런 의사소통은 자신 이외의 세계와 접촉하는 통로이다.

둘째로, 청각은 경보로서 작동한다. 행동을 유발하는 것은 말이 아니라 오히려 사이렌의 날카로운 소리이다. 자고 있든, 깨어 있든, 무슨 일을 하고 있든 사람의 뇌는 계속, 달리 말해 무의식적으로 위험신호를 찾아 주의를 기울인다. 끊임없이 감시하다가 뭔가 심상치 않은 것이 있으면 내장된 보안장치에게 경고해 준다. 한편, 농인은 이 내장된 보안

장치가 없다. 농인은 자신의 눈에 의존해야 하는데, 눈은 모든 방향으로 기능한다. 농아동이 노는 것을 눈여겨보라. 아이는 놀이를 하는 중에도 빈번하게 눈을 들어 자신의 주변을 살펴본다. 창문을 통해 들어오는 광선의 미묘한 변화도 농인의 주의를 끈다. 아주 미세한 마루의 진동도 있을 수 있는 위험에 관해 경고해 준다. 이런 상황을 농인이 이해하지 못한다면 농인은 무의식적으로 덜 안전하다고 여길 것이다. 그래서 이유는 잘 알지 못하더라도, 익히 잘 알고 있는 환경이 아니면 있으려고 하지 않을 것이다. 그저 웬일인지 불안하다고 느끼기 때문이다.

셋째로, 청각은 '삶의 맥박'과 계속 접촉하게 해준다. 새들의 지저귐, 나무 사이로 바스락거리며 지나가는 바람 소리, 졸졸 흐르는 작은 시냇물 소리, 양철지붕 위에 토드락거리며 떨어지는 빗소리 …. 이 모든 소리는 삶과 희망과 행동에 대해 말한다. 같은 맥락에서 러바인 (Levine, 1981)은 다음과 같이 말했다(이준우, 2004b; 이준우·김연신, 2011a 재인용).

인간은 들을 수 있기 때문에 자신을 가정과 지역사회에서 삶의 일부라고 느낀다. 심지어 혼자 있을 때도 자연의 소리를 들으며 자신이 살아 있음을 느낀다. 사람의 음성, 활동하는 사람들의 시끌벅적한 소리를 들으며 자신도 힘을 얻는다. 주변에서 움직이는 삶의 소리를 들으면서 자신도 그 일부라고 느끼며 그에 소속되는 것이다. 간단히 말해, 아는 것과 듣는 것에 의해 '우리'가 되며, 이를 포기한다는 것은 서술될 수도 없고 상상할 수도 없는 일이다. 인간이 청각기능의 작용에 진 빚은 이루 헤아릴 길이 없다.

농이 끼치는 가장 큰 충격은 사고나 질병으로 인해 후천적으로 '돌발적 청각장애를 입은 사람'에게 주어진다. 램즈델(Ramsdell, 1991)은 청각 수준과 청각 상실의 영향에 관해 다음과 같이 말했다(이준우, 2004a; 이준우·김연신, 2011a 재인용).

세상과의 관계를 상실했음을 나타내는 "이젠 죽었구나!"라는 감정은 갑자기 청각을 상실해 버린 사람에게, 그리고 정도는 약하지만 점점 청력을 잃어 가는 사람에게 파고드는 절망감의 가장 주된 원인이다. 듣지 못하는 것이 뭐 그리 힘드냐고 말하는 사람은 단 한 번이라도 듣지 못하는 경험을 해 봐야 한다. 아무것도 들리지 않는 상황에서 밀려오는 엄청난 두려움과 공허함은 마치 무인도에 혼자 버려진 것 같은 느낌이 들게 한다. 이런 느낌은 듣지 못하는 사람으로 하여금 아무 일도 못 하게 할 만큼 무기력하게 만든다.

또한 청각의 세 번째 수준은 특히 후천적으로 청각장애를 입은 농인에게 가장 결여되어 있다. 그런 농인은 자신이 잘 알고 있던 것을 상실했기 때문이다. 선천적으로 듣지 못하는 농인은 이런 청각적 배경을 경험해본 적이 없고, 이를 아쉬워하지도 않는다. 청각의 세 번째 수준이 없어 일어나는 의기소침은 생애의 뒤늦은 시기에 청각장애를 입은 성인에게서 가장 심각하다. 반면, 대략 2세에서 12세 사이에 청각장애를 입은 농인에게는 덜 심각하며, 선천적으로 청각장애를 입은 농인에게는 거의 존재하지 않는 것으로 보인다.

요컨대, 손쉽게 의사소통할 수 있도록 해 주며, 경보를 알려줌으로써 안전한 삶을 가능케 하고, 자연과 사람들로 가득 찬 이 세상과 하나라는 동질감을 가져다주는 청각을 소유하지 못한 농인의 심리는 청인과 다를 수밖에 없다.

2) 농인심리는 존재하는가?

잘 들을 수 있는 청력을 타고난 사람은 자신이 얼마나 쉽고 편하게 주변의 소리를 포착해 기쁨을 가져다주는 것과 연계하는지 잘 알지 못한다. "맘마", "까까", "냠냠" 등을 활용해 자신의 욕구를 표현하는 것은 청인에게는 너무도 일상적인 일이기에 굳이 강조해 생각할 필요조차 없다. 실제로 청인은 성장하면서 음성언어의 어휘에 관한 이해도 자연스럽게 발달한다. 청인은 음성 혹은 소리정보에 의존하여 성장한다. 청인은 "밥 줘"라는 말을 글로 쓸 수 있기 훨씬 전부터 그 의미를 안다. "하늘은 왜 파랗지요?", "풀은 왜 푸른색이지요?", "새는 어떻게 날지요?" 청인은 터득한 소리를 이용해 마음에 떠오른 수많은 의문을 물어볼 수 있다. 또한, 의문을 품으면서 청인은 분석하고 숙고한다. 그 결과, 청인의 사고능력은 발달할 수 있다. 청인은 배우는 방법을 쉽게 배울 수 있다. 청인은 탐구하고, 발견하고, 재발견하라고 격려받으며 살아간다. 청인은 자신을 둘러싼 주위 세계에 대한 이해를 소리정보와 함께 키울 수 있다. 소리와 함께 드러나는 자연만물의 신비한 모습을 잡아낼 수 있다. 평온함, 아늑함, 포근함, 웅장함, 장대함 등과 같은 감정을 누릴 수 있다.

그런데 이제 들을 수 있는 능력을 싹 지워 없애 보라. 이는 인간의 발달에 어떤 영향을 끼치는가? 농아동의 마음속에 생겨난 의문은 어떻게 표현되는가? 그런 질문 자체가 제기될 수 없다. 아동은 "왜", " … 인가요?", "파란" 같은 단어를 입으로 말하는 법을 미처 배우지 못하기 때문이다. 또는 부모나 전문가의 움직이는 입술을 판독하는 능력이 아직 부족하기 때문이다. 한편, 아동의 호기심, 즉 알고 싶어 하고 탐구하고자 하며 실험하고자 하는 욕망은 어떻게 되는가? 전적으로 입을 통한 교육 방법에서는 말이 의사소통을 선행한다. '의사소통'과 '언어'는 '구두상의' 의사소통과 언어라고 정의되기 때문이다. 수어는 허용되지 않는다. 수어를 받아들이면 말하기 어려워진다는 미신이 강력하게 영향을 미친다. 말이 '발달되어야 한다'는 것이다(Bebko, 1998).

아동의 경우, 언제 청각장애가 일어나느냐가 매우 중요하다. 잘 들을 수 있는 청각을 갖고 태어나 여섯이나 일곱 살 때 청각장애를 입은 아동은 일반적인 언어 습득 과정을 거쳐 성장하며 음성언어와 소리 그리고 말로 표현하기 등의 풍부한 경험도 의미 있게 간직한다. 반면, 청각장애를 갖고 태어난 아이는 그런 경험이 전혀 없다. 표현하려는 그의 시도를 인도해줄 규범이 따로 없다는 말이다. 이런 아동에게 '말'과 '말 읽기'는 잘 듣다가 청각을 상실한 농아동과는 전혀 다른 문제이다.

유년기 후반에 청각을 잃고 말 읽기를 배우는 아이는 음향을 꺼놓고 좋아하는 텔레비전 프로그램을 시청하는 사람과 비슷하다. 텔레비전에서 좋아하는 프로그램을 볼 때, 그 전반부를 소리 없이 지켜보면서 대화를 따라가며 이해하려고 시도해 보자. 줄거리를 쫓아가 보자. 자기 내부에서 무슨 일이 일어나는지, 언어 경험은 어느 정도인지 살펴보자. 줄거리를 이해하기 위해 주의를 기울일 때, 그 긴장도는 어느 정도인가? 현재의 연출과 조금 전은 어떻게 맞아떨어지는가? 새로 등장한 인물은 누구인가? 이야기의 30%를 따라잡을 수 있다면 아주 양호한 시청자가 되는 셈이다. 이것이 바로 말 읽기의 좌절이다. 청인은 텔레비전의 소리를 다시 켤 수 있다. 편한 자세로 기대어 앉아 긴장을 풀고, 그 프로그램의 나머지를 즐길 수 있다. 단, 농인은 소리를 다시 켤 수 없다.

한편, 청각을 상실한 상태로 태어나 말 읽기를 배우는 것은 한국인이 중국어 프로그램을 소리를 끈 채 지켜보는 것과 비슷하다. 말하는 사람의 입술 움직임에 따라 낱말을 인식해야 할 뿐 아니라 익숙하던 대화와는 전혀 다른 언어 틀 속에 말들을 맞춰 넣어야 화자가 의미하는 바를 파악할 수 있다.

이렇게 '말하기'와 '말 읽기'를 배울 때 느끼는 좌절은 엄청나다. 의사소통, 즉 실질적이고 효율적인 방법으로 '연계'를 갖지 못하는 것은 견딜 수 없는 일이 될 수도 있다. 말이 언어와 의사소통을 선행해야 한다고 믿을 때, 이런 좌절은 당연한 결과다.

그러나 그렇게 믿는 것이 반드시 옳은 일은 아니다. 농인 부모를 둔, 그리고 수년에 걸쳐 편견과 속설을 극복하고 수어를 배운 부모를 둔 농아동에게는 정상적인 가족관계를 함양할 기회가 있다. 농아동이 "풀은 왜 푸른색이지요?"라고 묻기도 쉽고 동년배의 청인 아동처럼 바르고 명쾌한 답을 쉽고 자연스럽게 얻어낼 수도 있다(Clark, 1996). 또한, '손-눈'의 협동 작업이 말의 기능화보다 더 빠르게 발달하면, 청인 아동보다 더 빨리, 그리고 더욱 효율적으로 의사소통할 수 있기도 한다. 의사소통이 이처럼 쉽게 이뤄지면 가정환경이 더욱 안정되며 농아동도 자신의 욕구와 불만을 더 쉽게 표현하고 해명을 얻어낼 수 있으며 대인 관계도 한결 편해진다(Carney, 1994).

벨루기(Bellugi, 1991)는 매케이 버넌(McCay Vernon)의 유명한 논문 "입을 지배하는 마음"(Mind over mouth)을 인용하면서 손에 의한 의사소통(수어)이 이후의 구화 훈련에 결코 부정적인 영향을 끼치지 않으며, 또한 동시에 모든 학업 분야에서 더욱 큰 성취를 마련해줌을 강조했다. 나아가 수많은 성인 농인이 겪는 문제 중 상당 부분이 정신적 충격을 주었던 유년기 훈련의 경험과 좌절 때문이라고 지적했다. 이런 경험 때문에 자신이 부족한 존재이자 낙오자라고 느끼면서 인간적 열등의식을 느끼며, 심지어는 자신의 농까지도 증오하는 마음을 갖게 된다는 것이다. 의사소통의 가능 정도가 농인 개인이 삶에서 부딪히는 문제 그리고 타인과 관련된 문제에 대처하는 정도를 크게 결정해 준다는 것이다. 또한 벨루기는 수화언어야말로 그 어떤 언어보다도 아름답고 변화할 수 있는 독창적 언어이기에, 그 언어를 사용하는 농인은 자부심을 가져야 할 충분한 이유가 있다고 했다.

이렇게 볼 때, 농인심리는 독자적으로 존재하는 특별한 그 무엇이 아니다. 엄밀하게 말하면 농인심리는 존재하지 않는다.

그렇지만 아이러니하게도 농인의 독특한 행동 양식과 사고의 과정은 분명 존재한다. 그 이유는 앞서 말한 대로 농인과 청인 간 의사소통의 장벽으로 인해 생겨난 차이 때문이다. 청인 중심의 사회 속에서 농인이 살아갈 때, 그 차이가 때론 너무도 크게 부각되므로 농인심리라는 측면을 고려해야만 한다.

따라서 농인심리는 병리적 차원의 문제 상황으로 볼 것이 아니라, 청인과의 '차이'라는 측면에서 이해할 필요가 있다. 소수의 언어적·문화적 집단 및 그 구성원에 대한 이해를 목적으로 고찰하는 접근이 되어야 한다. 블랙(Black, 1979)의 다음과 같은 말은 농인심리에 대한 이상과 같은 이 주장을 뒷받침하는 좋은 비유이다(최성규, 1997 재인용; 이준우·김연신, 2011a 재인용).

옛날에 한 철학자가 물고기에게 말했다. 삶의 목적은 사유하면서 현인이 되는 데 있다고. 그러자 물고기는 삶의 목적은 헤엄치면서 먹이를 잡는 데 있다고 했다. 그 말을 들은 철학자는 "어리석은 물고기"라고 중얼거렸다. 물고기는 뒤에서 "불쌍한 철학자"라고 속삭였다.

3) 농인심리와 경험 수준

농인의 심리적 상황을 이해하는 데 고려해야 할 또 하나의 요소는 그들의 상대적 경험 수준이다. 오감(五感)은 사람에게 감각의 세계를 열어준다. 사람은 직면하는 세계에 관해 5개의 감각을 통해 배운다. 이들 감각 중 한 가지라도 제거되거나 제한되면, 경험에 바탕을 둔 자료의 입력이 감소하며 전반적인 경험의 수준도 급격히 낮아진다. 의식적이든 무의식적이든 자신의 오감을 제대로 이용하지 못할 때, 경험 수준의 하강은 불가피하다. 청각을 상실하는 것도 마찬가지다. 이는 모든 청각기관을 통한 입력이 배제되는 것을 의미한다. 즉, 음성정보로 전달되는 스포츠 뉴스를 듣는 것 또는 방 안 저쪽에서 이야기를 나누는 두 사람의 말을 어깨너머로 듣는 것 등을 청각기관을 통한 입력이라고 할 수 있다. 이것이 없어진다면 그 사람의 전반적 경험 수준은 하강될 수밖에 없다. 물론 이런 문제는 극복될 수 있다. 그러나 많은 수고를 해야 한다.

2002년은 참으로 의미 있는 해였다. Deaf Way Ⅱ[1]에 참석하고 미국 갤로뎃대학에서 짧은 시간이나마 연구할 기회를 가졌기 때문이다. 미국에 있는 동안 수많은 전 세계 농인을 만날 수 있었다. 그중에서 가장 인상적이었던 한 부부를 결코 잊을 수 없다.

남편과 부인 모두 청각을 상실하고 시각도 손상된 농맹인이었다. 남편은 태어날 때부터 그랬고, 부인은 태어날 때부터 청각을 잃었으나 시각에 장애를 입은 것은 과거 수년 동안에 갑작스럽게 일어난 일이었다. 남편은 말솜씨가 훌륭했다. 점자사전의 도움을 받아 매주 수 시간씩 어휘 공부를 했다고 한다. 남편은 말 읽기도 할 수 있었는데, 말하는 사람의 입술에 자신의 엄지손가락을 살짝 갖다 댐으로써 화자의 말을 감지하는 방식이었다. 남편은 또한 수어자의 손에 자신의 손을 마주 대어 감지함으로써 수어를 읽을 수도 있었다. 그는 지화(指話)를 하는 사람의 손 주변에 자신의 손을 두어 지화를 읽을 수도 있었다. 그는 직장에서 복잡하고 어려운 일을 했다. 기계공장에서 도움을 받지 않고 혼자서 고속선반기계를 작동·조작하는 일을 한다고 했다. 또한 복잡하고 어려운 납땜질도 했다. 납으로 땜질한 연결 부위를 손가락으로 만져서 확인·점검하는 일도 했다. 한편, 부인은 흠잡을 곳 없는 가정주부였다. 방문자가 집 문간에 와 있음을 알 수 있도록 초인종에 연결된 선풍기를 방마다 갖다 놓았다고 했다. 남편은 잔디깎이를 사용해 손수 잔디밭의

---

1 2002년 7월 미국 워싱턴에서 개최된 Deaf Way Ⅱ는 한국의 농인과 농 분야 전문가에게 농정체성과 농공동체 및 농문화에 관한 충격적인 도전과 혁신적인 통찰을 제공해 주었다.

잔디를 깎기도 했다. 두 사람 다 열성스러운 기독교인으로, 다가오는 주일 아침을 위해 매주 점자성경을 탐독하면서 공부하는 일도 결코 게 을리하지 않는다고 자랑스럽게 말했다.

누구든지 그 성장 과정의 경험 수준은 중요하다. 생소한 환경에 들어설 때 불안이나 두려움을 느끼지 않는 사람은 한 명도 없을 것이다. 일 단 상황을 파악하고 적절한 대응 행위를 터득하고 나면, 그 경험을 통해 같은 상황에 다시 부딪혔을 때 훨씬 더 쉽게 대처할 수 있다.

어린 시절 겪은 경험은 어른이 되어서도 삶에 부딪혀 가는 방식을 크게 좌우한다. 많은 다양성, 즉 장난감, 여행을 위한 방학, 올바른 교육 기회, 건설적인 사회 환경 등을 누린 사람은 그런 혜택을 박탈당했던 사람보다 훨씬 더 자신 있고 적극적으로 삶에 대처한다. 높은 자신감을 지닌 사람은 다시 말해, 사용할 수 있는 도구를 더 많이 가지고 있는 셈 이다. 그뿐만 아니라 의존할 수 있는 더 많은 경험을 겪을 수도 있다. 경험 수준이 높으면 높을수록 장차 부딪힐 생소한 상황에 대한 전반적 인 자신감도 높아진다. 그리고 이는 농인의 경우에도 마찬가지다. 농 인이 어린 시절에 겪은(또는 경험하지 못한) 경험은 그들이 삶에 어떻게 대처하느냐를 결정하는 데 큰 영향을 미친다(Clark, 1973).

어린 시절부터 농인이 경험하는 삶의 상황을 다음과 같이 정리해 보았다. 농인의 심리적 특성을 이해하는 데 도움이 될 것이다.

(1) 이중문화 속에서 겪는 소외와 갈등

농인은 자신끼리 어울리는 농인 특유의 하위문화를 강하게 유지함에 도, 아무래도 일상생활 속에서는 청인과 어울려 살아가야만 한다. 이처럼 농인은 농인 특유의 하위문화와 청인의 보편문화(주류문화)의 틈바구니 속에서 이중문화의 실제에 따른 갈등을 겪는다.

농아동의 90% 이상이 부모 모두에게 청각장애가 없다. 즉, 그들은 자신의 상태를 이해하지 못하는, 때로는 그런 상황에 대처할 준비가 되어 있지 않은 가정에서 태어난다. 구화법에 맞추어진 삶의 방식은 부모와 자식 간의 관계 그 자체에 영향을 준다. 대부분의 농아동은 양육 과정 중 부모와의 상호 관계에서부터 어려움을 겪는다. 양육 과정에서 부모와 농아동 간에 의미 있는 의사소통 채널이 확보되지 않아, 상호 간에 기본적 신뢰를 형성하거나 공감적 이해가 이뤄지기 어렵다. 그런 가운데 부모는 일반적으로 농아동에게 지나치게 간섭함으로써 아동의 자율적 행동을 크게 구속한다. 또 농아동에 대한 기대치를 아주 낮게 설정하여 결국 아동 자신의 자존감도 일그러지곤 한다.

각고의 노력 끝에 발화 능력을 개발한 농청소년이라 해도 그들 중 대부분은 농학교가 아닌 일반학교로 진학하며, 결국 교육이 단 하나의 능력을 가르치려는 노력으로 점철됐다고 불만을 토로하곤 한다. 요컨대 농청소년은 말하게 하려고 억지로 쥐어짜는 청능재활 전문가와 수천 시간을 마주 앉아 특정한 패턴에 따라 혀를 움직이는 훈련을 매일 반복해야 한다.

나아가 인공와우 이식수술을 받은 농청소년 가운데에서도 기대보다 구화 능력이 신장되지 않아 스트레스를 받고 힘들어하는 경우가 빈번하다. 물론 부모가 자식에게 인공와우 이식수술을 시키는 이유 중에는 자식과의 의사소통을 원하는 마음도 일정 부분 있다. 이 경우 이식수술을 하는 편이 현명한 방법일 수 있다. 부모와 자식 간의 친밀함이 양쪽 모두에게 정신건강의 토대를 제공하기 때문이다.

하지만 인간을 표준화하는 행위가 어디까지 바람직한지에 대한 윤리적이며 권리적인 성찰을 결코 간과해서는 안 될 것이다. 이는 인공와우 이식수술을 둘러싼 논쟁의 핵심이라고 할 수 있다. 깊은 사색과 고민 끝에 인공와우 이식수술을 자식에게 권할 수 있는 부모가 되어야 한다. 당연히 모든 부모가 심사숙고하겠지만 이 결정은 농인 자녀의 평생을 결정하는 일이기에 아무리 고민하고 숙고해도 지나치지 않는다.

농학교에 들어가면 농아동은 처음으로 농문화를 접한다.[2] 많은 농인 학생에게 농학교는 끔찍한 외로움의 끝을 의미한다. 농학교는 농인 학생이 자신의 농정체성을 찾는 데 무척 중요한 역할을 한다. 농학교는 동료 농아동과 어울리는 기회의 현장이다. 이때부터 농아동은 학교생활을 통해 농문화에 본격적으로 입문한다. 더욱이 기숙사가 있는 농학교에 입학한다면 농문화 속으로의 입문은 더욱 철저히 진행될 수 있다. 대부분의 농인 학생은 학년이 올라감에 따라 동료 농인 학생들과 더욱 많은 시간을 어울린다. 그런 가운데 나이가 들면서 교회도 농인교회에 출석하고, 이성교제도 농인들끼리만 함으로써 자신도 모르게 농인 특유의 하위문화 속으로 깊숙이 빠져든다.

대부분의 청인은 청각장애가 '청능의 부재'라고 생각한다. 하지만 농인은 청각장애를 청능의 부재가 아니라 '소리를 들을 수 없는 하나의 현

---

2 영어에서는 대문자와 소문자를 구분해 농은 Deaf로 쓴다. 문화적 의미이다. 반면, 청각장애는 deaf라는 병리학적 의미로 첫 글자를 소문자로 쓴다. 농인에게 청각장애를 질병으로 보는 치료는 저주나 다름없다. 하나의 문화로서 농문화를 인정하고 농을 하나의 정체성으로 보는 것은 '축하'할 만한 소중한 인식이다.

상'으로 본다. 이는 또 다른 삶의 양식이며 사회적 모습이자 문화적 상황이다.

농인은 청인과 달리 소리를 부분적으로 듣거나 혹은 거의 듣지 못하거나 또는 완전히 듣지 못한다 해도, 수어를 통해 완벽한 의사소통을 하며 수어에 기초한 사회문화적 공동체성을 향유하고 살아간다. 그렇기에 농인에게 농문화는 하나의 어엿한 문화이자 삶이다. 미학적 특징이 있는 수어를 중심으로 기능하는 문화이므로, 청인문화와는 완전히 차별화된 현상이라 할 수 있다. 아울러 농문화에서는 청인의 경우와 달리 몸과 마음의 긴밀한 조화가 무엇보다 중요하다. 수어는 혀와 후두라는 제한된 구조를 넘어, 주요한 여러 근육의 조합이 복합적으로 작용한 결과물이기 때문이다. 이와 더불어, 언어는 그 언어를 사용하는 사람이 세상을 이해하는 방식에 결정적인 영향을 끼친다는 사실이 매우 중요하다.

그러나 농학교를 졸업하고 대학에 진학하거나 직장생활을 하면 청인의 세계 속에서 일하고 어울려야만 한다. 고용주나 대학 혹은 직장 동료가 심정적으로 농인을 어느 정도 이해하더라도 그들이 수어로 농인과 자연스럽게 의사소통을 할 수 없는 한 농인은 깊은 소외감에 빠지게 된다. 농인은 거의 운명적으로 이런 이중문화의 충격에서 오는 고통을 감수해야만 한다. 바로 이 같은 이중문화의 현실은 특히 농청소년에게 여러 사회부적응의 문제를 야기할 수 있다.

(2) 자아정체감의 혼란

농청소년은 청각장애로 인한 의사소통의 불편과 과도기적 불안정 시기인 청소년기라는 이중적 어려움을 겪는다. 이로 인해 자아정체감의 약화, 다양한 문제 행동의 발생, 가정 및 학교에서의 부적응 현상 등과 같은 심리·사회적 문제를 겪는다. 실제로 많은 농청소년이 자아정체감 혼란을 심각하게 경험한다.

"나는 누구인가?", "나는 무엇을 할 수 있는가?" 등의 물음은 청인이든 농인이든 일생 동안 스스로에게 던지는 기본적 질문이다. 하지만 농청소년은 청인 청소년과는 차원이 다른, 보다 본질적인 고민거리에 직면한다. 즉, 내가 청인인지, 아니면 농인인지에 대한 정체성 혼란이다. 이에 대한 대답은 누구도 쉽게 내릴 수 없다. 그렇다고 쉽게 포기하거나 회피해 버릴 수 있는 질문도 아니다. 중요한 것은 이런 질문과 끈기 있게 대결하고 그 대결의 과정에서 자신의 진정한 모습을 확인해 내는 일이다.

농청소년에게는 주체적 능력은 부족하고 자율적으로 해결해야 할 중대한 문제는 거듭 제기된다. 나는 대학에 갈 수 있는가? 나는 고등학교를 졸업하고 어떤 일자리를 가질 수 있는가? 나는 어떤 친구와 사귈 수 있는가? 내가 우리 집안을 위해 할 수 있는 일은 무엇인가? 이런 질문 속에서는 모든 일의 주체적 해결자로서 '나'라는 주체가 강력히 부각된다. 이런 질문을 대면할 때 가장 중요한 것은 자아에 대한 안정된 기준, 자신을 바로 볼 수 있는 안목, 자신이 할 수 있는 것에 대한 확신 등을 갖추는 일이다. 청소년기에는 대부분 이런 문제 때문에 심한 갈등과 혼란을 겪는다. 이런 갈등과 혼란을 어떻게 받아들이고 이에 어떻게 대처해 갈지는 중요하다.

그런데 이런 갈등이 발생했을 때, 농청소년은 흔히 모종의 결정을 내릴 수 있는 합리적 대안을 차분히 생각해 보지 않고, 막연히 방황과 혼란을 거듭하는 경향이 있다. 농청소년은 현실적 자아와 미래에 설정될 자아상 간 조정과 연관이 원만히 이뤄지지 못해 충동적으로 자신의 문제를 일관성 없이 처리해 버리는 경향이 있다. 일반적으로 농청소년의 인성적 특성으로 '충동성'이 가장 두드러지게 지적된다. 합리적 계획이 결여되어 있고, 미래에 대한 설계를 세우기가 어려운 것이 충동적 인성의 한 특성이다. 이런 충동성과 관련해 일반학교에 통합된 농청소년의 경우 또래 친구를 사귀거나 학교에서 학업을 수행하는 데 일관된 지속성을 유지하기 어려워하는 문제가 노출되기도 한다.

(3) 언어적 장애

세분화된 음소와 의미를 연결 짓는 데 가장 중요한 시기는 생후 18개월에서 36개월 사이다. 그리고 이 시기에 이르러 언어 습득능력은 점차 감소하기 시작해 대략 열두 살 때까지 계속 감소한다. 음소와 의미를 연결 짓는 가장 중요한 이 시기에 인간의 머릿속에서는 문법과 의미를 내면화하는 과정이 진행된다. 언어를 습득하는 시기가 된 아이는 어떤 언어든지 배울 수 있다. 아울러 일단 언어 능력이 생긴 아이는 나중에라도 다른 언어를 또 배울 수 있다.

농아동은 청인 아동이 제 1언어를 습득할 때와 정확히 똑같은 방식으로 수어를 배운다. 그리고 대부분의 농아동은 제 2언어로 문자화된 청각 언어를 배울 수 있다. 하지만 대다수 농아동에게 발화는 혀와 목청으로 부리는 불가사의한 묘기이며 입술을 읽는 기술은 단지 수수께끼 놀이에 불과하다. 이런 기술을 배우는 데 특히 오래 걸리는 농아동이 있음에도 발화와 독화를 의사소통의 전제 조건으로 삼는다면 그들을 영원히 혼란스럽게 만들 수 있다. 언어는 그 언어에 노출되어 있을 때만 배울 수 있다. 그렇지 않으면 뇌의 언어 중추가 효율성 차원에서 위축된다. 어떤 언어가 됐든, 한 가지 언어를 완벽하게 습득하지 않은 채 언어를 습득하는 데 가장 중요한 시기를 놓쳐 버린 아이는 결코 완전한 인지 능력을 개발할 수 없다. 여기에 더해 충분히 예방할 수 있었음에도 평생토록 지적장애로 고통받을지도 모른다. 기억해야 한다. 언어가 결여된 채 사고하는 행위를 상상할 수 없듯 사고가 결여된 채 언어를 구사하는 행위도 상상할 수 없다. 의사소통 능력의 부재는 정신병이나 기능장애로까지 이어질 수 있다.

(4) 농청소년의 심리 · 사회적 기능

농청소년의 심리 · 사회적 기능은 전통적으로는 주로 자아정체감과 문제 행동으로만 정리되어 왔다. 그러나 최근에는 서비스 현장에서 더욱 구체적으로 보이는 정신건강과 스트레스 대처 능력, 가정과 학교, 직장, 지역사회 등에서의 적응기제로 초점이 모이고 있다. 이렇게 볼 때 사실상 농청소년의 심리 · 사회적 기능은 앞서 언급했던 농청소년이 겪는 여러 삶의 상황과 중복될 수 있다. 그럼에도 심리 · 사회적 기능이라는 측면에서 다시 정리해 본다는 차원에서 다음과 같이 기술해 보고자 한다.

① 농청소년과 정신건강

1930년대부터 1970년대 사이에 이뤄진 농인의 성격 특성에 관한 연구 중 보편적으로 인용되는 대부분 연구는 청력 손실이 아동기와 청소년기에 있는 농인에게 전형적인 정신건강상의 문제를 야기함을 시사한다. 농아동은 여러 측면에서 환경과의 부적절한 상호작용을 경험한다. 농아동의 발달 과정에서 문제 행동을 야기하는 원인은 다양하지만, 많은 문제가 의사소통의 결여로 인한 좌절감, 농에 대한 가족, 학교 및 사회의 부정적 반응, 그리고 부정적인 자아개념에서 비롯된다고 한다. 농이 아동의 발달에 미치는 영향을 기술하면서, 매도(Meadow, 1972)는 농아동 및 청소년의 특징으로 사회적·정서적 성숙의 부족, 자신감과 주도성의 부족, 또래 관계에서의 어려움, 신체적 공격성 등을 지적하면서 이와 같은 문제가 농으로 인한 결과라고 했다.

청력 손실은 보이지 않는 장애로 개인 및 가족에게 상당한 심리적 부담을 안겨 준다. 청력 손실이 클수록 상대적인 사회적 고립의 정도는 커지며, 상대적 고립은 농아동의 의사소통에 영향을 미치고, 이 행동은 교과교육과 치료교육, 재활서비스의 효과에 부정적 영향을 준다.

② 농청소년과 스트레스 대처 방식

언어와 의사소통 문제를 겪는 농인 학생은 일반 학생보다 낮은 학업 성취와 제한적인 관계로 적응에 실패해 좌절하거나 열등감을 쉽게 느낀다. 이런 경험은 농인 학생으로 하여금 자신에 대한 부정적 농정체성을 갖게 할 수 있다. 또한 농인 학생은 장애 때문에 놀림이나 따돌림을 당하기 쉽고 연령에 적합한 활동이나 동료와의 상호작용에서 소외되어,

사회적 고립감이나 부적절감을 경험한다. 이런 경험으로 부정적인 자아개념을 가지게 되고 대인관계에서 어려움을 느끼며 높은 수준의 스트레스를 받는다.

또한 이런 어려움 때문에 적응하는 데도 어려움을 겪는다. 스트레스에 효과적으로 적응하는 사람은 스트레스를 삶의 한 요소로 받아들이며 적절한 대처 방법을 통해 생활의 활력을 유지한다. 하지만 농인 학생은 장애의 특성으로 인해 청인보다 더 많은 스트레스를 받을 가능성이 있고, 계속 스트레스를 받는다면 신체적·정서적 질병이 나타날 가능성도 있다. 즉, 과도한 스트레스로 인해 정신적 질병이 발생할 수 있으며, 만성적인 긴장은 신체적 변화나 인지적 왜곡을 초래할 수 있다.

③ 가정생활의 적응

농청소년의 생활에서 특히 가정은 그 어떤 요인보다도 중요하다. 농청소년이 어떤 부모와 함께 어떤 훈육을 받고 어떤 가정환경에서 생활하느냐에 따라 행동과 특성이 큰 차이를 보이기 때문이다. 즉, 농청소년의 발달에 크게 영향을 미치는 것은 농 그 자체는 물론 부모의 양육, 부모의 학력, 부모의 청력 상태, 제공되는 언어환경의 특성, 가정의 사회·경제적 수준, 언어 양식, 가정의 집단 성격과 심리적 과정과 같은 가정환경 변수가 농청소년의 발달에 직접 관련되는 중요한 요인이라고 할 수 있다.

④ 학교생활의 적응

농청소년은 학교생활 속에서 또래 농인 친구들과의 상호작용을 통해 심리적 안정감과 정서적 균형을 얻을 뿐만 아니라 사회 적응 능력을 갖춰 나간다. 학교에서 보내는 시간이 긴 청소년기에는 학교 환경의 영향을 크게 받으며, 특히 또래 집단은 청소년기에 중요한 사회적 맥락을 이룬 다. 청소년기의 학교생활은 가족에 의해 그동안 제공받았던 정서적 지원의 일부를 제공하는 역할을 한다.

결국, 농인은 의사소통의 어려움과 낮은 수준의 경험, 충족되지 못한 욕구 등으로 인해 청인과 다른 행동이나 생각을 갖게 될 가능성이 크다. 그런 특성을 농인심리라고 말할 수 있다. 하지만 농인심리라는 용어는 농인에 대한 잘못된 병리적이며 부정적인 편견을 오히려 조장할 가능성이 있다. 그럼에도 이 용어를 사용해 농인의 심리를 살펴본 것은 이 같은 작업을 통해 농인을 총체적으로, 있는 그대로 이해하기 위해서이다. 농인심리는 청인과 농인의 차이를 규명하는 객관적인 참고자료로서 활용될 때 긍정적인 의미가 있다. 농인의 심리라는 측면에서 고찰한 농인은 청인과는 다른 언어적·문화적 소수집단의 구성원이며 열등하거나 차별적인 것이 아니다. 다만 청인과 다를 뿐인 독특한 행동 양식과 의식의 과정을 갖춘 '청인과 동일한 사람'이다.

2. 농인의 인성

농인을 바라보는 시각은 시대에 따라 변화되었다(Lane, 1984). 앞서 다룬 사회문화적 관점이 한국에도 널리 확산되고 있다.

하지만 여전히 농인에 대한 제한적 관점(*deafness as a limiting trait*)도

존재한다. 제한적 관점은 최상의 지적 성취를 이루는 데 제한적인 가능성을 가진 장애인으로서 농인을 이해하는 관점이다. 즉, 농인도 교육을 받을 수는 있지만 청각의 장애로 인해 제한적이라는 관점이다. 사회문화적 관점(*deafness as a sociocultural trait*)은 농인이 자신이 살고 있는 청인 사회의 언어와 문화, 그리고 자신의 모국어와 문화를 통해 지적 능력을 완전하게 발달시킬 수 있는 자신만의 언어와 문화를 가진 집단으로 인식하는 관점이다. 이외에도 농을 성서적 관점에서 신이나 마귀의 메시지로 이해하는 도덕적 모델이나 침묵 또는 목소리의 결핍을 사고의 결핍으로 이해하는 결손 이론 등도 여전히 우리 사회에 공존한다.

이러한 농인에 대한 다양한 관점을 체계적으로 정리했던 레인(Lane, 1992)은 농인에 대한 관점을 크게 질병 모델과 문화 모델로 구분했다.

질병 모델이란 의학적 측면에서 농을 청각기능의 손상으로 이해하는 관점이다. 이 모델에서는 농을 치료해야 할 현상으로 봄에 따라 재활치료나 훈련 혹은 청각 상실을 보완하려는 시도가 중요시된다. 따라서 청력의 향상은 개인이 사회에서 독립적으로 살아가는 데 중요한 수단으로 인식되며 재활에서도 중요한 요소가 된다.

문화 모델은 미국에서 수어에 관한 인식이 향상되면서 부각된 관점이다. 이는 농인이 사용하는 수어를 이들의 모국어로 인정하는 것과 관련이 있다. 즉, 1950년대 중반 스토키에 의해 농인이 사용하는 미국수어가 언어학적으로 주목받으면서 농인을 주류 언어와는 구별된 '다른 언어'를 사용하는 언어적 소수집단으로 이해하게 된 것이다. 이 관점에서는 농인을 장애인 혹은 교정할 필요가 있는 대상으로 보지 않고 동일한 언어를 사용하는 '언어적·문화적 소수 집단'으로 이해한다. 이런 시각은 농인 집단의 독특한 특성을 이해하려고 노력한 결과이다(Neuroth-Gimbrone & Logiodice, 1992). 이 같은 문화 모델은 농인에 대한 사회문화적 관점에 기초한다.

이렇게 농인을 사회문화적 관점에서 보면 농인은 장애인이 아니라 또 다른 개성을 소유한 '인간'이 된다. 이렇게 '인간으로서의 농인'이라는 시각에서 농인을 탐구하기 위해서는 농인이 현재 살아가는 삶의 터전에서 직면하는 다양한 삶의 문제는 무엇인지, 그리고 그 문제를 해결하기 위해 삶의 과제를 스스로 어떻게 감당해 가는지를 고찰해야 한다. 그래야만 '한 인간으로서의 농인'을 온전하게 이해할 수 있다.

"인간으로서의 농인이란 누구인가?"를 "인간학적 혹은 인류학적 접근을 통해 살펴볼 때, 농인은 어떤 사람이라고 말할 수 있는가?"로 달리 말할 수 있을 것이다. 그리고 이 질문을 압축적으로 정리하면 결국 농인은 사회적 환경과 '상호작용'할 때, 어떤 인성(*personality*)을 갖는지로 귀결될 것이다. 왜냐하면 인간의 인성이라는 것은 '사회적 관계' 속에서 표현되는 심리・사회적 현상이라 할 수 있기 때문이다.

한편, '농인의 인성을 그 자체로 대상화하여 개념화할 수 있는가'와 같은 질문이 제기될 수 있다. 농인을 청인과 똑같은 하나의 인간 존재로 보자고 해놓고선 이제는 또 '농인의 인성'을 따로 떼어 내어 말한다는 게 어불성설 아니냐는 거다. 당연한 의문이다.

그럼에도 농, 즉 청각장애가 사람의 인성에 미치는 영향이 있음을 인정하고, 그 영향으로 인해 나타나는 심리・사회적 현상을 '농인의 인성'이라고 정리할 필요가 있다.

1) 농이 인성에 끼치는 영향

국내외를 막론하고 거의 모든 책에서 농인의 심리 또는 인성과 관련해 빠짐없이 인용되는 이론이 있다. 에릭슨(Erikson, 1968)의 '8단계 인간 발달 이론'이다. 슐레진저와 매도(Schlesinger & Meadow, 1972)는 논문 "청각장애 아동의 성숙과 발달"에서 이와 같은 에릭슨의 이론을 청각 장애 영역에 본격적으로 이식했다. 3

슐레진저와 매도는 농인의 삶 속에서 나타나는 미성숙한 모습이 단지 청각장애로 인한 결과만이 아니라, 생애 주기별로 발생하는 과업을 해결해 나가려고 할 때 발생하는 다양한 사회적 상호작용상의 어려움과 청각장애가 결부되면서 생기는 현상임을 에릭슨의 이론을 통해 보여 준다. 동시에, 농아동 및 청소년의 부모 혹은 농교육 담당 전문가를 위한 교육적 지침이나 상담 매뉴얼 등에 에릭슨의 관점을 반영하여 개선해야만 청각장애라는 신체적 장애와 더불어 발생하는 '정신건강 문제'의 증가를 막을 수 있다고 강조했다(Schlesinger & Meadow, 1972). 이 주장은 오늘날에도 여전히 큰 울림이 있다. 특히, 청각장애라는 신체적 손

---

3 이 논문은 국내에서 책《청각장애아교육》(원영조·김병하·석동일·이규식, 1999, 대구대 출판부)과《청각장애아의 심리》(최성규, 1997, 특수교육)에서 소개된 바 있다. 저자는 이 두 권의 책을 참고하면서 슐레진저와 매도가 쓴 원서도 꼼꼼히 읽었다. 그 결과, 풍성한 원서의 내용을 파악할 수 있었다. 본문의 내용은 원서에 기초하고, 선행 연구된 두 권의 책을 참고하여 정리했던 이준우와 김연신(2011b)의 글을 다시 수정·보완한 것임을 밝힌다. 슐레진저와 매도의 연구가 발표된 지는 매우 오래되었고 국내에 소개된 지도 많은 시간이 흘렀음에도, 여전히 계속 인용될 수밖에 없는 학문적 성과가 놀랍기만 하다.

상에서 연유하는 장기간의 스트레스(stress)는 신체기관의 적응력을 고도로 요구한다는 견해는 장애 자체가 인성 문제에 핵심 요인으로 작용하는 것이 아니라 장애로 인해 겪는 스트레스 상황이 인성에 영향을 미치는 더 큰 요인이 될 수 있음을 분명하게 말해 준다.

이 같은 에릭슨의 이론을 농인에게도 적용할 수 있는 근거가 되는 두 가정은 다음과 같다. 하나, 모든 인간의 성장 과정은 유사하다. 이러한 유사성은 인간의 공통적인 성장과 발달의 단계로 충분히 설명할 수 있을 만큼 뚜렷하다. 둘, 모든 태아는 독특하다. 그 독특함은 아주 원초적이라서 일생 전체에 스며들어 있다. 독특함은 정신 상태, 운동근육 형태, 그리고 성장 방식을 등을 통해 나타난다. 차분함, 균형감, 자기 충족 및 민감성과 같은 어떤 특성은 생후 1년 동안 매우 일관성 있게 나타나므로, 타고난 결정 요소의 탓으로 돌려져야 한다. 하지만 동시에 환경적 요소와 문화적 자극이 인성의 변화에 미치는 영향을 과소평가해서는 안 된다. 한 개인의 고유한 개성이 중요한 것과 마찬가지로, 생애 주기별 삶의 과제와 상황도 소중하기 때문이다.

그렇다. 청각장애를 가진 갓난아기도 소리를 들을 수 있는 아기와 마찬가지로 능력과 행동이 제각기 다르다는 것을 기억해야 한다. 청각장애라는 하나의 공통적인 특징이 그들의 다른 속성까지 평준화해서는 안 된다. 다른 강점으로 청각장애 현상에 더욱 성공적으로 대처하는 아이가 있는가 하면, 또 다른 약점 때문에 심각한 어려움을 경험하는 아이도 있을 것이다.

하나의 태아가 독특한 것과 마찬가지로 하나의 가족도 독특하다. 장애 아동에 대한 책임은 그 가정 전체에 무거운 부담을 안겨 준다. 아이가 겪는 환경이나 양육 방식을 다룰 때, '부모가 제대로 대처하지 못한다고 해서 비난을 받아서는 안 된다'는 점을 기억해야 한다. 부모가 전문가에게 협조적이지 않고 아이에 대해 태만하거나 심지어 아이를 거부하는 것처럼 보인다고 해도, 유난히 힘겨운 역할에 대한 나름의 한계를 드러내는 것일 수 있다.

다음으로, 연령별 단계적 입장을 구체적으로 살펴보자.

(1) 생후 0~18개월: 기본적 신뢰 대 불신

유아의 첫 번째 사회적 성취는 불안해하거나 화를 내지 않고 부모가 자기 시야 밖으로 나가도록 허용하는 것이다. 이는 부모가 외적으로 예측 가능한 존재인 동시에 내적으로 확신하는 존재가 됐음을 보여 준다. 즉, 유아가 자기를 양육하는 부모에게 신뢰감을 가지면 행동으로서 표현되며, 그 첫 번째 표현이 부모가 보이지 않아도 지나친 불안이나 걱정을 보이지 않는다는 것이다. 여기서 '지나친'이란 말은 중요하다. 대부분의 유아는 어느 정도의 분리불안을 경험하기 때문이다.

기본적으로 신뢰는 다른 사람을 믿을 수 있고 또 그들의 행동을 예측할 수 있음을 아는 것이다. 에릭슨은 이 기본적 신뢰가 궁극적으로는 '부모의 자기 확신'에 의해 좌우된다고 주장했다. 즉, 부모는 자신의 행동이 의미가 있다는 깊은 신념을 "자녀에게 몸소 보여줄 수 있어야 한다"는 것이다. 에릭슨은 자녀 양육에 대한 부모의 자기 확신을 강조하면서, 오늘날 부모가 일관된 육아법에 대한 확신을 갖지 못하고 갈팡질팡하는 현상을 매우 경계했다.

굿나우(Goodnow, 1970)에 의하면, 유아는 생후 4주가 되면 감각 인식을 의미 있게 표현한다. 굿나우는 어머니의 음성을 녹음기로 들려주고, 실제 어머니는 그와는 다른 방향에서 나타나게 하는 실험을 진행했다. 생후 4주가 되었을 때 유아는 이 당혹스러운 상황에 대해 지극히 불안해하는 정서적 고통을 나타냈다. 시각 및 촉각정보에만 전적으로 의존하는 농인 유아의 경우 예상되는 징후를 터득하는 데는 더 긴 시간이 걸릴 것이다. 젖병이 달그락거리는 소리나 어머니의 달래는 음성, 다가오는 발자국 소리 등 이 모든 소리가 들리지 않기 때문이다.

더욱이 렌느버그(Lenneburg)가 간결하게 설명했던 바와 같이 "감각결손은 증식력이 있다". 즉, 모든 청각적 인식이 그 유아의 경험에서 제외될 뿐만 아니라, 모든 관계 및 청각적으로 연계된 일은 유아가 자기 환경을 이해하지 못하게 한다. 아동은 주변에서 들리는 소리, 가령 부엌에서 요리하는 소리, 전화 받는 소리, 밖에서 노는 형제자매의 소리를 들을 수 있다. 그러나 이런 소리가 주는 안정감을 농인 유아는 누릴 수 없다. 그래서 농아동은 불을 끄지 말라고 요구하는 경우가 자주 있다. 청인 아동은 눈을 감더라도 소리를 통해 여전히 주변 환경과 접촉을 유지하는 반면, 보지 못하면 주변 환경과 완전히 차단되는 그들의 입장을 생각해 보면 이해할 만한 일이다.

한편, 청인 가정에서 자라는 농아동은 자신의 장애에 관해 '대단한 걱정과 불안의 중심'이 될 것이며 부모는 과잉보호 아니면 소홀한 양육(스스로 그렇게 생각하는)에서 비롯되는 죄책감을 경험하고 있을지도 모른다. 검사를 받으러 클리닉이나 전문기관을 빈번하게 방문하는 것은 부모나 아동 양쪽 모두에게 불쾌한 경험이 될 수 있다.

특히, 격려해 주는 일에 관한 여러 연구는 '부모-유아'의 상호작용에 관해 부모가 선호하는 방식에 입각해 기술했는데, 대다수 부모가 여러 방식 중 하나를 다른 방식들보다 더욱 강조한다는 것을 알아냈다. 부모가 시각 또는 촉각에 의한 격려 방식을 선호하는 농아동은 청각적 격려 방식을 좋아하는 부모를 둔 아동보다는 잃는 것이 덜할 것이다. 에릭슨은 얼마나 신뢰하느냐는 사랑과 관심의 절대량에 좌우되지 않으며, 부모와의 관계가 지니는 질에 좌우된다고 강조했다. 유아의 개별적인 욕구를 민감하게 보살피는 것이야말로 그 어떤 것보다도 중요하다.

(2) 18~30개월: 자율성 대 수치와 의심

이 기간의 청인 아동은 신체적 취급이 말에 의한 취급으로 대체된다. 아장아장 걸어 돌아다니기 시작하는 아동을 말로 달랠 수 있을 뿐만 아니라 설명해서 만족을 뒤로 미루거나 활동을 중단해야 할 이유를 납득시킬 수도 있다. 예컨대, 어떤 일을 제대로 해 놓으면 맛있는 것을 주겠다는 식의 간단한 약속은 생후 두 살 혹은 두 살 반 아동이 이에 협조하도록 권장해 준다. 반면, 농아동의 경우 대체로 그러한 교감이 없다. 성인의 행동에 관해 설명을 들을 수 없으며 아동은 아무런 뚜렷한 이유도 없이 복종해야 한다.

청인 부모의 경우, 의사소통의 시도로 그림을 그리거나 사진이나 사탕 포장지와 같은 상징물을 사용한다. 한편 농인 부모의 경우 수어를 사용한다. 그러나 이러한 시도에도 마이클버스트는 다음과 같이 보고했다(Myklebust, 1964).

청각장애 자녀를 둔 가정과 친밀한 접촉을 해 보면 청각장애 아동에게 일상적인 사건과 사정을 계속 알려 주기란 극히 어렵다는 것을 알 수 있다. 비록 사소한 일일지라도 이를 설명하는 것은 부모에게 인내와 성숙함을 요구한다. 흔히 의사소통 능력이 제한되어 있기 때문에 설명해 주지 못하는 경우가 있다.

농인이라는 사실이 아직 밝혀지지 않은 아동의 경우 이런 경험은 비극적이다. 이런 경우 버릇없고 말을 잘 듣지 않는 아이라고 꼬리표가 붙곤 한다. 이들은 하라는 일을 마음이 내켜야만 하는 아이라는 인상을 준다. 농아동이 스스로 입술 읽기(독화)를 부분적으로 배워 성인이 하는 말을 용케 이해하고 협조하는 경우도 있다. 혹은 아버지가 고함을 지를 때만 반응을 보일 것이다. 아동이 청각장애로 아직 진단되지 않았거나 난청인 경우 부모는 이 기간에 아이가 반응이 없다는 것을 알아차리고 언어 발달이 이뤄지지 않는 것을 걱정한다.

에릭슨은 이 시기에는 외적 제어가 단호하고 확실하므로 자율로 이끌어 가야 한다고 충고한다. 이 일이 서툴게 행해지면 그 아이는 의식이 조숙한 성년기에 이르러 "정신에 의해서라기보다는 문자에 의해 지배당하는 삶을 살게 될 것"이라고 강조했다.

의사소통의 어려움 때문에 농아동은 계속해서 특별한 취급을 받고 애지중지 여겨진다. 집안의 애완동물이 받는 것과 다름없는 사랑이고 보살핌이다. 먹이고 함께 놀아 주는 대상이자 애무당하고 길들여지는 대상이다. 이 단계와 그 후의 여러 단계에 걸쳐, 청인에 의해 완전히 독재적으로 행사되는 과다한 외적 통제는 자긍심 발달에 도움이 되지 않는다.

(3) 두 살 반~여섯 살: 주도성 대 죄의식

이 기간의 농아동은 공적 교육을 시작한다. 청인 아동을 위한 학교 전교육(*preschool education*)은 다양한 자료를 다루며 사교능력, 협동적 놀이, 창의성 및 상상력 개발을 지향한다. 반면, 청각장애 또는 난청 아동을 위한 교육은 재활 지향적이며 특정 행동, 즉 등급별 과제를 통한 청각훈련, 언어치료, 언어 발달 및 인식력 성장을 목표로 한다. '남는' 시간이 놀이 활동을 위해 사용된다.

따라서 농아동은 청인 아동보다 훨씬 어린 나이에 주어진 상황에 순응하고 참여하며 그 안에서 활동할 수 있어야 한다. 이 단계에서 교육의 대부분은 농아동에게 말을 흉내 내도록 훈련시키는 데 있다. 아동은 말이 되게 하는 입 모양을 모방하는 법, 시각적 자극에 대해 전문가의 반응을 흉내 내는 법, 쓰기를 흉내 내는 법을 배운다. 가장 근사하게 따라 하면 포상이 주어진다. 그저 흉내 내도록 훈련될 따름이라 주도적으로 하는 것은 무엇이든 적극적으로 만류된다.

기숙학교라면 생활지도교사가 어느 정도까지 아동을 획일적으로 통제하는 것이 불가피하며, 자연히 이는 포상의 대상이 된다. 가정과 가족으로부터 떨어져 생활하는 것이 아동에게는 거부로 여겨질 수도 있다. 가정과 연락을 취하기도 쉽지 않다. 농아동은 청인 부모와 영상통화로 이야기하기도, 부모의 편지를 이해하기도 어렵다(물론 청인 부모가 수어를 배워 사용하는 경우도 있지만 대부분은 시간이 많이 요구된다).

가족과 별거하는 상황에서 농아동은 아주 어린 나이부터 '별난' 집단이라는 의식을 갖는다. 특수학교에 다닌다면 통학버스에 실려 다니며 지역사회로부터 분리된다. 그들은 한동네에 사는 다른 아이들과 함께 같은 학교에 가지 않는다.

아동이 성장하면서 점차 이런 '별남'과 '특별함'이 압도한다. 그의 행동 양식과 의식은 또래 아이들과 다르다. 그는 다른 아이들의 말을 이해하지 못하며 스스로를 표현할 수도 없다. 레이너와 연구진(Rainer, Altshuler, & Kallmann, 1969)은 다음과 같이 지적했다.

나는 정신과 의사가 보는 청각장애 아동의 일부 특정한 정신건강 문제를 도식적으로 대충 개요만 훑고 있는지도 모른다. 내 소견으로는 이 모든 문제가 매우 어린 나이 때부터 시작되는 의사소통상의 장벽으로부터 본질적으로 시작되며, 학교 이전 시기를 거쳐 재학 기간과 성인이 되는 사회화의 시기로 이어진다. 초년기의 버림을 받았다는 느낌, 충동적 욕구를 표현하지 못하는 것, 사회의식과 타인을 위한 생각을 발달시킬 기회의 결여, 감정 이입과 양심에 관한 문제, 권한과 힘을 다루는 능력, 또한 다른 어느 것에 못지않게 중요한 자신의 정체성 확인과 자아 이미지 문제, 이 모든 문제가 의사소통에 좌우된다. 즉, '자신에 대한 이해'와 '타인과의 정서적 융화'라는 쌍방 통로에 좌우되는 것이다.

피아제(Piaget, 1967)는 언어가 감정적으로나 지적으로나 똑같이 심대한 영향을 끼친다고 술회했다. 그는 이렇게 진술했다.

하나의 정해진 형태의 언어가 터득될 때까지, 대인관계는 신체 및 기타 몸짓을 모방하는 것으로 국한된다. 다양화된 의사소통 없이 전반적으로 감정적인 관계로만 제한된다는 것이다. 반면 언어의 경우 내적 생활이 전달

될 수 있다. 사실, 사고는 어린이가 그것을 전달할 수 있을 정도로 의식할 수 있게 된다.

피아제의 이론은 정신건강을 위해 의사소통이 필요하다는 레이너와 연구진(Rainer, Altshuler, & Kallmann, 1969)의 주장을 뒷받침한다.

공식적 학교교육이 시작되면서 의사소통 방식의 싸움은 시작된다. 손짓이 벌을 받을 지경으로 만류되면, 두 가지 중대한 결과를 낳는다. 첫째, 어린이가 지닌 유일한 의사소통 방식을 금지함으로써 그에게 낭패감을 안긴다. 둘째, 그 아이에게 그가 청인처럼 행동하기만 한다면 그가 하나의 개인으로서 인정받을 만하며 그만한 가치가 있다고 말해 준다.

이 시기, 구화만을 강조함으로써 일부 아동이 낙오자가 되는 가능성이 생기기도 한다. 주도성을 권장해야 한다고 에릭슨이 주장하는 이 단계에, 항상 전진하기 위해 어떤 과제를 떠맡고 기획해 처리하는 특질이 '자율'에 추가되면서 아동은 '단련'되고 '훈련'된다. 아울러, 청각장애를 인정하고 수어로 의사소통을 하는 것이 성인으로서의 그의 삶을 열등하게 만들지 않는다는 견해를 전달해야 한다.

(4) 6~12세: 근면 대 열등의식

앞서 열거된 모든 어려움은 네 번째 연령 단계 중에도 계속되고 강화된다. 에릭슨은 이 성장 단계에서 가장 근본적인 위험은 자신의 지평을 국한시켜 '생각 없는 획일주의자'가 되는 것이라고 설명한다. 기숙학교에 재학 중인 학생의 지평이 학교의 획일성에 맞추어 제한된다는 것은 분명하다. 매일 통학하는 농아동은 이 시기에 학과 수업에 자신이 열등하다는 것을 점차 인식한다. 생물학적 실제 나이가 열두 살에 이르렀을 때 아동이 초등학교 3학년 수준의 읽기를 하면서 제대로 이해한다면 잘하고 있는 것이다. 아동은 또한 자신이 아무리 노력해도 구화 방식만으로는 자신의 의도를 상대에게 이해시킬 수 없고, 기록한 언어도 결코 정확하지 않다는 것을 점점 더 깨닫는다. 따라서 자신을 낙오자라고 여기고 의욕을 상실한다. 에릭슨은 이렇게 설명했다.

> 만일 그가 자신의 도구와 기술에 대해 절망하거나 자신과 도구를 함께 사용하는 또래 중에서 자신의 신분에 대해 절망하면 그는 그들과 동일 의식을 갖지 못하며 세계로부터 소외감을 느낀다. 그러한 '작업장'에서의 교류에 관해 희망을 상실하는 일은 그를 더욱더 소외당하게 할지도 모른다.

구화와 언어상의 성취로 정규 학급에 통합되는 일부 농아동이 있다. 그 성공 내지 실패 여부는 정규 학급 전문가의 융통성, 개별화된 교육과 훈련 그리고 부모의 지원과 그 아동의 정서적 안정도에 달려 있다. 때로 아동이 공부는 썩 잘해도 사회성은 미흡한 경우가 있다. 보통 학급의 다른 아동보다 한두 살 더 위이기 때문에 생기는 어려움이다. 통합을 향한 시도가 성공하지 못한 것으로 간주되어 아동이 특수학급으로 돌아가는 경우도 있다. 아동이 청각장애를 지니고 있다는 사실을 인정하지 않는 부모의 집요한 고집과 아동을 정규 학급에 통합하려는 시도로, 학교 당국과 그 부모, 그리고 아이 간에 매우 당혹스러운 상호작용이 발생할 수도 있다.

아울러, 아동의 성공이 부모의 개인적 긍지와 연결된다는 점도 주목해야 한다. 아동의 성공이 부모의 긍지와 연결되어, 부모의 압력도 증가하곤 한다. 에릭슨에 의하면 연령 단계 1에서부터 계속적으로 발달한다는 인간적 신뢰성을 농아동이 유지하기는 매우 어렵다. 에릭슨의 말을 들어보자.

성장하는 어린이가 견뎌낼 수 없는 좌절이란 거의 없다. 그 좌절이라는 것이 더욱 큰 동일함과 더욱 강력하게 지속되는 발달을 항상 새롭게 경험하게 해주고 개인의 생활 주기를 의미 있고 더욱 넓은 소속감에 통합해 주기만 한다면 말이다.

그러나 농아동은 이 '더욱 넓은 소속감'을 느끼지 못한다. 그는 나이가 들어감에 따라 더욱더 소외당하는 것이다.

(5) 13~18세: 정체성 대 역할 혼란

에릭슨에 따르면, 이 연령 단계에서는 이전의 연령 단계들이 수정 반복된다. 가장 초기의 연령 단계에서는 자신과 타인을 신뢰하는 것이 중요하다. 청소년은 자신이 신뢰할 수 있는, 그리고 자신을 신뢰할 만하다고 입증해줄 만한 가치 있는 충고를 해주는 사람들과 사상(ideas)을 모색한다. 이 시기의 청소년은 자기 의지를 주장하며 따라서 기꺼이 동의하고자 하는 의무와 봉사의 통로를 선정한다. 동시에 그는 윗사람이 선정해 주었지만 또래 아이들의 조소를 받을 것이라 느끼는 몇몇 상황을 두려워하기도 한다.

놀이 연령기의 상상력은 10대 연령기의 포부와 꿈으로 재발한다. 즉, 능숙한 작업 기술에 대한 욕망은 직업에 관한 고뇌를 야기하며 의사 결정의 한 과정이 된다. 이 욕망은 급료나 지위의 문제를 능가하는 중요성을 지닌다.

농청소년은 두 가지 종류의 지속적이며 중첩되는 상황에 대처해야 한다. 즉, 자신의 장애에서 기인하는 상황과 미성년 상태에서 성인으로 옮겨 가는 전환기적 지위에서 기인하는 상황이다.

동경의 대상이 되는 영웅(hero)을 찾는 과정에서 농청소년은 봉사활동의 많은 역할이 자신에게는 막혀 있다는 사실을 받아들여야 한다. 동년배의 다른 아이들에게 받아들여지느냐 아니면 조소와 놀림의 대상이 되느냐에 있어, 농청소년이 처한 상황은 특히 어렵다.

기숙학교에 재학 중인 농청소년은 이 기간 중 농인에 협조적인 농문화에 점점 더 동화된다. 그러나 피난처와 같은 그 환경을 떠나 실제 세계에서 생활해야 할 때는 그 대가를 치러야 한다. 매일 통학하는 일반학교의 경우, 농청소년은 일상적으로 청인 청소년 위주의 학생들로부터 기피당하고 같은 건물 안에 있으면서도 별개의 집단이 될 수 있다. 농인 학생이 지닌 포부로 이러한 난관을 극복하기도 하지만 이는 쉽지 않은 일이다. 희망이 성취되지 않으면 실망이 뒤따르기 마련이다.

마지막으로, 이 시기에 직업을 위한 준비가 이뤄져야 하며, 그 결과 농청소년을 위한 프로그램에 등록된 모든 학생이 직업재활부(Department of Vocational Rehabilitation)에 의해 '다루어진다'는 사실은 의미심장하다. 바꾸어 말해, 취업은 특별히 우수한 학생을 제외하고는 극히 제한적이다. 많은 농인은 잠재적으로 지닌 업무 수행 능력에 훨씬 미달하는 일을 받아들여야만 한다.

한편, 사춘기 농청소년을 만나는 수어통역사는 농인 학생을 위한 기숙학교나 통학학교의 대다수가 농인 학생을 위한 시설을 거의 제대로 갖추지 못하고 있다는 것을 알아야 한다. 그런데 퍼스(Furth, 1966)는 농인 학생이 대체로 가족과 함께 있는 것보다는 농학교에서 더 편하게 느낀다고 생각한다. 가족과는 만족스럽게 의사소통을 할 수 없기 때문이다. 대형 기숙학교는 고의적이건 무심결에건 대부분의 농인 학생에게 사회와 가정을 대신하는 존재가 된다는 것이다. 퍼스는 흔히 사춘기 농인 학생이 자신에 대해 좋지 않은 생각을 하는데, 대부분이 부모가 지닌 태도에서 비롯된 것이라 지적했다. 농인 자녀에 대해 부모가 지닌 포부와 목표가 많은 경우 이는 다소 비현실적이며, 그런 태도를 바꾸고 자녀의 한계를 수용하도록 부모를 돕기란 대단히 어렵다.

매일 등교하는 학교에 다니는 학생은 기숙학교 재학생보다 더 긴장 상태에서 살아야 한다. 가족과 함께 생활하지만 부모나 형제자매와는 의사소통이 거의 이뤄지지 않기 때문이다.

(6) 19~24세: 친밀감 대 고립감

짝을 선택하는 것이 이 단계에서는 가장 의미 있다. 농학교 졸업생 대부분은 농인과 결혼한다. 하나의 집단으로 격리된 필연적인 결과라고 말할 수 있을 것이다.

행복이란 규범(norm)에 가장 가까운 것이라고 주장하는 사람은 비정상적이라고 생각하는 사람들을 서로 짝지어 주는 것에 반론을 제기할 수도 있다. 하지만 농인이 다른 농인과 함께 있는 것을 가장 행복해한다면 이는 자연스러운 일이다. 더구나 농인은 다른 농인과의 우정을 지켜 나가면서 모두 수어로 대화하는 사교적인 사회적 관계망을 형성하는 경향이 있다. 결혼과 사교적 모임의 결성 등 이런 관계는 공식적인 교육과 훈련이 끝나고 자립과 취업으로의 진전이 시작되면서 형성된다.

(7) 25~50세: 생산성 대 자기 침체

에릭슨에 의하면, 번식은 생산성 및 창의성과 함께 차세대의 확립과 지도를 포함하는 개념이다. 농인 부모의 경우 자녀 양육에 관해 자녀에게 '최선의 이익'이 되어야 한다는 청인의 조언에 적절히 대응해야 한다. 청인의 이러한 충고는 농인 부모가 자녀에게 충분한 교육을 제공해 줄 수 없음을 의미하곤 한다(특히 구화 위주의 환경에서는).

또한 이 단계의 농인 근로자는 종종 진급에 실패하며, 그 이유가 의사소통 기술의 결여로 상급 감독자 직책에서 배제되기 때문임을 알게 된다. 세인트루이스 직업재활센터 소속 농인 서비스 이용자의 일부 특성을 검토한 다음과 같은 논평은 많은 것을 시사한다(Padden & Humphries, 2005).

그러나 프로그램을 통해 알려진 것 중 선천적 능력의 결여가 농인을 제한하는 것은 아니라는 점이 가장 두드러진다. 농인은 충분한 지능과 운동근육 및 상당히 경쟁적인 환경에서도 일할 수 있는 조절기능과 의욕을 갖추고 있다. 농인을 취업에서 배제하는 것은 사교성 부족과 정서적 기능의 결함이라고 생각하는 판단 때문이다. 농인의 상당수는 미숙하고 의존적이며 자신감이 없고 충동적인 데다 겁이 많고 낯선 분야를 꺼릴 것이라는 편견이 여전히 강하게 작동한다. 그러나 오히려 농인의 품성에는 특유의 역동성이 있는 듯하다. 농인은 (청인에 비해) 열정적으로 삶의 문제를 다루고 해결하려는 경향이 더 많아 보이고, 그러다 보니 지나치게 열정이 앞서 너무 급하게 업무에 치중하는 듯하다.

이 논평은 농인에 대한 왜곡된 이해로 인해, 감정적이고 현실적인 타인의 반응에 과도하게 예민해지는 성향이 농인의 생활양식으로 형성됨을 지적한다.

(8) 50대 이후: 자아 보전(통합) 대 자포자기(절망)

에릭슨의 이 단계 구분은 질적이고 누적적이지만 양적인 것은 아니다. 많은 농인이 성숙한 성인이며 '자아정체성'을 지니고 있다는 것은 분명하다. 다음과 같이 기술된 집단의 구성원인 경우는 의외로 많다(Sacks, 1989).

농인의 경우 의사소통상의 문제 때문에 정서적 박탈, 사교적 외로움 그리고 심리적 좌절을 겪는 생활만이 있을 뿐이다. 농인은 흔히 자신의 결점이나 좌절, 사회에 대해 느끼는 분노를 말로 표현하기 어려워하면서도 그것들을 매우 깊이 느낀다.

연령 8의 단계는 노년기로, 나이가 들어가는 단계이다. 따라서 이 단계에서 난청자와 노령으로 귀가 멀어진 성인의 심리를 고려해 보는 것은 적절하다. 램즈델(Ramsdell, 1973) 은 이렇게 설명한다.

청각장애는 의사소통상의 어려움보다 더 기본적이고 더 심각한 심리적 훼손을 일으킨다.

그 훼손의 특징은 심각한 우울인데 램즈델은 이를 청각 상실자가 세상이 죽은 것처럼 보인다고 보고하는 원시적인 수준, 즉 '감정적 단계'에서의 청력 상실 때문이라고 지적했다. 청각장애는 또한 어떤 종류든지 잠재되어 있는 편집병 경향에 강력하게 작용하는 자극제인 것 같다. 그러나 자신의 정서생활에 안주하는 사람은 청력이 약해져도 편집병 경향을 일으키지는 않을 것이다(Brown & Brewer, 1996).

전문 직업인으로서 농인을 대상으로 수어통역서비스를 제공하거나 사교상 그들과 어울리는 사람들은 더 나은 상담과 성년기의 정서적 지원이 청각장애의 영향을 최소화하는 데 절실하게 필요하다고 지적한다(Padden & Humphries, 2005).

2) 농인의 인성과 사회성 발달

(1) 생애 초기 경험의 두 가지 범주

인성 및 사회성 발달에 관한 대부분의 이론은 '사회적 행동과 사회 적응'을 형성하는 초년기의 경험이 중요하다고 강조한다. 농인의 초년기 경험이 대부분 유사하다는 점을 고려할 때, 농인이 공통의 문제점 그리고 그 문제에 대처하는 공통의 방법을 지니고 있을 것이라 예상할 수 있다.

가령 소리를 듣지 못함에서 오는 일차적 장애는 의사소통의 제약이다. 이는 시각장애인의 일차적 장애가 이동성의 제약이라는 것과 같은 맥락으로 이해할 수 있다. 의사소통과 이동의 어려움이 사람의 인성 및 사회성 발달에 영향을 미친다고 확장해도 무리가 아니다.

물론 청각장애는 지극히 복잡한 장애를 갖고 있음을 의미한다. 즉, 의학적, 청각학적, 언어학적, 사회학적 및 심리학적 요인 등 다양한 요인이 통합되어 발달 과정에 영향을 끼친다는 것이다. 실제로 이들 요인은 농인이 흔히 겪는, 즉 유사한 경험을 갖게 해주기도 한다. 앞서 언급했듯 '농인의 심리'에 관해 이야기할 때는 청각 결함 그 자체가 아니라 오히려 이런 유사한 경험들을 다루어야 한다.

농아동이라면 생애 초기에 공통적으로 겪는 경험의 두 가지 범주는 인성과 사회성 발달에 특히 중요하다. 첫째는 아동의 일생에서 중요한 생애 초기에 대부분의 농아동과 부모 간의 의사소통이 아예 존재하지 않거나 너무도 초보적인 수준이라는 것이다. 둘째는 아동이 청각장애라는 진단을 처음 받았을 때 부모가 흔히 보이는 반응이다. 이때 부모의 반응은 농인이 앞으로 대처해 나가야 할 장애에 대한 세상 사람들의 무수한 반응 중 최초의 반응이다. 부모는 아동의 청각장애 진단에 흔히 슬픔, 충격, 수치심, 죄의식 그리고 분노로 반응한다. 청각장애가 무엇을 의미하는지에 관한 부모의 태도가 그 아이에게 영향을 끼치며, 그 아이의 인성과 사회성 발달에도 영향을 끼친다.

(2) 사회적 발달

① 사회적 및 정서적 성숙

성숙은 스스로를 돌보고 자신의 행동과 운명에 책임을 인정하고 독립할 수 있는 능력을 가리킨다. 농인의 심리적 및 사회적 발달에 관해 가장 빈번하게 언급되는 일반적인 연구 결과는 그들이 "정서적으로 매우 미숙해 보인다"는 것이다. 러바인(Levine, 1981)은 이런 의식을 '자기중심적, 쉽게 짜증을 내는 성미, 충동적'이라는 견지에서 기술한 적이 있다. 마이클버스트(Myklebust, 1960)는 농인이 "타인을 배려하는 데 미숙하다"고 주장했다. 앨트슐러(Altshuler, 1974)는 농인이 자기중심적이고, 감정 전이가 결여됐으며 의존성을 보이는 특징이 있다고 규정했다.

바인랜드 사회적 성숙 척도(Vineland Social Maturity Scale)는 어린이가 스스로를 돌보고 궁극적으로는 독립할 수 있는 활동에 참여하는 능력을 측정하기 위해 고안되었다. 이 척도는 자조능력, 자제력, 이동능력, 직업, 의사소통 그리고 사회적 관계를 측정한다. 많은 연구가 농아동이 이 척도에서 청인 아동보다 더 낮은 점수를 받았다고 보고했다. 그중 한 연구는 청각장애를 포함해 여러 장애를 지닌 부모와 자녀를 대상으로 실시되었는데, 모든 장애 아동의 자조 능력이 부족하다고 보고했다.

그러나 이 보고서에서는 아동이 실행할 수 있는 능력을 지닌 과제와 아동이 실제 스스로의 힘으로 해낸 과제 간 차이에 집중해야 한다. 즉, 부모들이 장애 아동이 실제로 할 수 없는 좁은 범위의 일만을 보고 일반론을 펴며, 훨씬 더 다양하고 많은 일을 할 수 없을 것이라고 속단했음을 뚜렷하게 보여 주었다. 아동이 할 수 없을 것이라 속단한 일은 결국 실제로 무능력이 되고 만다. 아동이 과제를 실천해 보고 새로운 솜씨를 키울 기회를 누리지 못하기 때문이다. 그뿐만 아니라 장애 아동이 기술을 습득하기 위해 겪는 시행착오 과정에는 더 많은 인내와 시간이 필요하다. 특히 의사소통 기술이 부족한 농아동의 경우, 단순한 일을 하기 위해 기대되고 요구되며 필요한 것을 전달하는 데만 더 많은 시간과 인내를 필요로 한다(Greenberg & Kusche, 1989). 그런데 부모는 인내하지 않고 그런 기회를 주려고 하지도 않았던 것이다.

인간의 발달은 하나의 누적적인 과정이다. 즉, 나이에 맞는 한 가지 기술의 터득은 그보다 더 어린 나이에서 이뤄져야 하는 다른 기술의 터득에 근거를 둔다. 마찬가지로 책임감과 성숙성을 요하는 일의 결함 역시 누적적일 수 있다. 아동이나 청소년이 스스로 해야 할 일을 하지 못하는 것을 목격한 부모와 보호자는 그 아동의 나이에 맞는 일을 하도록 요구하거나 허용하기를 더 꺼리기도 한다.

미국의 많은 농아동은 주립 기숙학교(state residential school)에서 교육을 받는다. 샤인과 델크(Schein & Delk, 1974)의 보고서에 의하면 농인 교육 실태조사 결과, 1972년에 25~64세 농인 중 2분의 1이 전적으로 기숙학교에서만 교육을 받은 것으로 나타났다. Deaf Way Ⅱ 자료 (Goodstein & Brown, 2002)에 의하면 18세 이하의 미국의 학령기 농인 학생 중 대략 3분의 1이 기숙학교 교육을 받았으며 현재 받고 있는 것으로 보고되었다.

대부분의 교육행정 담당자가 이런 요인을 인식하고 독립성을 장려하는 환경을 조성하기 위해 노력하지만 기숙학교 생활은 성숙성 발달에 부정적 영향을 끼친다. 기숙학교 환경이 지닌 불리한 점 중 몇 가지는 기숙사 생활의 성격과 대형시설에 내재된 행정상 독소에 기인한다. 학생이 집단을 이뤄 함께 생활할 때, 그 집단에 적용되는 규칙은 때로는 학생의 개별적 욕구와 일치하지 않더라도 정해져야 한다. 예컨대, 가정에서라면 학생이 맡았을 허드렛일은 시설의 관리 인력이 처리한다. 또한 기숙학교에서는 사생활을 위한 기회나 개인적 활동을 위한 공간이 가정보다 훨씬 부족하다. 학생이 남녀관계가 발달하기 시작할 나이에 이르면, 부모와 학교 당국자는 다 같이 성적(性的) 활동에서 일어날 수 있는 일을 우려한다. 이러한 우려 때문에 가정에서 생활할 때와 비교해 성에 관한 발달을 제한하는 더 많은 규칙이 정해지고 건전한 성적 발달을 위한 기회는 더 적어진다. 즉, 기숙학교에서의 사교적 기회가 넉넉하지 못한 탓에 이미 부족한 책임감과 사교적 미성숙을 더욱 악화할 수도 있다(Grosjean, 1992).

한 기숙학교의 농인 학생을 대상으로 실시된 연구 조사(Schlesinger & Meadow, 1972)는 농인 부모를 둔 학생과 청인 부모를 둔 학생을 집단적으로 비교했다. 여러 전문가와 상담사는 농인 학생의 사회 및 인성 발달의 여러 국면에 관해 평가했다. 그 결과, 농인 부모를 둔 학생은 성숙성, 책임감, 그리고 독립성에 대해 더 높거나 더 긍정적인 점수를 받았다. 농인 부모를 둔 학생은 젖먹이 시절 이후 내내 부모와 수어를 통해 대화를 해왔으므로 모두 조기에 가족 간 의사소통을 경험해온 터였다. 그뿐만 아니라 자녀가 청각장애라는 진단에 대한 부모의 반응도 청인 부모의 경우보다 상당히 덜 충격적이었다.

누차 되풀이하여 이용된 농인의 세 가지 특성은 '충동성', '자기중심성', 그리고 '경직성'이다. 농인의 특징을 규정하고자 이용되는 많은 용어는 또한 '미숙한' 사람을 묘사하기 위해서도 사용될 수 있다. 이러한 특성을 기술하는 용어가 요약하는 의미나 행동 양식을 살펴보면, 조기에 의사소통이 이뤄지지 않은 집단이라면 어느 경우에나 쉽사리 이런 특성을 보인다고 추측하기 어렵지 않다.

'충동성'은 신중하고 일관성 있는 사전 계획에 입각하지 않은 행동을 가리킨다. 충동적인 사람은 하나의 행동 방향을 계획하여 고수하기 어렵다. 또한 장기적인 이익에 대한 기대보다는 즉각적인 충족을 바라는 욕망에 입각한 선택을 한다. 충동적이지 않으려면, 장기적 목표를 세우거나 현재의 결정에서 비롯되는 미래의 가능성을 생각해 내거나 상상하고 그 상상 속에서 살 수 있는 능력을 필요로 한다.

농아동의 초년기 경험을 살펴보면, 언어는 시간을 표현하는 데 중요하다는 것을 알게 된다. 언어를 지니지 못한 사람은 시간과 공간이라는 견지에서 모두 '현재의 횡포'에 제약을 당한다. 부모는 현재 방에 함께 있는 사물에 관해 초보적인 방식으로 농인 자녀에게 의사전달을 할 수 있다. 현재 일어나고 있는 사건에 관해서도 마찬가지이다. 그러나 과거에 일어났거나 미래에 일어날 사건에 관해 의사전달을 하고 싶다면, 언어가 필요하다. 이에 따라 농아동이 미래의 계획을 전달하거나 과거의 추억을 회상해본 경험이 없는 경우가 흔하다. 대부분의 부모는 자녀가 특별한 먹을거리나 경험을 위해 기다려 주기를 바랄 때면 자녀에게 때가 될 때까지 기다리라고 말해줄 수 있다. 그러나 언어가 없으면 이런 일이 어렵거나 불가능하다. 따라서 농아동의 부모는 누구에게나 불편한 즉시 내놓으라는 요구나 울화통을 터뜨리는 아동의 성화에 굴복하고 마는 경우가 흔하다. 농아동은 자신의 요구가 나중에 충족될 수도 있다는 것을 터득하여 즉각적인 충족을 바라는 스스로의 요구를 억제하는 법을 쉽게 배우지 못하는 것이다.

'자기중심성'은 세계가 자기 자신에게 집중되어 있거나 자기 자신을 중심으로 돌아감을 묘사한다. 자기중심적인 사람은 타인의 욕구나 의견 또는 소망을 고려하지 않거나 하지 못한다. 그는 자신의 행동이 다른 사람에게 끼치는 영향을 인식하지 못하거나 개의치 않는다.

정상적인 발달 과정은 첫째, 자기 자신을 타인과 차별화하는 것과 둘째, 자기 자신의 행동이 타인의 행동에 그 나름대로 영향을 끼친다는 것을 인식하는 것을 포함한다. 이런 발달에도 언어나 의사소통이 중요하거나 필요하다. 아동이 사회의 양식에 '사회화'되는 한 가지 방법은 부모를 기쁘게 해주려는 소망을 통해서이다. 아동에게 자기가 속한 특정 집단의 규범을 전해 주는 사람은 바로 부모이기 때문이다. 집단의 규범은 부모라는 인물을 통해 표현된다. 사회적 승인 혹은 반대는 초년기에는 부모의 승인 혹은 반대로 구성된다. 아동이 다른 사람을 고려할 때는 긍정적이건 부정적이건 다른 사람에게 자신의 어떤 점이 중요한 의미를 갖는지를 이해해야 한다. 그러나 다른 사람이 겪는 감정을 설명하는 일은 썩 복잡한 언어 없이는 어렵다. 감정의 언어는 농아동이 특히 부실한 영역이기도 하다.

'경직성'은 주변 세계나 특정 임무에 융통성 없이 접근하는 것을 일컫는다. 이는 변화하는 상황이나 사태에 맞춰 자신의 요구나 부탁을 바꾸지 못하는 것을 뜻하기도 한다. 또한 일단 한 번 터득된 원칙을 무차별적으로 적용하려는 경향을 가리킬 수도 있다.

농인에 관해 "예절 교과서대로 생활한다"고 말하곤 한다. 농인은 어떤 원칙을 적용할 때, 더 중요한 상황과 덜 중요한 상황을 구분하기 어려울 수 있다. 농아동이 해도 좋은 행동과 해서는 안 될 행동에 관한 '첫째가는 원칙'을 배울 때, 그에 관한 이유는 배우지 못하는 경우가 있다. 그 규칙은 다만 '어머니가 그렇다고 하니까' 혹은 '아버지가 그래야 한다고 하니까' 지켜져야 하는 것이다. 농아동은 규칙에 관한 설명을 배우는 혜택을 누리지 못한다. 그 때문에 "불 가까이 가면 불에 델 거야", "네가 내 화분을 깨뜨리면 나는 기분이 언짢을 거야" 등의 규칙은 그 이유를 알지도 못한 채, 새로운 상황에도 무조건적으로 적용되는 것이다. 이렇게 규칙을 무조건적으로 적용하는 것이 경직성이다.

농아동은 물리적 세계와 사교적 세계에 모두 인과관계가 있다는 개념을 키우기가 특히 어렵다. '왜'와 '때문에'라는 개념이 쉽게 터득되지 않는다. 따라서 "왜 너는 이러한 짓을 했지?"라는 질문에 대한 답을 하기 어렵다. 반면, 청인 아동은 대략 두 살쯤만 돼도 '왜'라는 말로 시작하는 질문을 끊임없이 퍼붓는다. 인과관계라는 개념을 구체화하는 데 중요한 시기이기 때문이다. 그러나 '이유'가 없는 농아동의 세계는 일련의 경직된 규칙에 의해 움직인다.

② 직업적 성숙
직업적 성숙은 사회적 및 정서적 성숙과 밀접한 관계가 있다. 청인의 시각에서 볼 때, 미숙한 농인이 취직 이후 그 일자리를 지킬 수 있도록 돕는 일은 취업을 시키는 일보다 훨씬 더 어렵다. 가족이라는 피난처, 그리고 전문가들에게 보호받아온 농인은 그 직책에서 책임을 맡을 준비

가 되어 있지 않다. 농인의 경우, 스스로의 힘으로 하도록 기대되는 일과 청각장애로 인해 약간의 도움을 필요로 하는 일 사이의 경계가 분명하지 않은 경우가 흔하다. 부모나 전문가가 단순히 생활할 때와 농인을 상대로 실제적인 수어통역을 할 때 이 경계선을 넘나들어야 하는 것과 마찬가지로, 직업 관련 활동을 하려는 농인과 함께하는 수어통역사도 이 경계선을 넘나들어야 한다. 수어통역사의 역할과 범위가 어느 정도여야 할지에 관한 논란은 여전하지만, 현실적으로 수어통역사는 농인에게 구태의연한 의존성이 아니라 자립의식을 길러 주어야 한다. 자신의 자립성을 다른 사람에게 위탁하는 데 오래전부터 익숙한 농인은 자신이 무력하다는 것을 강요하고 계속 그 상태를 유지하려는 경우가 흔하다.

농인의 의존성과 관련해 으뜸가는 사례는 전화를 이용할 때다. 취업 신청과 예비 고용주와 면접 약속을 할 때, 전화 이용이 시간을 절약해 주고 더 능률적임은 분명하다. 만약 수어통역사가 의존성이라는 덫을 인식하지 못한다면 그리고 독립성을 증대하는 것이 결국 농인에게 이롭다는 것을 깨닫지 못한다면, 통역사는 실제로 필요한 것보다 더 자주 전화를 이용할 것이다. 반면, 자신의 농인 서비스 이용자를 위해 결코 전화를 대신해 주지 않겠다고 고집하는 것은 결과적으로 청각장애라는 현실을 부정하는 것이 될 수 있다.

수어통역사는 농인 서비스 이용자가 더욱 성숙해지도록 돕기 위해 전화 대신 다른 방법을 찾아야 한다고 농인 서비스 이용자에게 권유할 수 있을 것이다. 이러한 대안은 결근이 불가피할 경우 고용주가 흔히 기대하는 책임 있는 방법으로 통고하는, 소중한 경험이 될 수 있다. 농인 서비스 이용자가 이웃과 지속적으로 교류하도록 또는 전화를 사용하는 신호 체계를 개발하도록 돕는 것도 매우 유용한 일이다. 농인은 가끔 자기가 아는 사람들과 제한된 방법으로나마 전화를 사용하는 법을 배울 수 있다. 그러나 이 일에 매우 겁에 질리고 이를 위협적이라고 여기는 경우도 흔하다. 다행히도 최근에는 휴대전화가 농인에게 많이 보급되면서 전화사용에 대한 불편은 상당히 해소되었다.

무슨 일이 있을 때, 직장 동료나 상사에게 정중하게 문자 메시지를 보낼 수 있는 농인은 드물 수 있다. 문장 구성에 어려움을 느끼는 농인이라면 문자 발송이 상당한 부담이 될 수 있다. 혹은 농인 동료와는 편하지만 업무관계로 맺은 직장 사람들과는 어려울 수도 있다. 그럼에도 농인이 자신에게 일어난 사실을 자신의 말로 상대방에게 전달하는 일은 매우 중요하다. 농인 서비스 이용자와 하나의 관계를 발전시켜온 수어통역사는 이런 부류의 두려움이나 불편을 어느 정도 해소하도록 농인을 도울 수 있다. 약속을 지키고 시간을 엄수하는 것은 미숙한 사람(장애 여부를 떠나) 이 이해하기 어려워하는 일이다. 하지만 이 세상은 약속을 지키는 사람을 선호하고 또 그렇게 살아야 하는 것이 일반적인 삶의 원칙이기에 약속을 지키게끔 돕는 일은 매우 중요하다.

많은 인생 경험은 우리를 성숙하게 한다. 어른이라면 누구나 대중교통 수단을 이용하거나, 예산을 작성하거나, 은행이나 의료기관 같은 곳에서 일상적으로 부딪히는 관료주의를 다룰 때와 관련해 경험이 있을 것이라 추정한다. 그러나 보호받고 의존적인 삶을 영위하는 사람은 그렇지 않은 경우가 흔하다. 수어통역사는 이런 식의 기본적인 경험상의 세부사항을 농인 서비스 이용자에게 숙지시켜야 하며, 그때 성공적인 취업이 가능하다.

　이런 종류의 고려 사항은 모두 농인 서비스 이용자의 상대적 성숙성 혹은 미성숙과 관계가 있다. 이는 수어통역의 감독자나 운영자와도 연결된다. 농인 서비스 이용자에게 기대할 수 있는 성숙도를 고려했을 때, 일단의 농인 서비스 이용자를 대상으로 활동하는 수어통역사는 더 많은 시간이 필요한 경우가 흔하다.

　농인에게 청인과 같은 비율의 취업 성공 사례를 기대하거나 수어통역사가 전문가로서 다른 서비스까지 맡으며 많은 업무량을 처리하도록 기대하는 것은 비현실적일 수도 있다. 농인 서비스 이용자의 일부 기본적 욕구는 수어통역사의 전문적인 조수(보조전문가 혹은 조교)에 의해 마찬가지로 혹은 더 훌륭하게 충족될 수 있을 것이다. 수어가 능숙한 조수는 취업 전에 이뤄져야 할 기본적인 방향 설정에 도움을 줄 수 있다.

　마지막으로, 농청소년이나 초년기 성인을 대상으로 활동하는 많은 전문가에게 공통적인 함정 하나를 더 언급하고자 한다. 농인을 대상으로 하는 것이 아니라 그 부모를 상대로 활동하고 싶어 하는 유혹이다. 흔히 부모는 농인 자녀와 더불어서가 아니라 농인 자녀를 위해 결정을 내려주는 데 익숙하다. 부모가 성년 초기의 농인 자녀를 데리고 수어통역사에게 직접 나오는 경우가 있다. 직업 훈련 과정에 적극 참여하기를 기대했기 때문일 것이다. 전문가는 성년 초기의 농인 자녀와 그 부모를 솜씨 있게 떼어 놓는 방법에 관해 사전에 준비할 필요가 있다. 이것이 바로 성숙하게 성장하는 또 다른 방법이다.

③ 자기 이미지

자기 이미지, 곧 정체성의 성장은 사회적 발달과 병행한다. 아동은 스스로 하나의 대상이 되기 시작함에 따라, 즉 자신이 다른 사람에게 평가되는 것을 봄에 따라 다른 사람과 자신의 행동을 이해하기 시작한다. 아동은 중요한 다른 사람의 응답에 '반영'되는 스스로를 보면서 자신의 가치를 의식한다.

일차적으로, 아동에게 중요한 다른 사람이란 자신의 부모와 동기다. 아동의 세계가 점차적으로 넓어지면서 '자기 이미지'도 전문가, 또래, 가게 주인, 이웃 등에 의해 영향을 받는다. 장애가 있는 아동은 매우 일찍 자신이 다르다는 것을 의식한다. 자신이 '다르다는 것'에 대해 스스로 정의한 긍정적 또는 부정적 의미는 대체로 중요한 타인, 특히 자기 부모의 감정에 좌우된다.

바로 이런 이유에서 청각장애라고 내려진 진단에 대해 보이는 부모의 반응이 농아동의 발달에 중요하다. 자녀가 청각장애라는 데 대해 수치스러워하거나 곤혹스러워하는 부모는 이를 자녀에게 전달하지 않을 수 없다. 아동은 아동대로 자신에 대한 부모의 감정을 흡수하고, 이는 아동의 '자기 이미지', 즉 '자기 개념'의 일부가 된다.

장애가 상대적으로 얼마나 눈에 잘 띄느냐는 다른 사람에게 일어나는 반응, 즉 장애인에게 강요되는 낙인에 영향을 미친다. 청각장애 그 자체는 눈에 띄지 않는다. 농인을 눈에 띄게 하는 것은 그들이 장애에 대처하는 수단이다. 따라서 보청장치나 수어가 장애가 있음을 알려 주는 단서가 된다. 특이하거나 왜곡된 언어 양태 역시 청각장애가 있다는 것을 알려 주는 단서이다. 자녀가 청각장애라는 사실을 받아들이지 못하는 부모는 장애에 대처하는 방식에 관해 자녀에게 애매한 메시지를 전달함으로써 장애 자체에 관한 특정한 메시지를 자녀에게 전달하는지도 모른다. 예컨대 사진을 찍을 때는 농인 자녀가 보청기를 착용하지 않는 것을 원하는 부모가 있다. 혹은 야회복을 입거나 외출 준비를 할 때, 보청기를 벗기는 경우도 있다. 이런 사례는 청각장애에 관해 자녀가 부정적인 정체성을 갖도록 밀어붙이는 부모의 태도를 반영한다.

오랜 세월 동안 농아동을 대상으로 한 의사소통 수단에 관한 교육적 논쟁은 수어냐 구화냐의 차원에서 이뤄졌다. 교육자가 조성하고 부모가 채택한 이 이분법은 많은 농아동이 일생 중 어느 시점에 '정체성 속박'(identity bind)에 묶이게 했다. 구화가 의사소통의 유일한 수단인데 농인의 말을 그가 만나는 사람 대부분이 이해할 수 없다면, 그의 정체성, 즉 아이덴티티는 구화만을 고집했던 부모와 전문가가 그랬듯 그 자신도 용납할 수 없는 것이다. 농인이 수어를 배워 역시 수어를 사용하는 다른 사람과 의사소통하는 것을 더 편하게 느낀다면 청인의 사회에서 자신의 정체를 탄로 나게 할 보청기와 구화를 사용하기를 전폭적으로 거부할 것이다.

나이 어린 농아동은 그들을 위해 긍정적인 역할 모델(role model)을 해줄 농인 성인을 만나볼 기회가 거의 없다. 이는 농아동 중 일부가 자신의 정체성과 어른이 되어 부딪칠 운명에 관해 비뚤어진 생각을 키우게 된다는 것을 의미한다. 어떤 농아동은 나이를 더 먹으면 청력도 생기고 말도 할 것이라 믿기조차 한다.

청각장애 전문가는 대부분의 특수학교에서 가르치는 것을 금지당해 왔다. 미국의 경우 '총체적 의사소통'이 폭넓게 수용됨에 따라 청각장애 전문가의 유창한 수어 실력은 교실의 소중한 자산이 되었다. 과거 농인을 고용하던 기숙학교에서도 농인이 지원할 수 있는 업무는 제한적이었다. 농인은 가르침이 구화로만 행해지는 저학년은 맡을 수 없었고 고학년만을 가르칠 수 있었다. 혹은 기숙사 상담가 혹은 기숙사 양육자의 직책에만 지원할 수 있었다. 이러한 기숙사 직원과 전문가 간 신분상의 차이는 분명했고, 사회적으로는 전문가 쪽이 더 유리했다. 기숙학교의 농인 학생들은 자신이 미래에 가능한 역할 모형, 즉 자신 주변에 있는 다른 농인이 신분상 별로 바람직하지 못한 지위에 있는 것을 본 셈이다.

농인 부모를 둔 농인 학생과 청인 부모를 둔 농인 학생을 비교한 앞선 연구는 두 집단의 '자기 이미지'를 비교하기도 했다. 농인 부모를 둔 학생은 청인 부모를 둔 학생보다 자기 이미지 테스트에서 더 높은 점수를 받았다. 두 집단은 연령에 따라서도 몇 가지 흥미로운 차이가 발견됐다. 농인 부모를 둔 학생의 나이가 어릴수록 높은 자긍심을 지니고 있던 반면, 청인 부모를 둔 나이 어린 학생은 낮은 자긍심을 지니고 있었다. 나이가 더 많은 학생들의 '자기 이미지' 점수는 농인 부모를 둔 집단과 청인 부모를 둔 집단 간에 거의 차이가 없었다.

나중에 특수학교를 매일 통학하며 청인 부모를 둔 농인 학생들을 테스트했을 때, 그 점수는 청인 부모를 둔 기숙학교의 학생들과 거의 같았다. 이는 농인 학생이 부모의 기대를 충족할 수 없다고 느낄 때 스스로를 부정적으로 평가함을 시사한다.

자기 이미지, 자신감, 긍정적인 자아개념 등은 업무에서 능률을 발휘하는 데 중요하다. 이 개념은 농인에게도 대단히 중요하다. 농인의 자기 이미지와 관련해 가장 중요하게 살펴보아야 할 요소는 자기 이미지와 의사소통 양식 간의 특별한 연결 고리다. "나의 언어가 곧 나이다"라는 표현은 농인에게 특별한 의미를 지닌다. 농인 서비스 이용자의 언어, 즉 그가 선호하는 의사소통 양식을 존중하면 두 가지의 목표가 달성될 수 있다. 즉, 자아에 대한 긍정적인 의식이 장려되며 수어통역사와 농인 서비스 이용자 간의 융화가 이루어진다.

따라서 수어통역사는 농인 서비스 이용자가 선호하는 의사소통 방식을 스스로 정하도록 해야 한다는 점이 중요하다. 수어통역사는 '최선의 것'이라고 정하거나 강요해서는 안 된다. 물론 수지 한국어나 한글식 수어보다는 한국수어를 사용하는 것이 원칙이다. 그럼에도 농인 서비스 이용자의 욕구에 부응하는 수어통역도 또 다른 측면에서는 원칙이자 기본이 된다.

농인이 원하는 방식의 수어를 구사하기 위해 수어통역사는 가능한 모든 의사소통 방식에 유창해야 한다. 우리나라의 경우 수지한국어를 제외하고는 방법론적 특성을 지닌 수어체계가 거의 없을뿐더러 가급적이면 한국수어를 사용해야 하므로 이 부분을 논의할 필요는 적을 수 있다. 그러나 향후 학교 현장에서 활용될 교육용 수어가 개발될 가능성을 감안할 때, 미국의 사례를 살펴보는 것은 매우 유용하다.

미국에는 농인과의 의사소통 방법이 여러 가지 존재한다. 그 가운데 미국수어, SEE Ⅰ[4]과 SEE Ⅱ, [5] LOVE, [6] 수지영어[7] 그리고 큐드 스피

---

4 SEE (*seeing essential English*) Ⅰ은 앤서니(Anthony)와 공동 연구자들이 1962년 청각장애를 가진 학습지체 아동을 가르치는 데 도움이 되는 교육용 부호(*sign*) 개발에 착수해 1966년에 그 결과를 발표한 것이다. 영어의 한 음절을 하나의 부호로 나타내는 것을 기본으로 하며, 각기 다른 단어를 하나 혹은 그 이상의 부호 단어로 취급할 것인

치8 등이 있다. 그럼에도 역시 미국수어가 가장 널리 쓰인다. 미국수어

지를 결정하기 위해 별개 단어의 개념, 양식화된 발음과 철자 체계상의 특성 등을 비교했다. 단어 watch를 예로 들어 보자. 이 단어에는 '나의 새로운 시계(watch)' 또는 '텔레비전을 본다(watch)'와 같이 여러 의미가 있다. 이때 이 단어의 발음과 철자는 똑같다. 실제 watch에는 그 의미와는 상관없이 단 한 가지 '손으로 나타내는 부호'만이 있다. 반면, 미국수어에는 두 경우에 맞게 두 개의 개념을 표현해 주는 두 개의 각기 다른 수어가 있다. 또, SEE I은 미국수어와는 달리 개념을 나타내지는 않는다. 반면 단어 형태소(뜻을 가지는 최소의 언어 요소), 즉 어간, 접두사, 접미사 등을 나타낸다. 이런 부분이 합쳐지면 어떤 단어든지 구성할 수 있다. SEE I은 될 수 있는 한 영어와 유사한 상태를 계속 유지하려 하므로 미국수어와는 전혀 비슷하지 않은 경우도 흔하다.

5 SEE(signing exact English) II는 구스터슨(Gustason), 자볼코프(Zawolkow) 그리고 펫징(Pfetzing)이 1972년에 개발한 것으로, 한 단어의 각 형태소를 부호(sign)로 나타내 영어의 정확한 문법 형태를 수화표지를 빌려 나타낸 것이다. 특히, 유아기 초의 아동에게 제 2언어로 사용되도록 계획되었다. 약 1,700단어와 50개의 접미사, 접두사로 구성되어 있고, 기본적 어휘는 접두사, 접미사와는 별도로 표시되어 있다. 높은 비율로 SEE II의 수화표지가 미국수어에서 차용되고 있으며, 변형된 미국수어단어도 상당수 있다. SEE II와 SEE I은 두 문자의 약자가 동일하기 때문에 흔히 상호 혼동되는데, 이 두 체계는 전혀 다르다.

6 LOVE(시각영어: linguistics of visual English, 발음은 영어 단어 love와 같다)는 1971년에 발표되었다. LOVE는 취학 전 아동과 유치원생을 대상으로 만들어졌다. LOVE의 수화표지는 각각이 하나의 형태소를 나타내도록 작성되었다. 발음, 절차, 의미 등 3가지 특성에 근거를 둔다.

7 수지영어(signed English)는 1~6세의 취학 전 아동에게 쉽게 말을 가르치기 위해 갤로뎃대학 부속 취학 전 병설 농유치원이 1970년에 개발했다. 같은 연령대 아동이 사용하는 어휘와 전문가가 작성한, 아동에게 필요한 기본 어휘 등 약 2,500개의 단어로 구성된다. 어린 농아동을 위해 개발한 수지영어는 SEE I과 SEE II보다는 훨씬 더 미국수어와 유사한 형태를 띤다. 대략 1,700개 단어가 미국수어의 어휘를 그대로 사용하고 있다.

8 큐드 스피치(cued speech)는 농아동의 의사소통과 언어를 발달시키기 위한 독특한 방법이다. 이는 말 읽기를 시각적으로 쉽게 할 수 없는 어음의 음소를 수지적(手指的)

는 농사회를 규정하는 중요한 상징이다. 많은 농인에게 미국수어를 인정하는 것은 청각장애가 아닌 '농'을 용납하는 것과 같은 의미를 지닌다.

물론 우리나라의 경우도 마찬가지다. 한국수어를 받아들이고 사용하는 농인은 자신의 '농인'임을 수용하고 있다고 보아도 무방하다. 그러므로 농인을 대상으로 일하는 수어통역사는 최소한 수어에 관해 어느 정도의 언어학적 지식을 갖춰야 한다. 완벽한 수준은 아니더라도 다양한 수어 관련 지식을 배워야 하고 필요할 때 활용할 수 있도록 다양한 방법론적인 수어체계를 알아 두어야 한다. 유창하게 수어통역을 수행할 수 있는 역량 또한 갖춰야 한다. 무엇보다도 농인이 사용하는 실제적인 수어어휘와 표현을 이해해야 한다.

④ 농인의 행동상 문제

농아동은 또래 청인 아동보다 더 높은 비율로 행동 문제를 드러낸다고 한다. 농아동의 행동 문제가 '널리 유행하는' 정도라고 묘사되기도 한다. 농아동의 무려 10~12%가 심각한 정서상의 혹은 행동상의 문제를 보이는데(Vernon & Andrews, 1990), 이는 상당히 높은 비율이다.

이런 결과는 대체로 농인 학생을 담당하는 전문가들로부터 취합된 결과다. 통상적으로 이러한 판단은 교실에서 가장 다루기 어려운 행동과 관련해 내려진다. 그래서 공격적이고 능동적이며 행동적인 아이는 수줍어하고 소극적인 아이보다 알아보기 더 쉬울 가능성이 높다. 이런 유형

으로 나타낸다. 이러한 음소를 나타내기 위해 여덟 개의 수형이 네 개의 위치에서 사용되는데, 이는 말 읽기를 하기 위해 어음을 시각적으로 완벽하게 볼 수 있도록 한다.

의 행동을 하는 아이는 그 결과 빈번히 학교로부터 배제당하고는 한다.

한편, 라이너와 연구진(Rainer, Altshuler, & Kallman, 1969)은 뉴욕의 농인에 관한 연구에 입각해 농인이 더 많은 삶의 문제를 드러냈다고 주장했다. 이들 문제는 더 높은 범죄 및 비행률, 더 높은 가정 및 부부 간 문제 발생률 그리고 알코올 남용과 성적 폭력으로 인한 기관 중재 활동의 높은 빈도 등으로 나타났다.

이런 일련의 문제 행동이 나타나는 원인은 매우 다양하다. 우선, 많은 문제가 가족, 학교와 의사소통이 이뤄지지 않는 데 느끼는 좌절과 장애에 대한 지역사회의 반응, 그리고 부정적 자기 이미지에서 비롯되고 있음은 분명하다. 이와 더불어 두 개의 다른 요인을 언급하고자 한다.

첫째로, 현세대의 농아동에게 높은 비율로 청각장애뿐만 아니라 신체 및 신경상의 장애가 발견된다는 점이다. 농아동의 3분의 1이 청각장애 외에도 한 가지 이상의 장애를 지니고 있다.

둘째로, 정서불안이라고 불리는 행동에 대한 사회의 반응이 문제 행동을 강화한다는 점이다. '나쁜 아이'라고 꼬리표가 붙은 아동은 다른 사람뿐만 아니라 자신에 의해서도 같은 식으로 치부된다. 그렇게 되면 그 아동은 '불량 청소년', '문제 어른'이 되고 만다. 이 악순환의 고리를 끊는 것은 매 발달 단계마다 더욱더 어려워진다.

어떤 종류이건 추가적인 문제를 지닌 농인을 훈련하고, 일자리에 배치하고, 상담해 주기란 어렵다. 겉으로 보기에는 멀쩡해 보이므로 회사 측에서는 상당한 기대를 품고 일을 맡긴다. 대부분의 농인도 성실하게 일한다. 하지만 의사소통의 어려움이 계속되어 오해와 불신이 쌓이면 어느 순간 농인은 회사를 그만두고 만다. 또한, 회사에서 농인 고용을 위해 수어통역사를 고용하기는 현실적으로 어렵다. 수어통역사가 있더라도 농인을 잘 이해하고 수어를 유창하게 구사하지 못한다면 여전히 문제는 발생한다. 세계 각국 모두에서 농인의 이직률이 다른 장애인보다 높은 것은 바로 이런 어려움 때문이다.

또한 우리나라에는 농인 환자가 의료진과 의사소통을 할 수 있는 병동을 갖춘 정신병원이 거의 없다. 농인 알코올 중독자를 치료하기 위한 시설도 전혀 없다. 농인 환자에게 피난처를 제공할 수 있는 중간 대기소(half-way house)도 거의 전무한 상태다. 이에 수어통역사는 정신건강 자문역과 더 많이 접촉할 필요가 있다. 농인 서비스 이용자의 치료를 위해 농인 환자를 다루는 여러 가지 방법에 익숙한 전문가에게 의뢰할 수 있어야 한다. 농인을 상대할 수 있는 정신건강 전문가를 훈련시킬 기관 역시 상대적으로 부족하다. 이 같은 현실은 국가적·제도적인 차원에서 농인 환자를 위해 효과적인 서비스를 제대로 지원할 수 없다는 것을 의미한다. 우리나라에서는 수어통역사가 농인의 권리 옹호자로서 사회행동까지 해야 하는 것이 현실이다.

제 3 절　　　　제각각 개성을 지닌 농인

이 장에서는 "농인이라고 다 똑같은 것은 아니다"라는 점을 중심으로 살펴보았다. 농인도 청인만큼이나 천차만별이다. 농인의 인간성이나 심리에 관해 말할 때 사용되는 표현은 초년기 언어 혹은 의사소통상의 결함이라는 공통적 요인에 의한 것이다. 제 나이에 최선의 가정환경에서 언어를 습득한 농아동이 점점 더 많아진다면 언어 습득이 지체되어 생기는 사회·정서적 문제점과 독특한 인성을 지닌 농인의 숫자는 점점 감소될 수 있을 것이다.

제 4 장

농인이 인식하는 위험상황과 의사소통 욕구*

제 1 절   위험상황에 취약한 농인

최근 증강현실(*augmented reality*) 기술 관련 시장 규모가 빠르게 성장하고 있다. 여러 글로벌 IT기업이 앞다퉈 투자에 나서는 데다 '포켓몬고' 등 게임시장이 확장되면서 관련 기술과 콘텐츠의 개발이 활발히 이뤄진 데 따른 것이다(김유경·권순복, 2017: 128). 또 증강현실기술이 9대 국가전략 프로젝트 중 하나로 선정되면서 타 산업과 융합하여 새로운 서비스를 창출하는 핵심 산업으로 부상하고 있다(BRIC, 2016. 8. 12). 증

---

* 이번 장은 연구책임자로서, 한국전자통신연구원의 "신체기능의 이상이나 저하를 극복하기 위한 휴먼 청각 및 근력 증강 원천기술 개발사업"의 위탁연구과제로 수행한 '청각증강 기술 개발을 위한 청각장애인 자료 수집 및 분석 연구' 중 양적 연구의 일부를 재분석하여 작성한 논문을 토대로 재구성했음을 밝힌다. 공동연구자였던 이현아 박사, 박종미 교수와 함께 작성한 논문은 "청각증강 기술 개발을 위한 청각장애인의 욕구조사: 위험상황 인식 및 의사소통 분야를 중심으로"라는 제목으로 2018년 9월 〈재활복지〉 22권 3호 225~257쪽에 게재되었다.

강현실기술은 스마트 디바이스 화면이나 HMD,[1] 안경 형태 등을 통해 구현되고 있으며 차량의 내비게이션, 위치 검색, 전투기 및 차량 정비 훈련 및 제작, 모바일 광고 등에서 실제 사용되고 있다(Veas et la., 2012; 박종홍 외, 2016 재인용).

증강현실이란 실시간으로 물리적인 현재 환경을 직접 또는 간접적으로 보여 주면서, 컴퓨터가 만든 소리나 그래픽 등의 감각 입력으로 그 감각이 '증강'되는 것을 뜻한다(김미리혜, 2011: 645~646; 이기호·배성한, 2013). 가상현실이 사용자에게 완벽하게 인위적인 환경을 제공하는 것과 달리, 증강현실은 사용자가 화면에 삽입된 가상 객체를 실제 세계와 혼합해 증강된 세계를 보여 주므로 현실감이 더욱 향상된다. 증강현실은 기술력의 도움으로 현실에 대한 지각이 가상으로 확장 또는 증강된다는 의미를 포함하며, 이 지각은 시각을 넘어 오디오, 촉각, 심지어 후각이나 미각까지도 그 범위에 포함된다(Schmalstieg & Hollerer, 2016: 3). 따라서 증강현실기술은 교육, 의료, 재활, 복지 등 다양한 분야와 다수의 산업으로 확대될 잠재력과 가능성이 크다고 볼 수 있다.

이런 증강현실기술을 직접 활용할 수 있는 분야가 바로 위험상황을 비롯한 재난관리와 대응 현장이다. 최근 재난관리 영역에서 증강현실기술을 도입해 재난안전관리 및 정보서비스를 구현하는 연구(강희조, 2018; 박종홍 외, 2016)가 이뤄졌다. 고령자, 장애인 등 사회적 약자를

---

[1] HMD(*head mounted display*)는 머리 부분에 장착하여 이용자의 눈앞에 직접 영상을 제시하는 디스플레이 장치이다. 증강현실에 관한 연구는 이러한 착용컴퓨터 개발이 주를 이룬다(Wikipedia, 검색어: HMD, 증강현실, 검색일: 2018. 5. 7).

위한 증강현실기술 도입 연구(이은지·박성준, 2017; Parton, 2017)도 진행되었다.

특히, 농인은 청력 손실과 상실로 인해 의사소통의 장애를 가진 자로, 모든 판단을 시각으로 하기 때문에 비장애인보다 수용할 수 있는 정보량이 제한적이며 정보 접근성도 낮다. 따라서 재난이나 위험상황에서 시간상 너무 늦게 정보를 획득하거나 정보를 전혀 얻지 못하는 경우가 있다(김승완 외, 2016; 2017). 실제로 환경미화원으로 일하던 농인이 뒤에서 돌진한 차량에 부딪혀 사망한 사건이 발생했고(〈연합뉴스〉, 2016. 12. 15), 농인 60대 부부가 가스온수기에 연결된 호스에서 가스가 누출된 사실을 모르고 있다가 액화석유가스(LPG)가 폭발해 화상을 입기도 했다(〈비마이너〉, 2014. 5. 9). 이처럼 농인은 듣지 못하기에 정보를 습득하지 못하거나 습득하더라도 속도가 늦을 수밖에 없다. 또 소리가 들린다는 것의 의미가 무엇인지도 알지 못하기 때문에(김미옥·이미선, 2013) 사고 현장에서 농인의 위험 발생도가 높은 것은 당연한 일이다(이준우·이현아, 2017).

청각장애는 농인이 수어를 사용하기 전까지 장애가 있는 것조차 알기 어렵고 외형상 드러나는 장애가 아니다 보니 위험상황에서 가벼운 장애로 오해를 받거나 장애 정도를 가볍게 생각하는 경향이 있다(이준우·김연신, 2011a; 이준우·이현아, 2017). 이에, 청각을 증강하기 위한 기술을 개발하거나 대체기술을 마련하기 위해 증강현실기술은 커다란 기여를 할 수 있다. 농인이 마주하는 일상뿐만 아니라 위험상황에서도 재빠르게 상황을 인지하고 행동하기 위한 기술이 마련되어야 하며, 농인을 위한 재난·위험상황 안전관리 대책을 위한 모색도 필요하다.

이 글은 농인의 청각증강기술 개발을 위한 기초 연구로서 농인이 일상에서 느끼는 위험상황과 청각 대체기술로 사용하는 보조기기의 사용 실태를 조사해, 청각증강기술 개발의 적용점을 모색하기 위한 기초 자료를 수집하는 데 목적이 있다. 그동안 농인에 관한 연구는 수어 사용과 농정체성에 관한 연구가 주를 이뤄 왔으며, 이와 별개로 공학 분야에서 보조기기 개발과 관련한 연구가 진행돼 왔다. 그러나 농인이 일상에서 직면하는 위험상황과 의사소통 수단으로 이용하는 보조기기의 사용 실태에 관해서는 국가적 차원에서는 말할 것도 없고, 관련 학계에서도 미비하게 이뤄져 왔다는 한계가 있다. 이 글은 농인 당사자의 목소리를 반영한 연구로서 농인이 재난, 위험상황을 인식하고 대처할 수 있는 기술을 개발하는 데 의의가 있다.

이에 따른 구체적인 연구문제는 다음과 같다. 첫째, 일상생활의 위험상황에서 농인의 소리 및 진동 인지 경험은 어떠한가? 둘째, 일상생활에서 농인이 마주하는 위험상황은 무엇이며 심각성은 어떠한가? 셋째, 농인이 사용하는 위험상황 인식 및 알림 보조기기의 사용 실태와 만족도는 어떠한가? 넷째, 농인이 사용하는 의사소통 보조기기의 사용 실태와 만족도는 어떠한가? 다섯째, 농인을 위한 청각증강기술 개발의 욕구는 무엇인가?

　　　　위험상황에서 농인의 특성과 증강현실기술

1. 위험상황에서 농인의 상황, 인지, 언어적 특성

위험상황에 취약한 집단은 문해, 언어, 문화, 장애와 관련된 장벽을 가진 사람들이다. 해외 사례를 살펴봐도 미국 9·11 테러와 허리케인 카트리나 재난[2] 당시 농인은 정보 접근성이 낮고 재난에 대비하는 데 취약한 집단임이 입증됐다. 최근 일어난 국내외의 재난 또한 농인이 위험상황에서 소외되고, 재난에 대처하고 회복하는 데 취약한 집단[3]임을 보여 준다(Engelman et al., 2013; Neuhauser et al., 2013). 농인이 위험상황에 처하는 가장 큰 이유는 청력 손실로 인해 소리를 듣지 못하기 때문이다. 청각(hearing)은 신체 중에서 모든 방향의 정보를 수집하는 중

2　2005년 8월 말 미국 남동부를 강타한 초대형 허리케인 카트리나(Katrina)와 허리케인 리타(Rita)의 경험을 저술한 화이트(White, 2006)에 따르면 당시 농인 중 한 명은 미국수어를 아는 사람이 없어 2주 동안 대피소에서 의사소통을 할 수 없었다고 한다. 이들의 유일한 생존 장치(life saving device)는 의사소통에 필요한 문자 호출기(text pager)였다. 허리케인 카트리나 재난 당시 대피소에 머문 농인의 30% 미만만이 수어통역사를 접할 수 있었으며, 80%는 TTY(전화를 걸 수 있는 통신장치)가 없었고, 60%는 자막 기능이 있는 TV가 없었다. 대피소의 56%만이 공지가 게시된 구역에 속했기 때문에, 농인은 특정 지역으로 이동해 발표 내용을 읽어야만 했다. 이는 농인이 중요한 정보의 흐름에 접근할 수 없음을 단적으로 말해 준다.

3　최근 연구들에 따르면, 농인은 청력 손실로 인한 의사소통의 장벽과 낮은 문자해독율과 관련해 심각한 건강 불균형을 겪고 있으며, 비만, 우울, 자살사고, 대인관계의 위험성이 높았다(Engelman et al., 2013; Shin & Hwang, 2017; Turner, Windfuhr, & Kapur, 2007; Weil et al., 2002).

요한 역할을 담당한다. 청력 손실(hearing loss)은 일상생활에서 마주하는 다양한 소리의 세기를 인식하기 어렵게 한다. 잡음이 섞여 나오는 소음, 시야가 좁아지는 밤 시간 등과 같은 환경 또한 정확히 소리를 판별하기 어렵게 한다.

농인은 매일 마주하는 가정에서도 위험상황에 취약할 뿐만 아니라 위험요소와 범위가 큰 재난의 경우에는 취약성이 더욱 크다고 볼 수 있다. 위험상황을 인지하고 대처하는 과정에서, 농인은 낮은 정보 접근성과 제한성을 갖는다는 상황적·인지적 특성이 있다. 농인은 모든 판단을 시각4으로 하기 때문에 비장애인보다 수용할 수 있는 정보량이 제한적이고 정보의 접근성이 낮기 때문이다. 이로 인해 위험상황에서 시간상 너무 늦게 정보를 획득하거나 정보를 전혀 얻지 못하는 경우가 있다(김승완 외, 2016; 2017). 농인은 다른 감각(시각, 후각)으로 위험상황을 인지하기 때문에 상황 파악과 빠른 대처가 어렵고, 말을 하지 못해 위험상황에서 소리를 지를 수 없다(이준우·이현아, 2017).

농인은 청력 손실로 인해 의사소통에 장벽이 있으며 문자 해독률도 낮다. 농인의 의사소통 수단은 수어, 구화, 독화, 필담 등 다양하지만 농인이 어느 정도 들리느냐 혹은 말할 수 있느냐에 따라 의사소통 수단

---

4 청력은 경보 수준의 위험상황을 자각하게 해준다. 가령, 사이렌의 날카로운 소리를 통해 우리는 위험상황을 직감하고 행동한다. 자고 있든 깨어 있든, 하고 있던 일이 무엇이든 간에, 귀는 계속적으로(그리고 무의식적으로) 위험신호를 찾아 주의 감시하며 뭔가 심상치 않은 것이 있으면 경고해 준다. 그러나 농인은 자신의 눈에만 의존해야 한다. 이러한 제한된 정보 접근성으로 인해 특정 상황에서 농인은 무의식적으로 청인보다 덜 안전하다고 여길 수 있다(이준우, 2004a).

이 달라진다(김미옥·이미선, 2013; 이준우, 1995). 의사소통의 장벽은 응급상황에서 취약성을 증가시킬 뿐만 아니라 응급 구호자에게 독특한 고려사항이 요구된다는 것을 의미하기도 한다. 김승완과 연구진(2016: 157~158)에 따르면 장애인을 구조, 구급하는 상황에서 소방공무원이 직면하는 어려움은 의사소통(communication)의 문제로 나타났다. 응급상황이 아닐 경우 필담으로 의사소통을 하지만, 대부분의 응급상황에서는 소통의 지연으로 인해 빠른 응급조치가 되지 않는다는 한계가 드러났다. 특히, 재난 당시 주변에 보호자, 지인, 행인 등 조력자가 없는 경우 구조하더라도 구조 및 구급의 기본사항인 병력 청취나 욕구 파악이 어려운 것으로 조사됐다.

농인은 위험상황에서 소리를 듣지 못할 뿐 아니라 말하지 못해서 소리를 지를 수 없다. 특히, 주변에 보호자가 없을 경우 농인의 언어 수단인 수어를 구사할 줄 아는 사람을 만나는 것이 쉽지 않고, 골든타임인 경우에는 필담으로 의사소통하는 것이 불가능하다. 119 구조요청은 의사소통이 가능한 음성통역이 필요하기 때문에 문자서비스를 이용한다 하더라도, 소방구조대의 확인 전화에 응답할 수 없어 장난전화로 오해받을 가능성을 배제할 수 없다.

2. 위험상황에서 의사소통 수단으로서 보조기기

의사소통에 제약이 따르는 의사소통장애인으로 분류되는 농인(이준우·박종미, 2009)에게 의사소통을 지원하는 보조기기는 일상을 영위해 나가는 데 중요한 요소이다.

농인은 의사소통 중 정보를 수용하는 방법과 그것을 표현(발화)하는 방법과 관련해 편안하게 느끼는 방법이 각자 다르다. 수어를 가장 편안한 의사소통 방법으로 생각하는 사람은 스스로를 '농인'으로 불리기 원한다. 반면, 보청기를 착용하거나 인공와우 이식수술을 통해 청능의 향상을 경험한 사람은 구화와 독화를 선호하거나 수어와 구화 및 독화를 함께 사용하며 '구화인'으로 불린다. 이들 모두 선호하는 의사소통 방법은 시각적 단서에 기초한다. 한편, 인공와우 어음처리기를 착용한 상태로 일상생활에서 의사소통에 큰 어려움이 없는 경우 청인에 가까운 정체성을 갖기도 하나 어음처리기의 배터리가 부족하거나 수면, 목욕, 스포츠 활동 등 기기를 착용하기 어려운 상황에서는 다시 청각장애인이 된다.

현재 한국정보화진흥원(www.nia.or.kr)에서 주관하는 정보통신 보조기기 보급사업을 통해 농인을 대상으로 보급되는 보조기기5를 살펴보면 크게 위험상황 인식·알림을 위한 보조기기와 의사소통 보조기기로 구분할 수 있다.

먼저 위험상황 인식·알림을 위한 보조기기의 경우, 진동과 조명을 주로 활용한다. 특히, 진동을 통해 기상 시각이나 약속 시각을 알려 주는 진동디지털알람시계, 진동손목시계가 있으며 스마트폰 기능을 탑재

---

5 보건복지부 국립재활원 중앙보조기기센터에서도 장애인과 노인을 위한 의사소통 및 정보전달용 보조기기가 지원된다. 그러나 예비조사 결과, 농인이 다양한 보조기기의 존재 자체를 인식하지 못하는 경우가 많아 본 연구에서는 한국정보화진흥원에서 주관하는 사업을 통해 보급되고 있는 보조기기로 한정했다.

한 진동손목시계도 출시되었다. 데프 신호기는 알람이나 전화, 문자메시지 등을 강력한 진동과 조명으로 알려 준다. 소리 알리미는 위험소리를 비롯해 다양한 소리정보를 진동과 조명으로 알려 준다. 방문객의 호출정보를 영상으로 제공하는 영상 부르미와 방문객의 초인종 소리를 조명으로 알려 주는 경광등도 있다. 화재경보시스템은 화재나 가스 누출과 같은 위험과 관련한 소리정보를 빛과 진동으로 알려 주는 무선 시스템으로, 농인은 물론 노인가구를 대상으로 개발됐다.

다음으로 의사소통을 지원하는 보조기기로는 보청기와 인공와우가 대표적이다. 보청기는 농인의 청력에 맞게 소리를 증폭해 청취력과 이해력을 높여 주는 보조기기이다. 보청기를 착용해도 청력에 도움이 되지 않을 경우 인공와우 이식수술을 선택한다. 인공와우는 달팽이관 내에 남아 있는 나선신경절세포와 말초 청신경을 전기로 자극해 대뇌 청각중추에서 청각을 인지하도록 돕는 보조기기로, 최근 이식수술 대상이 빠르게 확대되고 있다. 또한 음성을 문자로 변환하거나 문자를 음성언어로 변환하는 딥보이스, 음성 증폭 기능과 무선 청취 기능을 함께 갖춘 소리증폭기, 보완대체의사소통(Augmentative and Alternative Communication, ACC) 기기, 다자간 수어통역시스템 등이 농인의 의사소통을 지원한다. 이와 함께 스마트폰은 문자메시지나 영상통화를 비롯한 의사소통 기능이 있을 뿐 아니라 사용자가 원하는 다양한 애플리케이션 설치를 통해 위험상황에서도 유용하게 활용될 수 있다.

3. 위험상황에서 증강기술의 적용과 선행 연구 검토

위험 및 재난관리 영역에서 사회적 약자가 부딪히는 문제 중 하나는 정보 격차(*digital divide*)다. 정보 격차는 계층 간, 집단 간 정보의 접근성 및 활용성의 불균형을 의미하는 용어다. 정보 격차에는 정보 접근성이 낮거나, 정보 이용 능력이 낮거나, 이용 의지가 없는 등 다양한 원인이 있다(김구·권용민, 2014). 특히, 스마트사회라는 새로운 환경에서는 새로운 정보통신기기인 스마트기기의 활용에 따른 수준 차이가 단순히 스마트기기 활용 격차에 그치지 않고 또 다른 중첩적 격차의 문제로 이어질 가능성이 높다. 구체적으로, 새로운 매체의 등장으로 인한 사회적 의사소통의 단절, 새로운 정보 획득 및 가공의 어려움, 정보 불평등으로 인한 기회 불균등, 사회적 관계 형성의 어려움 등이 우려된다(김정언 외, 2007; 송지향·김동욱, 2014 재인용).

선행 연구에서 장애인의 정보통신기기 활용에 영향을 미치는 변수로는 소득(강동욱, 2002; 송지향·김동욱, 2014; 이준우·김연신, 2011b), 학력(김태일·도수관, 2005; 송지향·김동욱, 2014), 직업 수준(송지향·김동욱, 2014; 이우승, 2007; 이준우·김연신, 2011b), 연령(김태일·도수관, 2005; 송지향·김동욱, 2014), 성별(남성일수록 정보역량 수준이 높음, 김태일·도수관, 2005), 거주지(도시 거주자일수록 정보역량 수준이 높음, 김태일·도수관, 2005)에 따른 격차가 유의미한 차이를 보였다. 농인의 경우, 문해 능력(이준우·김연신, 2011b)이 정보 접근도에 중요한 변수로 작용했다. 또한 장애인의 경우 비장애인보다 컴퓨터, 인터넷 이용률이 낮아(조주은, 2000; 최두진·김지희, 2004) 정보 접근도와 활용도가 낮음을 유추해볼 수 있다.

이런 정보 격차 문제는 위험 및 재난상황에서 취약성을 더할 가능성이 높다. 사건·사고가 발생한 지점과 대피 경로 등은 모두 정보에 속하므로, 장애인이 위험상황을 판단·인지하고 재빠르게 대피하는 행동으로 이어지는 데 정보는 매우 큰 영향력을 미친다. 이러한 문제를 해결하기 위해 최근 위험 및 재난관리 분야에서 증강기술을 도입, 적용하려는 연구가 시도되고 있다. 증강기술은 장애인의 인지, 청각, 시각 등을 증강시켜 3차원 가상세계를 활용함으로써 주거환경 개선, 이동 편의성 증진, 교육을 통한 학습환경 구축과 재활치료 효과, 재난안전관리체계 구축 등의 연구로 확장되고 있다.

장애인에 증강현실기술을 적용한 연구로 김헌과 오익표(2017)의 연구가 있다. 두 연구자는 저시력 시각장애인을 대상으로 시각 보조장비를 착용해 5가지 장소(계단, 건물 입구, 볼라드, 인도, 횡단보도)를 단순 증강과 정교 증강현실6로 테스트한 결과, 정교 증강현실의 시각 지원이 유용하다는 결론을 얻었다. 또한 이미지 전체보다는 부분적으로 중요 정보를 부각하는 증강현실 형태의 시각 지원을 활용했을 때 시각장애인이 주변 환경을 더 정확하게 인지할 뿐만 아니라 만족도가 높은 것으로

---

6 증강현실의 수준을 시각 표시의 복잡도에 따라 단순 증강현실과 정교 증강현실로 구분했다. 단순 증강현실이란 카메라 인식 및 이미지 처리기술의 한계로 인해 장애물이나 길의 외곽 등을 정밀하게 인식하여 표시할 수 없는 디자인으로, 인도 위에 주차된 자동차를 육면체의 도형으로만 표시하는 것이다. 반면, 정교 증강현실은 장애물이나 길의 형태를 있는 그대로 강조하여 표시하는 것으로, 사물이 무엇인지 알 수 있을 정도로 정밀하게 인식하여 시각적으로 표현하는 고도의 기술이다(김헌·오익표, 2017: 75).

조사됐다. 이병희와 연구진(2011)은 증강현실을 기반으로 한 운동 프로그램을 통해 경직형 뇌성마비 아동의 발목근절 근력과 보행 속도, 보행 능력의 향상을 입증했다. 다 실바와 연구진(da Silva et al., 2014)은 자폐성 장애 아동에게 증강현실을 활용한 언어치료 프로그램을 적용해 긍정적인 효과를 입증했다.

청각 및 난청을 대상으로 한 선행 연구를 살펴보면, 증강현실 모바일 응용 프로그램을 활용해 특정 단어에 대한 부호화(sign) 성공률을 살핀 한 연구(Kozuh, Hauptman, Kosec, & Debevc, 2015)에 따르면 모바일 응용 프로그램을 활용한 경우 성공률이 35% 향상됐으며, 수어통역사와 병행했을 때 9% 추가적으로 향상됐다. 이는 단순히 그림(사진)으로만 설명하는 경우보다 높은 성공률이다. 최근에는 증강현실기술을 접목해 농인이 상대방의 대화(음성)를 증강현실로 자막(텍스트)처럼 보여 주는 구글 글래스(Google Glass), LTCCS(Live Time Closed Captioning System)[7] 등의 개발 연구가 활발히 이뤄지고 있다.

이 밖에 이은지와 박성준(2017)은 사회적 취약계층인 고령자의 인지 증강을 위한 주택 내 증강현실기술 구현 연구를 진행해, 고령자의 건강 관리, 위험관리, 어메니티, 커뮤니티 영역에서 증강을 향상하기 위한 방안을 제시했다. 외부인 출입 시 시각적 정보 제공, 위급상황 발생 시 시각 알림 및 자동 연락, 증강현실 영상을 위한 조명 자동 변경, 디스플

---

7 안경이나 선글라스에 끼워 사용할 수 있는 웨어러블(*wearable*) 기기로, 음성과 잡음을 구별해 음성만 자막으로 보여 주며 농인의 의사소통 어려움을 해결하고자 개발된 장치이다(〈헤럴드경제〉, 2015. 11. 10).

레이(*display*)를 통한 스케줄 및 날씨 알림, 스마트폰 연동을 통한 문자 수신 알림, 통화 시 시각적 정보 제공 등 주거환경 개선을 통해 인지 증강현실의 적용 방안을 구현했다.

이 외에도 재난대응상황과 관련해 증강현실기술을 적용한 연구가 있다. 모바일 증강현실을 활용한 재난 대피시스템(조오훈 외, 2011)과 해안 지진해일 대피경로시스템(김진일·윤장혁, 2012)을 연구하여, 증강현실기술을 통해 재난상황에서 대피경로를 실시간으로 모바일 화면에 보여줌으로써 신속한 대피가 이뤄질 수 있는 방안을 구현하고 있다. 증강현실기술 적용은 재난현장에 대응하는 요원에게도 적용할 수 있다. 증강현실장비를 착용한 현장구조 요원은 재난현장 내부구조의 정보를 확인하며 신속한 대응 작전을 훈련, 수행할 수 있다(강희조, 2018; 박종홍 외, 2016).

제3절 연구 방법

1. 조사 대상

욕구조사의 모집단은 2017년 현재 보건복지부의 장애인 등록 데이터베이스(*database*)에 기재된 법정 장애유형 중 20세 이상 80세 미만의 등록 장애인이다. 목표표본 규모는 총 350명이며 표본의 대표성을 확보하기 위해 모집단 분포에 연령별, 성별, 지역별 규모를 반영하는 비례할당을 적용해 표본을 설계했다. 구체적으로는 첫째, 하위 통계 분석을 위한 유효표본 수 확보를 위해 각 연령대별로 40명 기본할당, 둘째, 성별 규모를 반영해 비례할당, 셋째, 지역별 규모를 반영한 비례할당 등을 통해 목표표본을 설정했다.

2. 조사 도구 및 내용

조사 도구는 첫째, 조사 응답자의 일반적 사항, 둘째, 농인이 인지하는 소리 및 진동의 인지 경험, 셋째, 위험상황에 따른 경험 정도 및 심각성, 넷째, 위험상황 인식·알림을 위한 보조기기에 관한 문항, 다섯

〈표 4-1〉 조사 항목

조사 항목	세부 항목	문항 수
일반사항	성별, 연령, 결혼 상태, 최종 학력, 거주 지역, 장애 유형, 장애 등급, 장애 발생 시기, 주로 사용하는 의사소통 방법, 정체성 인식	10
소리 및 진동 인지 경험	상황 및 장소별 소리 및 진동 인지 경험 여부[인간(3), 동물(1), 자연(5), 사물(8), 교통수단(11), 기타(1)]	29
위험상황에 따른 경험 정도 및 심각성	일상생활에서 경험할 수 있는 위험상황 경험 여부, 심각도	13
위험상황 인식·알림 보조기기 사용 실태	위험상황 인식 및 알림 보조기기 인지 여부, 구입 및 사용 경험, 보조금 지원 여부, 사용 기간, 만족도	8
의사소통 보조기기 사용 실태	의사소통 보조기기 인지 여부, 구입 및 사용 경험, 보조금 지원 여부, 사용 기간, 만족도, 의사소통 개선 정도	9
희망하는 기술 개발의 방향	청인과의 의사소통 중요성 인식, 청인과의 의사소통 방법, 정보 습득 경로, 위험상황 알림 시 선호하는 감각, 위험상황 알림 보조기기의 형태, 새로운 기술 개발 시 고려사항	6
계		75

째, 의사소통 보조기기에 관한 문항, 여섯째, 희망하는 청각증강기술 개발 등 6가지 영역으로 구분했다. 연구진은 본 조사 도구를 개발하기 위해 2회에 걸친 농인 대상 초점집단인터뷰와 1회의 청각장애인 관련 현장 및 학계 전문가 대상 자문회의를 진행해 총 242개 문항을 개발했으며, 본 조사에서는 75개 문항을 분석했다(〈표 4-1〉 참조). 아울러, 설문 도구에 소개된 보조기기를 쉽게 이해하도록 보조기기의 그림과 사용설명서가 소개된 목록을 제작해 설문조사 배포 시 조사원에게 해당 내용을 교육, 활용하도록 했다.

3. 자료 수집 및 분석 방법

자료 수집을 위해 동영상 설문지 제작, 조사원 섭외 및 교육, 설문조사 실시 순으로 진행했다. 수어를 제1언어로 사용하고 문자보다는 수어를 더 편안해하는 농인의 특성을 고려해 조사 시 농인의 이해를 돕기 위해 설문조사의 핵심을 담은 동영상 설문지를 제작했다. 제작된 동영상 설문지는 총 8분 22초 분량으로 2017년 9월 1일 유튜브(https://youtu. be/vITOxiooHAo)에 업로드하고 설문지에 QR코드 형태로 탑재했다(〈그림 4-1〉 참조).

조사원은 전국 17개 지역에서 수어통역사와 청각장애인통역사 19명을 섭외했고, 2017년 9월 2일 오후 6시부터 7시 30분까지 1시간 30분 동안 서울 여의도에 위치한 회의실에서 조사원 교육을 실시했다. 주 교육 내용으로 조사의 필요성, 조사 요령, 조사용품 수령, 조사표 작성과

제출, 보조기기 설명, 동영상 설문지 활용 방법 등을 설명했다.

　조사 기간은 2017년 9월 2일부터 28일까지 총 27일로, 설문지 배포는 전국 17개 시·도 중 농인 인구수가 가장 많은 서울과 경기도 각 40부, 그 외 15개 지역 각 20부로 총 380부의 설문지를 배포했다. 그중 358부를 회수해 회수율은 94.21%를 기록했다. 회수 결과, 본 연구 대상에 포함되지 않는 10대 응답자의 설문지와 불성실하게 응답한 표본 3부를

〈그림 4-1〉 동영상 설문지 제작

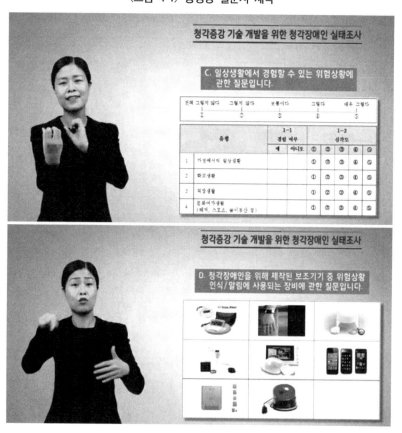

제외하고 총 355부의 설문지를 분석에 사용했다.

본 연구를 위해 수집된 자료는 실증적 통계 분석을 위해 통계프로그램 IBM SPSS Statistics 21을 사용, 기초통계량을 산출했다.

제4절 **연구 결과**

1. 대상자의 일반적 특성

조사에 참여한 농인의 인구사회학적 특성은 다음과 같다. 성별 분포는 여성과 남성 응답자가 각 50%로 동일하게 조사됐다. 연령대 분포를 살펴보면 30~59세에 해당하는 중장년층이 60.5%(210명)를 차지했으며 다음으로 20대(20~29세)가 26.5%(92명), 60세 이상에 해당하는 노년층이 13%(45명) 순으로 조사됐다. 세부적으로 구분해 살펴보면, 조사에 가장 많이 응답한 연령대는 20~29세 26.5%(92명), 30~39세 23.6%(82명), 40~49세 21%(73명), 50~59세 15.9%(55명) 순이었다. 최종 학력은 고등학교 졸업이 39.8%(139명), 대학교 졸업 이상 134명(38.4%), 중학교 졸업 30명(8.6%), 초등학교 졸업 27명(7.7%) 순으로 조사됐다. 거주 지역은 중소도시에 거주하는 응답자가 47.6%(160명), 대도시 42.9%(144명), 농어촌 9.5%(32명) 순이었다.

장애 유형은 청각장애가 73.6%(259명)로 가장 많았고, 청각·언어장애(23.9%), 언어장애(1.4%) 순이었다. 장애 등급은 2급 75.5%

(265명), 1급 18.2%(64명), 3급 3.7%(13명) 순으로 조사됐다. 중증
(1~3급)인 경우가 97.4%, 경증(4~6급)은 2.6%로 조사되었다. 장애
발생 시기는 후천적으로 장애가 발생한 참여자가 66.5%(228명), 선천
적 24.2%(83명), 출생 시 9.3%(32명) 순으로 조사됐다. 주로 사용하
는 의사소통 방법을 다중응답으로 조사한 결과, 수어가 73.9%(306
명), 구어 16.9%(70명), 필담 6.8%(28명), 몸짓 1.7%(7명) 순이었
다. 전체적으로 수어를 사용하는 비율이 상당히 높음을 알 수 있다. 조

<표 4-2> 인구사회학적 특성

단위: 명, %

구분			인원	비율	구분			인원	비율
성별 (N = 352)	남자		176	50.0	장애 등급 (N = 351)	중증	1급	64	18.2
	여자		176	50.0			2급	265	75.5
연령 (N = 347)	청년	20~29세	92	26.5			3급	13	3.7
	중장년	30~39세	82	23.6		경증	4급	4	1.1
		40~49세	73	21.0			5급	3	0.9
		50~59세	55	15.9			6급	2	0.6
	노년	60~69세	29	8.4	장애 발생 시기 (N = 343)	선천적		83	24.2
		70세 이상	16	4.6		출생 시		32	9.3
최종 학력 (N = 349)	무학		19	5.4		후천적		228	66.5
	초등학교 졸업		27	7.7	주요 의사소통 방법 (N = 414)	수어		306	73.9
	중학교 졸업		30	8.6		구어		70	16.9
	고등학교 졸업		139	39.8		필담		28	6.8
	대학교 졸업 이상		134	38.4		몸짓		7	1.7
거주 지역 (N = 336)	대도시		144	42.9		기타		3	0.7
	중소도시		160	47.6	정체성 인식 (N = 346)	농인(수어를 제1언어로 사용)		299	86.4
	농어촌		32	9.5		난청인(구어를 주로 사용)		31	9.0
장애 유형 (N = 352)	청각장애		259	73.6					
	언어장애		5	1.4		청인		7	2.0
	청각·언어 장애		84	23.9		기타		9	2.6
	청각·기타		4	1.1					

사 응답자가 인식하는 자신의 정체성을 살펴본 결과, 수어를 제1언어로 사용하는 농인이라고 응답한 비율이 전체 86.4%(299명)로 가장 높았으며, 다음으로 구어를 주로 사용하는 난청인이라고 응답한 경우는 9%(31명), 기타 2.6%(9명), 청인이라고 응답한 경우는 2%(7명) 순으로 조사됐다.

2. 청각장애인의 소리 및 진동 인지 경험

농인이 일상생활에서 느끼는 위험 경험을 장애인복지 관련 전문가 자문회의를 통해 도출했다. 그 결과, 인간, 동물, 자연, 사물, 교통수단 5가지 영역과 28개의 세부 소리를 설문조사 도구로 활용했다. 각 소리에 따라 조사 응답자가 경험한 소리 및 진동 인지 유무를 조사한 결괏값은 〈표 4-3〉과 같다.

농인이 경험한 소리 인지 유무를 조사한 결과, 소리 인지 경험이 '없다'고 응답한 비율은 교통수단, 사물, 자연 영역에서 높게 나타났다. 교통수단의 경우, 소리 인지 경험이 없다고 응답한 비율이 높은 세부 소리로 자전거 급브레이크 밟는 소리(87.2%), 오토바이 급브레이크 밟는 소리(81.6%), 자전거 경적 소리(80.7%), 자동차 급브레이크 밟는 소리(76.7%), 자동차 급가속하는 소리(75.9%), 오토바이 급가속하는 소리(73.9%) 순으로 나타났다. 자연 영역에서는 지진(73.5%), 소낙비 소리(73.3%), 빗소리(72.1%) 순으로 조사됐으며, 사물 영역에서는 초인종 소리(71.9%), 진동디지털알람시계 울림(71.7%), 알람

〈표 4-3〉 일상생활 위험상황에서 소리 및 진동 인지 경험

단위: 명, %

구분		소리 인지 경험			진동 인지 경험		
		빈도	있다	없다	빈도	있다	없다
인간	1. 아기 울음 소리	339	38.9	61.1	304	23.4	**76.6**
	2. 날카로운 비명 소리	338	41.4	58.6	304	25.3	**74.7**
	3. 나와 가까운 사람이 내는 소리 (친숙하고 의미 있는 사람)	340	42.9	54.6	301	24.9	75.1
동물	4. 개 짖는 소리(경비견, 애완견)	347	54.5	45.5	293	30.4	69.6
자연	5. 빗소리	340	27.9	**72.1**	294	14.3	**85.7**
	6. 소낙비 소리	341	26.7	**73.3**	293	14.3	**85.7**
	7. 천둥 소리	342	**60.8**	39.2	305	**58.7**	41.3
	8. 파도 소리	340	30.6	69.4	293	16.4	**83.6**
	9. 지진	325	26.5	**73.5**	318	**63.2**	36.8
사물	10. 전화벨 소리	339	33.3	66.7	294	25.5	**74.5**
	11. 알람시계 소리	333	28.8	**71.2**	306	40.5	59.5
	12. 초인종 소리	342	28.1	**71.9**	294	11.6	**88.4**
	13. 2G폰 · 스마트폰 진동 울림	321	35.2	64.8	331	**75.2**	24.8
	14. 진동디지털알람시계 울림	318	28.3	**71.7**	319	**58.9**	41.1
	15. 화재경보기 소리	342	31.9	68.1	300	17.0	**83.0**
	16. 사이렌 소리(민방위, 경찰차, 소방차, 구급차 등)	341	54.0	46.0	306	31.4	68.6
	17. 문 쾅 닫는 소리	341	**75.7**	24.3	313	**78.3**	21.7
교통 수단	18. 자동차 경적 소리	350	49.4	50.6	297	29.3	70.7
	19. 오토바이 경적 소리	345	42.9	57.1	301	31.6	68.4
	20. 자전거 경적 소리	342	19.3	**80.7**	296	6.8	**93.2**
	21. 열차(지하철, 기차) 경적 소리	341	54.0	46.0	306	**53.9**	46.1
	22. 열차(지하철, 기차)가 승강장에 진입하는 소리	339	44.2	55.8	304	45.4	54.6
	23. 자동차 급브레이크 밟는 소리	344	23.3	**76.7**	305	28.2	**71.8**
	24. 오토바이 급브레이크 밟는 소리	343	18.4	**81.6**	301	19.6	**80.4**
	25. 자전거 급브레이크 밟는 소리	344	12.8	**87.2**	302	13.2	**86.8**
	26. 자동차 급가속하는 소리	344	24.1	**75.9**	304	24.7	**75.3**
	27. 오토바이 급가속하는 소리	341	26.1	**73.9**	302	24.8	**75.2**
	28. 항공기 이착륙 소리	339	54.3	45.7	301	**55.5**	44.5

시계 소리(71.2%) 순으로 조사됐다.

　농인이 경험한 진동 인지 유무를 조사한 결과, 진동 인지 경험이 '없다'고 응답한 비율은 교통수단, 사물, 자연, 인간 영역에서 다소 높았다. 인지 경험이 없다고 응답한 비율이 높은 순으로 살펴보면 자전거 경적 소리(93.2%), 초인종 소리(88.4%), 자전거 급브레이크 밟는 소리(86.8%), 빗소리(85.7%), 소낙비 소리(85.7%), 파도 소리(83.6%), 화재경보기 소리(83%) 순으로 조사됐다. 진동을 인지한 경험이 높은 비율을 살펴보면, 문 쾅 닫는 소리(78.3%), 2G폰·스마트폰 진동 울림(75.2%), 지진(63.2%) 순으로 조사됐다.

　조사 결과, 소리와 진동을 인지하지 못하는 비율이 높은 위험상황은 교통수단 영역에서 높게 조사돼 일상생활에서 청각장애인이 경험하는 위험 정도가 높다고 유추해 볼 수 있다.

3. 위험상황에 따른 경험 정도 및 심각도

농인이 최근 5년 동안 생활하면서 사고 또는 위험상황을 경험한 정도와 그 심각도 수준을 살펴보면 〈표 4-4〉와 같다. 경험 여부에서 '예'라고 응답한 비율이 높은 순을 살펴보면, 교통사고(교통수단 이용 시 발생하는 사고)에 169명이 응답해 전체 응답의 54%를 차지했으며, 이어 보행사고(걸어 다니다 발생하는 사고, 52.6%), 가정에서의 일상생활(46.5%), 직장생활(40.8%), 문화여가생활(레저, 스포츠, 놀이동산 등, 40.3%) 공공장소(39.4%) 순으로 경험 정도가 높게 조사됐다. 분석 결과, 교통사고 경험 비율이 높게 조사된 것은 소리 및 진동 인지 경험(〈표 4-3〉)에서 교통수단의 소리와 진동을 인지한 경험이 없다는 비율이 높다는 점과 연관해 살펴볼 수 있다.

최근 5년 동안 생활하면서 사고 또는 위험상황별 심각도를 5점 리커트 척도(1점 = 전혀 그렇지 않다 ~ 5점 = 매우 그렇다, 점수가 높을수록 심각도가 높음)로 살펴본 결과, 보행사고(M = 3. 15, SD = 1. 32), 교통사고(M = 3. 09, SD = 1. 31) 순으로 높게 조사됐으며, 매우 심각하다(5점), 심각하다(4점)라고 응답한 비율은 보행사고(43. 7%), 교통사고(41. 4%), 범죄 위험(밤길, 소매치기 등, 33. 3%) 순으로 조사됐다. 이 같은 결과는 김

〈표 4-4〉 위험상황에 따른 경험 정도 및 심각도

구분	경험 여부			심각도		"심각하다", "매우 심각하다" 응답 비율(%)
	빈도 (명)	예 (%)	아니오 (%)	빈도 (명)	평균 [점(SD)]	
1. 가정에서의 일상생활	318	46.5	53.5	229	2.68(1.21)	23.6
2. 학교생활	308	33.4	66.6	199	2.48(1.19)	20.6
3. 직장생활	306	40.8	59.2	205	2.77(1.23)	27.3
4. 문화여가생활	314	40.3	48.2	230	2.84(1.23)	29.6
5. 공공장소(병원 등)	310	39.4	60.6	214	2.79(1.30)	29.0
6. 보행사고	312	52.6	47.4	240	3.15(1.32)	43.7
7. 교통사고	313	54.0	46.0	244	3.09(1.31)	41.4
8. 승강기, 에스컬레이터 사고	310	17.4	82.6	178	2.35(1.32)	18.0
9. 동물에 의한 사고[1]	314	29.0	71.0	194	2.61(1.33)	29.3
10. 전염병[2]	309	13.9	86.1	168	2.33(1.38)	22.0
11. 화재	311	21.2	78.8	179	2.67(1.43)	30.8
12. 자연재해	308	19.7	77.3	184	2.63(1.36)	28.8
13. 범죄 위험	313	24.3	75.7	186	2.79(1.44)	33.3

주: 1) 개에게 물림 등.
    2) 메르스, 조류독감 등.

승완과 연구진(2016)의 연구와 동일하다. 농인이 사고를 경험한 비율은 교통사고(25.8%), 보행사고(21%) 순이었으며, 이어 화상(20%), 문 낌(16.7%) 순으로 나타나 가정에서 일어날 수 있는 위험장면 비율도 높았다. 이준우와 이현아(2017)의 연구에서 농인이 공통적으로 경험한 위험상황으로 도로를 지나가는 버스, 화물차, 승용차, 오토바이 소리 등을 인지하지 못함이 도출된 것과 동일하다. 특히, 소리가 어느 방향에서 나는지 알지 못해 교통사고를 경험한 경우와 교차로와 사거리 등 사각지대에서 달려오는 오토바이를 인지하지 못하는 등의 경험을 미루어 보면, 교통수단이 주는 위험성이 높음을 알 수 있다.

4. 위험상황 인식 · 알림을 위한 보조기기 사용 실태

농인을 위해 제작된 보조기기 중 위험상황을 인식하고 알림 기능을 제공하는 장비에 관한 보조기기 사용 실태를 조사했다. 위험상황 인식 · 알림을 위한 보조기기는 진동디지털알람시계, 진동손목시계, 데프 신호기, 소리 알리미, 영상 부르미(초인종), 2G폰 · 스마트폰, 화재경보시스템, 경광등으로 총 8개의 보조기기 품목을 조사했다.

위험상황 인식 · 알림을 위한 보조기기의 인지 여부를 조사한 결과, 인지도가 높은 보조기기는 2G폰 · 스마트폰(86.1%), 진동디지털알람시계(74.9%), 경광등(69.8%), 진동손목시계(68.7%) 순으로 조사됐다. 한편, 모른다고 응답한 비율이 높은 보조기기는 데프 신호기(65.6%), 소리 알리미(55.7%), 화재경보시스템(48.1%), 영상 부르

〈표 4-5〉 평소 위험상황 인식 및 알림을 위한
보조기기 인지, 구입 및 사용 경험, 보조금 지원 여부, 만족도 평균

구분	인지 여부			구입 및 사용 경험			보조금 지원 여부			만족도	
	빈도(명)	안다(%)	모른다(%)	빈도(명)	있다(%)	없다(%)	빈도(명)	있다(%)	없다(%)	빈도(명)	평균(점)(SD)
진동디지털알람시계	319	74.9	25.1	318	38.4	61.6	270	25.2	74.8	153	3.47(1.26)
진동손목시계	316	68.7	31.3	313	22.0	78.0	260	11.5	88.5	94	3.03(1.32)
메모 신호기	314	34.4	65.6	305	3.9	96.1	238	6.7	93.3	30	2.40(1.16)
소리 알리미	314	44.3	55.7	305	9.5	90.5	242	10.3	89.7	48	2.77(1.24)
영상 부르미	314	57.6	42.4	310	9.4	90.6	248	14.9	85.1	47	3.02(1.13)
2G폰·스마트폰	323	86.1	13.9	326	76.7	23.3	297	24.2	75.8	240	3.90(1.00)
화재경보시스템	316	51.9	48.1	309	8.1	91.9	242	9.5	90.5	44	2.70(1.11)
경광등	315	69.8	30.2	320	21.6	78.4	256	12.9	87.1	78	3.26(1.26)

미(42.4%) 순으로 조사됐다.

위험상황 인식·알림을 위한 보조기기를 구입 및 사용한 경험이 있는 비율이 높은 보조기기는 2G폰·스마트폰이 76.7%로 가장 높게 조사됐으며, 구입 및 사용 경험이 없는 비율이 높은 보조기기는 데프 신호기(96.1%), 화재경보시스템(91.9%), 영상 부르미(90.6%), 소리 알리미(90.5%) 순이었다.

위험상황 인식·알림을 위한 보조기기의 보조금 지원 여부를 조사한 결과, 지원을 받은 경험이 없는 비율은 데프 신호기(93.3%), 화재경보시스템(90.5%), 소리 알리미(89.7%), 진동손목시계(88.5%), 경광등(87.1%), 영상 부르미(85.1%) 순으로 나타나 대체로 보조금 지원을 받은 경험이 없는 비율이 높았다. 보조금 지원을 받은 경험이 있는 보조기기로는 진동디지털알람시계가 25.2%, 2G·스마트폰이 24.2%로 매우 낮게 조사됐다.

위험상황 인식·알림을 위한 보조기기의 만족도를 5점 리커트 척도(1점 = 매우 불만족 ~ 5점 = 매우 만족, 점수가 높을수록 만족스러움)를 이용해 살펴본 결과, 2G폰·스마트폰($M = 3.9$, $SD = 1.00$)이 가장 높게 조사됐으며, 이어 진동디지털알람시계($M = 3.47$, $SD = 1.26$), 경광등($M = 3.26$, $SD = 1.26$), 진동손목시계($M = 3.03$, $SD = 1.32$), 영상 부르미($M = 3.02$, $SD = 1.13$) 순이었다.

조사 응답자의 연령대를 청년(20대), 중년(30~50대), 노년(60대 이상) 세 집단으로 구분해 위험상황 인식·알림을 위한 보조기기 인지 평균 차이를 분석한 결과, 진동디지털알람시계, 데프 신호기, 소리 알리미, 영상 부르미, 경광등과 연령대 간에 통계적으로 유의미한 차이를 보

<표 4-6> 연령대에 따른 보조기기 인지 평균

구분	청년 평균	중년 평균	노년 평균	F값
진동디지털알람시계	0.89	0.75	0.46	15.427***
진동손목시계	0.70	0.71	0.57	1.653
데프 신호기	0.31	0.41	0.07	9.326***
소리 알리미	0.43	0.53	0.07	15.206***
영상 부르미	0.56	0.64	0.31	7.758**
2G폰 · 스마트폰	0.91	0.84	0.80	1.984
화재경보시스템	0.54	0.55	0.55	1.762
경광등	0.82	0.70	0.43	10.303***

$^*p < .05$, $^{**}p < .01$, $^{***}p < .001$.

였다(<표 4-6> 참조). 사후검정 결과, 진동디지털알람시계($p < .001$),
데프 신호기($p < .001$), 소리 알리미($p < .001$), 영상부르미($p < .01$),
경광등($p < .001$) 모두 청년과 중년이 노년의 인지 평균점수보다 유의하
게 높았다. 이런 결과는 노년층의 경우 위험상황 알림 및 인식 보조기기
에 관한 인지 수준이 낮음을 반영한다고 볼 수 있다.

최종 학력에 따른 위험상황 인식 · 알림을 위한 보조기기 인지 평균
차이를 분석한 결과, 무학 집단의 인지 평균이 가장 낮은 것으로 조사
됐으며, 대학교 졸업 이상 집단의 인지 평균이 가장 높은 것으로 조사
됐다(<표 4-7> 참조). 한편 2G폰 · 스마트폰을 제외한 나머지 7가지 보
조기기는 학력에 따라 통계적으로 유의미한 차이를 보였다. 사후검정
을 통해 살펴본 결과, 진동손목시계($p < .01$)와 데프 신호기($p < .01$)
는 대학교 졸업 이상의 집단이 그 이하의 학력을 가진 집단보다 인지 평
균점수가 유의미하게 높았다. 진동디지털알람시계는 학교에 다니지 않
은 집단(무학)보다 그 이상의 학력을 가진 집단의 인지 평균이 유의미

구분	무학	초등학교 졸업	중학교 졸업	고등학교 졸업	대학교 졸업 이상	F값
진동디지털알람시계	0.17	0.56	0.73	0.78	0.83	11.258***
진동손목시계	0.23	0.73	0.74	0.69	0.73	4.789**
데프 신호기	0.05	0.27	0.20	0.29	0.47	5.135**
소리 알리미	0.05	0.34	0.24	0.42	0.57	6.456***
영상 부르미(초인종)	0.17	0.43	0.50	0.55	0.70	5.815***
2G폰 · 스마트폰	0.70	0.91	0.85	0.84	0.89	1.419
화재경보시스템	0.23	0.43	0.40	0.54	0.58	2.548*
경광등	0.23	0.56	0.50	0.73	0.80	8.462***

$^*p < .05$, $^{**}p < .01$, $^{***}p < .001$.

하게 높은 것으로 나타났다. 소리 알리미($p < .001$)는 무학과 중학교 졸업 집단이 대학교 졸업 이상의 집단보다 인지 평균이 유의미하게 낮았으며, 영상 부르미($p < .001$)는 대학교 졸업 이상의 집단이 무학인 집단보다 인지 평균이 유의미하게 높았다. 경광등($p < .001$)은 대학교 졸업 이상의 집단이 무학, 중학교 졸업, 고등학교 졸업인 집단보다 유의미하게 인지 평균점수가 높았다.

5. 의사소통을 위한 보조기기 사용 욕구

농인을 위해 제작된 보조기기 중 의사소통 기능을 보조하는 장비에 관한 보조기기 사용 실태를 조사했다. 농인의 의사소통을 위한 보조기기로는 보청기, 인공와우, 딥보이스, 소리증폭기, 2G폰 · 스마트폰, 유 · 무선 영상전화기, 보완대체의사소통기기, 다자간 수화통역시스템 등 총 9개

<표 4-8> 의사소통 보조기기 인지, 구입 및 사용 경험, 보조금 지원 여부

단위: 명, %

구분	인지 여부			구입 및 사용경험			보조금 지원 여부		
	빈도	안다	모른다	빈도	있다	없다	빈도	있다	없다
보청기[1]	332	97.0	3.0	334	74.3	25.7	293	69.6	30.4
인공와우[2]	324	81.5	18.5	316	12.0	88.0	255	15.3	84.7
딥보이스[3]	322	24.5	75.5	294	3.1	96.9	232	4.7	95.3
소리증폭기[4]	322	30.4	69.6	297	2.4	97.6	230	5.2	94.8
2G폰	318	79.9	20.1	309	59.2	40.8	273	20.5	79.5
스마트폰	333	94.3	5.7	329	83.0	17.0	301	27.6	72.4
영상전화기(유·무선)	326	88.7	11.3	324	54.3	45.7	282	46.1	53.9
보완대체 의사소통 기기	321	36.1	63.9	297	8.8	91.2	233	10.3	89.7
다자간 수화통역 시스템	323	52.9	47.1	303	13.2	86.8	239	11.3	88.7

주: 1) 청취 보청기 포함.
   2) 교정·보조기기, 청취 보조기기 포함.
   3) 음성-텍스트 변환.
   4) 일반 소리 증폭.

의 보조기기 품목을 조사했다(〈표 4-8〉 참조).

의사소통을 위한 보조기기 인지 여부를 조사한 결과 인지도가 높은 보조기기는 보청기(97%), 스마트폰(94.3%), 영상전화기(88.7%), 인공와우(81.5%), 2G폰(79.9%) 순으로 조사됐다. 모른다고 응답한 비율이 높은 보조기기는 딥보이스(75.5%), 소리증폭기(69.6%), 보완대체의사소통기기(63.9%) 순이었다.

의사소통을 위한 보조기기를 구입 및 사용한 경험이 있는 비율이 높은 보조기기는 스마트폰(83%), 보청기(74.3%), 2G폰(59.2%), 영상전화기(54.3%) 순이었으며, 경험이 없는 비율이 높은 보조기기는 소리증폭기(97.6%), 딥보이스(96.9%), 보완대체의사소통기기(91.2%), 인공와우(88%), 다자간 수화통역시스템(86.8%) 순이었다.

<표 4-9> 의사소통 보조기기 만족도, 의사소통 개선 정도

단위: 명, 점

구분	만족도		의사소통 개선 정도	
	빈도	평균(SD)	빈도	평균(SD)
보청기[1]	245	**3.07(1.11)**	225	2.83(1.26)
인공와우[2]	58	2.78(1.44)	54	2.72(1.50)
딥보이스[3]	26	2.15(1.32)	23	2.17(1.37)
소리증폭기[4]	22	2.00(1.23)	18	1.94(1.21)
2G폰	162	2.97(0.99)	148	2.96(1.06)
스마트폰	260	**3.92(1.04)**	235	**3.75(1.08)**
영상전화기(유·무선)	165	**3.63(1.11)**	146	**3.60(1.14)**
보완대체 의사소통 기기	28	2.25(1.27)	24	2.54(1.28)
다자간 수화통역 시스템	36	2.97(1.56)	31	3.19(1.30)

주: 1) 청취 보청기 포함.
   2) 교정·보조기기, 청취 보조기기 포함.
   3) 음성-텍스트 변환.
   4) 일반 소리 증폭.

의사소통을 위한 보조기기의 보조금 지원을 받은 경험이 높은 비율은 보청기 69.6%, 영상전화기 46.1% 순이었다. 보조금을 지원받은 경험이 없다고 응답한 비율이 높은 보조기기는 딥보이스(95.3%), 소리증폭기(94.8%), 보완대체의사소통기기(89.7%), 다자간 수화통역 시스템(88.7%), 인공와우(84.7%) 순으로 조사됐다.

의사소통을 위한 보조기기의 만족도를 5점 리커트 척도(1점 = 매우 불만족 ~ 5점 = 매우 만족, 점수가 높을수록 만족함)를 이용해 조사한 결과, 스마트폰이 평균 3.92점(SD = 1.04)으로 가장 높은 만족도를 보였으며, 이어 영상전화기 3.63점(SD = 1.11), 보청기 3.07점(SD = 1.11) 순이었다.

의사소통을 위한 보조기기를 사용한 결과, 의사소통이 어느 정도 개선되었는지를 5점 리커트 척도를 이용해 조사한 결과, 스마트폰 3.75점($SD = 1.08$), 영상전화기 3.6점($SD = 1.14$) 순이었다.

6. 청각증강 기술 개발의 욕구 및 방향

〈표 4-10〉은 농인의 위험상황 인식과 의사소통을 지원하기 위해 청각증강기술 개발을 활용한 보조기기와 관련해, 그에 대한 욕구와 기술 개발의 방향을 조사한 결과다.

첫째, 청각증강기술 개발의 필요 여부와 기술 개발이 필요한 상황을 조사한 결과, 청각증강을 활용해 평소 위험한 소리를 인식할 수 있는 보조기기가 필요하다는 응답이 86.2%로 높았다. 위험소리 인식이 필요한 생활 장면으로는 가정에서의 일상생활이 36.5%로 높게 조사됐으며 이어 교통사고(17%) 순이었다. 청각증강기술 개발을 적용하기 위해, 농인이 일정 적응 기간을 거친 후 청인과 의사소통을 위한 보조기기를 사용할 의향이 있는지를 조사한 결과, 사용할 의향이 있다는 응답이 60.5%, 없다는 응답은 39.5%로 조사돼 적응 시간이 필요한 보조기기 사용 여부에 긍정적인 응답이 도출됐다. 이는 청인과의 의사소통 시 보조기기를 사용할 필요성이 높다는 점과 연관된다.

둘째, 위험상황 알림·인식과 의사소통 지원을 위한 기술 개발의 방향을 조사한 결과, 청각증강을 활용한 위험상황 알림 보조기기 제작 시 고려할 점으로 쉬운 사용법이 30.5%로 1순위였다. 이를 통해 농인 누구나 쉽게 사용할 수 있는 보조기기에 대한 욕구가 높음을 알 수 있다.

〈표 4-10〉 희망하는 기술 개발의 방향

구분	항목	빈도(명)	백분율(%)
평소 위험소리 인식 보조기기 필요 여부	필요하다	305	86.2
	필요하지 않다	49	13.8
	합계	354	100.0
위험상황 알림 보조기기에서 고려할 점(1순위)	쉬운 사용법	103	30.5
	동작 정확도	39	11.5
	휴대/착용 편의성	67	19.8
	사용시간	6	1.8
	무게	8	2.4
	가격	44	13.0
	디자인	6	1.8
	알림 강도 조절	27	8.0
	내구성(튼튼함)	17	5.0
	사후 서비스(A/S)	16	4.7
	기타	5	1.5
	합계	338	100.0
위험소리 인식이 필요한 생활 장면(1순위)	가정에서의 일상생활	125	36.5
	학교생활	3	0.9
	직장생활	20	5.8
	문화여가생활	9	2.6
	공공장소(병원 등)	14	4.1
	보행사고	21	6.1
	교통사고	58	17.0
	승강기/에스컬레이터 사고	13	3.8
	동물에 의한 사고	1	0.3
	전염병	5	1.5
	화재	27	7.9
	자연재해	20	5.8
	범죄위험(밤길, 소매치기 등)	25	7.3
	기타	1	0.3
	합계	342	100.0

⟨표 4-10⟩ 희망하는 기술 개발의 방향(계속)

구분	항목	빈도(명)	백분율(%)
일정 적응 기간을 거친 후 청인과의 의사소통을 위한 보조기기 사용 의향	있다	196	60.5
	없다	128	39.5
	합계	324	100.0
위험상황에 대한 알림 전달 방식(선호하는 감각, 1순위)	소리(청각)	68	19.5
	문자(시각)	136	39.0
	빛(시각)	76	21.8
	진동(촉각)	68	19.5
	기타	1	0.3
	합계	349	100.0
희망하는 위험상황 알림 보조기기 제작 형태(1순위)	스마트폰 앱	188	54.7
	소형기계(목걸이형)	19	5.5
	소형기계(손목시계형)	92	26.7
	소형기계(카드형)	20	5.8
	초소형기계(보청기형)	14	4.1
	초소형기계(배지 · 브로지형)	6	1.7
	기타	5	1.5
	합계	344	100.0
청각장애인을 위한 새로운 기술 개발 시 필요한 점(1순위)	청각장애에 대한 깊이 있는 이해	241	69.3
	윤리성	6	1.7
	안전성	27	7.8
	기능성	17	4.9
	편리성	22	6.3
	경제성	31	8.9
	디자인	2	0.6
	기타	2	0.6
	합계	348	100.0

청각증강을 활용한 의사소통 지원 보조기기에서 고려할 점으로는 쉬운 사용법이 37.6%로 역시 가장 높았으며, 이어 휴대 및 착용편의성 (20%), 가격(15.8%), 동작 정확도(12.7%) 순이었다.

셋째, 청각증강기술 적용과 관련해 농인이 선호하는 기술 개발의 감각, 형태 등을 조사한 결과, 위험상황에서 선호하는 알림 전달 방식(감각)은 문자(시각)가 39%, 빛(시각) 21.8%, 진동(촉각) 19.5% 순으로 조사돼 시각을 활용한 알림 방식을 선호하는 것으로 조사됐다. 희망하는 위험상황 알림 보조기기 제작 형태는 스마트폰 애플리케이션이 54.7%로 높은 비율을 차지했으며, 이어 소형기계(손목시계형)가 26.7%였다. 청각장애인을 위한 청각증강 기술 개발 시 필요한 점으로는 청각장애인에 대한 깊이 있는 이해가 69.3%로 높게 조사됐다.

제5절　　　　농인을 위한 청각증강기술 개발을 위한 제언

이 장은 농인을 위한 청각증강기술 개발을 위한 기초연구로 농인이 일상생활에서 느끼는 위험상황과 청각 대체기술로 사용하는 보조기기의 사용 실태를 조사해 청각증강기술 개발에의 적용점을 모색하기 위한 기초자료를 수집하는 데 목적이 있다.

연구 결과를 살펴보면 첫째, 조사에 참여한 농인이 일상생활에서 소리 및 진동을 인지하지 못하는 위험상황으로 교통수단이 가장 높게 조사됐다.

둘째, 위험상황을 경험한 정도와 심각성은 교통사고, 보행사고, 가정 내, 직장생활 순으로 조사됐으며, 심각도는 보행사고, 교통사고 순으로 평균값이 높았다. 이 같은 결과는 김승완과 연구진(2016), 이준우와 이현아(2017)의 연구 결과와 동일하다.

셋째, 위험상황 인식·알림을 위한 보조기기의 인지도는 2G·스마트폰과 진동디지털알람시계의 비율이 높았으며, 특히 2G·스마트폰의 구입 경험 비율과 만족도가 가장 높게 조사됐다. 한편, 보조기기의 보조금 지원 비율은 모든 보조기기에서 대체적으로 낮았다. 구입 및 사용 경험이 없는 비율이 높은 보조기기로 데프 신호기, 화재경보시스템, 영상 부르미, 소리 알리미 순으로 나타나 전체 응답자의 90% 이상이 가정 내 위험상황에서 활용할 수 있는 보조기기의 사용 경험이 낮은 것을 알 수 있다. 본 연구에서 보조기기를 인지하는 정도는 연령과 학력에 따라 차이가 존재했고, 이는 송지향과 김동욱(2014), 김태일과 도수관(2005)의 연구 결과와 동일하다.

넷째, 의사소통을 위한 보조기기의 인지도와 구입 및 사용 경험은 보청기와 스마트폰의 응답 비율이 높았으며, 특히 스마트폰의 만족도 및 의사소통 개선 정도가 높게 조사됐다.

마지막으로 청각증강기술 개발의 욕구와 방향에 대한 조사 결과, 청각증강기술을 활용한 위험상황 인식 보조기기가 필요하며 사용 의향이 있다는 응답이 높게 조사됐으며, 위험상황 알림·인식과 의사소통 지원을 위한 보조기기 제작 시 고려할 점으로는 쉬운 사용법이 1순위로 높게 조사됐다. 청각증강기술 개발 시 시각을 이용한 방식과 스마트폰 애플리케이션을 활용한 제작 형태를 선호했으며, 보조기기 개발 시 농인에 대한 깊이 있는 이해가 선행돼야 한다고 응답했다.

연구 결과와 관련해 농인의 위험상황과 의사소통을 위한 청각증강기술 개발을 위한 제안을 살펴보면 다음과 같다.

첫째, 교통수단에서 마주하는 위험장면을 줄이기 위해 청각증강기술을 활용한 대책 마련이 필요하다. 본 연구 결과, 농인이 일상생활에서 경험한 위험상황으로 교통사고가 가장 높게 조사돼, 인도, 횡단보도, 건물 입구, 사거리 등이 안전에 위협을 느끼는 장소임을 알 수 있다. 청각증강기술을 적용해 농인이 인지하는 교통수단의 소리를 세분화하고 그 움직임을 미리 파악·대처할 수 있는 청각보조장비의 개발을 고려해 볼 수 있다. 청각보조장비의 경우 농인이 선호하는 보조기기 제작 형태를 반영해 스마트폰 애플리케이션이나 문자, 진동이 가능한 손목시계 형태를 고려해 볼 수 있다.

둘째, 스마트폰 애플리케이션을 활용한 위험상황 인식과 알림기술 개발이 필요하다. 본 연구 결과, 대다수의 농인이 스마트폰에 대한 인지와 사용 경험이 높은 것으로 조사됐다. 특히, 학력이나 연령의 구분 없이 스마트폰의 인지율이 높게 나타난 점을 고려할 때 위험상황 인식·알림을 위한 보조기기를 개발하는 데 스마트폰 애플리케이션을 활용하는 방법이 정보의 접근성을 높이는 방안이라고 볼 수 있다. 이를 위해 농인이 위험상황을 감지할 수 있도록 다양한 소리와 특정 주파수, 데시벨에 따라 위험장면의 정보를 제공할 수 있는 애플리케이션을 개발할 필요가 있다. 문자통역과 수어통역이 가능한 스마트폰 애플리케이션을 개발하는 것은 농인이 위험 및 재난구조 현장에서 의사소통이 가능하도록 도움을 줄 수 있다. 위험상황에 처했을 때 107 손말이음센터와 모바일 애플리케이션과 연계해 스마트폰 화면에 112와 119에 바로 연락을 취할 수 있는 버튼(또는 프로그램)을 추가할 필요가 있다. 청각 증강기술을 적용해 112와 119 이용 시 가장 많이 사용하는 문장을 수집하고 수어영상을 제작하고 활용하는 것도 위험상황에서 골든타임을 놓치지 않는 데 도움을 줄 수 있다. 본 연구 결과, 보조기기 제작 시 고려할 점으로 쉬운 사용법에 대한 욕구가 높다는 점을 참고해 스마트폰 애플리케이션을 활용할 때는 단순한 방법으로 사용할 수 있는 기술이 필요하다.

셋째, 농인이 공공시설을 더욱 안전하게 이용할 수 있는 대안 마련이 시급하다. 국가적 차원에서 공공장소 건물(공공기관, 학교, 학원, 마트, 상가 등)에 화재경보시스템과 경광등 설치를 의무화할 필요가 있다. 특히, 〈화재예방, 소방시설 설치·유지 및 안전관리에 관한 법률〉 개정에 따라 모든 주택에 소화기, 단독 경보형 감지기 설치가 의무화되었지만, 보급률은 2016년 기준으로 전국 평균 30%에 미치는 것으로 나타났다(지승용·오영탁, 2017; 〈경인일보〉, 2017. 8. 11). 법을 지키지 않았을 때 특별한 제재가 없어 주택용 소방시설 설치가 저조한 것이며, 농인 주택의 경우에는 더욱 낮을 것임을 알 수 있다. 또한 공공장소에서 위급상황 시 담당자가 출동할 수 있도록 응급구조용 비상벨 버튼을 추가해야 하며, 문자 전송 및 수어로 대화할 수 있는 영상 기능을 추가할 필요가 있다. 대중교통 사고나 연착 등의 정보에 접근성이 낮은 농인을 위해 TV, 모니터, 스마트폰 애플리케이션을 활용해 방송정보를 실시간으로 전달할 수 있는 시스템 마련이 필요하다.

넷째, 농인의 보조기기를 통합적으로 관리, 운영할 기관을 설치해야 한다. 본 연구 결과, 학력이 낮거나 연령이 높은 농인의 경우 보조기기의 인지 정도가 낮게 조사되었으므로, 보조기기의 접근성과 활용도 측면에서도 낮은 수준을 차지할 가능성이 크다. 김인순과 연구진(2011)의 연구에서는 보조기기를 사용하지 않는 이유로 '효과가 없어서'(25%), '고장 나서'(18.2%), '사용이 복잡하고 어려워서'(18.2%) 순으로 나타나 보조기기에 대한 올바른 사용 방법과 고장 시 빠르게 사후 서비스(A/S)를 받을 수 있는 절차와 정보를 제공하는 서비스가 필요한 것으로 조사됐다. 연령이 높거나 학력이 낮은 농인의 경우 보조기기를 사용하더라도 사용법이 어렵고, 한글 설명서가 없어 기계 조작에 능숙하지 않으며, 기기가 고장 날 경우 서비스 기관에 대한 정보를 파악하기가 쉽지 않아 보조기기의 이용률이 낮을 수 있다. 또한 농인이 사용하는 보조기기의 특성을 고려한 제품 관리와 서비스가 필요하다. 농인을 위한 보조기기는 모두 청각을 보완하기 위해 개발된 기기로, 고장이 나지 않는 한 지속적으로 사용한다는 특성이 있다. 따라서 내구성이 중요할 뿐만 아니라 고장이 날 경우 수리가 용이해야 하며, 지속적인 사용을 위해 배터리 등 소모품의 주기적인 교체도 요구된다. 따라서 새로운 기기를 구입할 경우 기기와 관련된 다양한 정보와 서비스, 교육을 통합적으로 제공하는 기관을 안내하는 등 보조기기를 보급, 관리, 운영할 수 있는 전문 기관의 설치가 우선돼야 한다.

마지막으로, 농인을 대상으로 하는 기술 개발이 실제적으로 진행되고 서비스가 체계적으로 제공되기 위해서는 사회정책 및 제도적 차원의 변화가 선행돼야 한다. 다양한 기술과 서비스를 이용하기 위해 무엇보다 안내와 홍보가 중요하다. 사회적 안전 취약계층에 대한 안전서비스

체계 구축 및 지원을 담당하는 소방청에서는 119 안전신고센터를 운영하고 있다. 인터넷으로 119 안심콜서비스에 병력이나 장애정보 등 개인정보를 등록하면, 응급상황 발생 시 사전에 등록된 정보에 따라 구급활동이 진행되지만, 많은 농인이 이에 관해 제대로 알지 못하고 있었다. 개인정보 등록 방법이 현재 웹상에서 문자정보로만 안내되고 있으므로, 더욱 쉽게 등록할 수 있는 안내도 필요하다. 새로 개발된 기술과 제품에 대한 소개와 홍보도 수어 기반으로 제공될 필요가 있다. 또한 구조 요청기관의 인력을 대상으로 장애인의 특성 및 구조 방법에 대한 교육을 의무화할 필요가 있으며, 장애 유형에 따른 보조기기 현황과 사용 방법 등에 대한 교육도 제공할 필요가 있다.

제 2 부

/

한국수어

작은 씨앗에서 / 꽃이 생겨나듯이 // 작은 말 하나로 / 예쁜 꽃이 피어
난다. … 우리는 아름다운 말 꽃을 수다히 피우도록 하자.

— 정연복, 〈말 꽃〉

한국수어로 자유롭게 대화하는 농인들과 청인들이 많아졌으면 좋겠다.
한국사회에서 한국수어가 한국어와 동일한 언어로 확고하게 인정받는
날이 하루빨리 오기를 바란다.

제 5 장

한국수어에 대한 이해

제 1 절　　**언어의 이해**

한국수어를 어떻게 이해해야 하는가? 두말할 필요도 없다. 당연히 한국수어는 언어로 이해해야 한다. 그런데 수어가 정말 언어일까? 우선, 언어가 무엇인지 알아보자.

1. 언어의 특징

언어(*language*)란 무엇인가? 언어란 의사소통체계(*communication systems*) 중 하나로, 집단을 구성하는 구성원이 의미를 주고받는 수단이다. 교통신호, 표지판, 컴퓨터 프로그래밍 언어, 숫자, 벌의 춤, 나방의 화학물질 분비, 개 짖는 소리, 그리고 인간의 음성언어와 수어 등을 예로 들 수 있다. 여기서 중요한 사실은 많은 의사소통체계 중 인간이 사용하

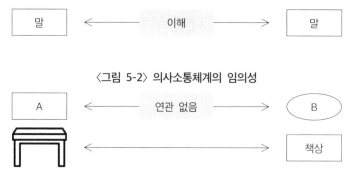

〈그림 5-1〉 의사소통체계의 상호작용

| 말 | ←——— 이해 ———→ | 말 |

〈그림 5-2〉 의사소통체계의 임의성

| A | ←——— 연관 없음 ———→ | B |

| ←——— | 책상 |

는 것만을 '언어'라고 한다는 점이다. 이를 '자연어'(*natural language*) 라고도 부른다. 모든 의사소통체계는 다음과 같은 공통적인 특징이 있다.

하나, 음성적·청각적·시각적 의사소통 수단이 존재한다.

둘, 모든 신호는 의미를 가지고 있다.

셋, 실용적인 기능이 있다(예: 교통 표지판이 없다면 사고가 잦아진다).

한편, 몇몇 의사소통체계에서 나타나는 특징은 다음과 같다.

하나, 같은 체계를 사용하는 개체가 신호를 사용해 의미를 주고받는다.

둘, 상호작용을 통해 전수된다(〈그림 5-1〉 참조).

셋, 임의성(*arbitrariness*)이 있다. 연관이 없는 A, B를 임의적인 약속을 통해 서로 관계있게 만드는 것이 임의성이다. 〈그림 5-2〉처럼 특정한 형태의 가구를 책상이라고 하자는 약속을 한 것을 예로 들 수 있다. 임의성은 의사소통체계에 포함된 집단 구성원의 약속을 통해 만들어진 것으로, 서로의 협의를 통해 변경이 가능하다는 의미도 내포한다. 한편, 언어신호의 형태가 지칭하는 대상의 형태나 특징을 직접적으로

〈그림 5-3〉자연어의 열린 체계

| 작은 단위 | + | 작은 단위 | ⟶ | 많은 수의 메시지(신호) |

표현하는 것을 비임의성 (*nonarbitrariness*) 이라고 한다. 음성언어 중 의 성어처럼 원래의 소리에 가깝게 모방한 것을 사례로 들 수 있다.

넷, 불연속성이 있어 복잡하게 조합된 신호를 작은 단위로 분석할 수 있다. 이를테면 수어의 경우, 손의 모양이나 위치 등에 따라 뜻이 달라 진다.

한편 인간의 언어를 '자연어'라고 할 때, 자연어만의 특징이 있다. 구 체적으로 설명하면 다음과 같다.

하나, 시간적 또는 공간적으로 실제 존재하지 않는 것(예: 미래의 추 상적인 일)을 지칭하며 의미를 주고받을 수 있다.

둘, 작은 신호 단위를 조합하여 새로운 신호를 만들어냄으로써, 새 로운 내용과 개념에 대해 무한히 많은 수의 메시지를 생산해 낼 수 있는 열린 체계 (*open system*) 다 (〈그림 5-3〉 참조).

2. 언어학의 이해

이렇게 우리가 매일 편리하게 사용하는 언어를 깊이 들여다보면 생각보 다 여러 가지 측면이 있음을 알 수 있다. 이와 같이, 언어를 깊게 연구 하는 학문으로 '언어학'이 있다. 그렇다면 언어학이란 무엇일까?

언어학이란, 언어의 구조 (*system*) 및 언어행위에 나타나는 패턴을 연구하는 학문이다. 이를 구체적으로 살펴보자.

우선, 언어에는 구조(문법)가 존재한다. 만약 언어에 구조가 없다면 사람은 언어를 완전히 사용할 수 없어 생명이 다할 때까지 언어를 익숙하게 사용할 수 없을 것이다.

어린아이들은 많이 듣고 보면서 자란다. 아이들은 2~3세 정도에 문장을 구성하고, 6~7세가 되면 어른의 말을 이해하며 어른과 같은 말을 사용한다. 듣고 봄으로써 언어가 가진 구조와 규칙을 배운 것이다. 모든 언어가 놀라우리만큼 어렵고 복잡함에도 불구하고 적합한 언어 환경이 주어지면 대부분의 아이가 만 2세를 전후해 언어를 사용하며 취학 연령 이전에 모국어를 능숙하게 사용할 수 있다. 이는 청력 손실 유무에 상관없이 이뤄진다. 그러므로 어떤 언어를 제공하느냐보다 언어를 제공하는 환경을 조성해 주는 것이 중요하다.

다음으로, 언어행위에는 다양한 패턴이 발견된다. 지구상의 모든 사람이 조금씩 다른 언어를 사용한다는 것을 증거로 들 수 있다. 다만, 나라, 인종, 나이, 성별, 청력 손실 여부, 교육 수준, 사회적 지위, 지역, 성격, 대화 상대, 환경 등의 변수에 따라 패턴이 달라진다.

그러나 이때 패턴의 차이는 규칙적이고 체계적이며, 예측이 가능하다. 예컨대, 경상도(지역) 사람들은 대부분 쌍시옷을 시옷으로 발음한다. 따라서 경상도 사람을 만났을 때 쌍시옷을 시옷으로 발음할 것이라 예측할 수 있다. 이는 언어에 구조와 규칙이 있기 때문이며, 다시 말해 언어에 구조와 규칙이 없다면 패턴도 없다는 것을 알 수 있다.

한편, 가장 대표적인 언어의 구조는 문법(*grammar*)이다. 문법이란 무엇일까? 이를 이해하기 위해 문법의 유형을 정리해 보자(〈표 5-1〉 참조).

〈표 5-1〉 문법의 유형

구분	정신문법	기술문법	규범문법
개념	• 인간으로 하여금 모국어를 습득, 자유롭게 조작하게 함 • 화자의 두뇌에 내재되어 있는 언어지식 • 직접 관찰 불가능	• 언어행위를 통해 언어학자에 의해서 기술된 언어규칙 • 말하는 것을 보고 있는 그대로 적어 내려가는 것	• 언어의 '바른' 또는 '그릇된' 사용법을 사회적으로 규정하는 문법 • 비언어학적인 이유에서 규정됨
사례	• 미국인에게 문법이 왜 그런지 물어 보면 '모른다', 또는 '생각해본 적이 없다'고 대답함	• 시중 번역 중심의 영문책	• 아나운서의 발음 효과 • 자장면 등 • 사투리 사용 금지

　　언어학적 관심은 정신문법(mental grammar)에 있다. 직접 관찰은 불가능하지만 언어를 사용하는 사람의 두뇌에 내제된 언어지식이다. 이 정신문법을 관찰해서 정리한 것이 기술문법(descriptive grammar)이다. 언어학자에 의해 기술된 언어규칙이라 할 수 있다. 한편, 규범문법(prescriptive grammar)은 비언어학적 이유에서 규정된 문법으로, 사회적인 의미가 강하다.

3. 수어의 언어로서의 특징

지금까지 개략적으로 살펴본 언어의 특징을 통해 수어를 살펴보자. 수어를 잘 모르는 대부분의 사람은 음성언어가 '임의성'을 가지고 있고, 수어는 '비임의성'을 가지고 있다고 생각한다. 이는 수어를 언어가 아닌, 단지 '제스처'로 오해하기 때문이다. 이러한 오해는 수어가 음성언어보다 매우 도상적(iconic)이기 때문에 발생하기도 한다.

그러나 음성언어가 임의적인 이유는 '소리'를 사용하기 때문이다. 이미지를 이용해 직접 표현할 방법이 없으므로, 즉 표현에 제한이 있기 때문에 음성언어는 임의성을 갖는다. 반면, 수어는 임의성과 동시에 도상성을 가진 언어다. 수어는 소리 표현 대신 이미지를 표현할 수 있으며 오히려 음성언어보다 다양하게 표현할 수 있다. 각 나라마다 수어가 다른 것도 임의성을 나타낸다.

농인을 제대로 이해하기 위해서는 수어를 언어로 인정하는 것이 우선이다. 수어를 말하고 듣는 음성언어와 동등한 입장에서 평가하고 이해해야 한다. 물론, 수어는 형태와 문법적인 측면에서 음성언어와 다르다(Paul & Quigley, 1990).

스토키(Stokoe, 1960)는 세 가지 측면에서 수어가 독립적인 언어형식을 가지고 있다고 했다. 첫째, 사용하는 집단 구성원에 의해 시간이 흐름에 따라 수어가 발달한다는 것, 둘째, 수어에 일찍이 노출된 농아동은 일반적인 언어 습득 과정을 거친다는 것, 셋째, 수어에는 독특한 언어구조가 있다는 것이다. 퍼스펠드(Fusfeld, 1970)는 "수어는 농인의 의사소통을 위한 유일한 언어체계이며, 사상을 나타내는 데 수어에 의존하는 것은 깊고 내적인 욕구에 강하게 뿌리박은 자연적인 현상이다"라고 말했다. 그리고 터부트(Tervoort, 1970)는 "수어는 농아동의 인간적 접근과 지식에 대한 욕구와 관련해 실망과 좌절을 더욱 적게 겪게 하며, 또 언어적 도구를 발전시키기 위한 더 쉽고 빠른 방법을 제공한다. 수어가 주는 이 유익함은 구화주의의 발달에 따른 이익보다도 가치가 있다"고 설명했다.

1960년대 이후 수어의 언어학적 특성 및 수어 사용 효과에 대한 연구가 다수 나오면서 수어에 관한 관심이 고조되었고, 그 결과 언어학자들은 미국수어를 언어로 인정했다. 이로써 자연수어가 문법체계를 가진 농인의 자연적 언어인 것을 인정한 것이다(Bellugi & Fisher, 1972). 한국수어도 〈한국수화언어법〉에 의해 공식 언어로 인정되고 있다.

이렇게 수어가 하나의 언어로서 인식되면서, 미국에서는 수어가 농아동의 인지 발달에 미치는 영향에 관한 연구가 실시됐다. 여러 연구는 수어가 농아동이 타인과 의미 있는 대화를 충분히 나눌 수 있는 의사소통 도구이며, 이런 충분한 의사소통을 통해 농아동이 청인 아동과 유사한 인지 발달 단계를 밟는다는 것을 밝혔다(Jamieson, 1995; Jamieson & Pedersen, 1993; Meadow-Orlans, 1993). 이 같은 연구 결과는 역으로 수어가 진정한 언어라는 사실을 반증한다. 또한 수어의 구조를 다룬 연구를 보면, 수어는 다른 여러 언어와 마찬가지로 충분히 발달된 언어로서 수형(hand configuration), 수위(place of articulation), 수동(movement)이라는 어휘의 하위구조로 이뤄져 있으며(Klima & Beluugi, 1979), 수어의 문장 조직을 표현하기 위해 3차원의 공간에서 수어단어가 결합되는 문법을 지님을 알 수 있다(Courtin & Melot, 1998). 시각적 특성을 지닌 수어는 문법에서 눈과 얼굴, 머리의 움직임이 아주 중요한 역할을 하고, 감정에 관한 정보가 담겨 있기도 하며, 대화를 통제하는 정보를 전달하는 데 사용되기도 한다(Wilcox, 1989).

이렇게 수어가 언어라는 기본 전제를 갖게 될 때, 좀더 실제적인 논증을 이끌어낼 필요가 있다. 일반 언어가 언어로서 인정받는 기준을 수어 역시 과연 충족하는지의 여부다. 즉, 일반 언어를 진정한 언어가 되게 하는 기본 조건인 언어 구성요소를 수어도 가지고 있는지 고찰할 필요가 있다.

언어를 구성하는 3가지 요소는 형식(*form*), 내용(*content*), 사용(*use*)이다. '형식'은 언어의 구조를 일컬으며, '내용'은 언어의 의미를, 그리고 '사용'은 의사소통 맥락에서 가장 잘 들어맞는 형식을 선택하는 방식을 말한다. 어떤 언어든지 언어로서의 기능을 하기 위해서는 이 3가지 구성요소의 상호작용이 요구된다. 일반 언어와 마찬가지로 수어도 3가지 구성요소로 이뤄져 있다.

제2절 **수어의 형식**

언어형식은 언어학 중 세 분야에서 다룬다. 첫째, 음운론(*phonology*), 둘째, 형태론(*morphology*), 셋째, 통사론(*syntax*)이다.

음운론은 언어의 가장 작은 부분을 연구하는 분야로, 소리의 조직화와 관련된다. 좀더 구체적으로, 음운론은 말소리가 인간의 언어에서 어떻게 조직되어 쓰이는지 연구한다. 음운론의 분야는 개별 언어에 대해 연구하는 개별음운론, 인간 언어의 보편적인 사실을 연구하는 일반음운론, 시간의 흐름에 따른 변화를 연구하는 역사음운론(통시음운론), 한 시대에 한정해 연구하는 공시음운론이 있다. 한편, 음운은 음운론의 기본 단위로서 단어를 구별하는 소리이다. 음운보다 작은 단위로 단어를 구분하는 음성적 특징은 변별적 자질이라고 한다. 즉, 음운은 변별적 자질 몇 개가 동시에 묶인 단위이다. 음운체계는 크게 자음체계,

모음체계, 음소체계(또는 초분절음소체계)의 3가지로 구분된다. 변별적 자질과 대립관계는 이 3가지 하위체계 안에서 각기 따로 설정된다.

형태론은 의미를 지닌 최소 단위인 형태소(morpheme)를 연구하는 분야이다.

통사론은 문장을 만들기 위해 단어가 순서 지어지는 방식과 관련된 관습을 연구하는 분야이다.

1. 수어 음운론

'말소리가 어떻게 언어신호로 만들어지는가?'라는 구성 원리를 연구하는 음운론을 수어 영역에 적용하면, 수어의 동작이 어떻게 만들어지고 구성되는가를 연구하는 데 활용될 수 있다.

최초로 수어를 음운론적으로 분석한 스토키는 수어의 조동이 동시적으로 이뤄진다고 했다. 그러나 리델(Liddell)과 존슨(Johnson)은 수어는 공간적인 고정 형태에서 조동되는 것이 아니라, '움직임 분절'과 '정지 분절'에 의해 순차적으로 조동된다고 했다. 이후 샌들러(Sandler)는 수어어휘의 순차성을 설명했다. 수팔라(Supalla) 등의 순차모델이 움직임과 정지를 시간 단위로 하는 데 비해, 샌들러는 위치와 움직임을 단위로 한다. 그는 또한 스토키의 동시법에 관해 결함을 비판하기도 했다.

수어소(chereme)는 스토키가 사용한 용어로, 음성언어의 음소에 상응한다. 스토키 등은 수어소에는 수형(손의 형태), 수위(손의 위치), 수동(손의 움직임)이 있다고 정리했다. 그 후 배티슨(Battison)에 의해 장향

〈표 5-2〉 수어와 음성언어

	수어	음성언어
조음 기관	• 눈으로 확인이 가능 • 관절, 근육, 움직임에 따라 다름 • 머리, 얼굴, 몸통, 팔, 손	• 호흡기관: 폐, 기관지 • 후두: 성대, 성문 • 성도: 인두, 구강, 비강
기본 위치, 기본 자세	• 직립 자세에서 팔이 앞을 향한 상태에서 팔꿈치의 굴절	• 혀의 중간 위치
조음 공간	• 3차원 공간: 허리에서 머리 위, 어깨에서 양옆으로 떨어진 공간 등 팔이 뻗칠 수 있는 범위 내의 공간	• 목
구성요소	• 수형 • 수위 = 조음 위치 • 수동 • 수향(장향: 손바닥 방향, 지향: 손가락 끝 방향)	• 공기의 흐름 • 마찰 • 혀의 움직임 • 성대의 떨림
감정 표현	• 동작의 세기, 길이	• 음의 고저, 강세
공통점	• 음성언어와 수어는 표면적 차이(감각기관, 인지기관, 표현기관)에도 불구하고 구 조적으로 유사 • 구성요소가 합쳐져 하나의 단어를 형성 • 서로 다르게 합쳐져 무한히 많은 단어를 만듦(불연속성)

(손바닥 방향)이 추가되었다. 클리마(Klima)와 벨루기(Bellugi)는 스토키의 3요소를 주매개변수라 하고, 여기에 손의 방향(orientation), 손의 접촉점(contacting region), 손의 배열(hand arrangement)을 덧붙여 부매개변수(minor parameter)라 했다. 부매개변수는 수형의 하위 분류이다. 즉, 수형이 같더라도 방위, 접촉점, 손의 배열(양손 관계)에 의해 세부적으로 구별된다(석동일, 1989; 최상배·안성우, 2003 재인용). 최근에는 미국수어의 수어소를 분석할 때 일반적으로 수형(handshape), 수위(location), 수동(movement), 수향(orientation), 비수지기호(nonmanual signals) 등 5가지를 기준으로 본다.

수어소는 수어사전 제작에 활용될 수 있다. 지금까지 편찬된 국내외

수어사전의 표제어는 수어 자체 표기법이 아닌, 주변 음성언어의 문자를 이용했다. 그러나 수어소를 활용하면 음성언어의 의존도는 낮추고 수어 자체를 이용해 수어단어를 검색할 수 있다.

1) 수형

수어소 중에서 수형은 가장 두드러진 요소이다. 한자를 찾을 때 옥편에서 부수를 활용하듯, 수형은 수어사전에서 검색할 때 그 유용성이 높다. 국립국어원 한국수어사전은 과거에 '한국어로 찾기'로만 검색이 가능했으나, 현재는 진일보하여 '수형으로 찾기'로도 검색할 수 있게 됐다 (이준우·원성옥 외, 2017). '수형으로 찾기'에서는 '수형', '수위' 그리고 '한 손·두 손', '같은 모양·다른 모양'에 해당 정보를 클릭해 검색어를 찾을 수 있다.

수어사전에서 '수형으로 찾기'가 가능하려면 수형에 대한 분석 과정이 선행돼야 한다. 한국수어에서 나타나는 수형은 연구자마다 제안한 수가 다른데 적게는 30개부터 많게는 69개에 이른다(김승국, 1983a; 최상배, 2012). 따라서 모든 수형을 규칙 없이 사전에 넣는다면 이용자는 혼란에 빠질 것이다. 수형을 분류해 제시 방법을 검토할 필요가 있다.

국립국어원 한국수어사전의 '수형으로 찾기'를 위한 수형의 분석 과정을 잠시 살펴보면 다음과 같다(이준우·원성옥 외, 2017). 수형은 '기본형'과 기본형에서 행태적으로 약간의 차이를 가진 '변이형'으로 구분된다. 국립국어원 한국수어사전은 '기본형'과 기본형과 비슷한 손의 모양인 '유사형'으로 구분했다. '기본형'은 대표성 있는 수형으로 선정하

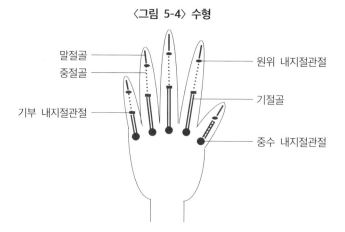

〈그림 5-4〉 수형

말절골

중절골

기부 내지절관절

원위 내지절관절

기절골

중수 내지절관절

되, 기본형의 개수를 최소화하는 것이 필요하다. 이에 '기본형'을 13개의 선택된 손가락으로 정했다. 한국수어 지숫자를 기준으로 0~9형이라는 수형의 이름으로 배열하고, 여기에 한국수어에서 빈도수가 높은 수형인 '주먹형', '여자형', '사람형'을 추가한 것을 알 수 있다. 이들은 한국수어에서 매우 빈도가 높게 나타나며 검색에 반드시 들어가야 할 수형이다. '유사형'은 기본형에서 손가락의 붙임 또는 벌림의 정도, 손가락 관절의 굴곡(굽힘) 정도에 따라 구분했고 모두 52개로 정했다.

수형과 관련해 수어단어는 한 손으로 구성되거나 두 손으로 구성된 단어로 구분할 수 있다. 또한 두 손으로 구성된 단어는 두 손이 같은 수형인지 혹은 다른 수형인지가 중요한 구분점이 된다.

2) 수위

수형으로만 단어를 찾는 것은 비효율적이다. 수형 다음으로 고려할 수 있는 것은 수어가 산출되는 위치, 즉 수위다. 얼굴은 가장 많은 수위를 포함하는데, 수어는 면 대 면으로 이뤄지는 언어이므로 상대방 얼굴의 작은 변화도 빨리 인지할 수 있기 때문이다.

한국수어사전에서 수위는 머리, 얼굴, 이마, 눈, 코, 입 등 16개의 위치로 구분되어 있다. 16개의 수위를 기본형으로 정했고 신체의 윗부분에서 아랫부분으로 내려가는 순으로 제시했다.

수위의 분석은 수형보다 복잡하다. 수위는 하나로만 한정되지 않는다. 얼굴 부위의 두 위치에서 수어단어가 조동될 때는 해당되는 수위를 모두 분류해야 한다. 두 손 단어의 수위가 다를 때도 두 손의 수위를 모두 분류해야 한다. 또한 두 손으로 산출되는 단어라면, 우세 손과 비우세 손을 모두 고려해야 한다. 우세 손과 비우세 손이 접촉할 때는 우세 손이 비우세 손에 접촉하는 지점으로 수위를 분류하며, 우세 손이 비우세 손에 의해 고정되는 단어라면, 비우세 손이 우세 손을 잡는 지점으로 수위를 분류할 수 있다. 손과 가슴 수위 구분의 경우, 두 손의 시작점이 접촉되면 '손'으로 분류했다. 두 손의 시작점이 접촉은 없으나 밀접한 경우도 '손'으로 분류했다. 반면, 두 손이 시작점에서 떨어져 있다가 끝점에서 접촉하는 경우는 '가슴'으로 분류했다. 수어단어가 한 지점에서 다른 지점으로 이동하는 경우는 시작점의 수위를 기준으로 분류했다. 시간적 개념을 나타내는 경우, 미래형 수위는 '머리'로, 과거형 수위는 '어깨'로 분류했다.

3) 수동

수동은 파악하기 가장 어렵다. 한국수어사전에서 수동은 검색 기능에 들어 있지 않다. 〈표 5-3〉은 수동을 성격과 크기에 따라 구분해본 것이다.

〈표 5-3〉 수동

성격	• 굴곡: 관절을 굽히는 동작 • 신장: 관절을 펴는 동작 • 외전: 관절을 밖으로 뻗는 동작 • 내전: 관절을 중심축 방향으로 돌리는 동작 • 회전
크기	• 궤도 운동: 어깨와 팔꿈치 관절이 움직임 • 국지 운동: 손목과 손가락 관절이 움직임

2. 수어 형태론

수어에서 형태론은 수어의 형태소를 연구하는 분야이다. 즉, 형태론이란 의미 있는 가장 작은 언어 단위를 연구하는 분야로, 특정한 의미체가 새로운 수어어휘를 만드는 데 어떻게 사용되는지를 연구한다. 모든 음성언어가 순차적으로 조음되는 반면, 수어는 대부분 순차적으로 조동되지만 동시적 결합에 의해 조동되기도 한다.

형태론에서 주로 다루는 한국수어의 구성 방법은 연구자에 따라 여러 가지로 나뉜다. 김승국(1983a)은 한문의 조어 방법을 인용해 지사(指事), 모방(模倣), 상형(象形), 형지(形指), 형동(形動), 회의(會

意), 전주(轉注) 등을 제안했다. 석동일(1989)은 사상성(寫像性, 수어로 개를 나타낼 때 개의 귀를 상상함)과 자의성(恣意性, 짖고 있는 동물과 개라는 음성언어는 약속된 것으로, 이는 사상성이 없으며 규약성(規約性)만 있기 때문에 자의적으로 봄)으로 구분했고, 김칠관(1998)은 한국수어의 어원을 중심으로 분석하여 구성 방법을 지시, 상형, 구상, 연상, 생활, 한자로 봤다.

그러나 요소의 구성과 표현에서는 많은 공통점이 있다. 한국수어는 지시기호, 모방기호, 몸짓기호, 상징기호, 지문자기호, 한자기호 등 6가지 구성 방법으로 정리할 수 있다. 이를 이해하기 쉽게 설명하면 다음과 같다.

- 지시기호(指示記號): 낱말이 의미하는 대상을 가리키는 동작으로 구성된 기호이다.
- 모방기호(模倣記號): 낱말이 의미하는 대상을 흉내 내는 동작으로 구성된 기호이다.
- 몸짓기호(-記號): 낱말이 의미하는 대상을 연상시키는 구체적 동작으로 구성된 기호이다.
- 상징기호(象徵記號): 낱말이 의미하는 대상을 상징하는 구체적 동작으로 구성된 기호이다.
- 지문자기호(指文字記號): 낱말이 의미하는 대상을 뜻하는 첫 글자를 손가락으로 지시하는 형태로 구성된 기호이다.
- 한자기호(漢字記號): 낱말이 의미하는 대상을 뜻하는 한자의 자형을 손가락으로 지시하는 형태로 구성된 기호이다.

3. 수어 통사론

언어를 언어답게 하는 특징 중 하나는 언어의 생산성이다. 언어가 만드는 문장의 수는 무한대이다. 그러나 언어가 문장을 만드는 데는 제한적이고 일관적인 법칙이 있다. 언어 사용자는 이런 법칙을 알아야 새로운 문장을 만들 수 있고, 다른 사람이 사용한 문장도 이해할 수 있다.

수어에는 주어, 목적어, 서술어와 같이 문장 성분을 나타내는 조사나 어미 활용이 없다. 그러나 어순이나 굴절 등의 방법으로 문장 성분을 나타낸다. 수어는 완전히 발달된 언어이며 구어와 마찬가지로 무한대의 새로운 문장을 창조할 수 있다.

한국수어는 한국어보다 어순의 배열이 자유롭고, 문장 성분은 문맥상에서 이해되는 경우가 많다.

석동일(1989)은 한국수어의 어순은 주어(S)+목적어(O)+동사(V)가 기본이지만, 음성언어와 달리 어순이 자유롭다는 특징이 있다고 했다.

변지원(1992)은 자연수어의 표현이 단어 형태가 아니라 관용적 표현 형태로 나타난다고 주장했다. 농아동의 경우, 대부분의 문형 안에서 자연수어 사용 빈도가 60%가 넘었고, 이들이 사용한 자연수어의 표현도 단어 형태가 아닌 관용구, 절 등의 형태(합성수어) 및 농인만의 고유하고 독특한 관용적 표현의 형태로 나타났다는 것이다.

황도순(1994)은 한국수어가 한국어의 영향을 많이 받았음에도 농인 학생의 수어문에는 국어에 존재하지 않는 주어+목적어+동사의 변형 구조가 있음을 발견했다. 이는 수어의 독특한 통사구조라 할 수 있다. 따라서 수어의 통사구조 특징은 혼성 국어식 수어라고 했다.

엄미숙(1996)은 농인 성인을 대상으로 문장 구성론(어순, 문장 성분의 실현 방법, 연결어미의 실현 방법)과 문법 범주론(의향법, 시제법, 부정법, 사동법과 피동법의 실현 방법)을 구분해 분석했다.

윤병천(2003)은 통사론에서의 비수지기호의 중요성을 강조했다. 한국수어의 사용에서 비수지기호의 형태론은 한국어에서 소리의 세기, 높이, 길이, 쉼, 억양의 역할과 유사한 것으로 자연수어와 함께 실현됐다고 보고했다. 윤병천의 주장은 한국수어에서 비수지기호가 분명한 문법적 기능을 한다는 사실을 실증적으로 밝힌 것으로 보인다.

남기현(2003)은 수어 공간이 문법적 기능을 함으로써 통사론에서 다루어야 함을 말했다. 수어 공간의 문법적 기능은 음성언어에는 존재하지 않는 수어만의 특징이다.

이러한 선행 연구를 중심으로 한국수어의 통사론을 간략히 정리해 보자.

1) 수어의 어순

한국수어의 어순은 한국어와 같은 주어 + 목적어 + 동사가 기본이다. 동사 뒤에 조동사나 과거형을 나타내는 어미가 붙을 수 있으며, 다시 그 뒤에 손가락 '조동'이 붙을 수 있다. 문장의 끝에서 하는 수향(장향 혹은 지향)은 직전 단어와 연속적으로 표현된다. 문장 끝 수향의 인칭은 주어의 인칭과 일치하지만 그 자체가 주어는 아니다.

2) 비수지신호

턱을 올리거나 끌어 내리는 것, 수긍하는 것, 머리를 흔드는 것, 눈썹을 올리거나 내리는 것, 시선의 방향, 눈을 감거나 뜨는 것, 상체의 방향 등 손이나 손가락 외의 동작은 문법적으로 매우 중요한 역할을 한다. 이를 모두 비수지신호라 한다. 수어란 기본적으로 손으로 말하는 것이지만, 손 이외의 움직임이 손의 움직임 못지않게 중요한 역할을 한다. 음성언어의 억양이나 악센트와 유사한 점이 있으나 그보다 훨씬 변화가 풍부하고, 비수지신호만으로도 문법적으로 다른 표현이 가능하다.

3) 의문문

의문문에는 yes와 no로 대답할 수 있는 yes·no-의문문과 어떤 설명을 요구하는 wh-의문문이 있다. 수어에서는 이 두 종류의 의문문에 따른 비수지기호가 다르다. 두 가지 의문문은 공통적으로 말의 끝 단어가 상대방의 대답을 기다리듯 손의 움직임이 끝난 채 잠시 보존되며(어떤 경우에는 작은 움직임이 반복되기도 한다) 시선은 상대를 향한다. yes·no-의문문에서는 눈썹을 올리고 최후의 단어에서 수긍하거나 턱을 끈 채 답을 기다린다. wh-의문문에서는 미간을 올리거나 내리고 턱을 앞쪽으로 비스듬히 내민 채 그 위치가 말의 끝으로 이동한다.

4) 수식관계와 병렬관계

2개의 명사를 나열하는 경우, 서로 다른 비수지신호에 의해 이들이 수식관계에 있는지, 병렬관계에 있는지를 구별한다. 기본적으로 수긍이 없이 연속적으로 표현되면 수식관계(앞의 명사가 뒤의 명사를 수식), 명사마다 수긍이 있으면 병렬관계이다.

5) 공간을 이용한 표현: 수어 공간

수어는 공간을 이용한 표현을 많이 쓴다. 가령 수어 사용자는 실제 사물이 위치한 공간에 대응하여 수어 공간을 왼쪽과 오른쪽으로 나누어 표현한다.

제 3 절 **수어의 내용**

언어 내용은 의미와 관련된 언어의 구성요소다. 말하는 이는 대상이나 행위에 관한 생각이나 소유, 인과관계와 같은 관계성에 관한 생각을 표현한다. 때로 이런 의미는 단일 단어로 표현되기도 한다. 혹은 단어의 집단으로 표현되기도 한다. 대상, 생각, 느낌, 사건과 이 현상의 관계에 대한 언어적 표상은 의미론(*semantics*)이라 불린다. 이를 수어에 적용하면 수어 의미론이라고 할 수 있을 것이다.

의미론은 어휘와 문장의 의미를 연구하는 분야다. 다른 사람과 의사소통하기 위해서는 언어의 음성과 형태와 구문을 공유해야 할 뿐만 아니라 의미의 체계도 공유해야 한다. 의미론은 언어의 기호나 기호의 조합이 언어 사용자가 의도한 의미와 어떤 법칙에 의해 통제되는지, 그 방식을 연구하는 분야다.

의미론 연구는 일반 언어학의 경우도 그 역사가 짧은 분야(이기동·신현숙, 1988; 최상배·안성우, 2003 재인용)로, 수어의 의미론적 연구는 더욱 미흡한 실정이다. 의미는 언어 사용자의 일정한 사회에서 결정되므로, 같은 수어나 같은 수어의 조합으로 이뤄진 수어어휘라도 사회문화적 상황에 따라 그 의미가 달라진다.

제4절　　**수어의 사용**

언어 사용이란, 언어의 목표와 단어와 문장의 대안적인 조합을 고르는 방법을 뜻한다. 무엇을 누구에게 말할 것인지, 어떻게 말하고 언제 말할 것인지를 판단하는 데 도움이 되는 사회언어적 관습이 있고, 이를 화용론(*pragmatics*)이라 한다. 다시 말해, 사회언어학은 언어와 사회구조 사이의 관계를 연구한다. 언어의 차이, 언어 사이의 접촉, 언어 계획, 언어 태도, 사회적 상호작용과 언어의 관계, 대화의 구조를 연구한다. 가령, 친구에게 요즘 본 영화를 이야기한다고 생각해 보자. "이제껏 본 영화 중 가장 재미있었어"라고 하거나, "너무 재미없어서 도저히 눈 뜨고는 못 보겠더라"라고 하거나 "이보다 더 지겨운 영화 있으면 나와 봐!"라고 말할 수도 있다. 즉, 우리는 말을 건네는 청중에게 전달하려는 의미에 가장 알맞다고 믿는 단어의 집합을 선택한다.

효율적인 언어는 내용(의미론), 형식(음운론, 형태론, 통사론), 사용(화용론)의 상호작용이 필요하다. 말하는 이는 말하려는 바와 가장 알맞은 단어를 생각하고(내용), 여러 단어를 문장으로 만들어서(형식), 자기 목표(사용)를 주어진 상황의 성질(사용)에 맞춘다. 마찬가지로 듣는 이는 들은 단어(내용)와 문장(형식)을 해석하는 데 발화된 언어에 관해 이미 아는 바(내용과 형식)와 처해 있는 상황(사용)을 참조한다.

이런 언어의 특성을 수어는 고스란히 간직하고 있다. 수어 화용론 또한 수어의 사회언어학과 상통하는 부분이 많다. 그러나 우리나라에서는 수어 화용론과 관련한 연구를 거의 찾을 수가 없다. 수어가 적절한 상황에 맞게 쓰이며 수어의 사회언어적인 측면과 깊은 관계가 있음을 밝히는 수어 화용론에 관해 앞으로 많은 연구가 있어야 할 것이다.

제5절   전사의 이해

수어는 음성언어의 기능에 전혀 떨어지지 않은, 언어로서의 효율성을 담보한다. 수어를 배우는 것은 외국어를 배우는 것과 같다. 농인이 쓰는 한국수어는 한국어와 다른 독자적 체계를 지닌 언어다. 독자적 언어를 사용하는 집단으로서의 농인은 독자적 문화도 지닌다.

한국수어뿐만 아니라 세계 각지의 농인이 쓰는 수어가 한국어나 영어, 중국어 등 음성언어와 대등한 언어로서 세련된 구조를 지녔음이 밝혀진 것은 그리 오래되지 않았다. 그러나 수어는 자연언어의 하나로, 언어로서의 필요조건을 모두 갖추고 있음이 점차 인정되고 있다.

한국수어는 한국어를 표시하는 기호가 아니다. 한국수어는 많은 사람에게 오해를 받는다. 한국수어나 농인을 이해하지 못하는 사람은 말할 것도 없고, 농교육에 종사하는 전문가나 수어통역 관련 인사를 비롯해 심지어는 한국수어를 쓰는 농인마저도 다소 오해하는 경우가 있다. 수어나 농인을 이해하지 못하는 사람 중에는 수어를 점자나 수지신호와 같이 한국어를 표시하기 위한 인공체계라고 생각하는 사람도 적지 않다. 일반적으로 수어 중 한국어를 말하면서 수어단어를 나열하는 방법도 있어 그런 오해를 살 수도 있다. 그러나 농인이 일상적으로 사용하는 수어는 한국어와는 별개의 언어로서, 한국어를 표시하는 기호가 아니다.

바로 이러한 지점에서 수어전사체계를 개발해야 할 필요가 오래전부터 제기되었다. 이미 독일과 일부 유럽에서는 '함노시스체계'를 개발해 사용해 오고 있다. 미국에서는 '스토키체계', 또 다른 여러 나라는 '수톤체계'를 쓴다. 그럼에도 여전히 수어전사체계는 연구자를 중심으로 활용될 뿐, 농인 화자가 보편적으로 쓰지는 못하고 있다.

1. 음성언어의 전사

우선, 전사(轉寫, *transcription*)가 무엇인지 정리해 보자.

언어신호의 형태를 분석하고 형태와 의미의 상관관계를 연구하기 위해서는, 그 형태를 하나도 빠짐없이 기술해야 한다. 전사는 언어신호를 기호로 적는 것이다. 전사를 활용하면 언어신호를 쉽게 연구할 수 있다. Bob〔bab〕과 나라〔nara〕처럼, 다양한 언어를 비교·연구하기 위해서는 다른 언어를 사용하는 이도 공통으로 사용할 수 있는 기호체계가 필요하다.

그러나 현재 사용되는 음성언어의 전사체계도 완벽하지 않다. 현재 음성언어를 기술하는 문자체계 중, 모든 언어의 모든 정보를 빠짐없이 기술하는 체계가 없다. 모든 것을 다 표현할 수 없어 최소한의 것들만 적는다. 이를 구체적으로 살펴보면 다음과 같다.

우선, 표의문자를 살펴보자(〈그림 5-5〉 참조). 중국의 한자가 대표적이다. 한자의 금(金), 은(銀), 동(銅)은 공통적으로 금(金) 자를 포함하며 쇠를 나타낸다. 표의문자는 문자만 보고서는 어떤 소리로 발음되는지 알 수 없다는 한계가 있다. 소리에 대한 정보가 없으므로 오래전의 발음에 대해서도 알 수 없다. 또한 상대적으로 많은 수의 문자를 알아야 해독이 가능하다. 예컨대, 중국 신문을 읽기 위해서는 5천 개의 한자를 알아야 한다.

다음으로, 음절문자이다(〈그림 5-6〉 참조). 일본어가 대표적이다. 음절문자는 기호 1개에 1개 이상의 소리를 포함한다. 음절문자는 문자를 통해 소리를 연구할 수 없다. 일본어에는 종성이 없기 때문에, 많은 수의 기호가 필요하여 효율적이지 못한다는 한계가 있다.

마지막으로, 표음문자이다(〈그림 5-7〉 참조). 한국어나 영어가 대표적이다. 소리를 표기한 글자이기 때문에 소리에 대한 정보가 있다. 그러나 표음문자도 음성정보를 100% 그대로 기술하지 못한다. 예컨대

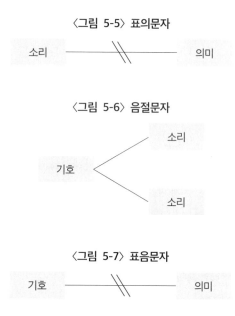

〈그림 5-5〉 표의문자

소리 ———————//——————— 의미

〈그림 5-6〉 음절문자

기호 < 소리
        소리

〈그림 5-7〉 표음문자

기호 ———————//——————— 의미

영어의 알파벳 a는 위치에 따라 발음 방법이 다르다.

표의문자, 음절문자, 표음문자 모두 전사체계로 사용하기 어렵다. 이에, 국제음성기호(IPA, *international phonetic alphabet*)가 등장했다. 국제음성기호는 1989년 국제음성협회(*international phonetic association*)가 개최한 키엘회의 이후 국제 표준 기호로 통용되고 있다. 국제음성기호는 하나의 기호가 하나의 소리를 나타내며, 전 세계의 어떤 음성언어의 미묘한 차이까지 표기할 수 있다는 특징이 있다.

2. 수어의 전사

수어를 전사하는 데 앞서 설명한 음성언어의 전사체계를 사용할 수는 없다. 현재 공식적으로 채택되어 전국적으로 사용되는 체계도 없다. 수어를 기록하는 체계로, 수톤체계와 스토키체계 등을 살펴보자.

수톤체계는 사인 라이팅(*sign writing*)이라고도 한다. 1974년, 무용가인 밸러리 수톤에 의해 무용에서의 신체 동작들을 시각적으로 기록할 목적으로 만들어졌다. 수어 학자와 교육자에 의해, 수어 교육 및 사전 편찬에 부분적으로 사용된다(27개국).

배우고 사용하기가 쉬워 실용적이며, 비수지기호를 세밀하게 기록할 수 있어 정확한 수어사전의 제작에 활용할 수 있다는 장점이 있다. 그러나 그림이 나누어져 있을 경우 한 동작인지의 여부를 알기가 어렵다. 무엇보다도 무용가가 만들고 수어에 맞게 변형되었다는 근본적 한계가 있다.

한편, 스토키체계는 스토키의 저서 《수화의 구조》(*Sign Language Structure*, 1960)에서 처음 사용되었다. 많은 언어학자가 스토키체계를 변형해 사용한다. 우리나라에는 황창호(2015)가 스토키체계를 활용해 개발한 전사체계가 있다.

이외에, 주석식 전사도 참고할 필요가 있다. 이는 문장구조 분석 단계의 연구에서 효율성을 높이기 위한 방법이다. 수어에 가장 가까운 의미를 지닌 음성언어의 단어를 적은 후 비수지기호를 표기하는 것으로, 언어학 문헌에서 흔히 볼 수 있는 표기법이다.

수어는 언어적 특징을 모두 갖추었음에도 전사체계가 뚜렷하지 않다 보니 수어를 문자로 정리할 방법을 찾기 어려웠다. 확립된 수어문자가 없다는 사실은 수어가 언어로 인정받는 데 가장 큰 장애 요소가 되었다.

그럼에도 수어는 분명 언어이다. 수어에는 분명한 음운구조가 있다. 극히 제한된 요소와 그 조합을 그 언어의 "음운구조"라 할 때, 수어를 모양 짓는 요소가 '소리'는 아니지만 구조라는 측면에서는 동일하므로 수어에도 음운구조가 있다고 할 수 있다. 앞서 살펴보았듯, 수어의 수형, 수위, 수동, 그리고 수향, 비수지신호 등을 음운구조라 할 수 있다.

소리를 구별하는 방법과 이를 조합하는 방법은 언어에 따라 다르다. 즉, 음운구조는 언어마다 다르다. 수어도 마찬가지다. 예컨대, 한국수어와 미국수어의 음운구조는 손의 위치나 모양 그리고 움직임을 구별하는 방법이나 그 조합에서 다르다. 그러므로 수어를 보고 이해하려면 손의 위치나 모양 그리고 움직임이 어떻게 다른지를 구별하는 방법을 알아야 한다. 영어를 이해하기 위해 먼저 그 소리를 구분해야 하는 것과 마찬가지다.

또한 영어단어를 하나하나 외우는 것만으로는 영어를 이해할 수 없다. 음운구조를 먼저 체득하지 않는다면 각각의 단어를 듣는 것(혹은 보는 것)만으로는 이해할 수 없다. 여기에 덧붙여 그 언어 특유의 단어 나열 방법이나 단어에 붙는 요소, 문장을 만들 때의 구조 등을 모른다면 단어와 단어 사이의 관계를 알 수 없다. 이렇듯 문장을 만들 때의 구조를 문법이라고 하는데, 이 문법도 음운구조와 마찬가지로 언어마다 다르다.

수어에도 문법이 있다. 현재 많은 사람이 수어단어를 외우면서 수어를 배운다. 그러나 단어를 외운다고 해서 농인이 수어로 이야기하는 것을 이해할 수는 없다. 한국수어의 문법은 한국어 문법과 다르며, 말할 것도 없이 미국수어의 문법과도 다르다는 점을 기억해야 한다.

제 6 장

한국수어사전의 편찬 방향*

제1절   ## 수어사전 편찬의 필요성

수어사전의 편찬은 농사회에 속하지 않는 사람에게 수어를 사용하는 농
사회를 독립적인 언어와 문화를 지닌 공동체로 인식하게 하는 데 도움
을 준다(Mckee & Mckee, 2013: 502). 그러므로 어떤 수어가 국가에서
공식적으로 인정받지 못한 경우, 수어사전의 편찬은 그 수어가 독립된
언어임을 알리는 데 중요한 역할을 한다. 그런 의미에서 한국수어사전1

---

* 이번 장은 〈특수교육저널: 이론과 실천〉 19권 1호 137~156쪽에 실린 이준우·남기
현·조준모(2018)의 "한국수어사전 편찬 방향을 위한 제언"을 중심으로 정리했음을
밝힌다.

1 한국수어사전의 성격을 명백히 밝히고 한국수어 관련 사전의 명칭을 사용하는 데 혼동
을 없애기 위해, 여기에서는 한국수어사전이 취할 수 있는 사전의 세 가지 형태인 '한
국어-한국수어 사전', '한국수어-한국어 사전', '한국수어-한국수어 사전' 중 (한국수
어 표기 문제로 인해 일언어사전을 편찬하는 것은 현실적으로 어려움이 있겠으나) 한
국수어어휘에 대한 언어적 정보를 담은 '한국수어-한국어 사전' 그리고 더 나아가 '한

의 편찬 방향은 한국수어가 자연언어로서 갖추고 있는 다양한 특성을 더욱 적합하게 기술하는 것이어야 한다.

미국의 경우, 수어사전이 1960년대 전후로 하여 흔히 스토키체계로 알려져 있는 표기법을 바탕으로 사전의 일반적인 형태를 빌려 편찬·간행되었다. 일본에서도 이미 1950년대 초부터 수어사전의 필요를 인식했고 1963년《수어사전》을 출간했다. 중국도 수어사전의 필요에 따라《농아인통용수어초도》를 1959년에 편찬·간행했다.

우리나라도 결코 뒤지지 않는다(김칠관, 2006: 3). 한국수어 관련 사전은 시대의 흐름에 따라 종이사전에서 웹사전으로 발전해 왔다. 종이사전은《표준수화사전》(1982)을 시작으로,《한글식 표준 수화》(1991),《(최신판) 표준수화사전》(1993),《한국수화사전》(2005b)의 순서로 발전해 왔다. 웹사전으로는 한국복지대학교에서 2008년부터 2011년까지 추진한 "청각장애학생을 위한 국어교육용 한국어-수화 동영상 사전 개발" 연구의 결과물인 한국어-수화사전과 국립국어원에서 제작해 2016년부터 홈페이지를 통해 제공하고 있는 국립국어원 한국수어사전이 있다. 이 가운데 현재 종이사전은 물론 웹사전을 대표하는 국립국어원 한국수어사전은 2000년 문화관광부에서 '한국표준수화규범'을 제정한

국수어-한국수어 사전' 구축을 목표로 두고 논의하였다. 우리가 국어사전을 '국어-국어 사전'이라고 부르지 않듯이 '한국수어사전'이라는 명칭만으로도 이 사전이 한국수어에 대한 사전인지 확인할 필요가 없도록 향후 한국수어사전이 편찬되어야 함을 제안한다. 다음으로 용어상의 혼동을 피하기 위해 국립국어원에서 웹상으로 제공하는 한국수어사전과 이번 장에서 제안하는 수어사전을 구분하여 전자를 '국립국어원 한국수어사전'으로 후자를 '한국수어사전'이라 칭했다.

뒤, 관련 분야 전문가 22명으로 '한국표준수화규범 제정 추진위원회'를 구성하고, 국립국어원과 한국농아인협회가 중심이 되어 2005년에 발간됐다. 이후 지속적인 추가 및 보완 작업을 거쳐 '한국수화사전 별책'과 '한국수어 전문용어사전'(2007~2012)이 분야별로 발간되었다.

이상의 결과물을 종합해 2016년 4월부터 웹에서 국립국어원 한국수어사전을 이용할 수 있게 되었다. 국립국어원 한국수어사전은 '일상생활 수어'와 '전문용어 수어', '문화정보 수어'로 구분되어 있다. 웹을 기반으로 두는 국립국어원 한국수어사전이 제공됨에 따라 사전 이용자는 다양한 수어 표현을 온라인으로 편리하게 찾아볼 수 있다.

2017년 4월 이후 웹에서 제공되는 '수형 기반 한국수어사전'(2017)은 기존 사전과 검색 방법에서 차이가 난다. 기존 사전은 가나다순으로 배열된 한국어 단어를 검색해 그에 해당하는 수어단어를 찾도록 구성되어 있었다. 따라서 특정 수어단어의 뜻을 한국어로 이미 알고 있어야만 검색이 가능했고, 의미를 파악하지 못한 수어단어 자체를 검색하는 것은 불가능했다. 반면, 수형 기반 한국수어사전(2017)은 수어단어를 한국어를 통하지 않고도 검색할 수 있도록 만들었다. 한자의 뜻을 알기 위해 옥편에서 부수로 해당 단어를 찾듯, 수어단어를 구성하는 수어소를 이용하는 것이다. 이는 수어가 지닌 언어적 특성에 기초해 검색할 수 있는 방식이다. 현재 국립국어원 한국수어사전에서 수형으로 찾기를 통해 검색하면, 찾고자 하는 단어를 '손 모양'(수형), '손 위치'(수위), '한 손·두 손', '같은 모양·다른 모양'으로 찾을 수 있다. 최근 개발된 수형 기반 한국수어사전(2017)은 그 검색 기능으로 수형과 수위 그리고 한 손·두 손의 자질을 사용한다.[2] 한글로 검색하는 방식과 함께 수어소로도 검색할 수 있도록 설계해, 한국어와 한국수어 양방향으로 검색이 가능한 한국수어 웹사전을 구축했다는 점에서 큰 의의가 있다.

사전의 유형으로 볼 때 한국수어사전은 정규사전과 기술사전을 지향해야 한다. 두 지향점은 한국어에 근거한 사전이 아닌, 한국수어에 근거한 사전 편찬이라는 궁극적인 목표로 귀결된다. 사전의 성격을 간단히 살펴보면 다음과 같다.

첫째, 한국수어사전은 한국수어의 전체 어휘를 등재한 정규사전이어야 한다. 특정한 어휘를 집중적으로 기술하는 특수사전의 편찬을 통해 사전 이용자의 다양한 요구와 수준을 만족시키는 것도 중요하지만 우선적으로는 한국수어의 어휘를 총체적으로 집대성할 필요가 있다.

---

2 이에 대해 한국수어의 수어소가 수형, 수위, 한 손·두 손으로 국한되는 듯한 인식을 줄 수 있으나 그렇지 않음을 밝힌다. '한국수어에 관련된 모든 수어소는 무엇인가'라는 언어학적 질문과 '한국수어 웹사전의 어휘 검색으로 가장 적절히 사용되는 수어소는 무엇인가'라는 사전활용적 질문은 서로 독립한다. 더 구체적으로, '한국수어에서 비수지신호와 수동이 수어소에 속하는가'라는 질문은 언어학적 관점에서 매우 중요한 질문이자 반드시 언어학적 연구가 필요한 분야이다. 그러나 사전활용적 관점에서는 '비수지신호와 수동, 더 나아가 수향 등의 자질이 한국수어사전 검색에 용이한가'라는 기능적 접근이 필요하다. 즉, 사전 검색은 사전 이용자의 효율성 관점에서 철저히 검토되어야 한다는 것이다. 이미 구축되어 활용도가 높게 평가된 외국수어 웹사전을 살펴보면 앞서 언급한 언어학적 수어소와 사전의 검색자질의 독립적 관계를 거듭 확인할 수 있다. 외국수어 웹사전 중 뉴질랜드, 덴마크, 네덜란드수어 웹사전은 수형 기반 한국수어사전(2017)과 마찬가지로 수형, 수위, 한 손·두 손만을 기본적인 검색자질로 사용한다. 반면, 독일수어 웹사전과 핀란드수어 웹사전은 세 가지 검색자질 이외에 몇 가지 자질을 추가로 사용한다. 핀란드수어는 추가적으로 입 모양과 수동을 활용하고, 독일수어는 수동과 수향을 활용한다. 그러나 검색에 이 모든 검색자질(수어소)을 활용하지는 않으며, 이용자가 필요한 만큼만 활용하도록 안내한다.

둘째, 한국수어사전은 실제 농인이 언어생활에서 사용하는 의미와 용법을 잘 반영하는 기술사전의 성격을 띠어야 한다. 한국어에 대응하는 한국수어어휘 목록을 작성하는 과정에서 탈피해, 한국수어에서 어휘와 표현을 발굴해 그 목록을 정리하고 그것들의 적합한 한국어 대역어를 찾는 과정으로 진행되어야 한다. 기술사전을 편찬하기 위한 방안으로는 한국수어 말뭉치를 활용하는 방법이 있다. 농인의 실제 언어자료에서 어휘의 의미와 용법을 규명해야 한다.

이상의 논의를 통해 볼 때 한국수어사전은 농사회에서 실제로 사용하는 한국수어어휘를 등재해야 하며 이를 위해 실증적 자료인 한국수어 말뭉치를 기반으로 두어 편찬이 이뤄져야 한다. 이는 곧 표제어 수집 및 선정의 문제로 귀결된다. 한국수어사전에서 표제어는 한국어가 아닌 한국수어여야 하며 한국어의 대응어 목록이 아님을 인식하는 것이 필요하다. 표준화 작업으로 한국수어어휘의 다양하고 풍부한 특징을 놓칠 수 있음을 인식하고, 음성언어 중심적 사고에서 수어 중심적 사고로의 전환이 필요하다. 또한 한국수어사전은 독립된 언어로서 한국수어를 기술한 사전적 정보를 충실히 담아야 한다. 한국어어휘에 관한 의미 및 문법정보가 아닌 한국수어어휘에 관한 의미와 문법정보가 포함되어야 한다.

이번 글에서는 한국수어사전의 발전적인 편찬 방향을 제언하고자 한다. 이를 위한 질문은 다음과 같다. 첫째, 한국수어사전의 표제어는 무엇이며 표제어 선정 및 수집 방법은 어떠해야 하는가? 둘째, 한국수어사전의 적절한 사전적 정보는 무엇인가?

　　　　한국수어사전 편찬의 발전 방향

수어사전 편찬자는 음성언어사전 편찬자는 겪지 않는 추가적인 도전에
직면한다(Zwitserlood, 2010: 444~445). 첫 번째는 수어에 문자가 없다
는 점이다. 물론 몇 가지 수어 표기법이 개발됐지만 어느 것도 일반적
으로 채택되지 못했으며, 표기법 대부분은 사전에서 수어단어를 표기
하는 데 어려움이 있다. 두 번째는 수어어휘의 의미와 문법적 특징을
추론할 수 있는 언어적 자원이 제한적이라는 점이다. 세 번째는 음성언
어와 다른 특성, 즉 자연수어가 가진 복잡한 구조다. 마지막은 비전문
가가 부적절하게 편찬한 수어사전의 전통이다.

　　과거 한국수어 관련 사전이 몇몇 편찬되었지만 현재 웹으로 서비스
를 제공하는 것은 국립국어원 한국수어사전이다. 다른 사전들보다 많
은 사람이 이용하고 있다. 따라서 이 글에서는 국립국어원 한국수어사
전을 중점적으로 검토해 표제어의 문제와 사전적 정보를 중심으로 한국
수어사전 편찬의 발전 방향을 모색해 보고자 한다.

1. 표제어

1) 한국수어 표제어

한국수어사전은 한국수어에 관한 언어적 정보를 기술한 사전이므로 표
제어는 한국어가 아닌 한국수어여야 한다. 국립국어원 한국수어사전은

〈표 6-1〉 국립국어원 한국수어사전 표제어 '그만'의 뜻풀이와 원어 정보

표제어	뜻풀이	원어 정보(바탕 그림)
그만	[부사] 그 정도까지만	손을 끊는 동작[(분절斷絶)]
그만	[부사] 그 정도까지만	막다른 데 이르는 동작
그만	[부사] 그 정도까지만	끝 + 끝
그만	[부사] 자신도 모르는 사이에	손, 천천히 뒤바뀌는 동작
그만	[부사] 더할 나위 없이 좋음을 나타내는 말	아주 좋음을 나타내는 동작

종이사전에서 웹사전으로 넘어오면서 한국수어가 표제어라고 보기에는 어려운 측면이 있다. 일례로, 국립국어원 한국수어사전에서 '그만'을 검색하면 한국어어휘의 여러 의미에 맞는 한국수어어휘가 검색된다(〈표 6-1〉과 〈그림 6-1〉~〈그림 6-5〉 참조). 사전에서 검색된 〔끝 + 끝〕을 한국수어의 어휘로 보기는 어렵다. 동일한 단어를 반복해 산출한 것은 특정한 문맥 속에서 상대방에게 '(이제) 끝이야', '그만해' 정도의 의미가 될 것이다. 다시 말해, 〔끝 + 끝〕은 한국수어에서 복합어도 아니고 사전에 표제어로 들어갈 단위도 아니다. 따라서 한국수어어휘에서 표제어를 검토한 것이 아니라, 한국어어휘에 대응하는 한국수어의 표현을 제시한 것으로 볼 수 있다. 〈표 9-1〉을 보면 표제어 '그만'의 뜻풀이는 한국수어단어의 뜻풀이가 아닌 한국어단어의 뜻풀이임을 알 수 있다. 참고로 원어 정보는 수어 동작에 관한 정보이다.

국립국어원 한국수어사전의 표제어가 한국수어인지 의문을 품게 하는 또 다른 증거는 한국어 문법 형태소인 조사, 어미, 접사가 등재되었다는 점이다. 2018년 기준 일상생활 수어 총 1만 2,547개 표제어 중 접사는 46개, 조사는 34개, 어미는 17개다. '-꾼'처럼 표제어는 동일하지만 뜻이 다른 경우, 표제어의 예는 하나만 제시했고 전체 개수는 모두

〈그림 6-1〉 손을 끊는 동작   〈그림 6-2〉 막다른 데 이르는 동작

〈그림 6-3〉 끝 + 끝   〈그림 6-4〉 손, 천천히 뒤바뀌는 동작

〈그림 6-5〉 아주 좋음을 나타내는 동작

<표 6-2> 국립국어원 한국수어사전에 등재된 접사, 조사, 어미의 예와 개수

품사	표제어 예	개수
접사	-간, -관, -광, -국, -권, -꾼, -끼리, -님, -답다, -도, -들, -민, -비, -사, -성, -스럽다, -씩, -애, -어, -장, -적, -전, -증, -쯤, -처, -청, -탕, -학, 고, 당, 맏-, 문, 미-, 반-, 부, 분, 사, 어치, 외, 이	46
조사	-야, 과, 까지, 께, 더러, 도, 든지, 랑, 로, 마다, 만, 밖에, 보다, 부터, 뿐, 에, 에게, 에서, 와, 으로, 의, 이나, 이니까, 이다, 이라고, 처럼, 커녕, 한테	34
어미	-ㅂ니까, -ㅂ니다, -ㅂ시다, -다가, -던, -러, -면, -면서, -았(-었), -자, -지만, 다오	17

합한 수로 제시했다(<표 6-2> 참조).

(1) -꾼: '어떤 일을 습관적으로 하는 사람' 또는 '어떤 일을 즐겨 하는 사람'의 뜻을 더하는 접미사

(2) -꾼: '어떤 일을 전문적으로 하는 사람' 또는 '어떤 일을 잘하는 사람'의 뜻을 더하는 접미사

한국수어와 한국어는 독립된 언어이므로 두 언어 사이에는 어휘적 차이가 존재한다. 한국어 '-꾼'의 의미를 농인에게 이해되도록 한국수어로 의역해 전달하는 것은 가능하더라도, 접사는 한국수어어휘 항목으로 볼 수 없다. 한국수어에 없는 어휘가 사전에 등재되어 있다는 것은 사전의 표제어 선정의 중심이 한국수어어휘가 아님을 말해 준다. 따라서 실제 농인이 사용하는 한국수어어휘에 관한 실질적인 조사가 필요하다. 이를 바탕으로 동음이의어와 다의어 등과 같은 한국수어어휘 관계가 규명돼야 할 것이다.

2) 표제어 표기 문제

국립국어원 한국수어사전은 한국어와 한국수어 두 언어로 기술된 이언어사전이다. 한국수어를 위한 대중적인 문자체계가 없어 한국수어 자체의 표기법으로 표기할 수 없다. 사전에서 문자 없이 단어를 검색하는 것은 사실상 불가능하기 때문에 한국어를 빌려와 자모순으로 검색하는 것이 가장 손쉬운 방법이다. 국립국어원 한국수어사전의 표제어가 한국어인가 아니면 한국수어인가라는 질문에 대한 대답은 한국표준수화사전 편찬을 위한 논의에서 찾을 수 있다(손천식·엄미숙, 2004: 275).

수화표제어의 의미라고 했지만 엄밀히 말하면 국어의 자모순을 따라 배열하고, 국어어휘를 표제어로 하고, 대응하는 수화어휘를 그림으로 나타내고 있기 때문에 엄격히 수화표제어가 아니라고 말할 수도 있겠다. 그러나 사전 편찬의 중점은 국어표제어가 아닌 수화어휘에 두고 있다. 수화어휘가 나타내고자 하는 의미에 충실하고자 하는 것이 기본 원칙이다. 그런 면에서 수화표제어의 의미라고 할 수 있다.

이를 통해 《한국수화사전》(2005b)의 표제어가 무엇인가에 대한 저자의 고민을 엿볼 수 있다. 표제어를 한국어로 표기해 마치 한국어표제어라고 볼 수 있지만 사전 편찬의 기본 원칙은 한국수어를 표제어로 두는 것이었다.

그러나 국립국어원 한국수어사전을 실제로 한국수어사전이 아니라 한국어-한국수어 사전으로 보는 견해가 있다. 결국 한국수어사전으로 명명한 것은 오류라는 견해다. 그러므로 국립국어원 한국수어사전은 한국어-한국수어 사전으로서, 한국어를 표제어로 제시하고 있다고 볼 수 있다.

다만, 한국어-한국수어 사전으로의 의도가 명백했다면 한국어에 해당하는 한국수어단어를 하나로만 지정했다는 점이 매우 안타까운 일이다. 예를 들어 한영사전이나 영한사전의 경우 표제어에 해당하는 외국어어휘를 하나로만 지정하는 경우는 찾아보기 힘들다. 《한국수화사전》(2005b)에서 수어표제어를 X로 두고, 이 표제어의 의미를 담는 타언어, 즉 한국어를 Y라 할 때, 대부분의 경우 Y가 X의 의미를 충분히 담지 못한다. 사실 언어와 언어 사이에 어휘적 일대일 대응은 거의 불가능하다. 따라서 Y를 X의 의미라고 하기보다 X의 주석(*gloss*)으로 보는 것이 오히려 정당하다. 여기서 주석은 X의 의미에 대한 추상적인 표상(*abstract representation of the meaning of X*)으로 간주할 필요가 있다.

외국수어사전은 표제어 표기와 배열에서 음성언어를 빌려 표기하는 방법 대신 참조번호와 수형을 이용하기도 한다. 《영국수어/영어사전》(Brien, 1992)이 그 예이다. 《영국수어/영어사전》은 '영국수어' 부분(*section*)과 '영어'(의미 안내) 부분으로 나뉜다. 영국수어 부분은 영국수어가 독립적 언어임을 강조하며 영어 표기 없이 수형과 사진, 참조번호 그리고 영국수어 학자들이 개발한 표기법으로 영국수어어휘를 제시한다. 이때 참조번호가 영국수어 부분과 영어 부분을 연결한다. 참조번호 옆 주석란에 있는 영어단어와 구를 활용해 영어 부분에서 뜻풀이와 예문을 찾을 수 있다. 반대로, 영어 부분에서 영어 주석과 참조번호를 확인한 후 영국수어 부분에서 해당 영국수어단어를 찾을 수도 있다.

《영국수어/영어사전》처럼 수어소와 자체 개발한 표기법으로 수어표제어를 표기하고 검색에 이용하고자 한 시도가 있었음에도 수어사전에서 수어를 풀이하고 분석하기 위해 사용되는 메타언어로서 음성언어를 완전히 배제하기는 어렵다. 시각언어인 문자언어는 청인뿐만 아니라 농인도 함께 공유하는 문화다. 문자언어가 메타언어로서의 역할을 유지하되, 공간 사용과 비수지신호 등 문자언어로 전달하기 어려운 수어의 언어적 특징을 정확하게 전달할 수 있도록 영상으로 제공하는 것이 필수이다.

3) 표제어 수집 및 선정 방법

과거 국외 수어사전의 편찬 방식은 국내와 큰 차이가 없었다. 국외 수어사전은 각국 수어를 둘러싼 음성언어단어의 간단한 대응어(*equivalents*) 정도로 수어단어의 목록을 제공했다(Johnston, 2003: 431). 수어단어의 많은 부분은 저자 혹은 후원자가 인위적으로 만들어낸 단어였다. 즉, 수어 자체가 대상이 되지 못했다. 이는 농아동과의 소통을 위해 혹은 농아동의 음성언어 학습을 위해 음성언어단어에 대응하는 수어단어의 목록을 만들고자 했던 사전 편찬의 목적에서 비롯된 결과였다.

여기서 주목할 것은 음성언어 중심적 사고이며 자세다. 음성언어를 학습하기 위해 수어의 대응어를 찾았고 마땅한 대응어가 없다면 단어를 임의로 만들었다는 것은 기본적으로 수어를 독립적인 언어로 인식하지 못했기 때문이다. 이는 마치 영한사전 혹은 한영사전을 제작할 때, 영어의 표현을 중심으로 한국어의 대응어를 찾고 마땅한 한국어 대응어가 없다면 인위적으로 대응어를 만들어 내는 것과 마찬가지이다.

한국어사전을 만들 때 어휘 선정은 한국어를 중심으로 진행되는 것이 지극히 마땅하듯 수어사전 편찬 시 어휘 선정 또한 수어 중심으로 진행되어야 하는 것이 마땅하다. 수어는 음성언어로부터 독립된 언어다. 한국어와 한국수어의 관계는 외국어의 관계다. 사전의 어휘를 선정할 때 그 어휘에 대응하는 외국어를 고려하지 않듯 수어사전의 어휘를 선정할 때도 어휘에 대응하는 음성언어를 고려해서는 안 될 것이다.

한국수어사전 편찬 시 표제어로 들어갈 수 있는 어휘의 수집과 선정 방법을 논의하기에 앞서 지금까지 출판된 한국수어 관련 사전과 이 사전에서 표제어를 선정한 근거를 살펴보자.[3]

《표준수화사전》(1982)은 총 수록 어휘가 5,494개로, 최초로 국어사전식 배열 방법을 채택했다(한국표준수화규범 제정 추진위원회, 2003). 초등학교 1학년에서 중학교 3학년까지의 국어 교과서에 나와 있는 말과 일상생활에서 쓰이는 단일어를 중심으로 하여 학습과 일상생활에 필요한 어휘를 수록했다.

《수화 사전》(1983)과 《한글식 표준 수화》(1991), 그리고 《(최신판) 표준수화사전》(1993)은 맥을 같이한다. 《수화 사전》(1983)에 수록된 5,966개 기호와 지문자 및 지숫자와 《표준수화사전》(1982)에 수록된 조사 및 어미의 기호를 사정해 표준화하고, 수화의 기호와 지문자를 병

---

3 국립국어원에서 편찬한 외국수화사전은 여기서 다루지 않았다. 외국수화사전으로는 《일본어 수화사전》(2004), 《한국어-스페인 수화사전》(2005), 《한국어-미국 수화사전》(2008)이 있다.

<표 6-3> 한국수어 관련 사전

번호	사전명	형태
1	《표준수화사전》(1982)	종이사전
2	《수화 사전》(1983)	종이사전
3	《한글식 표준 수화》(1991)	종이사전
4	《(최신판)표준수화사전》(1993)	종이사전
5	《한국수화어원 사전》(2004)	종이사전
6	《한국수화사전》(2005a)	종이사전
7	《한국수화사전》(2005b)	종이사전
8	《한국수화 문형사전》(2007)	종이사전
9	한국어-수화 사전(2008~2011)	웹사전
10	한국수어사전(2016)	웹사전
11	수형 기반 한국수어사전(2017)	웹사전

용하는 원칙을 정해 그 결과를 《한글식 표준 수화》(1991) 로 발표했다 (김승국, 1993). 가장 마지막에 편찬된 《(최신판) 표준수화사전》(1993) 의 초판은 《수화 사전》(1983) 이며, 지면의 한계 때문에 《한글식 표준 수화》(1992) 에 빠졌던 기호를 모두 포함했다.

한국어-수화 사전(2008~2011) 은 2008년부터 2011년까지 3년에 걸쳐 농인 학생을 위한 국어교육용 한국어-수화 동영상 사전을 개발한 결과물이다. 한국어교육용 어휘 선정이 포함된 연구문헌을 분석해 산출된 어휘와 《한국수화사전》(2005b) 에 수록된 어휘를 고려해 전문가 협의를 거쳐 어휘를 선정했다.

《한국수화사전》(2005a) 은 교과서와 국어사전에서 수화 표현이 가능한 낱말 9,818개를 수록했다.

《한국수화사전》(2005b) 의 표제어를 위한 자료의 출처는 〈표 6-4〉와 같다(한국표준수화규범 제정 추진위원회, 2004: 26~27). 표제어의 수는

자료 출처	어휘 수(개)	비율(%)
수어책 22종	35,893	94.2
농인이 직장과 운동 분야에서 사용하는 어휘	1,818	4.8
추진위원 등이 추가를 요구한 어휘	390	1.0
합계	35,893	100.0

약 6,800개이다. 이 종이사전을 웹사전인 국립국어원 한국수어사전으로 만들면서 일상생활 수어의 표제어 수는 대략 1만 2,547개로 2배 정도 늘었다. 각국 수어사전의 표제어 수는 국립국어원 한국수어사전보다 많지 않다. 종이사전인 《뉴질랜드수어사전》은 4,500개, 《호주수어사전》(1998)은 대략 5,500개, 《영국수어/영어사전》(1992)은 1,739개이다. 웹사전인 덴마크수어 웹사전은 2,000개, 호주수어 사인뱅크는 4,669개의 수어어휘를 등재한다.

국립국어원 한국수어사전의 기반이 되는 《한국수화사전》(2005b)의 표제어는 국내에서 출판된 수어책 22권에서 뽑은 3만 5,893개 어휘에 직업생활과 스포츠 용어를 추가해 총 3만 7,711개 어휘를 20개의 표제어 선정 기준에 따라 선별한 것이다(이준우·조준모 외, 2016: 286). 그러나 수어책은 농사회에서 사용되는 전체 어휘를 수집하기에는 충분치 않았다. 수어책은 저자 개인의 주관에 의해 어휘가 선정돼 집필된 것이라 어휘의 수와 범위가 제한적이었다.

《표준수화사전》(1982)부터 수형 기반 한국수어사전(2017)에 이르기까지 한국수어 관련 사전은 종이사전에서 웹사전으로 형태가 바뀌었고 등재어의 수도 증가하는 등 많은 변화를 거쳤지만 사전의 표제어는 큰 변화가 있었다고 볼 수 없다. 이 사전들은 '한국수어사전' 혹은 '표준수화사전'이라 명명되었지만 국어교과서와 국어사전의 국어어휘에 대응하는 한국수어어휘를 일대일로 배열한 '한국어-한국수어 대역사전'의 성격을 가진다. 따라서 한국수어사전 편찬을 위해서는 수어어휘의 자원에 대한 고려가 필요하다. 사전에 들어가는 수어어휘는 농사회가 사용한다고 인식하는 것이어야 한다. 한국수어사전 편찬자는 한국어에 대응하는 한국수어어휘를 찾는 데 노력을 기울이는 대신, 농인이 사용하는 실질적 한국수어어휘 조사에 집중해야 한다.

사전은 끊임없이 확대되는 다량의 자료에 대한 탐색과 수집을 전제로 한다(조남신, 2016: 53~54). 사전 편찬자는 어떠한 원자료를 사용할지 결정해야 한다. 자연언어의 어휘를 수집하기 위한 출처를 결정하는 일은 매우 중요하다. 음성언어의 경우, 사전 편찬을 위해 일반적으로 문어적 텍스트, 언어 보유자의 구어적 발화나 방언 등이 다양하게 사용된다(조남신, 2016: 54). 수어사전은 과거 수어 학습용 교재에 있는 어휘를 사전에 등재했던 방식에서 한 걸음 나아가야 한다.

한 가지 방법은 수어 말뭉치를 활용하는 방법이다(Zwitserlood, 2010: 455). 수어 말뭉치는 온라인 자료와 결합해 다양한 지역과 연령층의 많은 언어 사용자를 포함해 대규모 데이터를 수집할 수 있다. 온라인 자료에서 가져온 수어단어는 맥락을 살필 수 있어 오늘날 요구되는 더욱 정교한 사전을 위해 필수적인 수어단어의 (미묘한) 의미와 기능을 추론할 수 있게 한다.

음성언어의 간섭을 피하기 위한 자연수어어휘를 수집하는 구체적 방법은 뉴질랜드수어 웹사전(nzsl.vuw.ac.nz)에서 참고할 수 있다. 뉴질랜드수어사전은 농인의 자연스러운 대화 속에서 자료를 수집했다(이준우·조준모 외, 2016: 286~287). 대부분의 언어가 공유하는 의미 영역 뿐만 아니라 농사회가 특징적으로 가진 의미 영역을 선정해 목표 단어를 선정하고, 목표 단어와 관련된 주제에 관해 자연스러운 대화를 유도하여 이를 촬영한다. 촬영된 대화에서 관련 단어를 확인한다. 이를 여러 지역의 농인 집단에게 확인하는 과정을 거친다. 확인 과정에서 의미와 활용, 그리고 변이형의 존재 여부를 검토한다. 이런 일련의 단계를 거쳐 사전에 들어갈 표제어를 선정한다. 이 같은 수집 및 선정 과정을 거쳐 추출된 표제어는 농인의 직관에 따르며 농사회 및 농문화에 근접한 어휘가 된다.

특히, 관용어, 농 관련 어휘, 신조어 등이 포함되는 것이 중요하다. 관용어는 농인의 문화가 녹아 있는 고유한 어휘이며 용법을 모르고서는 사용할 수 없기 때문에 의미정보와 화용정보가 제시되어야 한다. 농정체성, 농문화 등의 농 관련 어휘는 농사회에서 빈번하게 사용됨에도 사전에서 생략되기 쉽다. 또한 일반 사전과 마찬가지로 신조어는 주기적으로 추가되어야 한다.

4) 표준화의 위험

사전 편찬의 목적은 사전의 성격을 결정하는 중요한 요인이다. 지금까지 한국수어 관련 사전은 크게 두 가지 목적으로 편찬되었다(이준우·조준모 외, 2016: 253).

첫째, 농인과 청인 간 혹은 농인과 농인 간의 의사소통을 돕기 위해 한국수어어휘부를 표준화하는 것이었다. 《한국수화사전》(2005b)의 편찬 목적은 한국수어의 표준화였다. 표준화를 통해 농인이 언어생활뿐만 아니라 사회생활을 원활하게 하는 데 목적을 두었다(한국표준수화규범 제정 추진위원회, 2005: ii).

그래서 수화 책을 만드는 사람마다 수화를 표준화하기 위한 노력을 하지만 책을 만드는 사람에 따라 선택되는 수화의 단어와 표현 방법이 달라졌기 때문에 책마다 많은 사람 또는 일부 사람에게 받아들여지지 않는, 달리 표현되는 단어를 가지게 되었다. 수화의 새로운, 표준화되지 않은 단어는 앞으로도 계속해서 생겨날 것이며, 따라서 달리 표현되는 단어 또한 많이 생겨날 것이다.

이와 같은 현실을 인식하고 2000년 7월 1일 수어연구 및 수어 관련 분야에 종사하는 전문가 22명으로 '한국표준수화규범 제정 추진위원회'를 구성해 2000년부터 2004년까지 5년 동안 한국수어의 표준화 사업을 진행했다(한국표준수화규범 제정 추진위원회, 2005: ii).

둘째, 농인 학생의 국어 능력을 향상하려는 교육적 목적이 있었다. 국외 수어사전의 편찬 목적도 크게 다르지 않았다. 사전의 후원자 혹은 편찬자는 수어를 독립된 언어로 간주하든, 음성언어에 의존한 파생적 의사소통체계로 간주하든 관계없이 수어어휘부를 표준화하려는 목적이 있었다(Johnston, 2003: 431).

그러나 사전 편찬자는 수어어휘의 표준화에 앞서 수어어휘의 특징을 고려해야 한다. 언어학자와 교육자와 농인은 수어어휘의 주된 특징을 개인적으로, 집단적으로, 그리고 지역적으로 방언의 정도가 높다는 점

을 반복적으로 보고해 왔다(Johnston, 2003: 432).

국외 수어사전의 편찬에서는 변이형을 반영하려는 노력을 엿볼 수 있다.

덴마크수어 웹사전은 지역어(*regional sign*)의 구분은 제공하지 않지만 어휘적 변이형은 표제어 기록이 따로 있으며, 상호 참조 표시로 연결했다(〈그림 6-6〉 참조). 이 사전에서 음운적 변이형과 어휘적 변이형을 구분하는 기준은 동일한 의미가 있는 수어단어다. 하지만 수형, 수위, 수동, 수향 중에서 하나의 요소만 다르면 서로의 음운적 변이형으로, 두 요소가 다르면 어휘적 변이형으로 보았다. 음운적 변이형은 동일한 표제어로 기록되는 데 반해 어휘적 변이형은 서로 다른 표제어로 처리했다.

《호주수어사전》(1998)에는 5,500개 이상의 표제어가 수록되어 있고 이 중 약 1,500개는 음운적 변이형이고 약 500개는 어휘적 변이형이다

<그림 6-7> 호주수어 사인뱅크 메인화면

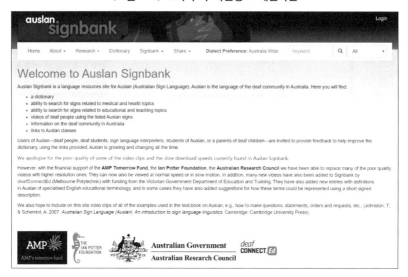

(Johnston, 2003: 460). 사전은 호주 전역에서 사용되는지, 주된 방언 지역(남쪽과 북쪽) 중 한 지역에서 폭넓게 사용되는지, 특정 주의 수어 사용자만 사용하는지 등 수어단어의 분포를 제공한다. 또한, 신조어인 지, 외국에서 차용한 단어인지, 교육이나 통역에서 사용되는 전문적 어휘라서 수어 사용자에게 알려져 있으나 공식 호주수어에는 아직 포함 되지 않았는지 등을 제시한다. 나이 든 수어 사용자 집단에서만 사용하 는지, 한때 사용되던 어휘인지, 예전부터 사용되어 왔지만 공동체의 일부에서만 사용되는지, 어휘화되지 않은 경계선상에 있는 어휘인지 등도 밝힌다.

이런 전통은 데이터베이스와 웹사전의 기능을 동시에 하는 호주수어 사인뱅크에도 그대로 이어진다. 이 웹사이트는 호주수어단어의 분포를 지도에서 색으로 구별해 한눈에 알아볼 수 있다. 이 분포정보는 공동체의 피드백과 호주수어 말뭉치로부터 나온 증거를 토대로 정리한 것이다. 노트(notes)라는 항목을 통해 특정 어휘의 방언을 어느 연령층이 사용하는지의 정보도 제공한다.

《영국수어/영어사전》(1992) 역시 노트(notes) 항목에서 지역어 정보를 밝혔다. 기호(*, †, ¶ 등)를 사용해 영국 농공동체가 인식하는 지역어를 표시했다. 이 기호로 표시되지 않은 어휘는 전국적으로 사용되어 언어 공동체 어디에서나 이해할 수 있다고 가정할 수 있다. 사실, 많은 지역어가 한 지역에서라기보다 여러 다른 지역에서 사용된다. 사전 편찬자들은 '지역적'이라는 용어를 공동체 전체가 인식하지 않음을 의미하기 위해 사용했다.

마지막으로, 핀란드수어 웹사전은 언어 사용(usage)으로 고어, 신생어, 외설, 비공식어, 희귀어 등의 정보를 제공한다.

〈그림 6-8〉
《영국수어/영어사전》의 표지

언어의 표준화는 언어 공동체가 상당한 시간 동안 겪는 과정이다(Milroy & Milroy, 1999: Johnston, 2003: 432 재인용). 즉, 표준화는 최종 결과가 아니라 과정을 의미한다. 어떤 언어의 표준화는 그 언어의 표준 형태의 선택(selection), 보급(diffusion), 유지(maintenance), 성문화(codification), 규범(prescription)이라는 일련의 단계를 거친다는 사실을 염두에 두고, 사전 편찬을 수어의 표준화 도구로 사용하기 위한 규범적인 역할이 아닌, 농사회의 자연수어를 기록하고자 하는 기술 (*description*) 사전을 편찬하는 방향을 고려해야 한다. 더 나아가 존스턴 (Johnston, 2003) 의 지적처럼 사전 편찬의 동기를 수어 공동체의 언어 자원의 수집과 향후 연구를 지원하는 연구 도구로 삼는 방향으로 수어사전 편찬의 방향에 변화가 필요하다.

2. 사전적 정보

한국수어사전은 한국수어의 음운적·형태적·통사적·의미적 정보를 충실히 기술하여 한국수어가 한국어의 하위범주가 아닌 독립적인 언어라는 점을 효과적으로 보여야 한다. 나아가 농인과 청인이 언어생활 원칙으로 참고할 수 있도록 그 기능을 담당해야 한다. 이를 위해 한국수어사전이 갖추어야 할 사전적 정보는 다음과 같다.

1) 뜻풀이

사전의 기본 구조는 어휘 항목인 표제어(올림말) 와 그에 대한 정의(뜻풀이) 이며, 사전 편찬의 가장 큰 가치는 정의에서 결정된다(권재일, 2004: 258). 《한국표준수화사전 편찬을 위한 공청회》 자료집(2004: 260) 을 보면, "주어진 표제어에 대한 정의 부문에 수화 동작을 대응시킨 사전을 수화사전이라 할 수 있다"라고 밝히고 있다. 그러나 수어 동작은 표제어에 대한 뜻풀이가 되지 못한다. 수어 동작을 그림, 동영상, 한국어 등 그 어떤 다양한 방식으로 기술하더라도 표제어를 어떻게 발음하는지를 알려주는 발음 정보일 뿐이다.

국외 수어사전에서도 수어 뜻풀이를 찾아보기 힘들다. 사전은 아니지만, 교과목 용어를 위한 영국수어 용어집(British Sign Language Glossaries of Curriculum Terms)은 전문용어를 학습자에게 쉽게 설명하기 위해 영국수어 뜻풀이를 제공한다. 이 용어집의 목표 대상은 영국수어를 사용하고 인터넷을 이용해 자주적으로 학습하고자 하는 어린 농인 학생이다. 그러나 이뿐만 아니라 교사, 의사소통 지원 근로자, 통역사, 부모도 이 용어집을 이용하고 있다. 이 용어집은 80개의 수학 용어에서 시작해 과학, 기술, 공학, 수학 과목에서 1천 개 이상의 단어와 뜻풀이를 갖추고 있다.

영국수어 용어집 연구는 물리학, 화학, 생물학 분야에서 어떤 용어가 영국수어로 존재하는지 영국 전역의 농인 과학자 및 수학, 과학교사로부터 의견을 수렴하는 것에서부터 시작한다. 워크숍을 개최해 영국수어를 수집하거나 어휘를 만든 후, 기존 용어를 논의하여 뜻풀이를 작성한다. 개념에 대한 정보를 사용하고 영국수어 조어법을 따라 영국수어단어를 만들어 낸다. 일단 영국수어단어가 합의되면 영국수어로 뜻풀이를 만든다. 프로젝트팀은 교과서의 정보와 자신의 경험을 사용해 뜻풀이를 만든다. 좀더 정확한 뜻풀이를 만들기 위해 일부 뜻풀이를 재촬영하기도 해 오랜 시간이 걸리기도 한다. 마지막으로 프로젝트팀은 영국수어 뜻풀이를 영어로 번역한다.

영국수어 용어집 프로젝트는 영국수어어휘에 대한 뜻풀이는 아니지

<그림 6-9> 영국수어 용어집 메인화면

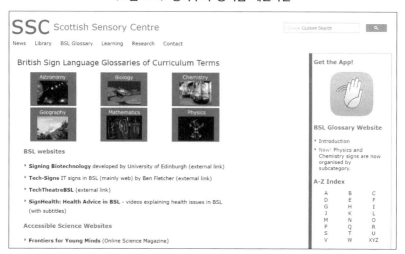

만 전문용어를 농인 학생이 이해하기 쉽게 영국수어로 설명한다는 점에
서 향후 한국어-한국수어 사전의 뜻풀이 번역 과정에 참고할 만하다.
뜻풀이를 이용하는 사용자의 요구를 반영해 그에 맞춘 뜻풀이를 제공해
야 한다. 더 나아가 한국수어-한국수어 사전에서는 한국수어어휘의 의
미 분석을 통한 뜻풀이 구축을 점차 연구해야 한다. 또한 한국수어어휘
의 다의어 연구를 통해 수어어휘가 가진 다양한 의미와 용법을 규명해
나가야 한다.

2) 용례

사전은 표제어의 정확한 이해를 위해 뜻풀이와 함께 용례를 제공해야 한다. 용례는 언어학적인 복잡한 기술을 피하면서 형태적·의미적·통사적 정보를 종합적으로 제공할 수 있다는 장점이 있다(이준우·조준모 외, 2016: 263).

뉴질랜드수어 웹사전(〈그림 6-10〉 참조)의 경우 영어로 home을 검색하면, 화면 왼쪽 상단에 수형과 수위의 정보, 그리고 주석으로 영어와 마오리어, 그리고 품사정보가 제공되며 바로 옆 오른쪽 상단에는 수어단어가 그림으로 제시된다.

영어 번역문: I got into the car and went home.
주석 표기 문장: me in car go home.

그 밑에는 수어단어를 위한 동영상이 있다. 다시 그 밑에 용례를 위한 동영상이 제공되고 용례는 영어 번역문과 그것의 주석이 표기되어 수어의 문장 구조를 적절히 보여 준다. 주석은 하이퍼링크 처리하여 사전의 참조 기능을 효과적으로 수행한다.

핀란드수어 웹사전(〈그림 6-11〉 참조)은 비교적 용례를 풍성하게 제공한다(이준우·조준모 외, 2016 : 81). 수어단어의 의미가 하나의 음성언어 주석으로만 제공되는 것이 아니라 여러 음성언어단어로 나열되어 수어단어의 의미 설명을 더욱 깊게 이해할 수 있게 도움을 준다. 각 예문은 동영상으로도 볼 수 있으나 수어문장의 구성을 엿볼 수 있는 주석

〈그림 6-10〉 뉴질랜드수어 웹사전 메인화면

〈그림 6-11〉 핀란드수어 웹사전 메인화면

표기는 되어 있지 않다. 표제어의 의미 표기나 복수의 예문 제공 등을 통해 수어와 음성언어의 관계가 일 대 일의 관계가 아닌 것을 잘 나타내고 있다.

네덜란드수어 웹사전(〈그림 6-12〉 참조)은 네덜란드수어와 네덜란드어식 수어 두 가지 버전으로 예문을 제공한다(이준우·조준모 외, 2016: 113). 한국수어사전 편찬에서도 이를 활용한다면 학습자가 수지 한국어를 한국수어로 착각하는 것을 막을 수 있을 것이다. 또한 수지 한국어가 한국수어와 다름을 인식해 이를 구분하도록 학습에 도움을 줄 것이다.

〈그림 6-12〉 네덜란드수어 웹사전 메인화면

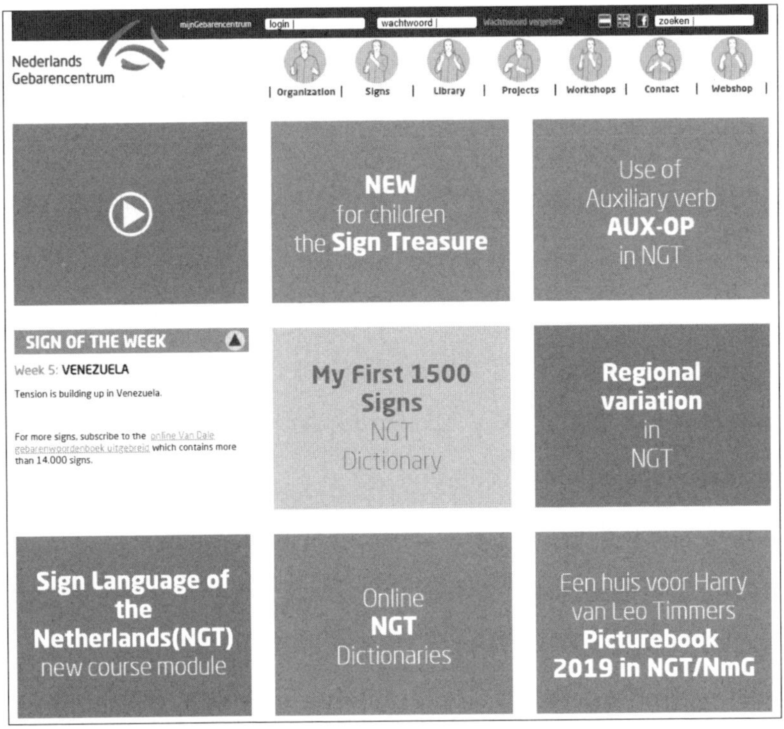

《영국수어/영어사전》(1992)은 각 의미 설명 다음에 용례를 이탤릭체로 표시했다. 예문은 전형적인 패턴이나 구조를 보여 주는 사례가 선택되었으며 가능한 한 실제 언어 맥락에서 가져왔다. 예문을 영어로 제시했지만, 설명은 영국수어단어와 영어단어에 적용할 수 있도록 상당한 주의를 가지고 선정했다.

한국수어사전에서도 한국수어어휘에 대한 뜻풀이와 용례를 함께 제공해 해당 어휘의 정확한 의미뿐 아니라 용법을 안내할 필요가 있다.

3) 문법정보

사전에서 문법정보는 해당 단어의 활용 방법을 나타내기 때문에 매우 중요하다. 특정 단어의 뜻을 이해하는 것으로는 그 단어를 문장에서 적절히 사용할 수 없다.

수어어휘의 문법적 정보는 수어 고유의 문법적 특징을 반영해야 한다. 음성-청각적 언어인 한국어와 다른 시각-수지적 언어의 특징인 3차원적 공간을 사용하는 방식, 일치 동사, 위치와 방향 정보, 분류사, 비수지신호 등이 수어어휘의 문법적 정보에 해당한다. 그러나 사전 이용자에게 필요한 문법적 정보는 실제로 언어를 사용할 수 있도록 제공되어야 하므로 복잡한 언어학적 전문용어의 사용을 피하는 것이 중요하다.

국외 수어사전에서 제공하는 문법적 정보는 다음과 같다.

첫째, 수어어휘의 방향성이다. 수어단어가 형태를 수정하는 방법 중 하나로 방향과 위치를 바꾼다면 그 정보를 표시한다(Johnston, 2003: 460). 방향이 있는 단어는 끝에 방향이 있는 단어, 시작에 방향이 있는 단어 등으로 세분화했다.

유사하게 《영국수어/영어사전》(1992)은 수동의 방향이 의미와 대응해 맥락에서 바뀌는 방향 동사에 대한 정보를 제시했다. 예를 들어, I gave you the spanner에서의 give와 You gave me the spanner에서의 give는 반대 방향으로 움직인다. 사전 이용자는 수동 변화의 중요성에 주의해야 할 것을 안내받는다.

둘째, 품사 정보다. 수어단어가 전형적으로 기능하는 하나 이상의 품사를 표시한다. 《호주수어사전》(1998)에서 제시된 품사는 명사, 동사, 형용사, 의문사, 지시사, 감탄사이다.

셋째, 비수지 자질이다. 《영국수어/영어사전》(1992)에서는 비수지 자질이 필수적인 경우 수어단어에 이를 명시했다. 이 사전은 수어단어의 산출에서 중요한 요소이자 영국수어의 문법과 어휘에서 중요한 비수지 자질에 관해 명백한 정보를 제공하는 것을 중요한 목표로 삼았다. 사진으로 비수지 자질을 포착하는 것이 항상 가능하지 않으므로, 사전에서 비수지 자질을 기술한 칸을 확인해야 한다.

국외수어 웹사전의 경우 사전 이용자의 입장을 고려해, 해당 분야의 전문가만 알 수 있는 어려운 언어학적 용어는 가급적 피하고 수어의 문법적 특징을 드러내는 중요한 정보는 최대한 간단하게 제공하려고 노력한 것을 볼 수 있다. 향후 한국수어사전에서 문법정보를 제공할 때도 이 점을 참고할 필요가 있다.

　　　　한국수어사전 편찬 방향을 위한 제언

수어사전의 발전은 그 사회 내의 수어의 위상 및 농사회에 대한 인식 발전과 그 맥을 같이한다. 한국수어 관련 사전 편찬은《표준수화사전》(1982)이 발간된 것을 시작으로《한국수화사전》(2005b)을 거치며 발전을 거듭해 왔다. 최근 수형 기반 한국수어사전(2017)은 표면적으로는 한국어에서 한국수어로의 검색만 가능했던 사전에서 한국수어에서 한국어로의 검색이 가능한 사전으로 발전한 것이다. 하지만 더욱 근본적으로는 한국어-한국수어 사전의 자리에 머물러 있었던 이제까지의 사전이 비로소 한국수어-한국어 사전으로 발전할 첫걸음을 제공했다는 의미가 있다. 이런 변화는 한국수어가 한국어와는 독립된 자연언어로서의 정체성을 갖고 있음을 조금 더 적극적으로 보여 준다. 한국수어사전의 편찬 방향을 표제어의 문제와 사전적 정보 측면에서 다음과 같이 제언한다.

첫째, 한국어 중심적 사고와 배경에서 수행되던 표제어 수집 및 선정 작업은 방향 전환이 필요하다. 한국수어 중심적 사고와 배경에서 수어 어휘를 수집하고 선정해야 할 것이다. 그런 의미에서 변이형을 포함하는 것은 매우 중요한 변화이다. 전국적 조사를 통해 얻은 지역적 변이형을 포함해 전체 언어 사용자의 언어를 충실히 담아내려는 노력이 필요하다.

이에 한국수어사전 편찬을 위한 한국수어 말뭉치 구축의 필요성이 제기된다. 시의적절하게도 2015년 '한국수어의 말뭉치 기반 조사 및 시범 구축' 사업을 통해 서울 지역의 농인 30쌍을 대상으로 90시간 분량의 언어자료를 수집했고, 그중 13시간 분량의 기본 전사를 실시했다(원성옥 외, 2015). 이 구축 사업은 서울 지역에 한정해 언어자료를 수집했지만 향후에는 각 지역의 수어를 수집해 수어사전 편찬에 한국수어 말뭉치가 적극 활용되도록 해야 할 것이다. 한국수어 말뭉치에서 추출한 인용례 및 가공례는 한국어의 간섭에서 벗어나 맥락 속에서 자연스럽게 나타난 수어어휘의 용법을 명확하게 보여 준다는 점에서 매우 중요한 언어자원이다. 따라서 향후 한국수어 말뭉치 구축은 전국 단위의 수어 자료 수집이라는 방대한 목표 외에 한국수어사전 편찬 목적에 부합한 구축 계획이 세밀하게 세워져야 할 것이다.

둘째, 사전에서 표제어의 표기 문제이다. 이제까지 한국수어사전에서 표제어는 한국어로 표기되어 많은 혼돈을 야기했던 것으로 보인다. 한국어표제어가 곧 한국수어어휘의 의미라는 인식 때문이었다. 그러나 표제어는 동영상이나 그림으로 표현된 수어단어이며, 관련된 한국어단어는 주석으로 인식하는 것이 필요하다. 또한 한국수어의 표기체계가 개발되기 전까지는 한국어의 사용이 불가피하므로, 대응하는 한국어 주석을 신중하게 검토하는 과정이 필요하다.

셋째, 사전은 한 언어의 어휘를 총체적으로 등재하고 언어생활의 원칙을 참고하기 위한 기능을 담당한다. 이런 사전의 기능을 담당하기 위해 한국수어어휘에 대한 적절한 뜻풀이가 제공되어야 한다. 여기서 중요한 것은 한국수어어휘에 대응한 한국어 주석이 뜻풀이의 대상이 되어서는 안 된다는 점이다. 그럴 경우 그것은 국어사전의 역할을 할 뿐 정작 필요한 한국수어사전의 역할을 할 수는 없다.

넷째, 뜻풀이와 함께 용례가 제공되기를 제안한다. 사전의 질은 용례의 양과 질에 의해 결정된다고 할 만큼 용례는 사전에 매우 중요한 역할을 한다. 각 어휘가 지닌 미묘한 의미 영역, 통사적 정보, 화용적 정보 등을 어려운 언어학적 용어를 사용하지 않고 독자에게 효과적으로 전달할 수 있는 것이 용례이기 때문이다. 용례의 표기에 주석을 사용한다면 한국수어의 독특한 통사적 구조를 알릴 수도 있다.

끝으로, 수어 고유의 언어적 특징을 구체적으로 나타내는 문법정보가 제공되기를 제안한다. 음성-청각적 언어인 한국어와는 다른 시각-수지적 언어의 특징인 3차원적 공간을 사용하는 방식, 위치와 방향 정보, 품사, 비수지 자질 등이 해당한다.

제안된 이런 특징이 적절히 그리고 충실히 기술되었을 때 한국수어의 자연언어로서의 정당성과 한국어로부터 독립된 언어 정체성을 한국 사회 전반이 인식할 수 있는 계기가 될 것이다.

제 3 부

수어통역과 수어번역

사랑한다는 것은 / 대단한 것이 아니어도 좋다. // 목숨까지 바치는 / 거
창한 일은 아니어도 좋다. // 세상의 외로운 사람들에게 / 가만히 어깨 품
내어주고 // 슬픈 마음 토닥이는 / 따뜻한 말 한마디 / 건네는 것 … 사람
끼리의 사랑이란 / 이렇게 작은 일인지도 모른다.

— 정연복, 〈사랑한다는 것은〉

생존을 위해 사람은 서로 의존한다. 사람은 살아가는 모든 측면에서 다
른 사람이 필요하다. 모든 사람은 상호 의존적이며 서로 협력한다. 음성
언어 중심의 청인사회 속에서 농인이 살아갈 때, 가장 깊이 연결되고 서
로 협력하며 상호 의존하는 관계는 농인과 수어통번역사이다. 농인과
수어통역사 및 수어번역사는 서로 존경하며 인격적으로 사랑할 필요가
있다.

제 7 장

수어통역과 수어번역의 개념

제 1 절   본격화되고 있는 수어통번역 연구

지금까지 언어로서의 한국수어를 집중적으로 탐구했다. 아울러 음성언어학의 전반에 관해서도 개략적으로 살펴보았다. 그러면서 한국수어의 언어적 특성을 음성언어학의 분류체계에 따라 정리했다.

   여기서는 통역 및 번역의 개념과 아울러 수어통역과 수어번역을 탐구하고자 한다. 또한 수어통역사와 수어번역사가 어떤 존재인지, 향후 지향해야 할 수어통역사와 수어번역사의 모습은 어떠한지도 살펴보자.

   우리나라의 수어통역과 번역은 이제 걸음마 단계라 할 수 있다. 우리나라 수어 영역(수어학, 수어통역학, 수어번역학, 수어교육학, 농문화와 농사회, 농교육학, 농인복지학 등)에서의 학문적 접근은 1993년 8월 10일 제 1차 발기인 모임을 하고, 그 명칭을 '한국수화연구회'로 한 연구 모임에서부터 출발했다. 한국수화연구회는 1994년 7월 25일 창립총회를 갖고 정식 출범했고, 1996년 6월 30일에는 학술지 〈수화연구〉 창간호를 발간했다. 2016년, 〈한국수화언어법〉이 시행되었고 2018년 한국수화연구회는 '한국수어학회'로 개칭하며 학술지 〈수어학 연구〉를 발간했다. 2019년 2월 〈수어학 연구〉 2권을 발간했고 같은 해 6월에는 〈제 21회 한국수어학회 학술대회 자료집〉을 발간했다.

이와 더불어, 2002년에는 나사렛대 재활복지대학원 국제수화통역학과 석사 과정이 개설되었고 한국복지대(과거 한국재활복지대학)에도 수화통역과가 설립되며 대학 및 대학원 교육 영역에서도 학문화 작업이 본격화됐다. 2005년에는 나사렛대 재활학부 내에 수화통역학과가 개설되었다. 2015년에 개설된 강남대 일반대학원 석사 과정 수화언어통번역학과(수화언어통번역학 전공, 수화언어교육학 전공)도 활발하게 운영되고 있다. 또한 2018년에는 총신대 사회복지대학원 석사 과정에 수어교원전공이, 그리고 안양대 글로벌대학원 사회복지학과에 한국수어교육 전공이 개설돼 운영 중이다. 더욱이 2020학년도 1학기에는 강남대 일반대학원 교육학과 특수교육전공 내 수어교육으로 '수어학·수어통번역·수어교육' 박사 과정이 설치·운영될 예정이다.

〈한국수화언어법〉이 2016년 8월부터 시행되면서 나사렛대와 한국복지대는 학과 명칭을 변경했다. 이는 수어교원 자격 취득을 전면에 내세우기 위한 하나의 전략으로 판단된다. 나사렛대는 재활학부 내 수화통역학과를 휴먼재활학부 내의 수어통역교육 전공으로, 재활복지대학원 석사 과정 내의 국제수화통역학과를 수어교원학 전공으로 변경했다. 한국복지대는 수화통역과를 한국수어교원과로 바꾸었다. 학과 명칭을 변경하면서 교과 과정도 수어교원 자격 취득을 위한 체제로 전면 개편됐다.

제 2 절　　　**수어통역과 수어번역의 개념**

1. 통역과 번역의 개념

수어통역과 수어번역의 개념을 정립하기 위해 먼저 통역과 번역의 중요
성을 살펴봐야 한다. 통역과 번역의 개념 및 이론과 모델을 구체적으로
정리할 때, 유용하게 참고할 만한 책은 다음과 같다.

김대진 (2002) , 《국제회의 통역교육》, 한국문화사.

김운찬 (역) (2010) , 《번역한다는 것》, 열린책들.

남성우 (2006) , 《통번역의 이해와 수행》, 한국문화사.

박영순 (편) (2015) , 《통번역학 이론과 실제》, 백산출판사.

손지봉 · 김영민 · 안희정 (역) (2007) , 《통역교육연구: 이론과 실천》, 한
국문화사.

안인경 · 정혜연 · 이정현 (역) (2010) , 《일반 통번역 이론 기초: 스포코스
이론》, 한국외대 출판부.

이연향 · 한미선 · 오미형 (역) (2009) , 《통역학 입문》, 이화여대 출판부.

전지윤 · 김정희 (역) (2004) , 《통역과 번역 그리고 통역사와 번역사》, 한
국문화사.

정혜연 (2008) , 《통역학 개론》, 한국문화사.

정호정 (2011) , 《제대로 된 통역 · 번역의 이해》, 한국문화사.

정호정 (역) (2002) , 《국제회의 통역에의 초대》, 한국문화사.

최정화 (1998) , 《통역번역입문》, 신론사.

최정화(1999), 《국제회의통역사 되는 길》, 한국언론자료간행회.

최정화(2001), 《통역/번역 노하우》, 넥서스.

'통번역'이라는 분야를 학문적으로 체계화한 세계적인 학자 다니카 셀레스코비치(Danica Seleskovitch) 박사는 다음과 같이 말했다.

모국어로는 언어를 생각에 맞추지만, 외국어로는 생각을 언어에 맞춘다. 즉, 어떠한 생각이라도 모국어로는 다 표현할 수 있지만, 외국어로는 자신의 외국어 실력 정도밖에 생각을 표현할 수 없다. … 언어를 대상으로 하는 언어학과는 달리 통역·번역에서 언어는 메시지를 전달하는 도구일 뿐이다.

이와 같은 셀레스코비치의 견해는 정확하고 탁월한 통역과 번역 없이는 모국어가 담은 실질적인 의미와 내용을 외국어로 전달하기가 대단히 어렵다는 사실을 분명하게 일깨워 준다. 동시에 이는 단일한 문화권에서만 살아갈 수 없는, 즉 점점 더 세계시민으로서의 삶을 요구하는 현대사회의 현실을 감안할 때, 역설적으로 통역과 번역이 얼마나 인간 삶에서 중요한지를 극명하게 드러내 준다.

전문 통역사와 번역사는 자신의 일에 관해 학문적 접근을 치열하게 할 수밖에 없다. 그렇지 않으면 살아남을 수 없기 때문이다. 어떤 분야에 관해 '가치', '지식', '기술' 등 3가지 요소를 갖추어야 '전문성'을 획득할 수 있다. 즉, 전문직은 반드시 가치와 지식, 기술을 삼위일체적으로 구성할 수 있어야 한다.

일반적으로 통번역학은 원어(*source language*)로 말해진 것을 목표어(*target language*)로 옮기는 통역 그리고 원어로 쓰인 텍스트를 목표어 텍스트로 옮기는 번역과 관련된 제반 문제에 관해 연구하는 학문을 말한다.

구약성서 〈창세기〉 중 바벨탑 건축 이야기는 다언어의 출현과 그에 따른 통역과 번역의 필요성을 비유적으로 제시하고 있다는 점에서 통번역학에 관한 논의에서 상징적인 중요성을 지닌다(박영순, 2015: 24).

온 땅의 언어가 하나요, 말이 하나였더라. 이에 그들이 동방으로 옮기다가 시날 평지를 만나 거기 거류하며 서로 말하되, 자, 벽돌을 만들어 견고히 굽자 하고 이에 벽돌로 돌을 대신하며 역청으로 진흙을 대신하고 또 말하되, 자, 성읍과 탑을 건설하여 그 탑 꼭대기를 하늘에 닿게 하여 우리 이름을 내고 온 지면에 흩어짐을 면하자 하였더니 여호와께서 사람들이 건설하는 그 성읍과 탑을 보려고 내려오셨더라. 여호와께서 이르시되 이 무리가 한 족속이요 언어도 하나이므로 이같이 시작하였으니 이후로는 그 하고자 하는 일을 막을 수 없으리로다. 자, 우리가 내려가서 거기서 그들의 언어를 혼잡하게 하여 그들이 서로 알아듣지 못하게 하자 하시고 여호와께서 거기서 그들을 온 지면에 흩으셨으므로 그들이 그 도시를 건설하기를 그쳤더라(〈창세기〉 11장 1~9절).

이 이야기에는 인류 언어의 다언어성과 그에 따른 의사소통의 문제가 상징적이며 신화적으로 압축돼 있다. 바벨탑 이야기가 말해 주듯 통역과 번역은 유구한 역사를 지니고 있으며 역사적으로 외교, 교역, 전쟁 등의 부문에서 오랫동안 중요한 역할을 수행해 왔다. 그러나 유구한 역사와 중요성에도 통역과 번역이 정통적인 학문으로 자리매김한 역사는 그리 길지 않다. 통역학과 번역학은 놀랍게도 1960년대에 들어서야 비로소 응용언어학, 비교문학, 기호학 그리고 최신 언어이론 등의 도움을 받아 하나의 정통 학문으로 정립됐다.

이처럼 통역과 번역이 하나의 정통적인 학문으로 정립되기까지 무수한 세월이 필요했던 이유는 무엇일까? 이는 통역과 번역을 하나의 단순한 기술로 치부했던 인식에 기인한다. 다시 말해 많은 사람, 심지어 통역과 번역을 직접 수행하는 일부 사람조차도 이제껏 통번역을 창의성이 요구되지 않는 '기술'과 창의성이 요구되는 '예술'의 중간 어디쯤에 위치하는 작업으로 여겨 왔던 것이다.

이는 통역과 번역이 지닌 본질적 특성에 기인한다. 즉, 통역과 번역은 '언제나 이미' 존재하는, 원어로 말해진 연설 또는 원어로 쓰인 텍스트를 전제로 '그 후에' 존재할 수밖에 없는 작업이다. 다시 말해 탄생의 측면에서 볼 때, 원어로 말해진 연설과 원어로 쓰인 텍스트가 주체적이며 독창적인 성격을 띠는 반면, 통역과 번역은 예속적이며 파생적인 성격을 띤다. 이런 이유 때문에 통역 및 번역 관련 학자들은 통번역을 학술적으로 이론화하고 체계화하는 일에 나서기를 주저했다. 하여 통역과 번역이 학문으로 정립되는 데 오랜 시일이 걸린 것이다.

통역사와 번역사는 모두 의사소통의 중개자 역할을 수행한다. 통역사는 메시지를 전달하고 발신인과 수신인 간 의사소통이 원활하게 이뤄지도록 하는 책임을 진다. 한편 번역사는 저자의 의도를 제대로 살려 이를 독자에게 전달하는 책임을 맡는다. 또한 통역사와 번역사는 문화 전달자로서의 역할을 수행한다. 한 민족의 언어는 그 민족의 문화의 정수가 녹아 있는 그릇이다. 따라서 어떤 말이나 글을 다른 언어로의 바꾸는 통역과 번역을 문화 전달의 행위로 볼 수 있다.

2. 번역의 이해

번역이란 무엇인가? 《번역사 오디세이》에서 인용한 발레리 라르보 (Valery Larbaud)의 견해에 의하면 번역은 한마디로 "말의 무게를 다는 것"이다. 저울의 한쪽에 저자의 말을 얹고 또 한쪽에는 번역어를 올려놓는다. 그리고 이 둘이 균형을 이룰 때까지 작업을 계속해 나간다. 하지만 저울에 올리는 것은 사전에 정의된 말이 아니라 저자의 말이다. '저자의 정신이 투입돼 스며들어 있고 거의 감지할 수 없을 정도이긴 하지만 깊은 수정이 가해진 말'이다. 그것은 살아서 고동치는 말이며 원문에서 벗어나 있다 하더라도 다리를 뻗어 작품 전체와 긴밀히 얽혀 있다. 저울에는 그 생명의 무게가 얹힌다. 따라서 저울의 또 한편에도 '똑같은 생명의 리듬을 타고 움직이는 등가의 무게'가 필요하다(Pöchhacker, 2004: 이연향 외 역, 2009).

움베르토 에코(Eco, 2003: 김운찬 역, 2010: 13~23)는 번역에 더욱 심도 있는 접근을 한다. "번역한다는 것"은 무엇을 의미하는가? 이에 에코는 '다른 언어로 똑같은 것을 말하기'라고 대답한다. 에코의 주장은 매우 합당해 보인다. 단순하지만 대단히 세련되고 창의적이다. 이 견해를 좀더 구체적으로 살펴보자.

첫째, 에코가 말하는 '똑같은' 것을 말하기는 무엇을 의미하는가? '동의어로 바꾸기'는 말할 것도 없거니와, '쉽게 풀어 말하기'(*parafrasi*, 의역, 주해), '정의하기', '설명하기', '바꾸어 말하기'로 일컬어지는 모든 작업을 명확히 이해하기는 쉽지 않다. 특히, 수어통역의 대상인 농인은 완전히 다른, 즉 구어와는 전혀 상이한 언어를 사용하기에 더더욱 '똑같은' 것을 말하기가 쉽지 않다.

둘째, 번역해야 할 텍스트의 똑같은 '것'은 정확하게 무엇인가? 원래의 텍스트가 가진 문화적·사회적 상황을 이해하더라도 '것'을 이해하기란 어렵다. 더욱이 농인의 입장에서 이해할 수 있는지에 관한 고민도 제기된다. 소리 중심의 음성언어세계와 시각 중심의 수화언어세계는 엄연히 다르다.

셋째, 어떤 경우에는 '말하기'가 무엇을 의미하는지 의심이 들기도 한다. 말한다는 것은 무엇인가? 말하는 과정 자체가 또 하나의 의미를 양산하는 것은 아닌가?

즉, 텍스트가 전달하고자 하는 것이 무엇인지, 또한 어떻게 전달해야 할 것인지 말하기는 매우 어렵다. 현실적으로 '똑같은' 것을 말한다는 것은 불가능하다. 그렇다면 '똑같은' 것을 말할 수 없음을 알면서도 '거의' 똑같은 것을 말할 수 있는 방법을 찾는 것이 번역의 과제가 된다. 이러한 맥락에서 좀더 논의를 진행해 보자.

진짜 문제가 되는 것을 좀더 정확하게 표현하자면 '똑같은' 것의 관념이나 똑같은 '것'의 관념보다 오히려 '거의'에 관한 관념이다. '거의'는 얼마나 탄력적이어야 하는가? 그것은 관점에 달려 있다. 지구는 거의 화성과 같다.

둘 다 태양 주위를 돌고 있으며, 모양은 공처럼 생겼기 때문이다. 하지만 다른 태양계에서 도는 그 어떤 다른 행성과도 거의 비슷하며, 거의 태양과도 같다. 둘 다 천체이며, 거의 점쟁이의 수정 구슬과 같고, 또는 거의 축구공과 같으며 또는 거의 오렌지와 같기 때문이다. '거의'의 외연, 유연성을 설정하려면 일부 기준을 사전에 미리 협상해야 한다. 그래서 '거의' '똑같은' '것'을 말하기는 협상과 같은 말로 설명할 수 있는 과정이다.

에코가 이와 같이 주장하는 '협상'이라는 개념에 주목할 필요가 있다. 즉, 에코가 말하는 대로 협상을 통해 얻어지는 산물은 '똑같은' '것'은 아닐지라도 하나의 '분신'으로는 볼 수 있다. 그렇게 볼 때 번역 혹은 번역하기란, 다시 말해서 번역한다는 것은 한 언어의 고유한 체계와 그 언어로 주어진 텍스트의 구조를 이해하고 그 텍스트 체계의 분신, 즉 '일정하게 있는 그대로 표현되고 설명되는' 의미가 나타나고 말의 구조가 이해되는 문체, 운율, 음성이나 동작의 상징적 측면 그리고 원래의 텍스트가 지향하는 정서적 효과가 담긴 '분신'을 만드는 활동이라 할 수 있을 것이다.

3. 통역의 이해

이제는 통역에 대해 생각해 보자. 통역이란 무엇인가? 《통역학 입문》의 저자 프란츠 푀히하커 (Franz Pochhacker) 에 따르면, 통역은 '번역 행위'로서 번역 (*translation*) 의 특수한 형태 중 하나다. 즉, 통역은 번역이라는 행위에 포함된다.

번역의 개념적 틀 안에서의 통역이 다른 번역 행위와 차별화되는 가장 대표적인 요소는 바로 즉시성(*immediacy*)이다. 원칙적으로 통역이란 언어와 문화의 장애에도 불구하고 의사소통을 하고자 하는 사람을 위해 '지금 여기에서' 이뤄지는 행위다.

그러므로 통역은 다음과 같은 특징을 가진 번역의 한 형태로 볼 수 있다. 첫째, 출발어 텍스트는 단 한 번만 제시되며, 따라서 재검토 혹은 재생이 불가능하다. 둘째, 도착어 텍스트는 시간적 압박 아래 생산되며 수정이나 교정의 기회가 거의 없다.

정리하면, 즉시성을 통역의 일반적 특징으로 보고 즉시 사용하기 위한 번역 행위로 통역을 간주해야 한다. 즉, 통역을 단 한 번 제시된 출발어 발화를 기반으로 하여 다른 언어로 처음이자 마지막으로 생산되는 번역의 한 형태로 정리할 수 있다.

바로 이 즉시성을 기준으로 하면 통역과 번역에 분명한 차이가 있음을 알 수 있다. 최정화 교수는 《통역 번역사에 도전하라!》 161~162쪽에서 다음과 같이 지적했다.

말이란 내뱉는 순간 사라지므로 그 의미만 듣는 이의 머릿속에 남는다. 그러나 글은 문자로 남아 있어 의미뿐만 아니라 의미를 담은 형태인 단어 자체도 기억에 남게 한다.

이런 맥락에서 보면 음성언어 중심적인 용례와는 달리, 통역이 반드시 구두 번역(*oral translation*) 또는 발화 메시지의 구두 전달(*oral rendering of spoken message*) 만을 의미한다고 봐서는 안 된다. 이런 입장은 수어통역을 배제하는 결과를 초래하기 때문이다.

물론 통역 관련 문헌이나 서구 유럽언어를 사용하는 국제회의 및 조직에서 통역은 일반적으로 구어의 사용을 의미한다. 통역과 농인을 위한 통역인 수어통역을 구분할 필요가 생기면서 더욱 구체적 용어인 구어통역이라는 표현이 사용되기도 한다. 실제로 농인은 음향정보보다는 다양한 시각적인 언어코드에 의존하기 때문에 수어통역이라는 용어가 더 정확한 표현이다.

수어통역과 수어번역을 개념화하기 위해서도 즉시성이라는 특성에 집중할 필요가 있다. 즉, 구두 혹은 구어라는 측면보다는 즉시성이라는 특성을 기반으로 해야 구어(*oral*)와 문어(*written*)라는 이분법적 구분을 피하면서도 동시에 번역과 통역을 차별화할 수 있기 때문이다.

4. 수어번역과 수어통역의 이해

수어통역사는 우리 사회에서 어느 정도 개념화된 용어로 정착되었지만, '수어번역사'는 아직은 낯설다. 굳이 구분해야 하는지도 모호하다. 하지만 엄밀하게 보면 수어통역사와 수어번역사는 기능상 구분된다.

수어번역은 '수어를 문자(글)로 변환하거나 문자(글)를 수어로 변환하는 작업'이다. 책이나 문자파일 등에 담긴 글 혹은 문자를 수어로 변환하는 것도 포함한다. 수어번역은 음성통역과 구분된다. 음성통역은 수어를 음성언어로 변환하는 작업이다. 당연히 문자통역과도 구분된다. 문자통역은 음성언어를 농인을 위해 문자로 변환하는 활동이며, 아울러 음성통역의 지원을 받아 음성통역의 내용을 문자로 변환하는 작업도 포함한다. 그런데 수어번역은 음성통역의 도움 없이 수어를 직접 수어번역사가 보면서 문자로 변환하는 것을 의미한다.

유사한 행위임에도 수어번역이 아니라 문자통역이라고 해야 하는 경우도 현장에서는 빈번하게 일어난다. 수어통역사가 수어통역업무를 수행하는 가운데 부득이하게 수어로 의사전달에 한계가 있거나 혹은 더욱 더 정확하게 내용을 전달하거나 소통하기 위해 보조 수단으로 문자를 활용하는 경우가 있다. 이때 이러한 행위는 수어번역이라기보다는 문자통역으로 보는 것이 합당하다. 이렇듯 실제 현실에서 이뤄지는 통역과 번역 행위에는 다양한 경우의 수가 있다.

이제 다시 한 번 수어통역과 수어번역의 개념을 정리해 보자.

수어통역이란 음성언어를 수어로 전달하는 행위이다. 여기서, 세계화된 시대 속에서 외국수어와 한국수어 간 통역도 필요하다는 점을 짚고 넘어가야 한다. 그러므로 수어통역의 개념은 한국어와 한국수어 간 전달뿐만 아니라, 한국수어와 외국수어 간 전달까지 포함하는 개념으로 확장된다. 이렇게 확장된 수어통역 중 수어와 음성언어, 즉 한국수어와 한국어를 서로 전달하는 행위를 음성통역이라고 할 수 있다.

범위를 더 넓혀 보자. 수어번역은 글(문자)이나 그림 등을 한국수어로 전달하거나, 역으로 한국수어를 글이나 그림 등으로 전달하는 행위이다. 이때의 글이나 그림은 한국어와 외국어를 모두 포함한다.

문자통역은 수어를 글(문자)로 전환하는 행위이다(이 과정에 음성통역의 과정이 포함될 수 있다). 이때, 강연자의 말을 그대로 적는 것은 속기이며, 강연자의 말을 '(수어 문법을 고려하여) 농인에게 맞게', 즉 농인이 이해할 수 있도록 글로 변환하여 주는 것을 문자통역이라 해야 한다. 또한 수어통역사가 통역업무를 수행하면서 부가적으로(혹은 보충적으로) 문자로도 변환하는 행위를 하는 경우도 넓은 의미에서 문자통역으로 보아야 한다.

마지막으로, 문자번역은 문자통역의 결과물을 실질적인 자료로 만드는 행위를 뜻한다. 번역에는 즉시성의 문제가 없으므로 재구성 내지 상당한 보완이 가능한 과정을 거쳐 형성된 실질적인 자료가 만들어질 수 있다.

제3절 수어통역사의 이해

1. 수어통역사의 특성

자기 과시와 명성의 시대인 요즘, 수어통역사는 무명으로 남으면서도 일과 삶을 즐긴다. 일반 통역사 세계의 최상급 통역사와 비교하면 수어통역사는 헌신과 희생을 담보로 일하는 경우가 빈번하다. 그러면서도 수많은 한국 수어통역사는 외부적 찬사나 보상에 별 관심이 없다. 다만 자신의 직업 영역에서 고도의 전문성으로 막중한 책임을 지며 통역업무 수행을 통해 깊은 성취감을 느끼며 일한다. 심지어 대다수 수어통역사는 사회적인 인정에 연연하지 않는다. 장애인에 대한 자선적인 긍휼에 기초하지도 않는다. 농인의 권리를 대변하며 그들의 욕구에 기초하는 수어통역을 전문적 서비스로 제공하는 것에서 보람을 느낀다. 더욱이 수어통역사는 맡은 수어통역을 완수하는 것에서, 수어통역에 몰입하는 동안 받는 기쁨 그 자체에서 만족감을 느낀다.

이처럼, 수어통역사에게서는 책임성이라는 특성을 발견할 수 있다. 수어통역사는 업무 자체에 대해 몰입할 뿐만 아니라 통역업무에 대해 치밀하게 준비한다. 탁월한 통역 수행을 해나가기 위해 아주 사소한 부분까지도 꼼꼼하고 완벽하게 챙기는 것이다. 대부분의 사람이 성공의 결과만을 누리려 하고 정작 책임을 떠맡는 것은 기피하는 반면, 이들은 막중한 책임을 즐기는 성향을 보인다. 예컨대 농인의 삶의 문제에 농인을 대변하며 옹호하기도 한다.

그러면서도 수어통역사의 수고와 노력은 철저하게 감추어진다. 희생적인 헌신성 때문이다. 이들은 화자인 농인과 농인의 의사소통 도구로서만 자리매김되는 것에 만족한다.

아이러니하게도 수어통역사가 부각되는 순간은 그들이 무언가 중대한 실수를 저질렀을 때다. 통역에서 오류가 드러나면 전에 아무리 잘했더라도 한순간에 문제 있는 수어통역사로 낙인찍히거나 비판받는다.

수어통역사란 '농인을 위해, 농인에 의해, 농인과 함께 살아가는 삶의 현장'에서 '수어'라는 언어에 관해 치열하게 수행하고 훈련하여 수어를 언어로 사용하는 데 최고의 경지에 이른 사람을 말한다. 이를테면 장인(匠人) 같은 사람이다. 열악한 근무 환경 속에서 헌신적으로 통역의 사명을 묵묵히 최선을 다해 감당하는 한국의 수어통역사야말로 위대한 실천가이다.

2. 수어통역사의 역할

수어번역사는 통상적으로 외국어를 번역하는 번역가의 역할과 기능을 거의 유사하게 수행한다. 수어번역은 일반 외국어번역과 크게 다르지 않다. 그러나 수어통역사는 조금 다르다. 이에 답하기 위해서는 다음과 같은 근본적인 질문을 마주해야 한다.

"수어통역사는 어떤 전문가이어야 하는가?" 일반 통역사는 상이한 언어 간 간격을 연결하여 양쪽 언어 간 변환에 충실하면 되지만, 수어통역사는 변환을 수행하는 일반적인 통역사로서의 역할뿐만 아니라 '사회복지사+통역사+상담사'의 역할을 통합적으로 수행하는 경우가 빈번하다.

수어통역사는 농인을 대상으로 통역서비스를 제공한다. 이때 통역서비스는 수어통역센터와 관련 기관 등을 통한 공공서비스 형태로 제공하므로 그 경비를 서비스를 받는 농인보다는 국가가 감당하는 경우가 훨씬 더 많다. 실제로 전체 수어통역의 영역에서 공공 지원을 토대로 하는 수어통역서비스가 가장 큰 비중을 차지한다. 거의 80% 이상으로 추정된다. 그 외에 일부는 자원봉사로, 또 일부는 저렴한 실비를 제공하는 민간자원의 동원으로 수어통역이 이뤄진다. 또 농인 당사자가 비용을 지불해 수어통역을 제공받는 경우도 드물게 있다.

농아인협회와 수어통역센터, 농인복지관 7개소, 경기도의 농인 노인 쉼터 2개소 및 몇몇 농인 관련 사회복지시설을 제외하면, 일반 사회복지시설에서 수어를 매개로 하여 농인 대상의 사회복지서비스를 제공하는 경우는 거의 전무하다고 해도 과언이 아니다. 당연히 수어를 사용하면서 사회복지서비스를 제공하는 사회복지사는 찾아보기 어렵다. 그러다 보니 농인의 복지욕구는 현실적으로 수어통역사가 감당하고 있다. 다시 말해 농인을 대상으로 하는 한국의 사회복지실천은 사회복지사가 아닌 수어통역사가 맡고 있는 것이다. 그 결과, 수어통역사는 사회복지사와 통역사, 더 나아가 상담사의 역할까지 종합적으로 감당하는 실천가로서 농인에게 인식되고 있다. 이 같은 수어통역사의 직업적 정체성은 꽤 많은 시간이 흐르면서 현장의 필요에 의해 축적된 결과라고 할 수 있다.

그렇다면 정말 수어통역사는 사회복지사이자 통역사이자 상담사인 통합적 휴먼서비스 전문가여야 하는가? 그렇지 않다. 통역업무의 본질에 비춰볼 때, 이것은 동의할 수 없는 개념이다. 수어통역사는 사회복지사와 상담사의 역할까지 감당하는 통합적 전문가가 아니며, 그런 역할을 해서도 안 된다. 수어통역사는 통역사여야 하고, 수어번역사는 번역사여야 한다. 지금까지 잘못 형성된 수어통역사에 대한 기존 패러다임을 바꾸어야 한다. 수어통역사는 수어통역의 본질에 충실한 통역 전문가로서 확고하게 자리매김해야 한다. 수어통역사는 통역을 매개로 하는 '정보 제공자'이자 '소통 전문가'이며, '청인문화와 농인문화 간 중개자'여야 한다.

제8장

수어통역과 번역 이론

제1절　　　**수어통번역은 불가능한가?**

수어통역은 그 어떤 통역보다도 실시간 내에 고농축된 정보를 정확히 전달해야 하는 전문적인 작업이다. 무엇보다도 음성언어와 수어 간의 명백한 '차원의 차이'(간격)를 극복하고 양 영역의 가교 역할을 해야 하기에 엄청나게 인지적인 능력을 요구할 뿐만 아니라 신체적인 활동까지 필요하다. 수어번역은 어떠한가? 당연히 수어번역도 그 어떤 번역 활동보다도 어렵다. 진정한 의미의 수어번역은 불가능하다는 생각도 든다. 수어는 농인의 독특한 문화 속에서 농인만이 이해할 수 있는 의미를 가지는 경우가 상당히 많기 때문이다.

《수화의 이해와 실제: 고급과정》(이준우·남기현, 2004)에서 그 예를 찾을 수 있다. 가령, "일이 겹치다, 중복되다, 두 가지 일이 동시에 일어나다"를 보자. 이 말을 수어로 표현하면 "양손(O형) 손끝을 턱 밑에 댔다가 동시에 아래로 내리면서 손가락을 푸는 동작"이 된다(〈그림 8-

〈그림 8-1〉 "일이 겹치다, 중복되다, 두 가지 일이 동시에 일어나다"

출처: 이준우 · 남기현(2004), p.97.

〈그림 8-2〉 "일이 겹치다"

〈그림 8-3〉 "두 가지 일이 동시에 일어나다"

1〉참조).

그런데 이를 각각의 수어단어를 조합해 표현하면 완전히 뉘앙스가 달라지고 만다. 무미건조하고 매우 사무적인 뜻이 되는 것이다(〈그림 8-2〉, 〈그림 8-3〉 참조).

다른 예를 들어보자. "(음식의) 간이 맞지 않다"라는 표현을 수어로 하면 "입 + 아직"이라고 할 수 있다(〈그림 8-4〉 참조). 아울러 이 표현은 "더 하고 싶다"라는 의미로도 쓰인다. 즉, 오락, 수다 등과 같이 자신이 좋아하는 것을 하다 중간에 멈추게 되었을 때의 아쉬움을 표현할 수 있다.

그런데 만약 이 경우에도 수어단어를 단순히 나열하는 방식으로 표현하면 "입 + 맞다 + 아니다"가 되는데, 이는 농인의 입장에서는 대단히

〈그림 8-4〉 "간이 맞지 않다"

출처: 이준우 · 남기현(2004), p.21.

〈그림 8-5〉 "간이 맞지 않다"

어색한 말이 된다(〈그림 8-5〉참조).

다음으로, 신조어의 경우에도 통번역이 쉽지 않다. 이를테면 요즘 대화에서 자주 사용되는 미국의 대통령 "트럼프"를 말할 때, 수어로는 일반적으로 지화를 사용할 수 있다. 그러나 한국의 농인은 지화보다는 이미 트럼프의 헤어스타일을 모방해 오른손〔9형〕을 앞머리에서 한두 번 '들었다 놨다' 하는 동작으로 표현하는 것을 더욱 좋아한다(〈그림 8-6〉참조).

그래도 이런 것은 좀 낫다. "K팝"(〈그림 8-7〉) 이나 "노잼"(〈그림 8-8〉), "AI"(〈그림 8-9〉) 같은 단어는 수어로 어떻게 표현할 수 있는가? 지화 혹은 미국수어를 활용해 한국수어와 함께 표현하는 방법이 있을 것이다. 실제로 농인은 "노잼"은 미국수어 "No"에 "재밌다"를 붙여 쓰고, 비슷한 표현인 "노답"도 미국수어 "No"에 "답하다"를 붙여 사용한다.

그러나 이 사례들은 현실적으로 영어를 모르는 농인이 의외로 많아 젊은 농인을 제외하고는 폭넓게 쓰이지는 않는다. 영어에서 온 용어 고유의 뉘앙스를 살릴 수 있는지도 잘 모르겠다. 하지만 농인에게는 간단한 설명을 부가적으로 하지 않으면 개념 자체에 대한 이해가 어렵다. 이는 수어번역에서만이 아니라 수어통역에서도 동일하게 제기될 수 있는 문제이다. 그러나 수어통역은 현장의 분위기가 있기 때문에 의외로 통역 장면에서 수월하게 그 의미가 전달되기도 한다. 반면, 수어번역 대부분은 문자(글)를 수어로 옮기는 것이기에 더 많은 고민이 필요하다. 번역물이 오랜 시간 보존돼 후대에도 애독될 경우가 있기 때문이다.

한국어(혹은 외국어) 글을 한국수어로 번역하는 작업이 매우 어렵고 복잡한 일임은 분명하다. 최소한 두 가지 언어, 즉 한국수어와 한국어

〈그림 8-6〉 "트럼프"

〈그림 8-7〉 "K팝"

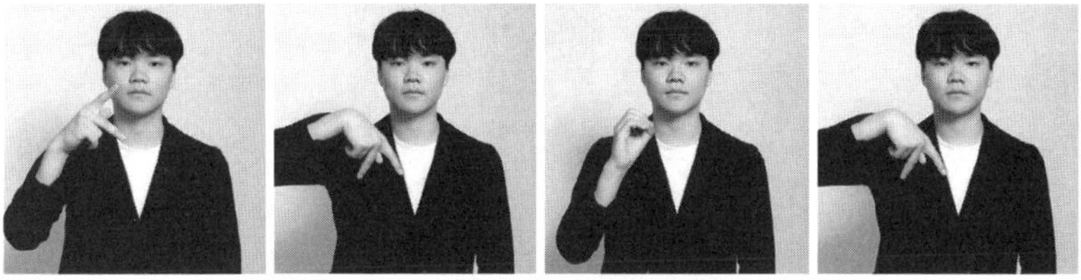

〈그림 8-8〉 "노잼"

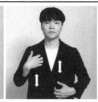

〈그림 8-9〉 "AI"

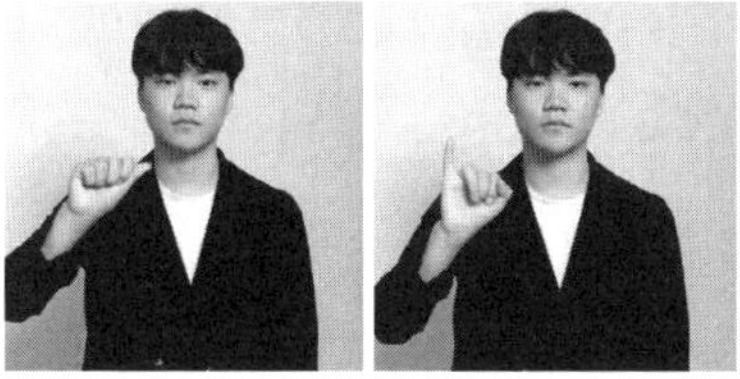

<〈그림 8-10〉 "감언이설"의 직역>

〈그림 8-10〉 "감언이설"의 직역

주: "감 + 말하다 + 다르다 + 이야기". 수어로 감언이설의 한자를 하나씩 나열한 것.

〈그림 8-11〉 "감언이설"의 올바른 표현

에 모두 능통하지 않는 한 수어번역을 제대로 하기는 힘들다. 비록 두 언어에 모두 능통하더라도 어떤 상황이나 사항은 수어로 번역하기가 매우 어렵고 번역할 수 없을 수도 있다.

이와 함께, 직역과 의역에 관한 문제를 반드시 짚고 넘어가야 한다. 어떤 문장이나 단락을 수어로 번역할 때 글자 그대로 명시적인 의미만을 옮겨야 할 것인지, 아니면 글자 그대로의 의미만이 아닌 암시적이고 함축적인 의미를 중심으로 옮겨야 할 것인지에 관한 문제다. 직역만으로 의미가 통하는 경우도 있지만 수어의 경우 직역만으로는 의미가 전혀 통하지 않는 경우가 많다.

예를 들면 "감언이설"을 수어로 번역할 때, 직역하면 "감(= 느낌 혹은 먹는 감)+ 말하다 + 다르다 + 이야기(= 강의)"가 된다(〈그림 8-10〉).

하지만 이렇게 직역하면 농인은 거의 이해하지 못한다. 이는 "입 + 왼손〔5형〕을 향해 오른손가락 끝을 향하게 하여 손가락을 움직이며 좌우로 이동한다"와 같이 표현해야 한다.

농인들도 청인과 마찬가지로 학력이나 지적 수준에서 각자 차이가 난다. 이렇게 의역을 하는 경우에도 사회적 맥락, 특히 농문화와 농사회의 흐름을 포함해 전반적인 삶의 경향을 이해하면서 동시에 언어 사용의 수준과 범위도 깊이 고려해 수어로 번역하는 것이 필요하다.

1. 농문화와 수어통번역

수어통번역을 할 때, 농문화적·농사회적 배경과 더불어 농인의 삶과 그들의 환경에 대한 자연스러운 이해는 너무도 중요하다. 농인이 살아가는 삶의 현장을 모르고서는 바른 수어번역이 절대 불가능하다. 현장을 직접 경험하는 일이 없다면 훌륭한 번역을 하기가 어렵다.

이러한 현장 답사는 농인의 삶의 현장을 방문하는 데만 머물지 않는다. 번역의 대상이 되는 원텍스트의 본질과 상황을 면밀하게 파악하는 현장 답사 또한 필요하다. 즉, 번역해야 할 원텍스트의 상황을 이해하기 위한 현장 답사가 필요할 수 있다. 가령, 어떤 유물을 다루는 책을 수어로 번역할 경우 그 유물에 관해 전반적인 지식을 갖추지 않는다면 결코 좋은 수어번역을 할 수 없을 것이다. 이럴 경우 그 유물이 보관되어 있는 박물관 등의 현장을 방문해 관련 지식을 습득해야 한다.

예를 들어 정호승 시인의 시 〈귀〉를 수어로 번역한다고 하자.

… 내 귀는 솔바람 소리의 웃음소리를 듣고 싶으나 / 엄마를 기다리는 아기 새들의 울음소리를 듣고 싶으나 / 새벽별이 등불처럼 켜진 저녁 / 소들의 여물 먹는 소리도 듣지 못하고 … 다정한 눈물의 목소리도 듣지 못하고 / 골목에서 뛰어노는 아이들이 종소리처럼 들리면 … 뿌리에서 꽃 피는 소리가 들리고 / 백목련 땅에 툭 떨어져 수줍게 웃는 소리가 들리면 / 내 귀는 이제 죽어도 좋다.

청인 수어번역사는 소리를 듣지 못하는 농인에게 이 시의 청량한 언어의 향연을 어떻게 전달해야 할까? 글자 그대로 직역할 수는 있겠으나 농인의 입장에서는 아무런 느낌이 없는 단조롭고 지루한 번역물로 받아들여질 것이다. 청인 수어번역사는 소리가 없는 세계에서 살아본 경험이 없기에 다양한 소리를 어떻게 시각적으로 나타내야 하는지 그 감정 표현이 어렵기 때문이다. 소리를 보고 느낄 수 있는 감정을 어떻게 청인이 느낄 수가 있겠는가? 이런 경우라면 청인 수어번역사가 느끼는 감정을 수어번역에 적극적으로 반영해야 한다. 풍성한 감정으로 수어번역을 할 때, 즉 수어번역사가 완전히 그 의미를 파악하고 그 수어의 사회문화적 배경을 이해하고 수어로 번역할 때, 농인 독자는 수어번역을 통해 원문의 의미를 더욱더 가깝게 느낄 것이다.

수어번역이란 결국 저자가 전달하고자 하는 의미를 가능한 한 정확하고 적절하게, 오해나 왜곡이 없도록 농인 독자에게 전달하는 것이 목적이다. 아울러 이런 목적은 시대, 배경, 상황, 문화, 정치, 사회, 교육 정도, 개인적인 특성과 성격 등 다양한 요인으로부터 많은 영향을 받은 저자를 제대로 이해하지 않고서는 완전하게 달성할 수 없다. 수어번역사는 가능한 한 저자의 의도와 표현을 충분히 소화하고, 이를 농인의 삶과 문화적 상황에 적합하게 대입하면서 무리 없이 수어로 번역해야 한다. 그런 점에서 수어번역은 부분적 창작이 될 수 있으며, 청인사회와 농인사회를 연결하면서 동시에 청인사회를 농인사회가 이해할 수 있도록 재구성하는 매우 어려운 작업이다.

2. 수어통번역에서의 차원의 간격

앞서 말했듯 수어통번역은 음성언어와 수어 간의 명백한 '차원의 차이'(간격)를 극복해야 한다. 이때의 '차원의 차이' 혹은 '차원의 간격'은 어떤 의미인가? 이 질문에 정확한 대답을 할 수 있을 때, 수어통역과 수어번역의 이론적 토대를 확고하게 놓을 수 있을 것이다.

음성언어는 청각에 기초를 두는 반면 수어는 시각에 의존한다. 일반통역은 청각이라는 감각적 차원에서 수행된다. 하지만 수어는 주류 음성언어 세계 속에서 시각에 의존하며 음성언어와 소통해야 한다. 따라서 청각과 시각이라는 완전히 다른 감각을 넘나든다는 '초차원적 성격'을 가지며 이를 '차원 간의 공유'로 표현할 수 있다. 수어번역 또한 수어통역과 마찬가지다. 수어번역은 즉시성이라는 시간적 측면을 제외하고는 수어통역과 유사한 고민과 어려움을 고스란히 감내해야 하는 작업이다.

3. 수어통번역의 어려움

대부분의 수어통역사와 수어번역사는 자신의 업무를 충실하게 수행한다. 그러나 이들도 인간인지라 상당수는 통역과 번역 과정에서 큰 스트레스를 받는다. 수어통역사와 수어번역사는 감기와 손의 부상에도 주의하며 살고, 목소리와 귀를 철저히 관리하기 위해 무던히 애를 쓴다. 특히, 수어통역사는 소리에 민감하다. 통역하다가 아주 작은 소리가 나도 예민한 반응을 일으키곤 한다. 두통을 호소하는 수어통역사도 많다.

어깨가 결리거나 팔이 아파서 힘들어하는 경우도 있다. 수어통번역은 팔과 손목, 손가락, 표정, 머리와 어깨 등의 신체적 동작으로 힘을 쏟아내야 하는 극심한 육체노동일 뿐만 아니라 언어를 전환하면서 두뇌도 활발히 쓰기 때문에 고도의 정신노동이기도 하다. 엄청난 육체적·정신적 스트레스를 받기 마련이다.

한편, 수어통역사가 겪는 또 다른 어려움은 서비스 이용자의 언어적 수준이 천차만별이라는 점이다. 고령의 농인과 무학의 농인을 위해 수어통역을 할 때는 현재 사용하고 있는 수어를 이해하지 못하는 그들을 위해 '몸짓'까지 사용하면서 통역해야 한다. 반대로, 농인의 수어를 음성으로 통역하거나 글(자막)로 번역해야 하는 경우도 쉽지 않다. 농인이 관용적으로 사용하는 수어를 거의 완벽하게 이해해야 하는데 이는 만만치 않은 작업이다. 이런 경우 농인 통역사의 도움을 받기도 한다.

특히, 음성통역을 수행할 때는 달라지는 말의 길이가 고민되기도 한다. 실시간으로 작업이 진행되는 상황에서 한국어를 영어로 옮기면

120~130% 정도 늘어나듯, 수어를 음성통역으로 옮기는 데도 130~140% 정도로 그 양이 늘어나는 경우가 빈번하다.

4. 수어통번역 이론의 필요성

훌륭하고 유능한 수어통번역을 위해서는 수어통역사와 농인의 의사소통 방법의 일치(Seal, 1998; Winston, 1995), 수어통역사와 수어번역사의 통역 내용에 대한 이해도 및 익숙함(De Groot, 1997), 수어통역사와 수어번역사의 교육 배경, 전공 지식에 대한 친숙함, 출발어 및 도착어 자료의 복잡성 및 언어 특징에 따른 수어통역과 번역 스타일의 변화(Napier, 2002) 등이 준비되어야 한다.

그렇다면 수어통역사와 수어번역사가 이 같은 실제적인 준비를 갖추기 위해 가장 먼저 해야 할 일은 무엇인가? 무엇보다도, 이론적 무장을 확실하게 해야 한다. 앞서 지적했듯, 가치, 지식, 기술 등 3가지 요소를 갖추어야 전문성을 획득할 수 있다. 이 글에서는 이론적으로 접근해 보자. 바로 수어통역과 번역의 이론이다.

신영복 선생은 《나무야 나무야》에서 논리나 사상은 추상적 관념으로 이뤄지는 것이 아니라 현장에서 몸으로 부딪치면서 두 발로 걸어가며 삶을 살아갈 때 비로소 이뤄진다고 했다. 그 예로 감옥에서 만난 목수 할아버지를 들었다.

나와 같이 징역살이를 한 노인 목수 한 분이 있었습니다. 언젠가 그 노인이 내게 무얼 설명하면서 땅바닥에 집을 그렸습니다. 그 그림에서 내가 받은 충격은 잊을 수 없습니다. 집을 그리는 순서가 판이하였기 때문입니다. 지붕부터 그리는 우리들의 순서와는 거꾸로였습니다. 먼저 주춧돌을 그린 다음 기둥, 도리 들보, 서까래, 지붕의 순서로 그렸습니다. 그가 집을 그리는 순서는 집을 짓는 순서였습니다. 일하는 사람의 그림이었습니다. 세상에 지붕부터 그려온 나의 무심함이 부끄러웠습니다. 나의 서가 (書架)가 한꺼번에 무너지는 낭패감이었습니다. 나는 지금도 책을 읽다가 '건축'이라는 단어를 만나면 한동안 그 노인의 얼굴을 상기합니다.

신영복 선생과 같은 탁월한 지식인의 서가, 즉 '책을 쓰는 도리'가 한꺼번에 무너질 정도의 낭패감을 안겨준 것은 새로운 이론도, 위대한 사상가도 아니었다. 실제로 그 분야에서 일하고 경험하며 삶을 살아왔던 한 사람이었다.

수어통번역의 이론도 실제적인 수어통번역 활동 경험에 기초해 정말 농인에게 필요한 수어통번역이 무엇이며, 유용한 접근이 어떠해야 하는지를 당사자의 입장을 토대로 전면적으로 살펴봐야 한다. 바로 이러한 맥락에서 수어통역과 번역의 이론을 고민해야 한다.

수어통역과 번역 이론을 살펴보기 위해서는 일반통역과 번역 이론을 적용하거나 응용해야 한다. 아울러 수어통번역의 동향 또한 일반통번역의 동향과 상관성 속에서 살펴볼 수밖에 없다. 일반통번역의 단위가 음성청각적 요소에 있다면 수어통번역은 시각적 요소에 기초를 둔다. 그러나 커뮤니케이션, 즉 의사소통이라는 관점에서 보면 일반 음성중심의 통번역과 수어통번역 사이에는 차이가 없다. 단지 의사소통 전달 과정에서의 도구가 음성언어인지, 수어 언어인지에 차이가 있을 뿐이다.

그러나 두 언어 간의 도구적 차이로 인한 고려사항은 분명하게 있다. 이 차이를 고려하면서, 다양한 일반통번역 이론과 동향 중 수어통번역에 가장 활용할 만한 가치가 큰 이론을 중심으로 살펴보고자 한다. 즉, '의사소통 과정에 기초한 도식 모델'과 '의사소통의 내용을 중심으로 정립된 기능주의 이론'을 중심으로 통번역 관련 이론을 고찰해보고자 한다.[1]

《수화통역 입문》(이준우, 2004b) 은 수어통역의 이론적 접근을 '수어통역의 모델'을 설명하는 것으로 시도했다. 당시 논의의 수준은 수어통역 영역에 국한되었고, 수어번역에 대한 접근은 고려되지 않았다는 한계가 있다.[2] 이 글에서는 수어번역에 관한 이해도 포함해 수어통역과 수어번역 이론을 살펴보고자 한다.

---

[1] 이 글에서 정리한 '의사소통 과정에 기초한 도식 모델'과 '의사소통의 내용을 중심으로 정립된 기능주의 이론'에 관한 내용은 정호정의 《제대로 된 통역·번역의 이해》(2011, 한국문화사) 의 127~142쪽 내용을 중심으로 수어통번역 상황에 적용해 정리했음을 밝힌다.

[2] 더 자세한 내용은 《수화통역 입문》(이준우, 2004b) 의 111~117쪽을 참고하기 바란다. 당시 생각하지 못했던 미흡한 부분과 뚜렷한 학문적 한계가 여실히 드러나는 것 같아 다소 민망하지만, 이 책에서 다루었던 고민의 결과가 있었기에 오늘 한국의 수어통역과 수어번역 이론을 독자와 함께 모색할 수 있다고 본다.

　　　　수어통역과 수어번역의 이론적 모델

1. 과거의 수어통역 모델[3]

전통적인 시각에서 수어통역 모델(김칠관, 2003; 허일·김경진, 2003; Cokely, 1992; Colonomos, 1992; Frishberg, 1990; Humphrey & Alcorn, 1994; McIntire & Sanderson, 1993; Seleskovitch, 1992)이란 수어통역이 무엇인가에 대한 설명이다. 전통적 수어통역 모델은 수어통역 현상을 이해하는 데 가장 중요한 요인이 무엇인지를 말해 주고, 수어통역 관련 사실에 의미를 부여한다. 또한 수어통역 모델에는 수어통역을 설명하는 데 필요한 중요요인 간 관계가 분명하게 진술되어 있다. 따라서 수어통역사와 관련된 수어통역 소비자가 어떤 수어통역 모델을 선택하고, 수어통역에 관해 어떤 개념과 이론을 갖는가에 따라 수어통역과 관련된 의사 결정이 달라진다고 본다.

1) 송수신 모델

지금까지 한국에서 수어통역은 한국어단어를 수어단어로 바꾸는 '단어 대 단어' 치환 과정이라고 보는 경향이 절대적 비중을 차지했다. 이는 한국어 문법구조에 수어단어를 대입해 문장으로 만드는 식으로 수어 표현을 하면 된다는 기계적 통역 방식에 기초를 둔다. 이러한 수어통역에

---

3 《수화통역 입문》(이준우, 2004b)의 111~117쪽 내용을 중심으로 재구성했다.

못마땅해하며 불평을 토로하는 농인을 오히려 비판적 성향이 강하다고 몰아붙이는 경우가 빈번했다.

하지만 2016년 8월 〈한국수화언어법〉이 시행되면서 농인의 인권적 인식이 크게 성장했고, '봉사로서의 통역'이 아닌 '전문가에 의한 당연한 권리로서의 통역'의 개념 또한 정착되고 있다. 이에 한국어 대응 방식의 문법식 수어를 중심으로 하는 수어통역에 많은 문제가 제기되고 있다.

이렇듯 한국에서 한때 주류로 인식되던 단어 대 단어 치환 중심의 통역 모델을 통역 이론에서는 송수신 모델이라고 한다. 송수신 모델에서 수어통역사는 의사소통 참여자의 감정에 영향을 받지 않으면서, 무심하고 기계적으로 메시지를 수신하고 송신하는 역할을 한다. 마치 상수도관과 같은 파이프나 전화선, 보청기와 같은 존재인 것이다. 이 모델을 중심으로 교육을 받은 수어통역사는 자신이 들은 말의 의미를 이해할 필요도 없고, 이해하려고 노력할 필요도 없다고 생각하게 된다. 수어통역사가 할 일은 단지 손을 움직이는 것, 즉 그것을 수어로 표현하면 끝이다.

이와 같은 송수신 모델은 송수신 과정 분석에 기초를 둔다. 이 모델에서 메시지는 처음에 전송을 위해 부호화된다. 이때의 부호는 음성언어일 수도 있고, 수어 혹은 얼굴 표정, 몸짓, 의성어일 수도 있다. 이렇게 부호화된 신호는 어떤 채널을 통해 전송되고 수신되면서 해독 과정을 거친다.

송수신 모델을 자신의 수어통역 모델로 택한 수어통역사라면, 통역 과정에서 모든 형태의 의사소통에 자신의 판단을 개입해서는 안 된다.

청인이 말하는 모든 내용을 통역해야 하며, 농인이 수어하는 내용을 모두 통역해야 한다. 대화자 사이에 일어나는 상호작용 혹은 의사소통에서 수어통역사는 책임이 없으며, 책임질 일을 해서도 안 되고, 마치 로봇처럼 미리 정해진 일을 기계적으로 해야 한다. 이 모델하의 수어통역사는 맥락정보나 문화 관련 정보를 활용해서는 안 되며, 이런 정보를 배우는 데 시간을 쓰지 않는다.

2) 인지 모델과 상호작용 모델

콜로노모스(Colonomos, 1992)는 수어통역 과정을 단순화하여 수어통역 인지 모델로 제시했다. 인지 모델에서는 수어통역의 첫 단계로 수어통역사가 원메시지를 표현하기 위해 사용된 원래의 언어를 이해해야 함을 지적한다. 그런 후에 수어통역사는 대상 언어로 의미를 어떻게 부호화할지를 결정하기 위해 메시지를 분석한다. 다른 이론에서는 분석과 부호화 과정을 구분하지만, 이 모델에서는 구분하지 않는다.

이 모델에서는 수어통역사의 역할을 하나의 언어에서 다른 언어로 부호를 바꾸는 것으로만 보지 않는다. 수어통역사의 성격이나 직관에 따라 원메시지의 해석 방향이 달라지기 때문이다. 수어통역사가 논의되는 주제에 관해 얼마나 아는지, 수어통역 상황에서 어떻게 느끼는지 등 수어통역 경험에 따라 수어통역사가 대화 상황에서 무엇을 듣고 무엇을 볼지 달라지고, 대상 언어로 어떻게 표현될지가 달라진다.

수어통역을 거쳐 대상 언어로 메시지를 바꾸었을 때, 수어통역사는 표현과 함께 평가도 한다. 수어든 말이든 자신이 표현한 내용이 얼마나

<그림 8-12> 수어통역 인지 모델

| 원메시지 (출처) | → | 지각 및 이해 | → | 분석 및 부호화 | →
← | 표현 및 평가 | → | 해석된 메시지 (대상 언어) |

정확한가 하는 자신의 느낌뿐만 아니라 대화 참여자의 시각적 단서를 통해 피드백을 받는다. 메시지가 정확히 전달됐는지의 여부는 메시지가 실제로 표현되기 전까지 알 수 없는 경우가 많다. 대화 참여자가 고개를 끄덕이거나 당황한 눈빛을 보일 때, 수어통역사는 이를 피드백으로 활용한다. 이런 피드백은 긍정적이든 부정적이든 분석과 부호화 과정에 영향을 미치고, 이를 통해 수어통역사는 메시지의 이해와 메시지 전달의 정확도를 높이기 위해 통역 방식을 수정한다.

인지 모델을 통해 수어통역 과정의 기본적인 구성요소를 분명하게 알 수 있다. 즉, '수어통역사가 원메시지에 관해 무엇을 이해해야 하는가', '대상 언어로 바꿀 때는 어떤 형태를 갖추어야 하는가', '실제로 수어 혹은 말로 바꿀 때 어떻게 해야 하는가' 등에 대한 답을 얻는 데 기본 틀이 될 수 있다. 이 모델에서 설명하는 세 단계는 수어통역사 교육 프로그램에 중요한 기초를 제공한다.

이 모델에 기초한 프로그램은 수어와 말 모두의 문법을 이해하고, 어휘를 확장하도록 가르쳐야 한다. 또한 형식을 바꿔 메시지를 전달하고자 할 때 그 의미를 온전히 보전하기 위해 사용할 수 있는 각 언어의 표현 방법이 무엇인지 가르침으로써, 학생이 한 언어를 다른 언어로 옮길 수 있게끔 한다. 아울러, 학생이 대상 언어로 바꾼 메시지가 원메시지를 정확히 해석한 것인지를 확인하고 점검·수정하는 법을 훈련할 기회도 제공해야 한다.

하지만 수어통역에 관한 인지 모델은 수어통역의 상호작용 측면을 폭넓게 다루지 못한다는 한계가 있다. 가령, 인지 모델에서는 수어통역 상황에서 다른 대화 참여자가 수어통역에 미치는 영향이나 환경의 영향에 관해서는 설명하지 못한다.

이러한 콜로노모스(Colonomos, 1992)의 인지 모델과 달리, 스튜어트와 샤인, 카트라이트(Stewart, Schein, & Cartwright, 1998)는 수어통역 과정에서 일어나는 일, 수어통역의 성공 및 실패와 관련한 여러 가지 요인, 그리고 그 상호작용에 초점을 맞춘 수어통역 상호작용 모델을 제시했다. 이 모델에서는 대화 참여자의 역할뿐만 아니라 대화 참여자가 상호작용하는 심리적 환경과 물리적 환경의 역할도 중요하게 다룬다.

3) 의미중심 모델

셀레스코비치에 의하면 수어통역은 의사소통 과정이다. 그리고 이 과정은 크게 세 단계로 나누어 볼 수 있다(Selescovitch, 1978: 정호정 역, 2002). 첫째, 의미를 수반하는 언어적 발화를 청각적 혹은 시각적으로 인식하는 단계, 둘째, 언어적 표현 자체를 의도적으로 즉각 잊어버리는 대신, 개념과 아이디어 등 머릿속에 남은 메시지를 기억하는 단계, 셋째, 도착어로 새로운 발화를 재생산하는 단계이다. 즉, 셀레스코비치(Selescovitch, 1978: 정호정 역, 2002; 김칠관, 2003; 水野的, 1997)의 '의미중심 모델'에서 통역사는 출발어로 하는 말을 도착어로 바꾸는 것이 아니라, 출발어로 하는 발화를 '분석하고 이해'하자마자 의식적으로 형식을 버리고, 메시지를 끄집어내 그것을 도착어로 재구성한다.

이 이론에 대해 비판도 많았으나 통역사나 통역 교육・훈련 현장에서는 폭넓게 받아들여지고 있다. 이 모델을 적용하면 통역사가 소박하면서도 최선을 다해 실감 나게 표현하기 때문일 것이다. 물론 의미중심 모델에는 통역 과정에서 도착어의 이해에 편중될 위험이 있기도 하다. 하지만 단어 대 단어로 치환할 때, 엄청난 양과 대단한 속도로 쏟아져 나오는 원메시지의 내용을 그대로 도착어로 전달해 내기란 너무나 어려운 일이다. 더욱이, 음성언어를 음성언어로 전달하는 것이 아닌 수어통역은 현실적으로 도착어에 집중하기에도 벅차다. 그러므로 수어통역에서는 인지 모델, 상호작용 모델, 의미중심 모델을 통합적으로 재구성하되, 의미중심 모델을 활용하는 것이 더욱 유용할 것이다.

2. 의사소통 과정에 기초한 도식 모델

기존의 모델을 보완한 접근을 살펴보자. 통역만이 아니라 통역과 번역을 아우르는 이론적 모델로, 통역이 아닌 통번역으로 통칭한다.

통번역 과정을 설명하는 도식 모델로 커뮤니케이션 모델, 3단계 전이 모델(*three-stage transfer model*) 및 채널 모델(*channel model*), 삼각형 모델(*triadic model*)을 대표적으로 꼽을 수 있다(정호정, 2011: 127~137). 이들 도식 모델은 수어통번역 모델로도 충분히 활용할 수 있다.

1) 커뮤니케이션 모델

커뮤니케이션 모델은 통번역을 서로 다른 문화 간의 커뮤니케이션, 즉 의사소통을 가능하게 하는 중개 행위로 정의한다. 서로 다른 문화 간 의사소통을 이해하기 위해, 우선 단일 언어를 매개체로 사용하는 일반적 의사소통, 즉 커뮤니케이션 상황을 먼저 이해해야 한다. 출발 텍스트 생산자인 원저자는 자신이 의도하는 메시지, 곧 출발 텍스트를 독자에게 직접 전달한다. 이때 출발 텍스트의 저자와 독자는 동일한 언어로 소통하기 때문에 언어적 장벽은 존재하지 않고, 경험과 사고의 총체로서의 문화도 공유하기 때문에 문화적 장벽도 작용하지 않는다. 따라서 출발 텍스트 생산자가 전달하고자 하는 정보 의도를 생산자가 의도하는 대로 텍스트 사용자인 대상 독자가 추론해낼 수 있는 경우 의사소통은 성공적으로 이뤄진다.

하지만 서로 다른 문화 간에 이뤄지는 의사소통은 이러한 일반적인 의사소통 과정보다 훨씬 더 복잡하다. 텍스트 생산자와 사용자가 서로 다른 언어를 매개체로 사용하기 때문에 언어 장벽이 존재하고, 따라서 텍스트 생산자와 사용자 간의 직접적인 의사소통이 원천적으로 불가능하기 때문이다. 더욱이, 일차적 의사소통 과정에 원래 의도된 소통자와 피소통자 간에는 언어 장벽뿐만 아니라 문화적 장벽도 동시에 존재한다.

그렇기 때문에 통역사 혹은 번역사가 소통 과정에 개입해 중개한다. 이들은 언어 중개뿐만 아니라 문화 중개도 한다. 이런 중개 행위는 농문화와 청인문화 사이에서도 이뤄져야 할 매우 중요한 활동 요소이다. 그러므로 수어통번역도 농인과 청인의 서로 다른 문화 간 간격을 메워

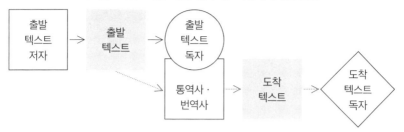

〈그림 8-13〉 서로 다른 문화 간 커뮤니케이션 모델

출처: 정호정(2011), p.128의 〈그림 8.1〉을 수정·보완.

주는 가교 활동임에 틀림없다.

〈그림 8-13〉에서 주목할 점은 첫째, 일차적 의사소통 과정에서의 원메시지 수신자와 이차적 의사소통 과정에서의 메시지 생산자가 동일한 사람이라는 점이다. 즉 통역사·번역사는 일차적 의사소통 과정의 메시지 수신자이자 이차적 의사소통 과정의 메시지 생산자의 역할을 동시에 수행한다. 그래서 일차적 의사소통 과정과 이차적 의사소통 과정이 겹치는 동일한 축상에 자리 잡는다. 둘째, 출발 텍스트로 나타난 원메시지와 도착 텍스트로 표시된 메시지의 체적(넓이와 높이를 가진 물건이 어떤 공간에서 차지하는 크기)이 같아야 한다. 즉 통역사·번역사는 자의적인 가감 없이 원메시지의 총체적인 의미 총합에 변화가 없도록 메시지를 빠짐없이 옮기는 것이 중요하다.

2) 3단계 전이 모델 및 채널 모델

니다(Nida, 1964)는 번역이 '출발 텍스트가 가진 의사소통 의도를 전달하는 것'이라는 전제 아래, 출발 텍스트가 대상 독자에게 불러일으키

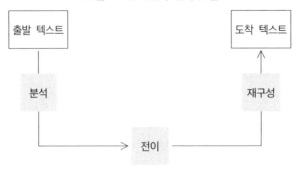

〈그림 8-14〉 3단계 전이 모델

출발 텍스트 → 분석 → 전이 → 재구성 → 도착 텍스트

출처: 정호정(2011), p.130의 〈그림 8.2〉를 수정 · 보완.

는 의사소통의 효과를 도착 텍스트를 수용할 대상 독자의 마음속에서도 동등한 크기로 전달되도록 도착 텍스트를 재편하는 것이라 정의한다. 이때 '효과'에 무게중심을 두기 때문에 통역과 번역 과정에서도 형태적 대응보다는 역동적 등가를 우선 추구해야 한다고 주장했다.

이 모델은 역동적 등가를 지향한다는 점에서 수어통번역에 활용하기가 매우 유용하다. 음성언어와 수어는 언어적 성질과 형태가 완전히 다르다. 즉, 청각적 정보와 시각적 정보의 차원이 크게 상이하다. 따라서 형태적 대응이 현실적으로 거의 불가능하다. 이에 수어통번역사는 음성언어 혹은 수어로 발화되는 출발 텍스트의 목적을 파악해 그 목적을 어떻게 도착 텍스트로 효과적으로 재편할 것인지를 결정해야 한다. 특히, 음성언어와 수어라는 두 언어 사이의 문화적 차이까지도 보충해 의미의 등가를 실현해야 한다.

'등가 효과의 원칙'이라는 이름으로 이를 더 강조한 니다와 태버 (Nida & Taber, 1969)는 번역 과정을 3단계 전이 모델로 설명했다. 이에 따르면 번역과 통역은 출발 텍스트 분석 → 문화 전이 → 도착 텍스트 재구성의 세 과정을 거쳐 이뤄진다. 이때, 출발 텍스트 분석 과정에서는 단순히 메시지의 언어적 표현, 곧 형태적 의미만을 분석 대상으로 삼아서는 안 된다. 메시지의 형태가 전달하는 지시의미나 명시의미 외에 내포의미나 비(非)명시의미까지도 함께 파악하는 총체적 접근이 이뤄져야 한다.

이 같은 총체적 접근은 수어통번역 장면에서는 필수적으로 요구된다. 음성언어와 수어의 문법이 다르며, 음성언어를 뒷받침하는 문화적 상황과 수어의 그것도 다르기 때문에 문화 전이와 도착 텍스트 재구성은 반드시 수어통번역 과정에서 요구되는 핵심 사항인 것이다.

그러므로 분석 과정을 거쳐 파악된 총체적 의미는 도착 텍스트 재구성을 위해 문화 전이가 이뤄져야 한다. 이 과정에서는 출발 문화의 문화 특수성을 완전히 벗겨내는 것이 중요하다. 전달하고자 하는 커뮤니케이션의 의도가 도착 문화권에서 이해하기 쉬운 방식으로 언어적으로 다시 표현되도록 준비하는 것이 문화 전이 과정이다. 이때 중요한 것은 도착 텍스트로 언어적 표현을 입기 이전 상태의 의미, 곧 문화 전이 단계의 결과물이 문화 중립적인 개념의 의미(culture-neutral conceptualized meaning)라는 점이다. 전이가 끝난 의미를 도착어로 다시 언어적 형태를 부여한 결과가 도착 텍스트다.

통번역 과정의 마지막 단계인 도착 텍스트 재구성 과정은 채널 모델로 설명할 때 입체적으로 정리된다. 니다와 태버(Nida & Taber, 1969)는 정보처리 이론을 도입해 통번역 과정의 마지막 단계인 도착 텍스트 재구성 단계를 설명한다. 이 설명에 따르면 효과적인 텍스트는 텍스트를 구성하는 언어의 언어적 특성과 정보 처리 용량 및 구조, 곧 채널의 용량에 맞춰 구성된다.

통번역의 경우 출발어와 도착어가 함께 사용된다. 이때 출발어와 도착어의 채널 용량은 다를 뿐만 아니라 도착어의 채널 용량이 출발어의 채널 용량보다 작기 마련이다. 출발 텍스트는 원저자와 독자가 동일한 배경지식과 문화 경험을 공유하기 때문에 전달하고자 하는 정보 의도의 상당량을 언어적으로 명시하지 않고 독자가 추론을 통해 도출할 수 있도록 암묵적·함축적으로 남겨 둔다. 그러나 도착 텍스트 독자는 출발 텍스트 저자와 동일한 배경지식과 문화 경험이 없기 때문에 출발 텍스트 독자와 동일한 추론을 할 수 없다. 즉, 출발어와 도착어, 그리고 출발 문화와 도착 문화의 양립 불가능성 때문에 출발 텍스트와 도착 텍스트에서 각각 전달돼야 할 정보량이 달라진다.

출발어의 채널 용량에 맞춰 제공된 출발 텍스트의 정보 부하는 상대적으로 용량이 적은 도착어의 채널을 통과하지 못하고 걸러진다. 출발어와 도착어의 채널 용량 차이, 또 출발 문화와 도착 문화의 문화적 차이를 확실하고 분명하게 인식하고 있는 통번역사는 출발 텍스트의 정보 부하가 도착어의 채널 용량에 맞춰 도착어의 채널을 성공적으로 건너갈 수 있도록 중개한다. 즉, 출발 텍스트에서 언어적으로 명시되지 않고 함축적·암묵적으로 남겨져 있던 정보를 도착 텍스트 독자가 이해할 수 있도록 도착 텍스트를 재구성한다. 이 과정에서 비명시적 정보를 명시화하고 필요한 추가적인 설명을 친절하게 덧붙여 정보를 확장한다. 이 전체 과정을 도식화한 것이 〈그림 8-15〉이다.

〈그림 8-15〉에서 보듯 재구성된 도착 텍스트는 출발 텍스트보다 세로는 더 짧아지지만 가로가 훨씬 길어진 형태로 바뀐다. 이는 통번역사가 출발 텍스트를 도착어의 채널을 통과할 수 있도록 재구성한 결과다.

〈그림 8-15〉 채널 모델

출발 텍스트	출발 텍스트 전달 채널의 용량	출발 텍스트 독자
출발 텍스트	도착 텍스트 전달 채널의 용량	도착 텍스트 독자
재구성된 도착 텍스트	도착 텍스트 전달 채널의 용량	도착 텍스트 독자

출처: 정호정(2011), p.133의 〈그림 8.3〉을 수정 · 보완.

단, 이때에도 출발 텍스트와 도착 텍스트의 전체 체적이 같아질 때만 역동적 등가가 구현됐다고 할 수 있다.

3) 해석 이론의 삼각형 모델

해석 이론의 삼각형 모델은 앞서 다룬 셀레스코비치의 의미중심 모델을 더욱더 정교하게 구체화한 것으로 볼 수 있다. 이 모델은 의미중심 모델의 핵심인 '도착어로 새로운 발화를 재생산하는 단계'를 '해석'이라는 관점으로 보며 도착 텍스트의 의미를 실제적으로 설명한다. 즉, 셀레스코비치(Seleskovitch), 레더러(Lederer), 드장(Dejean) 등의 해석이론가들은 번역과 통역 과정을 〈그림 8-16〉과 같이 삼각형 모델로 설명할 수 있다고 주장한다. 해석 이론에서는 번역을 출발 텍스트 독자에게 전달하고자 의도하는 정보를 도착 텍스트를 사용하는 독자에게도 등가로 이뤄지도록 전달하는 것이라 전제한다.

이때 독자의 역할, 특히 해석 활동(*interpreting*)이 중요하다. 메시지에는 그 자체로 고정된 불변의 의미가 있다고 보지 않는다. 독자는 메시지를 읽고 해석하는 과정에 총체적인 지식을 동원하며, 메시지는 이러한 인지적 보완 매개체의 도움을 받아 독자의 머릿속에서 재구성된다. 따라서 독자가 어떤 배경지식을 어느 정도 활용하며 텍스트 해석에 임하는지가 매우 중요해진다.

의사소통의 이런 특성 때문에 텍스트는 의도하는 정보를 대상 독자

〈그림 8-16〉 해석 이론의 삼각형 모델

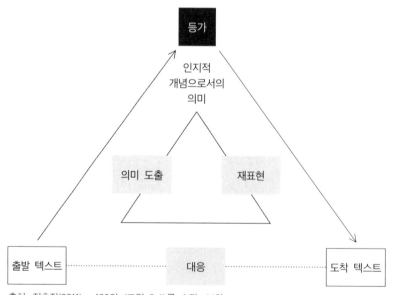

출처: 정호정(2011), p.133의 〈그림 8.4〉를 수정·보완.

가 도출해낼 수 있도록 구성된다. 이때, 대상 독자가 공유하는 인지적 보완 매개체의 내용과 텍스트에 담긴 정보를 도출해낼 수 있는 능력 등은 동일한 언어를 의사소통 매개체로 사용하는 언어문화적 집단별로도 다르게 나타난다. 따라서 서로 다른 언어문화 간에 이뤄지는 통번역 행위의 경우, 출발 텍스트에 담겨진 정보를 도착텍스트 대상 독자가 출발 텍스트 독자와 동일한 방식으로 동일하게 도출해 내기는 매우 어렵다.

이런 언어문화적 차이, 더 나아가 텍스트 독자가 텍스트 해석에 동원하는 집단적인 인지적 보완 매개체의 차이로 인해 출발 텍스트에 담긴 정보의도, 곧 메시지의 의미를 제대로 이해하고 도출해 내는 과정이 매우 중요해진다. 이때, 텍스트의 의미는 단순히 사전적 정의를 넘어 그 의사소통 상황에서 전달하고자 하는 의사소통의 효과를 포함한 총체적이고 구체적인 '의미'(sense)를 가리킨다. 이 의미에 도달하기 위한 중요한 기제가 의미 도출이다.

예를 들어, 한국수어에서 "쥐"는 동물 '쥐'만이 아니라 문맥에 따라 다양한 의미를 나타낸다. "쥐가 난다", "샛길로 요리조리 빠져나가다", "쥐색"(회색), "몰래 숨어 있다"(= 쥐 + 숨다), "마침내 잡았다"(= 쥐 + 잡다) 등 수어문장의 쓰임새에 따라 매우 여러 가지로 표현된다. 이 같은 한국수어의 독특한 의미를 파악해 그 실제적 의미를 도출해 내야만 역동적 등가가 실현될 수 있는 것이다.

통번역 과정의 마지막 단계는 재표현이다. 의미 도출 단계의 결과로 얻은 의미를 도착어의 어법과 도착 문화의 관습에 맞춰 재구성하는 과정을 가리킨다. 이 단계를 지배하는 번역의 원리가 레더러(Lederer, 1999)의 제유의 원칙(principle of synecdoche)이다. 제유(synecdoche)란

부분으로써 전체를 뜻하는 어법을 말한다. 구체적으로 말해, 원래 언어 사용의 특징 가운데 하나인 수사적 비유의 일종으로, 사물의 한 부분을 나타내는 말이 전체를 가리키거나 역으로 전체를 나타내는 말이 부분을 가리키도록 하는 수사법이다. 가령 "대통령에게 무엇보다 중요한 것은 두뇌 집단입니다"에서 '싱크탱크를 구성하는 인재'를 '두뇌'라는 말로 지칭한 것을 들 수 있다. 이같이 사물의 부분을 통해 그 사물 전체를 지칭하는 수사법이 제유이다. 한편, "이 인간아, 어찌 그리 생각이 짧니?"에서는 한 구체적인 사람을 지칭하기 위해 그 사람이 속한 집단 전체를 통칭하는 '인간'이라는 어휘를 썼다. 즉, 전체를 통해 부분을 가리키도록 하는 방식이 사용되고 있다. 이 경우 역시 제유에 해당한다.

이런 제유법이 통번역의 마지막 단계에서 중요한 의미를 갖는 이유는 제유법을 사용할 때 특정 사물을 대표하는 대상을 선정하거나 구체적으로 비유하는 방식이 문화마다 달라, 문화 특수성을 나타내기 때문이다. 예컨대, "쥐꼬리만 하다"는 한국어의 제유로서, "아주 소량의"라는 의미를 탈언어화한 결과이다. 같은 의미가 일본어에서는 "참새 눈물 같다"라는 표현으로, 한국수어에서는 "한 손 5지의 '손톱'을 다른 손 1지로 튕기는 동작"으로 표현된다.

제유의 원칙이란, 각 언어가 통용되는 문화별로 제유에 사용하는 사물 자체나 그 사물에서 부각하는 구성요소가 달라진다는 것을 인식하고, 도착 텍스트가 속한 문화의 제유법에 맞추어 출발 텍스트 문화의 제유를 조정 및 변경해야 한다는 것을 의미한다. 이렇게 제유의 법칙에 입각해 도착 텍스트를 구성하는 것이 재표현 단계의 가장 중요한 목표가 된다.

3. 의사소통의 내용을 중심으로 정립된 기능주의 이론

이제 기능주의 이론을 살펴보자. 정호정(2011: 127~137)의 견해를 중심으로 설명하고자 한다. 기능주의 이론에 의하면 통번역 대상 텍스트는 〈표 8-1〉처럼 텍스트마다 기대되는 구체적 기능을 갖기 마련이며, 따라서 통번역에서 이 기능이 제대로 수행될 수 있는 방식으로 통번역이 이뤄졌는지가 통번역 결과물 수준 평가의 중요한 기준이 돼야 한다.

　기능주의 이론은 텍스트 유형을 '정보 중심 텍스트', '표현 중심 텍스트', '효과 중심 텍스트'로 세밀하게 분류한다. 정보 중심 텍스트란 텍스트가 담고 있는 내용, 곧 정보의 전달이 가장 중심 기능인 텍스트 유형을 말한다. 표현 중심 텍스트란 출발 텍스트 저자가 전달하고자 하는 심미적·미학적 가치가 가장 중요하거나 혹은 메시지의 내용보다 형식미가 더 중요한 텍스트 유형을 일컫는다. 마지막으로 효과 중심 텍스트란 텍스트 독자 혹은 수신자의 생각이나 태도에 영향을 미치거나 더 적

〈표 8-1〉 텍스트 유형별 주요 기능

텍스트 유형	정보 중심 유형	표현 중심 유형	효과 중심 유형
언어 기능	• 정보적(사물과 사실 존중)	• 표현적(텍스트 생산자의 태도 존중)	• 호소적(텍스트 수용자에게 호소)
언어 차원	• 논리적	• 심미적	• 대화적
텍스트의 초점	• 내용 중심	• 형식 중심	• 효과 중심
도착 텍스트의 형태	• 지시의미 전달	• 형태미 전달	• 의도하는 반응 유도
번역 방법	• 평이한 산문체 유지 • 필요에 따른 명시화	• (저자와의) 동일시 • 출발 텍스트 저자의 관점에서 접근	• 각색·번안 기능 활용 • 효과의 등가 추구

출처: 정호정(2011), p.138의 〈표 8-2〉를 수정·보완.

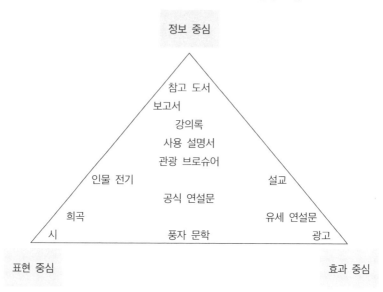

〈그림 8-17〉 기능주의 이론의 텍스트 유형 분류

출처: 정호정(2011), p.139의 〈그림 8.5〉를 수정 · 보완.

극적으로는 태도나 행동의 변화를 의도하는 텍스트 유형을 가리킨다. 각각의 텍스트 유형에 해당하는 구체적인 텍스트 장르를 정리한 것이 〈그림 8-17〉이다.

기능주의 이론은 두 가지 규칙을 근간으로 한다. 첫 번째 규칙은 통번역 행위가 통번역의 목적에 따라 결정된다는 것이고, 두 번째 규칙은 통번역의 목적이 텍스트 수신자에 따라 변화할 수 있다는 것이다. 통번역사의 결정에 영향을 주는 요소는 다양하다. 그중에서도 중요한 것이 대상 독자에 대한 정의다. 바꾸어 말하면, 도착 텍스트를 사용할 텍스트 수용자, 즉 대상 독자의 구성과 특성을 어떻게 정의하느냐에 따라 도착 텍스트의 수용 방식이 결정된다. 이에 따라 통번역 전략도 다르게 적용된다.

기능주의 이론은 텍스트 유형 및 장르별 분류 방식을 통번역사가 숙지하여 구체적 통번역 상황에 따라 특화된 통번역 전략 및 기법을 선택적으로 사용할 수 있도록 출발점을 마련해 준다. 특히, 텍스트 간 혹은 텍스트 구성 요소 간의 등가 관계에 얽매여 있던 통번역사의 관심을 텍스트 외적 요소, 즉 거시적 차원의 고려 사항으로까지 외연을 확대하게 해주었다는 점이 매우 중요한 의미를 갖는다.

제 9 장

수어통역사와 수어번역사의
자질과 직업윤리 *

제1절   **불광불급**

불광불급(不狂不及)이라는 말이 있다. '미치지 않으면 미치지(도달하지) 못한다'는 뜻이다. 수어통역사와 수어번역사의 가장 중요한 자질은 무엇일까? 탁월한 수어통역사와 수어번역사가 되려면 미쳐야 한다. 수어에 완전히 미쳐야 한다. 다시 말해 수어에 몰입해야 한다.

　수어에 미치면 농인에게 미치게 된다. 농인의 삶과 그들의 문화에 몰입하게 된다. 몰입은 사랑을 전제로 한다. 그러므로 수어에 몰입한다는 것은 수어를 사랑하게 된다는 것이다. 그러다 보면 수어가 삶의 기본이 된다. 어느덧 농인과 수어가 통역사와 번역사 자신의 삶과 합일된

---

* 이번 장은 이준우의 《수화통역 입문》(이준우, 2004b)과 《한국 수어학 개론》(이준우 · 남기현, 2014)에서 다룬 내용을 대폭 보완해 정리했다.

다. 그리고 이렇게 합일된 삶은 농인을 존중하고 농문화와 농사회에 대한 윤리적 책임을 담보하는 것으로 승화된다.

수어통번역사는 농인의 삶 속에서 농인이 가장 필요로 하는 직업적 전문가로서 기능한다. 당연히 전문가로서의 자질과 직업윤리가 요구된다. 이에 수어통역사와 수어번역사의 자질과 직업윤리에 대해서 살펴보고자 한다.

제2절   수어통번역사의 자질과 직업윤리

수어통역사와 수어번역사의 자질과 직업윤리를 다룰 때, 가장 먼저 '책임'이라는 측면을 고려해야 한다.

현실적으로 수어통역사와 수어번역사의 책임은 단지 통역과 번역을 하는 것만으로 끝나지 않는다. 한국의 수어통번역사는 사회복지사, 수어강사, 수어통역사, 행정가, 자원동원가 등 농인복지와 관련된 대부분의 업무를 묵묵히 담당하고 있다. 안타깝게도 통역과 번역이라는 본연의 업무에만 집중할 수 있는 상황이 아니기에 수어통번역사가 상담사, 사회복지사, 그리고 농인의 친구 역할까지 하는 것이다.

수어통번역사의 자질과 직업윤리를 몇 가지로 구분해 보자.

1. 자질

우선, 현실로부터 도출된 수어통번역사의 여섯 가지 기본 자질을 설명하고자 한다.

1) 성숙한 인격

수어통번역사는 무엇보다도 성숙한 인격을 갖추어야 하며 생활 또한 다른 사람의 모범이 되어야 한다. 주변 사람과도 심리적으로 안정적이고 좋은 관계를 유지해야 하며, 신체적으로도 균형 잡힌 체질과 건강한 체격을 유지해야 한다. 무엇보다도 농사회를 항상 사랑해야 한다.

　이 점을 강조하는 이유는 수어통역에 발을 들인 사람 중 엉뚱한 이유로 수어통번역을 하는 사람이 종종 있기 때문이다. 가끔 단순히 수어에 흥미를 느껴 남은 시간을 활용해 수어교실을 수료하고 수어통번역사가 된 사람이 있다. 이들은 농사회에 애정이 없어 가는 곳마다 문제를 일으킨다. 수어통번역에 성실히 임하지 않고 농인기관을 빈번하게 이동하며 본색이 드러나면 곧바로 다른 곳으로 가버린다. 문제 있는 수어통번역사의 전형적인 모습이다. 이들은 단지 자신의 호기심과 정서적 욕구 만족을 위해 수어통번역을 할 뿐이다. 농인에게 수어통번역사가 필요하다는 사실에 주목하고 자신의 행위를 과시하기 위한 도구로 수어통번역을 활용하기도 한다.

　수어통번역사는 성숙한 인격체여야 한다. 수어통번역사는 문제의 해결을 고민하는 사람이어야 한다. 신실하고 헌신적이며 자신의 인격 함양에 열성적인 사람, 받기보다는 주기를 더 소원하는 사람이어야 한다. 이런 사람이야말로 지역사회 내 농인을 도와 그들에게 필요한 지식과 경험을 주고자 진정으로 애쓰는 '진짜 전문가'가 될 수 있다.

2) 농인에 대한 애정

수어통번역사는 농인을 사랑하는 사람이어야 한다. 이 자질은 첫 번째 자질에도 포함되지만 매우 중요하므로 강조하고자 한다. 사랑은 농인을 상대로 일하는 동안 반드시 필요하다. 그것은 나눔에 대한 되받기를 기대하지 않는 진실한 사랑이며, 기독교에서 말하는 아가페적인 사랑과도 같다.

이런 아가페적인 사랑은 사회복지에서 말하는 인간 존중의 사상이라고도 말할 수 있다. 수어통역과 번역은 이용자를 중심으로 접근하는 복지 영역이다. 농인을 진정으로 아끼고 사랑하는 마음이 없다면 그 어떤 수어통역과 번역도 성공적으로 수행할 수 없다.

수어를 할 줄 안다는 것이 수어통역사로 하여금 농인의 욕구를 처리할 수 있는 자격을 자동으로 부여한다고 속단해서는 안 된다. 수어통번역사는 수어에 관한 지식에 앞서 수어통번역에 대한 신념과 애정을 갖추어야 한다. 수어를 한다고 농인의 삶의 심리적·사회학적·교육적 또는 직업적 측면에 관한 이해까지 자동적으로 갖추어지는 것은 아니다. 자신의 수어능력에만 전념하고 수어통번역에 관한 중요한 기술을 배제하는 사람은 반쪽짜리 통번역사에 불과하다.

일부 수어통번역사는 수어통번역서비스 과정에 객관적인 입장을 취하지 못하고 농인집단을 의식적·무의식적으로 부모와 같이 대하기도 한다. 그러나 지나칠 정도로 애정과 염려를 쏟아 수어통번역사가 매사를 다 처리해 주려는 심리는 농인 중에서 진정한 지도자가 배출되지 못하게 한다.

3) 수어에 관한 지식

수어통번역사는 수어에 관해 철저한 지식을 갖추어 효과적으로 표현해 전달할 수 있어야 한다. 구화기술이 낮은 수준이거나 수어에 능숙하지 않는다면 그렇게 할 수 없다.

수어에 관한 관심이 수년간에 걸쳐 증진됨에 따라 농인과 만나 수어통번역을 수행하는 전문가의 능력도 증진됐다. 가령, 대화를 나눌 때 농인은 더욱 편안해하며 수어통역사도 더욱더 자신의 일에 자신감을 가지게 되었다. 수어에 관한 지식은 효과적인 수어통역의 수단에 관심을 두는 전문가에게는 중요한 사항이다.

4) 농인에 관한 지식

수어통번역사는 농인에 관한 철저한 지식을 소유하고 있어야 한다. 농인에 대한 지식은 자동으로 주어지지 않는다. 오직 수년에 걸친 경험과 공부를 통해서만 터득할 수 있으며 수어에 능통한 사람만이 가질 수 있다. 이 자질은 수어통역을 이제 갓 시작한 통번역사에게는 기대할 수 없다. 그러나 부단한 노력을 통한 통역업무의 질적 성숙이 수어통번역사의 목표가 되어야 한다.

농인의 욕구 중에는 특수한 것이 많다. 따라서 특수한 해결책과 독특한 접근 방식이 필요하기도 하다. 그러므로 유능한 수어통번역사는 문제를 해결하기 위해 가장 능률적인 방법으로 농인과 대화하는 방법을 익혀야 한다. 면접의 원리와 기법에 관한 지식을 갖춰야 하며 훈련을 통해 자신의 것으로 만들 수 있어야 한다.

5) 지속적인 교육

수어통번역사는 지속적인 교육에 심혈을 기울여야 한다. 교육을 계속하는 체계적인 프로그램을 수어통번역사 스스로 세워야 한다. 농인을 대상으로 일하는 수어통번역사가 업무에서 지속적으로 자신의 능력을 발휘하기 위해서이다.

수화교육을 위한 기관으로 국내에는 강남대 일반대학원 수화언어통번역학과가 있다. 국내 최고의 강사진에 의해 교육이 이뤄지는 대학원 과정의 수어 및 농인 연구의 산실이다. 미국의 경우, 갤로뎃대학과 로체스터공과대학의 NTID, 캘리포니아주립대학 노스릿지 캠퍼스 농인 프로그램 등이 있다.

6) 융통성

수어통역사는 자신이 구상하는 목표를 향해 집단을 이끌어가는 데 융통성을 발휘해야 한다.

농인이건 동료 전문가이건 팀의 한 구성원으로서 일하는 능력은 융통성과 직접적으로 관련이 있다. 최선의 업적은 팀에 의해 달성되며, 홀로 달성되지 않는다. 유능한 수어통번역사는 농인과 함께 당사자가 직접 의사소통의 욕구를 표현하고 충족하게끔 하며, 또 농인을 통해 일하는 요령을 재빨리 터득한다.

과거 현장에서 농인과 수어통역사의 내부적 다툼으로 분열되는 것을 지켜보아야 했던 가슴 아픈 일을 경험했다. 젊고 지성적인 농인들로 구성된, 가장 우수한 집단 중 하나가 마치 넝마처럼 찢겨 나가떨어지는 일을 경험했다. 한 집단에 여러 명의 수어통번역사가 있다 해도, 그들이 진정으로 농인을 위해 헌신하고자 하는 마음이 없다면 갈등이 발생할 수 있다. 수어통번역사는 갈등을 중재하는 평화의 전문가(peace maker)가 되어야 하며 다른 이들과도 원활한 인간관계를 맺어야 한다.

2. 의무와 책임

수어통번역사라면 맡아야 할 책임과 의무가 있다. 수어통번역사는 이러한 수어통역 및 번역의 영역을 잘 이해하고 준수해야 한다.

우리나라 수어통번역사는 많은 시간을 지역사회에 할애하며, 수어통역센터에서 근무할 경우 수어통역만 하는 것이 아니라 수어통역이 이뤄지는 과정에까지도 관여한다. 당연히 이에 수반되는 행정과 기타 잡무를 병행해야 한다. 통역 못지않게 야무진 일처리가 요구된다.

각 영역별 의무와 책임을 구체적으로 나열하면 다음과 같다.

1) 행정

농인이 사용하는 시설물을 항상 사용할 수 있는 상태로 유지한다. 제공 중인 수어통역서비스의 적절한 진행 상황에 관해 필요한 기록을 보존한다. 수어통역서비스 관련 일정표와 함께 앞으로 있을 통역과 번역 관련 업무 일정표를 정확하게 기록해 둔다.

한국농아인협회와 수어통역센터, 그리고 농인복지관 등에서 일할 수어통역사와 수어번역사를 채용하는 것과 관련하여 관계 전문가에게 협조한다. 적절한 수어통역과 수어번역서비스 제공을 위해 필요한 물자와 장비를 구입하도록 예산 관련 부처에 요청하거나 건의할 수 있는 자료를 준비해 놓는다. 수어통역 현장에서 활용 중인 유급 시간제(프리랜서) 또는 자원봉사 수어통역사를 지도·감독한다.

2) 프로그램

모든 연령층 농인이 수준 높은 수어통역 및 수어번역서비스를 받을 기회를 제공하며 농인과 협력한다. 농인의 요청에 의해, 혹은 불가피하게 필요에 의해 실시되는 재가방문에서는 농인과의 만남을 효과적으로 진행한다. 수어통역과 수어번역을 수행할 때 항상 균형 잡힌 집중력을 견지한다. 수어통역이 필요한 행사에 대해 지역 신문이나 언론매체가 숙지할 수 있도록 홍보한다. 지역에 있는 사회복지기관 및 관련 단체의 수어교실 운영을 돕는다. 특별행사를 위해 좌석을 예약하거나 수어통역을 제공한다.

3. 직업윤리

수어통번역사는 반드시 수어통역과 수어번역의 윤리에 대한 인식을 확고하게 갖추어야 한다.

아직 우리나라에는 수어통번역사(특히 수어통역사)의 윤리강령이나 윤리지침이 마련되어 있지 않다. 다소 미흡하지만 다음의 각 항은 앞으로 수어통번역사 윤리강령 개발에 도움이 될 것이다. 과거 수어통역 현장에서 여러 가지 익숙하지 못한 여건에 부딪혔을 때마다 길잡이가 되어준 기준이다. 동시에 그런 실천개입 현장의 경험을 통해 수정·보완된 것이기도 하다.

1) 개인적 행동

성숙한 인격 함양을 위해 노력하는 것은 수어통번역사의 의무이자 책임이다. 수행해야 할 과업에 신체적으로나 정서적으로 적합하게 자신을 유지하는 것은 의무이자 책임이다. 수입 범위 내에서 생활하며 빚을 지지 않는 것은 의무이자 책임이다. 가족을 공평하게 대하며 적절한 시간을 할애하는 것이 의무이자 책임이다. 하는 일의 분야에 관련된 자료를 읽고 연구함으로써 자신의 방법을 유지하며, 활동 분야에서 성장하고자 최선의 노력을 하는 것이 책임이자 의무이다. 활동하는 수어통번역 서비스 기관에 성실하게 완전한 업무를 실천한다. 보수에 상응하는 대가를 치르는 것이 의무이다. 저술이나 강연에서 당연히 밝혀야 할 원천은 정확하게 밝히고 표절하지 않는 것이 의무이다. 지위가 높건 낮건 모든 사람에게 최선을 다하는 것이 의무이다. 수어통번역은 꼭 필요한 능력이지만 최고는 아니라는 것을 명심하며 겸손함을 유지하는 것이 의무이다. 농인의 모든 은밀한 개인적 고백은 결코 누설하지 않는 것이 의무이다. 농인집단 내부의 다툼에서 어느 한쪽도 편들지 않는 것이 의무이다. 농인과 농사회의 '동반자'됨이 소명이라는 사실을 잊지 않는 것이 의무이다.

2) 인간으로서 수행하는 수어통번역

효과적인 수어통번역을 위해 신체를 바르게 관리하는 것이 필수이다. 수어통번역사의 책무를 지켜 나가기 위해 바른 식사습관과 규칙적인 운동을 통한 긴장 해소가 필요하다. 정기적으로 휴식을 취하며 휴무일에는 휴식, 사우나, 낚시, 가벼운 산행 등으로 여가생활을 한다.

수어통번역사는 정신건강에 적절한 주의를 기울여야 한다. 연구, 독서 그리고 묵상을 위한 조용한 방과 생각할 수 있는 시간을 가져야 한다.

가장이자 남편 혹은 아내로서 수어통번역사는 가정에 적절한 주의를 기울여야 한다. 그가 받는 보수로 가족을 부양할 수 있어야 하며 전문가의 가족이 협회나 수어통역센터, 농인복지관 등의 온갖 허드렛일까지 맡는 일이 없도록 유의해야 한다. 가정에까지 일을 가져와서는 안 된다.

수어통번역사는 자신의 정서적 안정과 인격 성숙에 올바른 관심을 기울여야 한다. 스트레스를 바람직하게 해소하는 자기 나름의 방법을 찾아 활용할 수 있어야 한다.

수어통번역사는 재정을 다루는 데 문제가 발생할 수 있음을 알아야 하며, 돈 문제에 엄격해야 한다.

3) 시민으로서 수어통번역사

시민단체를 위한 공식 석상에서 대중 연설을 해달라는 부탁을 받았을 때 수어통번역사로서 아직은 부족해 나설 수 없다면 아예 나서지 않아야 한다.

수어통번역사는 언제나 유권자로서 등록하고 투표에 참여해야 한다. 업무 때문에 중요한 투표권을 행사하지 못해서는 안 된다. 수어통번역사는 시민의 한 사람으로서 필요한 규정을 준수하여야 한다.

4) 동료와의 관계

새로운 활동 현장에서 다른 수어통번역사의 후임이 될 때, 너무 과격하거나 시급한 변화를 일으키지 말고 먼저 적응해야 한다. 그런 후에 필요하거든 점진적으로 변화를 모색한다. 반대로 현직을 그만두고 떠나는 경우, 후임자를 직접 만나 적절한 조언을 해야 한다.

수어통역과 수어번역서비스를 제공받아본 적이 없는 농인을 찾아가도록 항상 노력한다. 다른 센터나 농인복지기관의 구성원을 빼내 오지 않는다.

수어통번역사는 수어통역과 수어번역의 현재 상황을 숙지하되 자만심을 갖지 않도록 유의한다. 상급자인 선임 수어통번역사나 업무 전체를 이끌어 가는 리더와 의견 교환을 원활하게 한다.

5) 수어통번역사의 우선순위

환자 혹은 장례를 치르는 유가족을 우선적으로 배려한다. 다시 말해 가장 지원이 필요한 이용자를 우선 선정해 통역서비스를 제공한다.

수어통번역사의 담당 지역 신규이용자를 환영하고, 그 가운데서도 특히 노약자를 우선적으로 챙겨야 한다.

편파성을 피해야 한다. 서비스가 필요한 모든 이에게 골고루 제공되도록 노력해야 한다. 이용자를 차별하지 말아야 한다.

수어통역을 할 때는 환경의 일부가 되어야 한다. 붙임성이 있는 매너와 태도는 신뢰감을 심어줄 것이다.

특정된 개인에게 지나치게 되풀이되는 서비스 개입을 삼가야 하며, 오해를 불러일으킬 여지가 있는 행동은 피해야 한다. 이용자와의 스캔들이 일어날 소지는 아예 만들지 않아야 한다.

6) 행정가로서의 본분

협회 및 수어통역센터, 농인복지기관은 행정 업무를 담당하는 행정 전문가와 농인 이용자를 대상으로 직접 수어통역과 수어번역을 담당하는 수어통번역사에게 모든 의무사항을 준수해줄 것을 기대할 만한 충분한 권리를 보유한다. 부정적인(파괴적인) 비판을 피해야 한다. 그런 비판은 백해무익하다. 그러나 사랑의 정신으로 긍정적 변화를 위해 제시하는 비판은 구성원에게 새로운 사고의 방향을 제시할 수 있다.

수어통역과 수어번역에 관한 홍보는 언제나 진실성이 있어야 하며 그 중요성과 효과성이 실제보다 과대 포장되어서는 안 된다.

7) 농인의 친구로서의 수어통번역사

수어통번역사는 농인이 올바른 사고와 감정을 가질 수 있도록 끊임없이 노력해야 한다. 또한 청인의 기준에 맞춰 농인이 특정 정도의 내용을 쉽게 이해할 것이라 속단하지 말아야 한다. 농인의 말을 경청하고 공감하는 일에 최선을 다해야 한다.

수어통번역사는 청인과 농인 간에 의사소통의 가교역할을 하여 의사소통이 유지되도록 해야 한다. 수어통번역사는 농사회와 농문화에 관 이해를 함양하고자 부단히 노력해야 한다. 결과적으로 이는 농인사회와 청인사회의 이해의 폭을 좁힐 수 있게 한다.

수어통번역사는 문제점이나 갈등, 오해 등을 해결하여 서로를 잘 이해하도록 수어 구사능력을 향상시키려고 노력해야 한다.

8) 전문가로서의 윤리의식

수어통역사와 수어번역사는 고매한 덕성을 지닌 사람으로서 정직하고 양심적이며 신뢰할 만하고, 정서적으로 성숙한 사람이어야 한다. 수어통번역사는 자신을 믿고 어려움을 토로한 농인의 은밀한 개인적 정보를 결코 누설해서는 안 된다.

수어통번역사는 통역과 번역을 하는 동안 공평한 태도를 견지하며, 당사자의 요구를 받지 않는 한 자신의 견해를 넣는 일을 해서는 안 된다.

수어통번역사는 충실하고 능력껏 최선을 다해 업무를 수행해야 한다. 항상 말하는 이(글쓴이)의 생각과 의도 그리고 정신을 전달해야 하며 자신이 맡은 일의 한계를 명심해 책임을 벗어나서는 안 된다.

수어통번역사는 자신의 수어능력을 인식해 업무를 수락할 때 신중을 기하고, 필요할 경우 다른 수어통번역사의 협조를 구해야 한다.

수어통역사는 옷차림에 보수적인 방식을 택해 직업상의 위신을 지키고, 필요 없는 시선을 자신에게 집중시키는 일은 피해야 한다.

수어통번역사는 업무에 대한 보수를 받는 문제에 신중을 기하며, 자금이 부족한 상황에서도 필요한 일이라 판단되면 기꺼이 통역과 번역을 수행할 수 있어야 한다. 외국어 통역사에게 제공되는 것과 맞먹는 법정 사건과 같은 사례에서는 전문성의 기준에 따라 사전에 보수에 관한 약정이 이뤄져야 한다.

법률통역의 경우, 수어통역사는 농이라는 장애에 자신이 동정적이라는 이유만으로 농인에게 유리한 법적 결정을 내리도록 권장해서는 안 된다. 또한, 농인이 축자적 통역으로는 문제를 이해하지 못하는 상태일 때, 그 사실을 법정에 통보해야 한다. 즉, 통역사가 농인을 대상으로 제공되는 내용과 농인이 하는 말을 크게 요약해서 전달해야만 하는 사정을 설명하고 법정의 허락을 구하도록 한다.

수어통번역사는 농인이 필요로 하는 다양한 유형의 협조를 인식하고 그 특정 욕구를 충족하기 위해 최선을 다하고자 노력해야 한다. 수어를 이해하지 못하는 농인은 글을 써서 의사를 전달하는 식의 도움이 필요할 수도 있다. 손짓에 의한 의사소통(원초적인 몸짓표현이나 구두방식)을 이해하는 농인은 번역이나 통역의 도움을 받을 수 있다.

전문성 향상의 필요성을 인식하고, 수어통역과 수어번역에 종사하는 동료들과 새로운 지식계발에 관한 정보를 나눈다. 농인이 함축하는 것과 그들의 욕구를 이해하며, 다양한 교육을 통해 수어통번역사로서의 지식을 넓힌다. 자신의 표현력과 수취력을 최대한 계발하고자 노력해야 한다.

수어통번역사는 수어의 존엄성과 순수성을 지키기 위해 노력해야 한다. 또한 농인 이용자를 이해하는 데 필요하다면 해로운 수어(가령 욕설 등과 같은 비속어)까지도 배우고 수용할 마음의 준비를 갖추어야 한다.

수어통번역사는 가능하다면 언제든지 농인에 관해 대중을 교육할 책임이 있다. 대중이 농인과의 의사소통 방법을 잘 알지 못해 많은 오해가 일어난다는 사실을 인식해야 한다.

4. 수어통역사가 유의해야 할 요인

효과적인 수어통역을 위해 통역을 시작하기에 앞서 미리 신경 써야 할 부분은 다음과 같다.

1) 위치 선정

농인과 청인 의뢰인 공히 수어통역사를 잘 볼 수 있도록 위치 선정에 세심하게 신경 써야 한다. 어떤 사람은 통역사가 너무 가까이 있거나 너무 멀리 떨어져 있는 것을 부담스럽게 느낀다. 이 점에 유의하면서 그들에게 편안한 느낌을 주도록 위치 선정에 신경을 쓸 필요가 있다.

　농인의 수가 많으면 잘 보이도록 서서 통역하는 것이 적절하다. 아울러, 대략 30분 간격으로 수어통역사가 교대로 통역업무를 수행한다. 이때 교대하는 시간에 10~20초가량의 정보가 자칫 누락될 수 있다는 것을 주의해야 한다. 이런 누락을 방지하기 위해 25분 정도가 되면 다음 수어통역사는 통역 중인 수어통역사 바로 뒤에 위치해야 한다. 교대할 때는 곧바로 퇴장하는 수어통역사 자리로 와서 끊어지지 않게 통역이 계속되어야 한다. 한편, 화자가 농인이어서 수어를 구사하고 있다면 수어통역사가 음성통역을 해야 하는데, 이때에는 수어자의 앞에 앉는 것이 적합하다.

　수어통역사는 각각의 상황에 따라 그 상황에 맞게 위치해야 한다. 예를 들어서 교실 안이라면, 수어통역사는 농인이 달리 원하지 않는 한 그리고 다른 사람에게 방해가 되지 않는 한 일반적으로 교실 전면에서 교사의 옆에 그리고 약간 그 앞에 앉는다.

　일대일 상황에서는 수어통역사와 청인과 농인 고객(서비스 이용자)이 일반적으로 삼각의 형태로 앉는다(3원 1위). 수어통역사는 농인 고객을 바라보되 청인과는 시선이 닿지 않는 곳에 자리한다. 탁자 주위나 원형이라면, 수어통역사는 보통 농인을 마주 보는 형태로 건너편에 앉는다. 앉아 있든 서 있든 간에 통역사는 자기가 청중 속 모든 농인이 자신을 잘 볼 수 있고 모든 청인이 잘 들을 수 있는 위치에 있는지 확인할 필요가 있다. 만일 어떤 농인이 수어통역사가 실내 전면에 있는 것을 수치스럽게 여기거나 달갑게 여기지 않는다면, 그 이유가 무엇이든 간에 그의 선택을 존중해야 한다.

2) 배경

수어통역사가 일할 때, 배경은 농인 의뢰인의 가시성(可視性) 및 시청
용이성과 관련된 매우 중요한 요인이다. 통역사의 배경이 너무 밝거나
화려해서 수어통역사의 손이 잘 보이지 않을 수 있으므로, 가능하면 어
두운 색의 배경막, 칠판, 또는 칸막이를 활용한다.

3) 조명

수어통역사의 위치 선정에서 고려해야 할 또 다른 요인은 조명이다. 조
명은 통역사의 얼굴이나 손을 가능한 한 가장 잘 보여줄 수 있도록 배치
되어야 한다. 수어통역사의 뒤에는 창문, 열린 문이나 전등 같은 발광
물(發光物)이 없어야 한다. 이러한 발광물이 통역사의 몸 아래에 있다
면 얼굴 표현이 왜곡되므로 유의해야 한다. 영화나 다양한 유형의 영상
을 봐야 하는 경우라면 실내를 보통 어둡게 하므로 통역사의 통역을 잘
보지 못할 수 있다. 이때는 손전등을 준비해 앞자리에 있는 농인에게
손전등 불빛을 통역사를 향해 고정해 달라고 부탁하거나, 수어통역사
만을 비추는 조명을 설치해 달라고 부탁할 수 있다.

4) 외관

전문 수어통역사다운 외관을 유지하는 것도 중요하다. 머리칼은 얼굴
을 덮지 않아야 하며, 입술을 읽기 쉽게 수염이나 코털을 깨끗이 깎아

야 한다. 화장은 요란하지 않아야 하며, 형형색색 매니큐어를 바른 긴 손톱은 시선 집중을 방해할 수 있으므로 바람직하지 않다.

안경을 꼭 고정하여 통역 중에 안경을 바로잡기 위해 연신 들어 올리는 동작을 피하도록 한다. 보석 등 장신구는 약간 시끄러운 소리를 낼 수 있을 뿐 아니라 주의를 산만하게 만들 수 있으므로 착용하지 않는 것이 좋다. 아울러, 통역 중에 껌을 씹는 것은 절대로 삼가야 할 무례한 행동임을 기억해야 한다.

수어통역사는 통역 현장에서 가장 덜 튀는 사람이 되어야 하며, 수어를 사용하기에 편한 외관을 준비해 농인이 편안하고 읽기 쉬운 배경을 제공해야 한다.

5) 의복

상황에 알맞게 의복 색깔과 의복 형태를 정하는 일도 중요하다. 적합하지 않은 의복은 부정적 이미지를 심어줄 수 있을 뿐 아니라 수어통역사가 농인 의뢰인을 경시한다는 오해를 줄 우려가 있으니 주의해야 한다. 보수적인 옷차림이 수어통역에 있어서 가장 이상적이라 할 수 있다.

통역사의 의복은 피부색과 대조적어서는 안 되며, 요란한 무늬가 있거나 화려한 옷차림은 시선을 흐트러지게 할 수 있으므로 삼가야 한다. 손이 잘 보이도록 하기 위해서는 어두운 색이되 단순하고 고른 색조의 복장을 하는 것이 유리하다.

법정이라면 판사가 수어통역사에게 정장(正裝) 할 것을 요구하는 경우가 흔하다. 반면, 기계가 돌아가는 공장이라면 안전한 복장을 갖추

는 것이 좋다. 헐렁한 옷을 입으면 자칫 옷자락이 기계에 휘말려서 부
상을 입을 위험이 있다. 수어통역사는 여러 상황에 부합한 복장을 가려
입는 융통성을 발휘할 수 있어야 한다.

제 3 절 　　**첨언**

마무리하면서 몇 가지 사항을 첨언하고자 한다. 물론 이 내용은 앞서
설명한 부분과 중복되기도 하지만 너무도 중요하기에 다시 한 번 언급
한다.

첫째, 농인과 그들의 문화를 이해해야 한다. 청인 중심의 사회 속에
서 농인으로서 살아가야 하는 아픔과 어려움을 경험하고 이해해야 한
다. 농인이 생존을 위해 터득한 삶의 방식과 문화적 양식은 다양한 모습
으로 존재한다. 전문 수어통번역사는 농인과 그들의 삶과 문화를 존중
하려는 겸손한 자세가 필요하다. 청인의 입장에서 농인을 끌어들인다는
접근보다는 오히려 농인의 세계 속으로 들어가려는 자세가 필요하다.

둘째, 수어를 반복적으로 연습하고 자주 사용해야 한다. 전문 수어
통번역사는 수어통역과 수어번역이 주된 임무이다. 그러므로 수어를
완벽하게 구사해야 할 책임이 있다. 한번 배운 수어는 완전히 외워질
때까지 계속 반복해 연습해야 한다. 우스갯말로 꿈에 수어가 보일 정도
로 훈련하면 수어를 사용하는 일과 전문적인 통역 그리고 번역은 충분
히 해낼 수 있다.

셋째, 농인을 자주 만나야 한다. 수어도 언어이기 때문에 자주 만나

야 수어가 발전한다. 농인과 수어로 대화하면 할수록 수어는 늘게 마련이다.

넷째, 수어를 사랑해야 한다. 사랑하면 마음이 가고 열정도 생긴다. 수어를 사랑하면 수어를 더욱 아끼고 소중하게 여기면서 겸허하게 사용할 수 있다.

다섯째, 농인의 입장에서 수어를 사용하려고 노력해야 한다. 농인이라면 어떻게 수어를 사용할까? 이 점을 늘 염두에 두면서 수어를 사용해 보자. 그러면 표정도 농인처럼 바뀐다. 동작도 절도 있고 분명하게 발전한다. 수어를 농인이 이해하기 더욱 쉽게 표현할 수 있게 된다.

여섯째, 진실해야 한다. 진정한 수어통역과 수어번역은 농인의 모든 부분을 다 이해하고 또 농인과 투철한 신뢰관계가 형성됐을 때 가능하다. 그러므로 통번역자의 진실성은 매우 중요하다.

일곱째, 윤리적인 도리를 반드시 지켜야 한다. 전문 수어통역사는 농인의 입과 귀로서의 역할을 철저하게 수행하되, 그 과정에서 농인의 생활이 노출되는 일이 있어선 안 된다. 수어통역 못지않게 중요한 것이 그들의 삶에 대한 존중이다.

제 10 장

수어통번역의 기술*

제 1 절　　　**수어통번역사의 직업적 능력[1]**

이 장에서는 수어통번역의 형태와 현장에 따른 세부적인 전략과 기법
등을 다루며 구체적인 업무를 살펴보려고 한다. 철저하게 실용적 측면
을 강조하여 수어통번역을 '어떻게 해야 하는가'에 초점을 맞출 것이다.

1. 언어능력과 비언어적 요소 활용 능력

1) 언어능력

메시지가 담고 있는 총체적인 정보를 전달할 때 메시지 이동 과정의 양
극단에 있는 사람, 곧 소통자들이 서로 다른 언어문화권에 속한 경우,

---

1 《수화통역 입문》(이준우, 2004b) 119~182쪽의 내용을 수정·보완했다.

소통 행위의 중개, 즉 통역 혹은 번역이 필요하다. 이때 통역사 혹은 번역사의 중개는 크게 두 가지 층위에서 이뤄진다. 하나는 '언어 중개'이고 또 다른 하나는 '사회문화적 중개'다.

언어 중개란 말 그대로 두 소통자가 사용하는 언어가 다르기 때문에 의사소통의 실패가 일어나는 것을 막거나 완화하기 위해 중개하는 행위를 가리킨다. 통번역사는 메시지 생산자, 즉 발화자나 출발 텍스트 저자가 사용하는 언어로 이뤄진 메시지를 일차적으로 받아들여 그것을 다시 메시지 소비자, 즉 수신자나 도착 텍스트 독자가 이해할 수 있는 언어로 바꾸어 메시지를 전달한다. 청인 연사의 연설을 농인 수신자를 위해 수어로 통역하는 경우라면, 수어통역사는 일차적으로 메시지를 한국어로 이해한 다음, 이를 다시 농인 수신자가 이해하도록 수어로 전달함으로써 언어 중개를 한다.

그러나 언어 중개만으로 의사소통이 성공적으로 이뤄진다고 할 수는 없다. 예를 들어 청인 연사가 농인 중의 한 사람을 지칭하면서 "나는 저분이 조수미 씨가 노래 부르는 것과 같이 천상의 아름다움을 표현할 수 있는 분이라고 생각합니다"라고 말했다고 하자. 그러나 농인 수신자가 조수미가 부르는 노래를 들어본 적도 없고 그래서 조수미에 대해 전혀 알지 못한다면, 이 연사의 발화는 덕담으로 들리는 것은 고사하고 의미가 없는 어휘의 단순한 나열에 불과하게 된다. 수어통역사가 조수미가 세계적인 성악가이며 그 목소리가 아름다운 것은 말할 것도 없고 고음을 가장 편안하게 낼 수 있는 최고 수준의 예술가임을 알지만 대부분의 농인 수신자는 그렇지 않으리라는 사실까지 함께 고려한다면 "나는 저분이 세계적인 성악가인 조수미 씨처럼 그 어떤 농인보다도 마치 천상의 노래를 부르는 것처럼 수어를 이 세상에서 가장 아름답게 표현하는 분이라고 생각합니다"라고 통역할 것이다. 이렇게 언어 중개는 물론 농인 수신자와 청인 연사 간의 문화경험의 차이, 즉 문화적 간격까지 중개한다면 서로 다른 문화 간 의사소통의 성공이 일어날 수 있다.

정리하면 통역사 혹은 번역사는 단순히 언어만을 옮기는 것이 아니라 언어와 문화의 두 층위를 중개한다. 여기서 언어 중개와 문화 중개가 별개로 이뤄지거나 순차적으로 이뤄지는 것이 아니라, 통역사 혹은 번역사의 머릿속에서 동시에 이뤄질 수 있음을 주의해야 한다.

통역사 혹은 번역사가 전달하는 것은 단지 화자 혹은 원저자의 말과 글이 아니라 궁극적으로는 화자 혹은 원저자가 전달하고자 하는 의도 (*intention*) 혹은 메시지(*message*)이다. 이런 맥락에서 통역과 번역은 단순한 언어 변환의 결과로 이뤄지는 직선적 과정이 아님을 알 수 있다. 통역과 번역은 창조적인 정신 활동으로 구성되는 대단히 정교한 작업이다. 통역사나 번역사는 화자의 말(혹은 글)에 담겨진 의도를 정확하게 파악하고 독창적으로 해석하여 수신자에게 효과적으로 전달해야 한다. 이런 측면에서 통역사와 번역사는 마치 자신의 예술세계를 성공적으로 창조하는 음악가나 배우처럼 창조적 능력을 발휘하는 전문가라 할 수 있다.

통역사와 번역사에게는 무엇보다도 높은 수준의 언어능력과 고도의 인지처리 과정이 필요하다. 일반적으로 통역과 번역의 전제가 되는 언어능력 수준은 원어민 수준에 가깝다고 한다. 그래서 가령 영어통역일 경우 〈타임〉(*Time*)이나 〈뉴스위크〉(*Newsweek*) 등의 영문을 1분에 140단어를 독해하는 정도의 속도로 안정적으로 읽을 수 있고, CNN 등 방송뉴스는 특별한 어려움 없이 들을 수 있는 정도의 수준이어야 한다고도 한다. 그러다 보니 외국어통역의 경우에 언어능력은 오랜 교육과 훈련 과정을 거치는 것이 일반적이다. 학교 교육의 모든 과정뿐 아니라 집중적이며 전문적인 훈련 과정을 거쳐야 한다.

이는 수어통역과 번역 분야에도 그대로 적용되어야 한다. 수어통역과 번역을 잘하기 위해서는 언어 중개와 문화 중개를 모두 잘할 수 있는 언어능력을 갖추어야 한다. 따라서 언어 능력은 언어 중개 및 문화 중개 모두를 효과적이며 효율적으로 달성할 수 있는 역량이라고 할 수 있다. 그러면 언어 중개와 문화 중개를 수행하기 위해 갖춰야 할 기본적인 언어능력은 무엇일까?

(1) 모국어 구사력

통번역사가 우선 자신의 모국어에 대해 충분한 구사력을 가져야 하는 것은 당연하다. 한 언어에 대한 충분한 구사력이 어느 정도의 수준을 말하느냐에 관해서는 다양한 의견이 있겠으나 무엇보다 해당 언어에 대한 직관(intuition)을 갖고 있어야 한다고 본다. 즉, 해당 언어로 이뤄지는 모든 표현의 뉘앙스와 미묘한 차이까지를 이해하고 사용할 수 있는 능력을 보유해야 한다.

언어지식이란 통역과 번역 행위의 직접적 대상인 양대 언어를 구사할 수 있는 능력 또는 그에 대한 지식을 총칭한다. 이는 단순히 두 언어에 대한 문법이나 어휘에 대한 지식뿐만 아니라 이 지식을 실제 의사소통 상황에 맞게 적절하게 구사할 수 있는 능력도 포함한다.

(2) 출발어 구사력

통번역사에게 필요한 두 번째 언어능력인 출발어 구사력은 모국어 구사력보다도 복잡하고 측정이 어렵다. 일반적으로 출발어 구사력을 폐쇄적 체계와 개방적 체계로 구분할 수 있다. 출발어의 폐쇄적 체계란 음성학적·음운론적·문법적 지식을 가리킨다. 통역사 혹은 번역사는 전문 활동을 시작하기 이전에 이미 이를 완전히 익혀야 한다. 반면, 수가 무한해 전체를 완전히 습득하는 것이 이론적으로 불가능한 개방적 체계, 즉 다양한 어휘와 관용표현 등은 평생 학습을 통해 보완해 나가야 한다.

(3) 배경지식과 주제지식

세 번째로, 폭넓은 지식 역시 범위가 정해진 것이 아니라 역동적 학습에 의해 끊임없이 넓혀 가야 하는 부분이다. 번역사 혹은 통역사에게 요구되는 지식은 크게 일반적인 배경지식, 그리고 실제로 통역과 번역이 이뤄지는 주제 분야에 관한 주제지식으로 세분화된다.

배경지식이란 세상에 대한 지식 혹은 백과사전적 지식이라고 할 수 있다. 통번역사가 교육과 경험을 통해 취득한 모든 지식과 경험을 통틀어 가리킨다. 반면, 주제지식이란 통역과 번역의 대상인 텍스트에서 다루는 주제 분야에 대한 깊이 있고 체계적인 지식을 가리킨다.

예를 들어 침몰한 배를 인양하는 방법을 다루는 TV뉴스를 수어로 통역할 때는 단순히 폭넓은 배경지식만으로는 불가능하다. 침몰된 선박 인양에 대한 전문적·기술적인 용어를 정의하는 핵심개념은 무엇인지, 어느 상태에서 어느 조건을 어떻게 충족했을 때 인양이 가능한지, 방법론적으로는 어떤 대안이 있는지, 다양한 인양 방식의 장단점이나 위험 요소는 무엇이 있는지 등을 알고 있어야만 제대로 통역을 수행할 수 있다. 그뿐만 아니라 인양을 담당하는 업체에 대한 이해와 더불어 업체가 활용하는 인양 방법과 기술에 대한 지식도 갖고 있어야 한다. 이런 점에서 일반적인 배경지식과 해당 주제에 대한 배경지식을 모두 갖추는 것이 필요하다.

(4) 통역과 번역 방법론 지식

마지막으로, 통역과 번역 방법론에 대한 지식도 반드시 필요하다. 앞서 통역과 번역은 다른 문화 간 의사소통 과정에서 단순히 언어 중개만 하는 것이 아니라 문화적 간격을 메우는 문화 중개도 한다고 지적했다. 이때 구체적으로 어떻게 중개할 것인가의 구체적인 방법론에 관한 지식이 필요하다. 이를 통역과 번역의 방법론에 대한 지식이라고 말할 수 있다.

예를 들어, 오케스트라의 웅장하고 장엄한 연주 소리에 대한 청중의 반응을 소개하는 내용을 통역한다고 하자. 농인에게는 웅장함과 장엄함을 어떻게 통역하겠는가? 훌륭한 수어통역사라면 나름대로의 표현 방법을 찾아 사용할 것이다. 여러분은 어떻게 표현하겠는가?

이렇게 수신자 혹은 독자의 문화적인 삶의 맥락을 이해하고 이에 따라 텍스트의 이해 가능성 혹은 접근성을 높일 수 있도록 중개하는 능력이 바로 통역과 번역 방법론에 대한 지식이다.

여기서 한 가지 중요한 논의 사항이 생긴다. 통역 혹은 번역하는 사람을 어떻게 불러야 할까? 통역(번역)자, 통역사, 통역가 등 지칭에 관한 분명한 개념 정리가 필요하다. 이 책에는 수어통역사, 수어번역사라고 사용했다. 이는 일반 번역 분야에서 이미 규정된 개념을 준용한 것이다.

'번역자'는 전문적·직업적 자격을 갖추지 않은 사람이 부수적 업무의 일부로서 혹은 외국어 학습 등의 목적을 갖고 번역을 수행하는 경우를 말한다. '번역사'는 전문적 훈련 과정을 거쳐 고유 업무로 직업적으로 번역하는 경우를 뜻한다. 한편, '번역가'는 직업적 훈련 여부에 관계없이 번역에 매우 능하여 결과적으로 사회적 합의에 의해 일정 수준 이상의 번역 능력을 가진 것으로 인정받는 경우를 뜻한다.

왜 이 책에서 일관되게 '수어번역사'라고 했는지 이해가 될 것이다. 이 책에서 지향하는 수어통역사와 수어번역사는 학부 혹은 대학원 과정을 통해 전문적 훈련과정을 거친 사람이며, 졸업 후에 뚜렷한 직업적 정체성을 반드시 가져야 할 사람임을 강조하고자 했다.

2) 비언어적 요소 활용 능력

메시지는 언어만으로 이뤄지지 않는다. 매우 일반적인 비언어적(non-verbal) 요소에는 복장, 소지품, 표정, 말투, 상대와의 거리 등이 있다. 이런 요소가 의사소통 상황에서 차지하는 비율은 30%에 이른다. 또 신체언어로서의 제스처도 중요한 요소이다. 비언어적 요소에는 이런 비음성적 요소뿐만 아니라 음성 표현을 수반하는 준언어(paralanguage) 요소도 포함된다. 즉, 발음, 성량, 음량, 소리의 높낮이 등 물론 듣기 쉬운 정도, 알기 쉬운 정도 등이다. 이러한 비언어적 요소는 언어적 요소처럼 문화적으로 결정된 기호체계를 지니지만, 언어적 요소와는 달리 상황이나 맥락(context)에 의존한다는 특징이 있다.

이러한 비언어적 요소를 고려할 때, 일반 음성언어(구어)와는 매우 다른 수어(또는 수어통역)만의 특성이 도드라진다. 즉, 비수지기호(non-manual signals)와 분류사(classifiers)라는 수어만의 특징이다.

수어는 시각과 몸짓이라는 지각 양식을 기반으로 발전된 언어다. 따라서 화용론적으로 구어와는 다른 체계를 지닌다. 수어는 초분절적 요소를 나타낼 방법이 필요하다. 그런데 이는 조동(articulation)을 담당하는 주기관인 손만으로는 할 수 없다. 그래서 자연언어의 형식에서는 중추라고 할 수 있는 문법이 비수지기호와 분류사를 통해 처리되도록 발전된 것이다. 이렇게 볼 때, 비수지신호는 수어가 가질 수밖에 없는 독특한 표현으로서 일반적인 비언어적 요소와는 다르다.

비수지신호와 분류사라는 수어의 특성은 언어학의 개념을 크게 바꾸었다. 더욱이 분류사의 사용은 수어가 형태론적 수준에서 문법기능을 발달시켜 왔음을 뒷받침하는 실증적 요소이다. 이러한 특성은 수어통역에서 절대적인 힘을 발휘한다고 해도 지나치지 않는다. 이러한 수어의 특성에 집중할 때 농인의 역동적인 이야기를 바르게 읽어낼 수 있다.

수어의 이러한 비언어적 요소의 특성은 동시통역에서 문법적 관계의 인지적 요소의 처리를 추상적 개념 조작으로 이룰 수 있는 바탕이 된다. 이로써 한국수어를 한국어답게 통역하거나 번역할 수 있을 뿐 아니라 그 역으로 우리말(혹은 글)은 한국수어답게 통역하거나 번역할 수 있는 것이다. 다시 말해 한국수어는 한국수어답게, 한국어는 한국어답게 실현할 수 있는 것이다.

　이상에서 다룬 내용은 지식을 중심으로 한 수어통번역사의 직업적 능력이라 할 수 있다. 이제는 통번역 기술과 형태를 살펴보자.

2. 수어통번역사의 통번역 기본 기술[2]

1) 구어 및 문자언어 사용 기술

수어통번역사는 듣기와 수어 해독능력으로서 훌륭한 구어 말하기, 쓰기(자막 만들기 또는 글로 변환하기)와 더불어, 넓은 분야의 전문적인 구어 및 수어의 어휘와 표준어 및 다양한 사투리를 이해하는 능력을 갖추어야 한다. 동시에 유창성과 정확성에 기초하면서도 이해하기 쉽게 표현해야 한다.

2　여기에서 정리한 내용의 기본적인 골격 역시 《수화통역 입문》(이준우, 2004b) 127~171쪽의 내용을 중심으로 재구성했다. 십수 년 전에 책을 쓸 때는 그런 대로 만족했는데 세월이 흘러 수어통역과 수어번역의 세계가 크게 진화한 현재 상황에서는 상당한 개정 혹은 전면적인 재구성이 필요하다는 생각이 든다. 무엇보다도 이 책이 향후 수어통번역학 분야를 종합적으로 새롭게 정리할 수 있는 소중한 계기가 되었으면 좋겠다. 또한 이 책을 넘어 "수어통번역 개론" 혹은 "수어통역과 번역이란 무엇인가?" 등의 제목으로 새롭고 창의적인 내용을 담아 책을 출간하는 것도 고려 중이다.

2) 수어 이해 및 사용 기술

수어통번역사는 탁월한 수어 이해 능력과 수어를 사용할 수 있는 기술을 가지고 있어야 한다. 이를테면 관용적인 수어 표현과 부사적 기능으로 널리 활용되는 비수지기호, 다양한 지역적 수어 표현, 최근 신조어, 차용어, 그리고 잘 쓰지 않는 표현까지도 익숙하게 알고 있어야 한다. 그뿐만 아니라 수어통번역 소비자의 요구에 맞추어 자신의 언어 사용에 융통성을 가져야만 한다.

수어통번역사는 양쪽 언어, 즉 구어와 수어 사용에서 어떤 경우에도 통역하거나 번역할 수 있는 능력을 갖추어야 한다. 또한 수어통번역사는 통번역 환경에 따른 뛰어난 적응력을 겸비해야 한다. 가령 정책이나 외교 분야 통번역의 미묘한 뉘앙스, 학술통번역에서 강조되는 정확성, 문학이나 TV드라마, 영화통번역의 우아함과 미학적 특성 등 상황에 따라 적응해야 한다. 때론 힘이 있고, 필요할 시엔 유머감각을 갖추면서 한편으론 날카로움을 담아야 한다.

3) 수어에서 음성(혹은 글)으로의 통역 기술

수어통번역은 음성언어를 수어를 바꾸는 일, 수어를 음성언어로 바꾸는 일, 수어를 글(문자언어, 자막 등)로 바꾸는 일 등 세 가지 모두를 포함한다. 즉, 수어통번역사란 이 세 가지 일 모두를 할 줄 아는 전문가를 의미한다.

문제는 수어로 표현하는 일보다 음성이나 글(문자)로 표현하는 일이 더욱 어렵다는 것이다. 농인은 대체적으로 문장력(문해력)이 부족하기 때문에 농인의 수어를 말이나 글로 바꾸는 작업이 생각보다 쉽지 않다. 그래서 농인은 자신의 문해력 부족으로 인한 미흡한 표현을 적절한 단어로 대치해 농인의 입장을 정확하게 전달하는 수어통번역사를 선호한다.

가령 농인으로부터 전화통역을 의뢰받았을 경우, 농인의 의사를 충분히 전달했는지를 마지막까지 농인 중심으로 확인한 후에 음성통역을 마치는 자세가 절실하다. 전화 음성통역은 쉬운 일이 아니다. 자신도 모르게 농인의 귀와 입을 대신하는 역할임을 잊고 마무리 과정에서 실수(자신이 말하고 농인에게 더 할 말이 있는지 확인도 못한 채 전화를 끊는 것 등)할 때가 많다. 그러므로 음성과 수어의 동시통역을 위한 전문 훈련이 필요하다.

특히, 일반통역과는 달리 수어통역의 경우 음성의 희로애락 등 감정 전달 표현을 음성이 아닌 표정으로 그대로 표현할 수 있는 능숙함과 자연스러운 표현력을 겸비하는 것도 중요하다. 대부분 농인은 수어통역 서비스를 제공받을 때 표정을 중심으로 수어통역을 이해하므로, 손 이외에도 세심한 표현을 위해 노력을 기울여야 한다. 또한 해마다 신조어는 늘어나고 새로운 단어가 끝없이 생겨나지만, 수어는 이에 대응할 새로운 단어가 준비되어 있기 어렵다는 점도 잊지 말아야 한다.

한편, 음성통역을 수행하는 수어통역사는 비교적 논리적으로 사고하고 의견을 개진하는 농인 연사를 좋아한다. 하지만 농인 연사의 입장에서는 수어로 한 문장 한 문장 끊어 표현하는 수어통번역사의 입장을 배려해 주는 것이 쉽지 않다. 음성통역의 경우, 한국수어가 영문법처럼 문법이 뒤바뀌므로 이를 제대로 통역하려면 전체적 맥락 속에서 앞뒤 흐름을 보고 뜻을 파악할 수 있어야 한다. 그러나 수어는 눈 깜짝할 사이에 지나가 버리기 마련이며 음성으로 통역하면 말이 길어지는 일도 많다. 농인 연사마다 제각기 수어 스타일이 있고, 특히 방언(사투리) 수어도 있으므로 미처 준비되어 있지 않다면 어려움이 따를 수밖에 없다.

수어를 음성언어로 바꿀 때는 의역 능력도 예상보다 많이 필요하므로 사전에 준비가 필요하다. 알아보기 쉽게 한국어 어순대로 수어를 구사하는 농인 연사라면 음성통역을 수행할 때 큰 어려움이 없겠으나 한국어 발화방식이나 문법에 얽매이지 않은, 살아있는 수어 그 자체를 구사하는 농인 연사라면 그림처럼 현란하게 표현되는 수어를 쉽게 놓칠수 있다. 이미 지나간 수어를 음성으로 전달하지 못하고 전체적인 내용에서 빼먹을 때도 많아 통역하기가 쉽지 않은 것이다.

음성통역이나 수어통역, 문자통역, 수어번역 등에는 언제나 적당한 긴장이 필요하며 이는 훌륭한 통역을 해내는 데 오히려 도움이 된다. 한순간만이라도 긴장을 늦추거나 딴생각을 하면 내용의 흐름을 놓치기 때문에 고도의 집중력을 끝까지 유지해야 한다.

4) 수어와 구어의 심컴통역 기술

수어통역사는 수시로 농인과 청인에게 통역사로서의 자신의 역할을 설명해야 한다. 수어와 구어를 동시에 구사하면서, 통역사는 어느 한쪽도 대화에서 제외하지 않고 집중하도록 할 수 있다. 이러한 동시소통을 심컴(sim-com)이라고 한다.

심컴은 대부분의 수어통역사 양성 프로그램에 정식으로 포함되지 않앉으며, 심컴에 관한 지속적인 평가도 이뤄지지 못해 왔다. 심컴의 능력이 매우 다양하고 넓음을 밝힌 여러 선행 연구는 숙련자가 아닌 통역사에게는 오히려 수어통역 시 어려운 기술로 인식됨을 지적했다.

5) 심컴을 사용한 음성통역과 문자통번역 기술

다섯 번째 수어통역 기술은 이상의 기술을 복합적으로 활용하는 것이며, 고도의 기술을 요구한다. 이 기술은 몇몇 농인이 포함된 집단 내에서 농인이 서로를 보지 못하는 상황에 활용된다. 수어통역사는 수어를 보면서 바로 그것을 구어로 통역함과 동시에 수어로도 같은 메시지를 전달해야 한다. 또는 수어를 문자로 통역하거나 반대로 문자를 수어로 전달하기도 한다. 최근 스마트폰 보급의 급속한 확산은 이와 같은 획기적인 통역의 영역을 확장시키고 있다. 아울러 문자로 실시간 통역된 내용은 시간이 지나는 순간 그것 자체로도 하나의 번역물이 될 수 있다.

3. 수어통역의 형태

1) 통역 방식에 의한 구분

(1) 순차통역
순차통역은 전문 통역사가 일상적으로 하는 일이다. 동시통역과 달리 출발어 텍스트를 듣거나 보고 나서 통역하기 때문에 순차통역이라고 한다.

주로 글(문자)이 아닌 말이나 수어를 통역하지만, 글을 통역하는 경우도 종종 있다. 이 경우 우선 글을 속으로 읽고 그다음에 통역을 한다. 또한 수어를 보고 글로 전환할 때도 있다. 이 같은 경우는 향후 스마트폰을 비롯해 영상 소통 시스템이 더 발전하면 더욱 많이 사용될 것으로 예상된다.

이야기가 계속 이어짐으로써 단절 현상 없이 내용을 이해하는 데 적절한 통역 방식이 동시통역이라면, 순차통역은 이해와 표현에 시간적 여유가 있으므로 동시통역보다는 심리적 부담이 적다. 동시통역이 회의통역에 어울린다면, 순차통역은 지역사회통역에 어울린다. 즉, 순차통역은 인사, 일정 설명, 쇼핑 돕기, 관광 안내 등 일상적인 의사소통에 효과적이다. 상담, 비즈니스, 강의, 견학, 연수, 일반 강연 등에도 효율적으로 적용할 수 있다.

구어를 중심으로 하는 순차통역이라면 지각 양식이 같으므로 청각뿐 아니라 시각적인 도움도 받을 수 있어 내용 기록(note taking)과 같은 방법을 활용할 수 있다. 그러나 수어통역일 경우 통역 과정에서 수어에서 구어(혹은 글)로, 혹은 구어에서 수어로 변환하는 등 지각 양식을 전환하는 처리 과정이 순식간에 이어지므로, 일반적인 순차통역과는 다른 점이 많다. 수어를 기반으로 하는 순차통역은 언제나 통역을 보거나 듣는 구체적 대상과의 긴밀한 상호 관계 속에서 이뤄지며, 대상이 원하는 바에 따라 그 내용을 선택한다. 물론 강연이나 프레젠테이션과 같이 구체적 대상의 이해관계와 상관없는 순차통역도 가끔 있다. 그러나 이때의 통역 역시 구체적 집단과 연관을 맺으며 이들과의 상호작용이 꾸준히 이뤄진다. 내용을 누락하거나 다르게 통역하면 청중으로부터 당장 반응이 나타난다.

또한 순차통역은 모든 원문을 그대로 전달하지 않는다. 그 이유는 첫째, 평범한 사람은 물론이고 기억력이 비상한 전설적 통역사조차 긴 연설문을 전부 상세하게 외울 수는 없기 때문이다. 둘째, 앞서 지적한 대로 순차통역은 단어 대 단어로 출발어 텍스트를 변환하는 것이 아니라 어느 정도 자유롭게 해석하는 성격이 있기 때문이다. 이것이 순차통역의 특성이자 매력이다. 그렇기 때문에 원문과의 차이가 생겨난다.

(2) 동시통역

동시통역은 어렵다. 특히, 수어로 이뤄지는 동시통역은 정말 만만치 않다. 구어(말)를 청취하고 곧바로 수어로 발화하거나, 수어를 보고 즉시 구어 혹은 문자(글)로 변환해야 하는 데 따르는 극심한 신체적·정신적 피로도 발생한다. 더욱이 통역 과정에서 수어통역사의 시야 범위 내에서 누군가 잡담(말 혹은 수어 등)하거나 끼어들 경우, 또는 어느 정도 거리는 떨어져 있으나 여러 사람이 동시에 떠들(말 혹은 수어 등) 경우에는 통역에 상당한 어려움이 따른다.

또한 통역을 정정할 수 없으며 많은 사람이 보거나 듣고 있다는 심리적 압박감이 엄청나다. 양해를 구하거나 통역을 바로잡을 시간적 여유가 없다. 연사의 말이나 수어가 굉장히 빠르다면 이로 인한 신체적·정신적 긴장감도 상당해진다. 동시통역사는 쉴 새 없이 빠른 속도로 통역해야 한다. 그러지 않으면 뒤처진다. 숨도 돌리고 생각을 정리하려고 잠시 쉬면 의미 전달이 어려워진다.

또한 제한된 문맥과 시간 속에서 상이한 언어 구조와 차원(시각과 청각) 의 발화를 동시에 진행해야 하는 어려움이 크다. 더욱이 도착어의 단어 길이가 길고 수식어가 많을 경우, 벌어진 시간을 보충하기 위해 압축된 표현을 찾아야 하는 어려움도 있다. 예컨대 깊은 뜻을 내포하는 사자성어, 난해한 한국어단어나 언어적 유희를 밑바탕으로 하는 한국어 특유의 문장을 수어어휘와 표현으로 변환하기 위해서는 그 뜻을 훼손하지 않으면서도 시간에 맞춰 농인이 이해하도록 해야 한다. 반대로 농인 특유의 수어표현의 경우에도 음성언어로 통역할 때 어색하지 않아야 한다.

한국어단어로는 간단히 표현되는 익히 알려진 개념을 수어에서는 여러 단어를 조합해 설명해야 하는 경우가 많다. 이 경우 농인은 매우 지루해하고 실제로 이해하지 못할 때가 빈번하다. 특히, 새로 생겨나 아직 정립되지 않은 개념일 경우 이 같은 상호 간의 불일치는 더욱 심할 수밖에 없다.

시간적 제약을 받는 동시통역은 매우 엄격하게 실시간 처리가 요구된다는 점에서 특수한 언어활동이다. 그러나 동시통역도 인간의 인지활동을 바탕으로 하는, 의사소통의 통상적 형태의 연장으로 볼 수 있다. 동시통역 과정이 어떤 정보단위를 어떻게 처리하는지 분석하면, 언어적 의사소통의 일반적인 본질을 구체적으로 볼 수 있다. 동시통역 역시 인간이 갖춘 언어 능력을 사용하는 한 방법이다.

동시통역이 작업을 통해 처리하고자 하는 대상은 원래의 발신 메시지를 구성하는 어구의 사전적 의미만이 아니다. 각 표현은 문장의 구조나 메시지의 구성, 화자의 의도 등을 분명하게 하는 정보를 담는다. 여기서 문장이나 메시지 구성과 관련해 순식간에 적절한 번역어를 찾아야 한다는 어려움이 있다. 동시통역은 밖으로 드러나는 형식은 말할 것도 없고, 메시지에 담긴 숨은 정보도 찾아 전달해야 한다. 실제로 동시통역에서는 다음과 같은 현상이 나타난다. 첫째, 개념의 합성, 둘째, 개념의 분할, 셋째, 사전적 대응으로부터의 탈피, 넷째, '원발언'의 언어에서 변환 결과로 나타나는 언어로의 신속한 전환 등이다. 이렇게 보면 동시통역에서의 처리 대상은 언어표현 그 자체라기보다는 개념화된 인지 요소라 할 수 있다.

동시통역이란 입력되는 차례에 따라 통역을 처리하는 과정이다. 통역사의 귀와 눈으로 들어오는 어휘적 의미가 인지 요소로서 중요한 자리를 차지하는 것은 분명하지만, 이와 동등하게 관계적 인지 요소, 즉 각 표현에 잠겨 있는 요소 역시 문장 구조와 이야기의 전개를 파악하는 데 중요한 정보가 된다. 화자의 이야기를 이해하기 위해 배경지식이 중요하듯, 관계적 인지 요소 또한 언어표현에서 뗄 수 없는 중요한 요인이 된다.

그러나 안타깝게도 한국의 수어통역 현장에서 현재 이뤄지는 이른바 동시통역은 통역이라기보다는 '축어역'이라고 해야 할 것 같다. 일반적인 영한사전에서 interpretation을 보면, ① 해석·설명, ② 이해·판단, ③ 통역, ④ (자기 해석에 따른) 연출·(악곡의) 연주 등으로 설명하고 있다. 모두 일관된 의미가 있다. 이를 정리하면 '통역'이란 이해하여 판단한 것을 설명하는 것으로서 거기에는 자기 해석이 뒤따른다는 것을 알 수 있다. translation, 즉 번역은 무엇인가? 번역은 원어로 쓰인 텍스트를 목표어 텍스트로 바꾸는 작업이다. 이 정의에서 핵심은 '텍스트'라는 단어다. 번역 작업은 빈 껍질이라고 할 수 있는 언어 자체가 아니라 텍스트, 즉 의미를 대상으로 한다.

번역이란 한 언어에 속한 언어 단위, 즉 단어를 그것에 해당하는 다른 언어 단위로 대체하는 단순한 일대일 대응 작업이 아니다. 기계번역이 아니라는 뜻이다. 리처드 파머(Richard Palmer)에 의하면 번역은 '이해에 이르는' 기본적인 해석 과정의 특수한 형식이다. 우리는 이런 과정을 통해 어색하고 낯설며 이해할 수 없는 것을 이해 가능한 언어로 바꾸어 해석한다. 번역자는 헤르메스가 행하는 바와 마찬가지로 하나의 세계를 다른 낯선 세계와 매개해 준다. 번역을 한다는 것은 번역기를 통해 나온 번역 결과를 보면 잘 알 수 있듯이 단순히 원어에 대응하는 동의어 찾기의 기계적인 문제가 아니다. 번역자는 두 개의 서로 다른 세계를 매개하기 때문이다. 우리는 번역을 통해 언어 자체가 세계에 대한 다리를 이어주는 해석을 포함한다는 사실을 인식하게 된다. 번역자는 개개의 표현을 번역할 경우에도 이 세계를 그 전제로서 감지하고 습득하고 있어야 한다. 우리는 번역을 통해 말이 우리의 세계관을 실제로 형성하는 방식을 충분하게 알 수 있게 된다. 이는 지각에 대해서도 마찬가지다. 언어는 분명 문화적 경험의 저장소다. 우리는 언어라는 매개 속에서 그리고 이 매개를 통해 살아갈 뿐만 아니라 이 언어의 눈을 통해 사물을 본다.

　셀레스코비치는 통번역사를 마치 독창적인 해석을 통해 자신의 예술 세계를 성공적으로 창조하는 음악가나 배우와 같다고 비유하며 이러한 의미를 적절히 나타냈다. 그런데 축어역이란 말(또는 글자) '하나하나'를 그대로 옮기는 것이므로, 화자의 의도와는 관계없이 동일한 언어형식을 바탕으로 형태만 바꾸는 것이다. 따라서 이는 수어통역의 능력과는 무관하다고 할 수밖에 없다. 수어통역의 이 같은 현실은 수어학습에서 드러나는 수어 및 수어학습에 대한 그릇된 관점과 이어져 있는 것으로 보인다. 최근까지는 그나마 최선이라는 입장에서 가장 비언어학적인 방법인 한국어 대응방식의 수어 교육교재가 주로 출판되었고, 이러한 책을 통해 수어가 보급되었기 때문이다.

(3) 위스퍼링통역

위스퍼링(whispering) 통역이란 속삭이듯 작은 소리로 하는 통역을 말한다. 동시통역이 필요하지만 물리적인 공간상의 이유로 듣는 사람의 수가 두 사람 이내로 제한될 때 통역사가 청자 옆에서 속삭이듯 작은 목소리로 하는 통역이다.

수어통역의 경우에는 농인과 마주 보는 위치에 앉아 통역하는 경우가 많다. 수어통역은 현재 진행하는 장소에 따라 수어통역을 보는 농인과 음성통역을 듣는 청인이 편안한 분위기에서 이해할 수 있도록 장소의 크기와 청인과의 거리에 따라 목소리와 수어의 크고 작음의 조절이 필요하다.

(4) 릴레이통역

릴레이(relay) 통역이란 통역된 말을 받아 옮기는 방식으로 이뤄지는 통역을 뜻한다. 이는 동시통역의 한 방법으로, 한국어·영어·일어 등 여러 언어가 동시에 사용되는 국제회의를 생각하면 이해하기 쉽다. 한 언어에서 다음 언어로 넘어가는 단계가 모두 동시통역에 의해 순간적으로 이뤄지는 것이다.

릴레이통역은 한번 통역된 말을 다시 통역하는 이중통역이므로 시간이 적어도 2~3초는 걸리고 내용 전달도 직접 통역보다 정확도가 떨어지기 쉽다는 단점이 있다. 이러한 한계는 특히 수어통역의 현장에서 두드러지는데, 농인 특유의 수어를 음성으로 능통하게 통역하는 수어통역사가 부족할 뿐만 아니라 문맹 농인의 수어를 통역하는 것까지는 감당할 수 없는 경우가 상당수이기 때문이다. 이럴 경우 문맹 농인의 수어와 농식 수어를 모두 이해하는 농인 수어통역사(농통역사)와의 협업이 절실하게 필요하다. 이 역시 릴레이통역이라고 볼 수 있다. 국제회의의 통역을 훌륭한 통역으로 이끌기 위해서는 통역사로서의 노하우가 축적되어야만 가능하듯 수어통역도 마찬가지로 노하우가 요구된다.

(5) 미러통역

미러(*mirror*, 거울)통역은 농통역사의 통역을 지원하기 위해 청인 통역사가 농통역사에게 통역할 내용을 중계통역해 주는 것을 말한다. 최근 미국을 비롯해 수어통역 분야의 선진국들은 공식 행사나 국가적 재난 사항 등을 공지할 경우, 가급적이면 농통역사가 정확하게 의미를 전달할 수 있도록 조치하고 있다. 음성언어로 제공되는 정보를 청인 수어통역사가 드러나지 않는 차원에서 마치 '거울'과 같이 농통역사에게 전달하고, 농통역사는 그 내용을 유창한 수어로 통역한다.

2) 기능을 중심으로 한 구분

의사소통이 이뤄지는 특정 상황 속에서의 기능을 중심으로 통역을 구분하면 크게 지역사회통역, 회의통역과 미디어 환경에서의 통역, 강연통역, 전화통역 및 화상통역, 종교통역, 직업통역, 교육통역, 의료통역, 경찰서통역, 사법통역, 예술공연통역, 문맹농인통역, 맹농인통역 등으로 세분할 수 있다.

(1) 지역사회통역

가장 중요하고 빈번하게 수어통역 행위가 이뤄지는 형태는 단연 지역사회통역이다. 농인이 청인과 접촉하면서 정확한 의사 전달과 원활한 의사소통의 필요성으로 인해 통역을 요구하는 장소는 주로 법원, 병원, 관공서 등이며, 이것이야말로 지역사회통역의 주요 활동 영역이라고 할 수 있다. 지역사회통역은 지역사회 생활지원서비스, 의료지원, 사법지원 등 주로 다민족 국가에서의 소수집단을 위한 통역을 말한다. 미국, 캐나다, 네덜란드, 독일, 호주 등에는 이와 같은 지역사회통역을 위한 자격제도가 마련돼 있다. 농인을 사회문화적인 관점에서 바라본다면 농인이 지역사회에 참여하게끔 촉진하기 위한 통역 또한 이 범주에 속한다고 볼 수 있다.

지역사회통역의 경우 서로가 공유하는 지식이 적으므로 단순히 화자의 이야기를 전달하는 것만으로는 의사소통이 잘 이뤄지지 않는다. 화자와 청자가 의사소통 시 대등하지 않은 상황이라는 것이다.

농인을 중심으로 볼 때, 이 같은 상황은 각 지역사회에 깊이 잠재한 문제와 관련된 경우가 많다. 의료 현장이 전형적인 예이다. 의사를 비롯한 의료 관계자는 청인사회에 속한다. 농사회에는 이와 같은 전문직이 극히 드물기 때문에 의료와 관련한 지식은 한쪽에서 독점하고 있다고 볼 수 있다. 따라서 의사의 이야기를 수어로 변환하는 것만으로는 충분한 의사소통이 확보될 수 없는 경우가 생긴다. 이같이 특정 지식이 한쪽으로 현저히 치우쳐 있을 경우, 통역사는 적극적으로 쌍방에 작용함으로써 의사소통이 대등하게 이뤄지도록 해야 한다.

(2) 회의통역

통역을 서로가 공유하고 있는 지식을 바탕으로 한쪽에서 다른 쪽으로 새로운 지식(의미, 메시지)을 전달하는 작업이라고 할 때, 의사소통이 대등하게 이뤄지기 위해서는 서로 공유하고 있는 부분이 중요하다. 회의통역은 지식의 공유 부분이 많으므로, 이야기한 것을 변환하는 것만으로도 의사소통이 대등한 상황에 놓인다.

한편, 최근 급증하고 있는 정책 심의 혹은 프로젝트 평가 등과 같이 공공 영역에서 주관하는 심도 있는 회의일 경우, 지식의 양은 회의 참여자보다 통역사가 적을 수밖에 없다. 따라서 통역사는 그와 같은 통역 상황에서 필요한 적합한 지식을 보충하며 화자의 새로운 정보를 전달하기도 한다. 이런 측면에서 통역사는 정치, 경제, 과학, 기술, 경영, 의학, 문화, 예술 등 다양한 분야에 걸쳐 해박한 지식을 갖춰야 할 뿐만 아니라 그 무엇보다도 수어와 농문화 및 농사회에 대해 충분한 식견을 갖고 있어야 한다.

(3) 미디어 환경에서의 통역

최근 크게 부각되고 있을 뿐만 아니라 향후 가장 큰 비중을 차지할 것으로 예상되는 통역 분야이다. 여기에는 방송통역, 인터넷 기반의 다양한 플랫폼을 통한 영상통역, 혁신적으로 발전하는 개인용 모바일기기

(스마트폰) 등을 통한 선택적 통역, 원격통역, 쌍방향통역 등이 있다.

최근에는 소비자인 농인의 요구 혹은 주어진 환경에 따라 미디어를 활용해 수어 또는 문자로 통역하는 경우가 증가하고 있다. 멀티미디어를 활용해 원격으로 통역하기도 한다. 화상카메라를 통해 한국에 있는 농인 연사의 수어를 보고 미국에 있는 수어통역사가 음성으로 통역하기도 하며, 병원에 있는 농인 환자와 의사를 위해 병원이 아닌 다른 곳에 있는 수어통역사가 통역을 하기도 한다.

지상파 및 케이블방송, 인터넷방송 등의 영상콘텐츠를 통역하는 방송통역은 영상과 음성을 망라함으로써 순차통역과 동시통역 등이 동시에 필요한 경우가 빈번하다. 방송통역에는 여러 가지 종류가 있으나 가장 많은 것이 동시통역과 '시차를 둔 동시통역'이다. 뉴스 프로그램은 주로 동시통역이 진행된다. 뉴스는 폭넓은 분야의 화제를 취급하므로 통역사는 어떠한 뉴스에도 즉시 대응할 수 있는 배경지식이나 다양한 지식을 갖출 필요가 있다. 시차를 둔 동시통역이란 이미 녹화된 영상물을 통번역에 앞서 미리 시청하고 준비해 통역하는 것을 말한다. 시차를 둔 동시통역은 동시통역과 혼합해 사용하기도 한다. 예를 들어 장애인의 날을 기념하는 특집방송을 할 때 사회자 및 출연자의 상황은 동시통역으로 진행하고, 미리 편집돼 준비된 영상물에는 시차를 둔 동시통역을 하는 것이다. 시차를 둔 동시통역은 그 자체가 통역을 통합적으로 기능하게 한다. 사전에 소리정보와 그에 따른 모든 상황을 확인하고 준비할 수 있기 때문에 일반적인 동시통역보다 훨씬 더 완성도 높은 통역이 가능하다.

이 같은 방송통역은 현대 수어통역에서 그 비중이 급격히 커지고 있는 분야이다. 4차 산업혁명의 시대에 접어들며 농인의 정보접근권이 더욱더 사회제도적으로 보장되고 방송에 대한 사회적 영향력이 강화됨에 따라, 방송통역은 통역을 통해서만 영상 매체에 접근할 수 있는 농인에게 엄청나게 많은 정보를 제공할 수 있는 수단이자 청인사회와의 소통 창구의 역할을 함으로써 그 중요성이 날로 높아지고 있다. 그러므로 모든 농인이 이해할 수 있도록 분명하면서도 정확하게 수어통역이 이뤄져야 한다. 그뿐만 아니라 가능한 한 많은 방송 콘텐츠가 통역되어야 한다. 이러한 빠른 속도로 증가하는 방송통역의 수요를 최대한 완벽하게 감당하기 위해서는 결국 고도로 훈련된 수어통역사 양성이 중요하다. 유능한 수어통역사를 최대한 가급적 빨리 많이 양성해야 한다.

(4) 강연통역

많은 수의 청중이 모여 강연을 경청하는 가운데 통역하는 경우를 가리킨다. 강당이나 대회장에서 흔히 실시되는 통역의 유형이다. 강연통역에는 몇 개의 소집단을 만들어 그 소집단마다 통역사가 배치돼 통역하는 소집단 강연통역과 여러 국가의 수어가 동시적으로 통역되어야 할 경우 활용하는 국제강연통역 등이 있으며, 일반적이고 가장 보편적으로는 1명의 통역사가 강연의 내용을 통역한다. 이때, 1명이 통역한다고 해서 모든 강연을 1명이 한다는 의미가 아니라는 점에 주의해야 한다. 통역 장면이 1명으로 이뤄지는 것을 의미한다. 가령 30분마다 교대로 여러 명의 통역사가 1명의 통역 장면으로 수어통역을 수행하는 것이다.

보통 통역사는 농인의 시각적 효율성을 고려해 강사나 연설자의 옆에 서서 통역한다. 농인이 연설하는 경우라면 통역사는 무대나 강단 아래에 앉아 마이크를 들고 음성통역을 한다. 문자통역의 경우, 대체로 음성통역을 통해 속기사가 문자로 변환한다.

강연이 길어질 경우 장시간 수어통역에 따른 신체적・정신적 피로가 불가피하므로 두 사람 이상이 교대로 통역하는 것이 효과적이다. 교대가 매끄럽게 이뤄지도록 훈련을 쌓아 두는 것이 효과적이며 유익하다. 또한 농인의 강연 원고를 미리 입수해 내용을 훑어본 후 화자를 바라보면서 음성통역을 하는 것이 매끄러운 통역에 일조할 수 있다. 수어로 표현할 때는 동작을 크게 하는 것이 원칙이다. 농담을 통역할 때 미소 짓는 것은 무방하나 소리를 내어 웃는 것은 삼가야 한다. 내용을 다 전달받기 전에 웃음소리를 들으면 청중이 어리둥절할 수 있기 때문이다.

(5) 전화통역 및 화상통역

전화통역은 일 대 일을 원칙으로 한다. 농인이 상대방에게 통역사가 전화를 대신 받고 있다는 것을 알리기 원할 경우 통역사는 지체 없이 자신을 소개해야 한다. 특히, 전화통화는 농인에게 시각적 정보를 제공해 주지 않으므로 언어 외적인 요소를 가능하면 전부 통역해야 한다. 예를 들어 통화 요청신호가 가고 있다거나 통화 중이라는 정보도 전달해야 한다. 상대방이 웃거나 잠시 멈추고 있다는 사실까지 세세히 전달하여 농인이 통화 상황을 쉽게 파악하도록 해야 한다. 아울러, 농인의 지시 없이 전화를 일방적으로 끊는 결례를 범하지 않도록 각별히 유의해야 한다.

한편, 통신중계서비스가 널리 확대되면서 개별 수어통역사를 통한 전화통역의 이용 빈도가 최근 들어 현격하게 줄어들고 있다. 아울러 스마트폰 보급이 보편화되면서 전화통역보다는 화상통역이 대세가 되고 있는 것으로 보인다.

(6) 종교통역

예배나 의식 그리고 결혼식, 장례식 등의 행사나 종교적 상담을 수어로 통역하는 경우를 말한다. 일대일보다는 청중을 상대로 하는 경우가 흔하다. 찬송가나 성가를 통역할 경우 미리 가사를 숙지하는 것이 통역에 편리하다. 찬송가를 펼쳐 놓고 틈틈이 읽어 보는 것은 무방하나, 농인과의 시각 접촉을 끊지 않아야 한다.

만일 간혹 라틴어나 히브리어 또는 헬라어 같은 낯선 외국어가 튀어나올 경우, 통역사는 이를 자신 있게 변환할 수 없는 것이 보통이다. 이럴 때 통역사는 간단하게 "라틴어입니다"라는 식으로 표현하면 된다. 만일 자신의 종교적 신념과 상반되는 종교 행사에서 통역해야 한다면 자신의 반응을 자제하는 가운데 통역하도록 힘써야 한다. 이것이 자신 없다면 통역 의뢰를 거절하고 다른 사람에게 양보해야 한다.

(7) 직업통역

직업 현장에서 실시하는 통역이라고 할 수 있다. 기계가 가동되는 공장에서 통역할 때는 의복에 유의해야 한다. 작업복이나 바지가 안전하다. 그러나 사무실 안에서 통역하는 경우 단정한 복장이 바람직하다.

현장 특성상 직업과 관련한 기술적 용어가 많이 사용된다. 그러므로 수어어휘의 빈곤을 감안해 농인 근로자와 함께 임시방편으로 이 용어에 대한 수어를 만들어 사용할 수 있다. 그렇지만 이렇게 사용한 수어를 표준 수어어휘로 고정하는 것은 농사회 안에서의 의사소통상 혼란을 야기할 수 있으므로 자제해야 한다.

(8) 교육통역

대학이나 통합교육을 실시하는 학교에서 수학하는 농인 학생을 위해 통역하는 것을 말한다. 일반적으로 통역사는 농인 학생을 마주 보면서 통역한다. 농인 학생이 교사나 교수를 편안하게 볼 수 있는 방향으로, 교사의 옆자리를 찾아 앉는다. 교육통역의 성격상 농인이 자주 사용하는 관용적 수어표현보다는 한국어문장 방식의 수어표현이 부득이하게 활용될 가능성이 크다.

수어통역사는 조교나 학습 도우미가 아니라는 사실을 늘 염두에 두어야 한다. 수업에서 교육의 내용을 수어로 통역할 의무가 있을 뿐이지 농인 학생의 성적에 책임을 느낄 필요가 없다. 농인 학생의 성적에 자신의 수어통역 실력을 반영하려는 생각은 합리적이라고 볼 수 없다.

(9) 의료통역

병원에서 진찰을 받을 때 통역하는 것을 가리킨다. 의뢰인의 몸을 만지거나 특정 부분을 손가락으로 지적하면 농인이 당황하거나 수치를 느낄 수 있으므로 피해야 한다. 의학용어를 수어로 표현할 때는 농인이 정확하게 이해할 수 있도록 노력해야 한다. 통역사가 의학용어에 대해 이해가 부족하다면 의사에게 그 뜻을 물어 확인해야 한다. 여기서 통역은 문자적이어야 하며 농인 의뢰인이 의사의 말을 제대로 이해하고 있는지 수시로 확인하는 수고를 아끼지 않아야 한다.

농인도 질병에 걸릴 수 있으므로 병원에 찾아가야 할 때가 있지만, 병원에서의 진찰은 수어통역이 없으면 상당히 불편하다. 의사나 간호사와의 의사소통에 애로를 느끼는 많은 농인은 중한 병이 아닐 경우를 제외하고는 가급적 병원에 찾아가려 하지 않는다. 필담에 자신이 없는 농인이 많고 통역사를 고용하자니 수고비를 지급해야 하는 등 추가비용이 들기 때문이다.

병원에 꼭 가야 할 상황이라면 농인은 대개 부모나 청인 자녀를 동반한다. 가족은 비록 유창한 수어통역사는 아니지만 오랜 세월 동거하면서 터득한 대화 요령을 이용할 수 있다. 농인 환자가 간단하고 짤막한 손짓이나 어눌한 음성으로 보낸 메시지를 받아 부연 설명하는 식으로 통역이 진행되고, 가족이 유창한 수어 실력을 소지하지 못하다면 농인 환자의 의사를 전달하는 데 한계가 나타나기 마련이다. 통역이 가능한 성인 가족이 없을 경우, 초등학교에 다니는 어린 청인 자녀에게 의존하기도 한다. 이 경우 의사에게 정확한 증상을 설명하기 어려워 오진이 발생할 개연성이 있다. 어려운 의학용어를 소화할 수 없는 어린 자녀는 통역에 한계를 느끼고 부담을 갖게 되어 다음에 다시 통역하는 것을 거부하는 사태도 발생한다.

이렇게 의사소통상의 애로 때문에 병원을 찾는 농인이 겪는 불편은 상상을 초월한다. 차라리 악몽에 가깝다고 토로하는 이조차 있을 정도다. 의사와의 정확한 의사소통과 정확한 진단 및 치료를 위해 전문 수어통역사를 대동하고 병원을 방문하는 것이 바람직스러운 일이다. 그러나 경제적 부담을 이유로 통역사를 부르지 않는 경우가 흔하다.

(10) 경찰서통역

농인이 범죄와 관련되어 취조를 받아야 할 상황에 현실적으로 경찰관과 농인과의 원활한 의사소통은 기대할 수 없다. 필담을 시도해도 보통 농인의 저조한 문장력을 감안할 때 필담을 통해 범죄의 시말을 정확하게 파악하기에는 역부족이다. 그렇기 때문에 경찰은 대부분 수어통역사를 부른다. 이러한 경우 경찰서가 수고비를 지급하므로 농인이 따로 부담할 필요가 없다.

이러한 경우 수어통역사의 수어 실력이 굉장히 중요하다. 수어 실력이 어설픈 통역사가 농인이 수어로 표현한 내용을 잘못 통역할 경우 농인이 불리한 상황에 놓일 수 있기 때문이다. 그러나 현실적으로 경찰서통역의 경험이 많은 수어통역사의 수가 적어, 농인에게 불리한 요소로 작용할 가능성이 높다.

(11) 사법통역

농인이 법을 위반해 경찰에게 심문을 받거나 법정에서 재판을 받을 때 통역하는 행위를 가리킨다. 이때는 통역의 정확성이 절실히 요구된다.

농인의 비언어적 표시를 언어로 해석하는 것은 위험할 수 있다. 농인이 고개를 *끄덕인다*고 해서 통역사가 "예"라고 음성통역해서는 안 된다. 그저 "그가 고개를 *끄덕였습니다*"라고 통역하는 것이 안전하다. 농인이 제스처를 사용하거나 무엇을 지적할 때 법정은 이를 음성적으로 해석하는 경향이 있는데, "피고인은 두 손으로 자신의 목을 조르고 있습니다", "피고인은 자신의 왼쪽다리를 가리키고 있습니다" 하는 식으로 말해야 한다.

수어통역사는 법정통역 시 농인을 위해 변호하려는 유혹을 강하게 느끼기 쉬운데, 미국에서는 이를 절대로 금하고 있다. 재판 경과가 불리하게 나올 경우 농인 의뢰인이 그 책임을 통역사에게 전가하려 할 수 있기 때문이다.

(12) 예술공연통역

예술공연통역은 대체로 가시성을 위해 수어를 큰 동작으로 표현하는 것을 요구하는 경우가 많다. 또한 심미적 가치를 위해 수어표현을 약간 변형할 수도 있음을 인식할 필요가 있다. 통역사가 독창적으로 표현하기 위해 상대적으로 큰 자유를 요구할 수 있음을 이해해야 한다. 수어 표현 형태를 약간 바꾼다고 해서 표준에서 벗어난 잘못된 표현이라고 비난할 필요가 없다.

통역사는 먼저 작품의 의미에 대한 통역을 결정하고, 그 후에는 그 의미를 어떻게 수어로 표현할지를 결정한다. 시와 음악 같은 예술에는 리듬이 중요한 역할을 하기 때문에 통역사는 리듬을 맞추기 위해 표현을 약간 변형해도 무방하다.

(13) 문맹농인통역

교육적 혜택을 받지 못한 문맹농인을 위해 통역하는 기회가 이따금 생긴다. 일반적으로 글을 잘 모르는 것은 물론, 수어도 잘 모르는 경우가 많다. 이 경우 통역사는 불가피하게 제스처를 많이 사용할 수밖에 없다. 아니면 그림책을 펴서 원하는 뜻을 담을 이미지를 지적하는, 다소 번거로운 방법을 이용할 수 있다.

수어를 잘 모르는 문맹농인 특유의 몸짓을 해석하기 어렵다면 이 방면에 능숙한 농인의 지원을 요청할 수 있다. 이 경우 이중통역이 된다. 문맹농인을 언제나 인격적으로 대하며 조심스러운 태도를 유지하는 것이 중요하다.

(14) 맹농인통역

맹농인은 앞을 보지 못하는 시각장애와 소리를 듣지 못하는 청각장애를 중복으로 안고 있는 사람을 가리킨다. 이러한 사람을 위해 통역할 때는 주로 촉각을 통한 통역을 사용한다. 촉각으로 입술을 읽을 수 있도록 입술에다 엄지손가락을 접촉하거나 성대의 진동을 느끼도록 손가락을 목에 댐으로써 맹농인과 구화 방식으로 의사소통하는 기술로 이른바 타도마기법(Tadoma method)이 있다. 일찍이 헬렌 켈러가 타도마기법을 이용해 의사소통을 시도한 것은 매우 유명하다. 그 외에 손바닥에 글자를 쓰거나 손바닥의 특정한 곳에 알파벳 문자가 적혀 있는 특수 장갑을 이용하는 기법이 있고, 맹농인의 손바닥에 모스부호를 두드리는 기법도 있다.

그러나 이런 방법들도 지화와 수어를 두 손을 이용해 촉감으로 읽는 방법보다는 편리성이나 정확성이 뒤떨어진다. 다만, 맹농인이 통역사의 손을 가볍게 만지며 수어를 읽는 촉각기법을 사용할 때는 통역사의 손에 무게가 추가돼 전달되는 까닭에 신체적으로 피로를 안겨줄 수 있다. 그리고 수어를 할 때 손을 천천히 그리고 위축된 범위 안에서 움직여야 하므로 정신적으로나 신체적으로 중압감을 느낄 수 있다. 따라서 두 사람 이상의 통역사가 교대로 통역하는 것이 좋다.

촉각통역사는 청각은 물론 시각정보까지 전달하도록 힘써야 한다. 맹농인에게 실내에 다른 누군가가 있는지, 그리고 화자가 바뀔 때마다 누가 말하고 있는지도 알려야 한다. 맹농인을 위한 통역은 다른 통역보다도 매우 도전적이며 더욱더 예민한 민감성과 판단력을 요구한다.

제2절　　**수어통역과 수어번역의 전문 기술**

수어통번역은 생각의 과정이다. 수어통번역사는 청인과 농인 모두 자연스럽게 말할 때 경험하는 사고의 과정과 단계를 의식적으로 재구성해야 하는 정신적 부담을 항상 안고 있다. 수어통번역사에게는 말과 글, 수어를 기능적으로 잘하는 언어적 능력뿐만 아니라 분석력과 집중력, 자신감, 창조력 등 인지적 능력도 요구된다.

　실제로 수어통번역사는 연설의 의미를 기억하려고 노력하고, 의미 없는 텍스트에는 의미를 부여하기 위해 애쓴다. 이미 현대 인지심리학에서는 기억의 기본 단위가 언어가 아니라 개념(*concept*)이라고 주장했다. 수어통번역사가 연사(혹은 화자 내지 원저자)의 말이나 글, 수어를 이해한다는 것은 다른 말로 연사가 의미하는 바를 이해한다는 것이다. 즉, 연사와 통번역사는 적어도 통번역 행위가 진행되는 동안만이라도 동일한 관점을 가져야 하며, 통번역사는 연사(혹은 원메신저, 원저자)의 관점을 파악하고 분석해 그 진짜 내용(*core meaning*)에 가장 가까이 접근해야 하는 것이다. 이런 분석력과 순간적인 집중력, 주의력 등이 수어통번역사의 최대 무기인 단기기억(*short term memory*) 능력을 결정한다. 단기기억능력이 뛰어나고 사고가 유연한 통번역사일수록 유능한 수어통번역사가 될 가능성이 높다.

특히, 통역의 경우 단기기억능력이 매우 중요하다. '번역은 예술이고 통역은 재능이다'라는 말이 있다. 물론 통역도 예술이라 할 수 있다. 다만 여기에서 말한 '통역이 재능'이라는 표현은, 아마 많은 사람이 통역을 수행하기 위해 시간적 여유가 있는 번역보다 즉각적으로 반응하는 인지적인 재능을 타고나야 한다고 생각하기 때문인 것으로 보인다. 그래서 수어통역은 재능이 뒷받침돼야 한다는 사실에 공감하는 것이다.

이러한 측면에서 수어통역사를 양성하는 교수란 공군의 비행 교관과 같은 존재라는 생각이 든다. 비행 교관은 신임 조종사를 양성하는 동시에 조종사가 될 자질보다는 다른 곳에 자질이 더 많은 사람을 추려 내는 역할도 한다. 자신이 평생 즐겁게 일할 수 있는 전문 영역을 찾아 그 분야에 종사할 수 있는 사람은 행복한 사람이지만, 냉정하게 볼 때 누구나 훌륭한 전문 수어통역사가 될 수 있는 것은 아니다. 그러기에 수어번역과 달리 수어통역은 순발력 있게 동시통역을 훌륭하게 수행할 수 있는 사람이 해야 한다.

이런 맥락에서 우수한 수어통역사가 되기 위해 갖추어야 할 자질과 익혀야 할 기술은 어떤 것이 있는가? 앞서 다룬 수어통역사의 자질과 기본적인 기술은 수어통역사가 갖추어야 할 일반적인 조건이며 더욱 구체적인 수어통역사의 전문성 확보는 다음의 내용을 갖추었을 때 가능하다고 말할 수 있다. 물론 다음에 제시하는 내용은 수어번역사에게도 적용할 수 있다.

① 지적 호기심을 갖고 있어야 한다.

② 수어통번역에 대한 강한 의욕과 동기가 있어야 한다.

③ 팀워크를 할 수 있는 협동 능력과 성격을 소유해야 한다.

④ 농문화와 농사회를 이해하고 있어야 한다.

⑤ 말과 수어를 유창하게 구사하는 언어적 능력이 있어야 한다.

⑥ 건강해야 한다.

⑦ 직업의식이 투철해야 한다.

⑧ 적응력이 있어야 한다.

⑨ 설득력 있는 음성과 수어표현 그리고 음성과 수어 모두를 구사하는 연설능력이 있어야 한다.

⑩ 유연성을 갖고 있어야 한다.

이상의 내용 중에서 최소한 5개 항목에는 해당해야 전문성을 담보한 수어통번역사로서 활동할 수 있고 성장할 수 있다. 이렇게 전문성 함양을 위한 실제적 조건을 충족해 가는 수어통번역사는 농인 의사소통 분야의 최고 실력자로 성장해 나갈 수 있을 것이다. 또한 교육통번역, 의료통번역, 종교통번역 등 다양한 현장의 수어통번역을 소화할 수 있고 더 나아가 철저한 직업의식과 직업적 도덕성이 몸에 밴 그야말로 전문가가 될 것이다.

그 무엇보다도 다시금 강조해야 할 부분이 있다. 바로 질 높은 혹은 질 좋은 수어통번역을 구현하기 위해 최선을 다해야 한다는 사실이다. 그런 맥락에서 수어통번역의 질에 대한 평가가 중요하다. 즉, 수어통번역의 질에 대한 평가를 통해 수어통번역사의 수준을 높이고, 이에 따른 유능한 수어통번역사를 발굴·양성하는 일이 시급하다. 향후 구체적으로 다루겠지만 개략적으로 수어통번역의 품질을 측정할 때 관찰하는 사항을 제시하면 다음과 같다.

① 수어통번역사가 음성언어와 수어를 사용하고 글을 작성할 때의 자연스러움
② 수어통번역사의 목소리와 수어표현 및 문장 구사력
③ 수어통번역의 유창함
④ 수어통번역의 논리적 일관성
⑤ 수어통번역의 의미의 일관성
⑥ 수어통번역의 완성도
⑦ 텍스트에 대한 이해의 정확도
⑧ 정확한 용어의 사용

종합적으로 정리하면 유능한 수어통번역사는 유연한 지적 능력, 언어 수행능력, 특정 분야 지식과 전문적인 의사소통 실력을 갖춘 사람이다. 이런 능력은 훈련을 통해 자신이 수행하려는 특정 분야의 통번역에 대한 직관력이 발달한 상태가 되어야 가능하다. 이 직관력은 즉각적인 해답이나 해답을 구하기 위한 연결고리가 없는 경우에도 올바른 선택을 할 수 있는 능력을 의미한다.

또한 통번역 시에 직면할 수 있는 여러 상황에 대해 미리 시뮬레이션을 통해 연습해 놓으면 그와 비슷한 상황에 직면했을 때 여러 어려움을 극복할 수 있는 사전 지식이 생긴다. 우리는 문제를 해결할 때, 이미 그

와 비슷한 문제를 해결해본 경험을 바탕으로 이미 알고 있는 해결책을 새로운 문제에 적용하며 해답을 얻는다. 따라서 수어통번역 시에 당면할 수 있는 상황의 해결책을 미리 갖고 있는 것이 실제 통번역에서 필수적이다.

그뿐만 아니라 수어통번역사가 중요하게 생각해야 할 점은 통번역이 그 분야에서 사용되는 용어로 유연하게 계속 논리적으로 이어지도록 하는 것이다. 특히, 각각의 통번역 장면에서 사용되는 수어의 표현방식이나 어휘, 비수지신호 등이 미묘하게 다른 경우가 많으므로, 수어통번역사는 수어를 끊임없이 배우고 익히며 이에 대단히 주의해야 한다. 가령 음성언어와 수어의 표현 중 가장 간단한 일상생활 대화에서도 그 차이를 발견할 수 있다. 일반적으로 우리 사회에서는 어른에게 존댓말을 쓰는데 수어에서는 그렇지 않아, 아주 간단한 말임에도 그 어감과 느낌 등을 잘 전달해야 한다. 나아가 농사회와 농문화의 특성이 극명하게 드러나는 관용적 수어표현 방식을 이해하기란 매우 어렵다. 더욱이 음성언어의 어휘 수에 비해 절대적으로 수어어휘가 적기 때문에 여러 음성언어어휘가 수어에서는 한 두 개로 사용될 때가 많다. 이때 발현되는 '비수지신호'나 '수동' 등은 정확한 의사소통의 강력한 기제가 된다.

1. 수어통번역사로 생존하기

현재 국내외에서 활동하고 있는 수어통번역사 중에는 세 종류의 수어통번역사가 있다. 첫째, 뛰어난 수어통번역사, 둘째, 상당히 뛰어난 수어통번역사, 셋째, 대단히 뛰어난 수어통번역사이다.

이렇게 말하는 이유는 현장에 투입될 정도의 수어통번역사라면 이미 좋은 통번역의 수준은 넘어섰다고 보기 때문이다. 통번역까지 할 정도의 수어통번역사라면 전달할 내용에 대해 생각하는 능력이 있을 것이고, 내용에 대한 생각을 음성언어 혹은 수어, 문자로 표현하는 데는 어려움이 없을 것이다. 다만, 말한 바를 토대로 다음에 이어질 생각까지 구성하고 표현하기를 동시에 수행하려면 탁월한 능력이 필요하다. 그러므로 이미 어느 정도의 능력을 갖춘 수어통번역사가 계속 인정받고 살아남아 지속적으로 활동하기 위해서는 부단한 자기 노력이 절실하게 이뤄져야 한다. 이를 위해 감당해야 하는 수어통번역사의 2가지 과제가 있다. 그 구체적인 내용을 살펴본다.

1) 마케팅 원칙에 따른 수어통번역

마케팅의 대원칙은 '서비스는 고객의 필요에서 시작해 고객의 만족으로 끝나야 한다'는 것이다. 이런 마케팅의 원칙을 수어통번역 현장에도 고스란히 적용할 수 있다. 즉, 수어통번역은 농인 고객의 필요에서 시작해 농인 고객의 만족으로 끝나야 한다. 통번역은 통번역서비스를 받는 사람의 관점에서 평가되어야 하며, 통번역 자체만으로 평가되어서는 안 된다.

그러므로 통역사는 누가 누구를 대상으로 무슨 목적과 무슨 효과를 목표로 말하거나 수어가 사용되는지를 염두에 두어야 한다. 이런 상황 분석을 통해 수어통번역사는 더 좋은 통번역을 할 수 있다. 조금 미리 통번역하는 상황을 확실히 알고 있으면 더 능률적으로 통번역을 수행할수 있다. 따라서 자신의 통번역과 통번역서비스를 받는 청중과의 거리를 없애는 훈련을 해야 한다.

2) 수어통번역의 품질을 파악하기

자신이 하고 있는 수어통번역의 질, 즉 품질을 파악하면 더욱 수준 높은 통번역사로 성장해 나가는 데 큰 도움이 된다. 통번역의 품질은 다음과 같은 등식으로 설명할 수 있다.

수어통번역서비스의 질(즉, 농인 고객의 만족) =
제공된 수어통번역서비스의 질 - 기대된 수어통번역서비스

풀어서 설명하면, 수어통번역사가 하는 통번역서비스의 품질은 다른 말로 하면 농인 고객의 '만족도'로 볼 수 있다. 이는 제공된 수어통번역서비스 질로 측정된 점수에서, 기대된 수어통번역서비스에 대한 측정 점수를 뺀 것이 된다. 제공된 통번역서비스의 점수가 기대된 서비스의 점수보다 크다면 플러스(+) 수치가 나올 것이고, 그 반대라면 마이너스(-) 수치가 나올 것이다. 이러한 점수는 얼마든지 설문 문항 등을 통해 계량하거나 측정할 수 있다. 물론 양적 측정 도구를 개발하고 활용하는 것만이 전부는 아니다. 질적인 접근도 가능하다. 구조화되지 않은 몇 가지 질문을 던져 보는 것도 도움이 될 것이다.

2. 수어통번역을 수행할 때의 통번역 전문 기술

수어통번역사가 통번역업무를 수행할 때 전문적으로 발휘해야 할 몇 가지 기술을 살펴보고자 한다.

1) 유창함 유지

많은 경우 수어통번역의 성공적인 수행 여부는 유창함(*fluency*)과 통번역 목표언어(*target language*)의 수준에 달려 있다. 통번역서비스를 제공받는 청중이 인식하고 이해할 수 있는 수준으로 통번역이 이루어졌는지가 통번역의 품질을 결정하는 데 중요하다. 이때 핵심은 첫째, 내용, 둘째, 용어의 정확한 사용(흔히 사용되는 용어라도 통번역하고 있는 분야에서 통상적으로 쓰이는 용어를 사용), 셋째, 능숙함이다.

경험이 풍부한 수어통번역사는 통번역 도중 수어로 표현하거나 말할 내용을 생각하거나 연사의 말이나 수어를 기다리기 위해 임의로 수어나 말을 멈추어서는 안 된다고 충고한다. 농인 청중은 청인 화자의 연설의 그 어느 부분도 놓치지 않도록 특히 수어통역사가 지속적으로 수어를 사용해 주기를 원하고는 한다.

결국, 수어통번역사의 목표는 정확한 내용을 수어나 음성언어, 혹은 글로 자연스럽게 제시하여 청중이 통번역 과정을 통해 연설(원메시지)의 내용을 마치 중계되는 느낌이 아니라 직접 그 내용을 생생하게 원화자로부터 접하는 것처럼 전달되도록 하는 것이다. 이를 위해, 통번역 중인 수어 혹은 말, 글을 유창하게 하는 동시에 연사의 템포와 열성 등도 같이 전달되도록 해야 한다. 즉, 연사의 감정 표현까지 충실하게 전달해야 한다.

유창함은 통번역을 물 흐르듯 진행하기 위한 가장 중요한 요소다. 이런 유창함을 방해하는 요소에는 통번역을 잘못 시작하는 것, 망설이는 것, 불완전한 문장(끝맺지 못한 문장 등)을 사용하는 것, 연설과 통번역 사이의 간격이 너무 긴 것, 연설이 진행 중인데 통번역사가 침묵하거나 가만히 우두커니 있는 것 등이 있다.

2) 덩어리로 뭉치기

끊임없이 계속 나오는 출발어의 흐름에 대처할 수 있는 중요한 통번역 기술은 덩어리로 뭉치기(*chunking*)다. 이는 통번역사가 연설을 충분히 통번역이 가능한 단위로 자르는 것을 의미한다. 통번역사는 연설을 덩어리로 뭉침으로써 기억에서 처리해야 할 정보의 총량을 줄여 단기기억 장치의 부담을 덜 수 있다. 특히, 언어의 특성상 끊임없이 계속 이어져 나오는 언어를 통번역할 때 이 방법이 유용하게 쓰일 수 있다.

수어통번역사는 원래의 내용을 그 의미가 훼손되지 않는 범위 안에서 통번역의 대상자가 쉽게 이해하도록 새롭게 재포장하는 방법을 익혀야 하며, 입력되는 정보의 단위가 너무 커서 통번역에 부담이 될 때는 논리적으로 작은 단위로 자를 수 있어야 한다. 통번역 현장에서 기억의 잠재적인 과부하 상태에 이르면, 통번역사들은 통상적인 통번역 속도보다 더 빨리 연설의 내용을 덩어리로 뭉쳐 재구성해야 한다.

이렇게 재구성하는 작업은 결코 쉽지 않다. 실제 현장에서 수어통번역사는 기억의 잠재적인 과부하 상태에 도달할 가능성이 크다. 그럼에도 수어통번역사는 출발어의 정보를 재포장해서 듣고 처리하고 다시 말로 바꾸는 데 지장이 없도록 해야 한다. 덩어리로 뭉치기는 역동적인 과정이며, 이를 순조롭게 해나갈 때 유능한 수어통번역사로 인정받을 수 있다.

3) 연설과 통역 간 간격 유의

수어통역과 수어번역 중 특별히 수어통역 시에 염두에 두어야 할 또 하나 중요한 측면은 수어통역이 거의 대부분 동시통역으로 이뤄진다는 점이다. 따라서 수어통역에서는 듣고 분석하고 목표어로 바꾸어 말하는 것과 다시 통역을 준비하는 인지적 기능이 거의 동시에 이뤄져야 한다. 귀(청각)나 눈(시각)으로 들어온 정보를 처리하는 데 시간이 걸리므로, 연설이 시작되고 나서 어느 정도 시간이 흐르고 난 다음부터 통역이 시작될 수밖에 없고 이러한 시간차를 간격(lag) 혹은 지연(delay)이라고 부른다. 통역사는 첫째, 듣기 혹은 보기, 둘째, 기억하기, 셋째, 말하기 혹은 수어로 표현하기(production), 넷째, 조정하기(coordination)의 과정을 겪는다. 따라서 성공적인 통역이 되려면 통역사가 쓸 수 있거나 필요한 모든 인지적 자원을 수어통역 수행에 전부 활용해야 한다.

이 같은 네 단계 중 한 과정이라도 처리하는 능력이 부족하면 임무 수행에 부담을 주고, 다음 연설 덩어리를 통역하는 데 더 큰 어려움을 겪으며, 결국 연결이 끊어지거나 임무를 수행하지 못하게 된다. 연설과 통역의 간격이 길어지면 수어통역사는 추가적인 부담을 느낀다. 가뜩이

나 제한된 정신적 자원을 순조롭게 운영하지 못해 필요한 자원을 확보할
수 없게 된 수어통역사는 과도한 정신적 부담을 느끼게 되는 것이다.

간격이 길수록, 즉 연사가 말하거나 수어를 한 다음 기다리면 기다릴
수록 연사의 메시지는 더욱 명확해지고 통역할 말을 재구성하는 것이
쉬워진다. 그러나 단기기억과 장기기억에 있는 정보를 끌어오는 실행
기억(working memory)에는 더 큰 부담을 준다.

4) 예상

수어통번역이 자동적으로 진행되는 데 가장 큰 도움을 주는 인지적 행
위 중 하나는 예상(anticipation)이다. 수어통번역사가 사용하는 전략은
크게 두 가지가 있다. 하나는 담화의 분석에 의해 판단을 내리는 '아래
에서부터 위로'(bottom up) 전략이다. 또 다른 하나는 통역사가 연사의
말이 끝나기 전에 그 내용에 대해 말할 내용을 미리 세우는 '위에서부터
아래로'(top down) 전략이다.

이 두 가지 전략은 종종 서로 마찰을 일으킨다. 따라서 두 전략이 균
형을 이루도록 수어통번역사는 빠른 시간 내에 연설을 이해해야 한다.
이때 초기 예상(early anticipation)이 매우 중요한 역할을 한다. 수어통
번역사는 언어 자체의 지식에 근거한 추론, 언어의 관용적인 배열
(collocation), 음성언어와 수어언어 간의 상이한 언어적 구조 등을 최대
한 활용하며 통상적인 의사소통 때보다 훨씬 더 적은 정보를 이용해 예
상하는 능력을 갖춰야 한다.

또한 수어통번역사는 예상에 근거를 둔 통번역과 실제 통번역을 지

속적으로 비교하면서 자신이 세웠던 가설을 바꿔 나가는 노력을 기울여야 한다. 무엇보다도 청인문화와 구별되는 농인문화의 시각적 표현방식, 즉 공간 활용, 비수지신호 등으로 정보의 여백을 채울 수 있도록 정확히 예상할 수 있어야 한다. 아울러 예상치 못한 정보가 들어올 때라도 수어통번역을 진행해야 하며 기술적으로 즉시 수정할 수 있는 준비도 갖추어야 한다.

예상은 위에서부터 아래로 전략과 아래에서 위로 전략의 혼용이라고할 수 있다. 이때 정확한 내용을 예상할 수도 있지만 근접한 내용일 수도 있다. 근접한 내용일 경우에는 아래에서 위로 전략을 사용해 내용을수정할 수 있다.

예상을 위해 사용하는 정보는 크게 언어적 측면과 비언어적 측면으로 나뉜다. 수어통번역사가 얻을 수 있는 비언어적 정보로는 상황 지식이나 행사 및 회의 주제에 관한 정보, 회의나 행사의 분위기, 기타 연사의 행동 등이 있다.

5) 근접화

수어통번역사가 취할 수 있는 또 다른 전략은 근접화(*approximation*)이다. 이는 정확한 해답을 구하기 힘들 경우, 가장 근접한 해결책을 찾는것이다.

많은 경우, 연설은 비슷한 내용이 되풀이되기 때문에 지속적으로 수어통번역의 내용을 수정·보완할 수 있는 기회가 생기기 마련이다. 하지만 비상사태가 발생할 수도 있다. 가령, 연사가 전혀 알아들을 수 없거나 알아볼 수 없는 말이나 수어(완전 농식 수어를 사용하는 농인 연사 등)를 사용할 경우 혹은 통번역사가 미리 준비한 전략이나 자료가 전혀 무용지물일 경우 통번역사의 통역 수행 모델은 심각한 훼손을 겪는다.

이럴 때 적용할 수 있는 비상전략을 준비해 두어야 한다. 이럴 때는 출발어가 이해되지 않더라도 단어 수준에서 수어통번역을 시도하는 따라가기(parroting) 통번역이라도 해야 한다. 이런 식의 통번역을 단어 대 단어 대응통역이라고 한다. 이런 통번역 방식은 연사가 의도한 의미 전달과는 전혀 상관없이 진행하는 수밖에 없다. 그러면서 가능한 대로 '원메시지'의 의도와 내용에 최대한 근접한 통번역을 해야 한다.

이처럼 수어통번역에는 여러 복잡한 전략이 얽혀 있다. 이를 모두 전략적으로 또 적절하게 활용할 때만 청인과 농인 모두가 이해하는 목표어 통번역을 해낼 수 있다. 통번역을 과정이라는 측면에서 정의할 때 출발언어에서 목표언어로의 언어 간 전이에 초점을 맞춘 전략적 담화 처리 과정(strategic discourse processing)이라고 할 수 있다. 앞서 다룬 전략들을 통해 수어통번역사는 누락(생략, 탈락 등)이나 오류(대체, 잘못된 예측, 수정) 등을 방지하고, 간섭 현상 등에 대처하며, 충분치 못하거나 애매한 발언을 보완·보충하고, 연설을 적당히 나누며 되풀이되는 부분은 생략할 수 있다. 또한 지속적인 모니터링을 통해 올바른 통번역에 최대한 근접하도록 노력할 수 있다.

질 좋고 훌륭한 수어통번역은 진지하게 노력하고 현명하게 방향을 정해 노련하게 업무를 수행한 결과로 얻어진다. 즉, 수어통번역 능력을 부단히 개발하고 훈련해야 농인 고객의 만족을 끌어낼 수 있다.

3. 성공적인 수어통번역을 위한 전략적 기술

수어통번역은 결과(*product*)로서의 통번역보다는 과정(*process*)으로서의 통번역에 초점을 맞춰야 한다. 수어통번역이란 다양한 통번역 기술이 상호관계를 맺으며 네트워크를 이루는 전략적 과정이다. 다시 말해, 수어통번역은 통번역사가 의식적 혹은 의도적으로 구체적인 통번역 기술을 구사하면서 통번역 활동을 수행해 나가는 과정이다. 이러한 수어통번역 과정은 마치 하나의 망(*net*)을 짜듯이 이뤄진다.

수어통번역은 언어를 처리하는 담화 상황의 하나이다. 일반적으로 담화는 둘 이상의 문장의 집합으로 이해된다. 그러므로 문장의 연결성, 내용의 긴밀성, 의미의 응집성 등이 담화 상황에서 실제로 요구된다. 즉, 문장들의 의미가 서로 연계되어야 하는 것이다.

담화는 크게 공식적이며 형식적인 담화와 비공식적이며 비형식적인 담화로 구분된다. 형식적인 담화는 사회적 영향력을 갖는다. 그래서 특정한 형식에 맞추어 전개해야 한다. 이러한 담화에는 면접, 발표, 토의, 토론, 연설 등이 있다. 비공식적인 담화는 사회적 영향력이 거의 없어 형식이 자유로운 담화로, 서로 주고받는 이야기인 대화가 대표적이다.

담화는 상황 맥락에 따라 고유한 기능을 지닌다. 담화의 기능에는 정보 제공 기능, 사교 기능, 선언 기능, 약속 기능, 호소 기능 등이 있다. 담화는 단 하나의 기능을 충실하게 수행하려는 목적을 위해 만들어지기도 한다. 하지만 하나의 담화가 복합적인 기능을 하는 경우도 종종 있다.

수어통번역은 이 같은 담화가 형성되게끔 하는 도구이자 과정이며 아울러 담화 그 자체라고 할 수 있다. 그런 의미에서 수어통번역은 담화 상황의 본질적 행위 중 하나인 것이다. 그리고 이 본질적 행위는 기술이라는 말로 표현된다. 수어통번역의 내용이 현실 세계에 담화 상황으로 구현되게 하는 것이 통번역 기술이다. 이런 수어통번역 기술은 정교한 언어 처리 기술이라고 할 수 있다. 그러므로 수어통번역 기술의 근간이 되는 언어 처리 기술을 설명하기 위해, 우선 담화 상황을 일반 담화 상황, 즉 1개 국어가 사용되는 직접 담화 상황과 간접 담화 상황으로 나누고, 통번역을 대표적 간접 담화 상황의 하나로 꼽아야 한다.

발신자가 수신자와 같은 언어를 사용하는 직접 담화 상황에서 담화에 참여하는 이들은 다양한 이해 기술과 발신 기술을 사용하는데, 이러한 담화 기술은 통번역과 같은 간접 담화 상황에서도 그대로 적용될 수 있다. 즉, 통번역사가 사용할 수 있는 통번역 기술은 추론 기술, 예측 기술 등 일반 담화 상황에서도 사용하는 담화 기술에 근거한다. 여기에 통번역의 특성에 맞는 수어통번역 기술을 정립해야 한다.

수어통번역의 전략적 기술을 다음의 4가지 원칙에 근거해 창의적으로 정립해 보자. 첫째, 무엇보다 인지적 경험에 바탕을 두고 있어야 한다. 둘째, 수어통번역 시 나타날 수 있는 각종 문제를 해결할 수 있어야 한다. 셋째, 다양한 수어통번역 장면에 사용하기에 적합해야 한다. 넷째, 수어통번역사가 이상의 3가지 원칙을 항상 의식함으로써 의도적으로 사용 가능해야 한다.

수어통번역 기술의 원칙을 이렇게 4가지로 제시할 경우, 무의식중에 사용하거나 인지적 경험에 바탕을 두지 않은, 즉 검증되지 않은 통번역 방식은 수어통번역 기술이라고 할 수 없게 된다.

일반 담화 기술을 이해와 발신 기술로 구분할 수 있듯, 수어통번역 기술도 크게 출발 텍스트 이해를 위한 기술과 도착 텍스트 발신을 위한 기술로 나누어볼 수 있다.

1) 출발 텍스트 이해를 위한 기술

이해에 관련된 수어통번역 기술을 결정하는 요소로는 텍스트 자체의 특성과 수어통번역사의 인지적 상태를 들 수 있다. 이 두 가지 요소는 텍스트 이해 과정에서 상호작용을 하며 언어정보를 처리한다.

수어통번역사는 자신의 인지능력을 사용할 때 두 가지 이해 전략을 사용한다. 첫째는 언어에 의거한 상향식 이해 기술이고, 둘째는 지식에 의거한 하향식 이해 기술이다. 상향식 이해 기술이란, 텍스트의 언어정보를 분석함으로써 텍스트 의미를 파악해 나가는 것을 말한다. 즉, 텍스트 미시구조의 언어 분석 결과를 단계별로 조합해 텍스트 전체를 이해해 나가는 기술이다. 반면, 하향식 이해 기술은 수어통번역사의 지식을 바탕으로 텍스트를 이해하는 기술이다. 수어통번역사가 텍스트의 정보를 알고 있을 경우, 언어 분석에 의존하지 않고 자신의 지식으로 텍스트 전체를 이해해 나가는 방식을 말한다. 이는 담화 상황에서 텍스트를 이해할 때도 자연스럽게 나타나는 과정으로, 수어통번역사는 담화 전문가로서 이를 전략적으로 사용할 수 있어야 한다.

이 두 가지 방법으로 텍스트를 이해할 때, 언어와 상식을 비롯해 기존 지식을 활용하는 것이 중요하다. 이렇듯 주제 관련 용어 및 지식을 사전에 익히고 정리해 하향식 이해 과정을 용이하도록 만드는 기술을

'준비 기술'이라 통칭할 수 있다.

실제 수어통번역이 진행되면 추론, 예측, 분절 기술 등이 사용된다. 이 중 모든 기술의 핵심이 되는 추론 기술은 수어통번역사의 지식 부족, 집중력 저하, 문화 차이에 의한 표현의 변형 문제 등을 극복하는 데 가장 효과적이다. 텍스트가 담고 있는 정보를 서로 관련 있게 연결하고 텍스트가 명시적으로 담고 있지는 않으나 수신자에게 필요한 정보 등을 유출해 내는 데도 반드시 필요한 기술이다.

예측 기술 역시 크게는 추론 기술의 일부로 분류할 수 있다. 앞으로 올 내용을 올바르게 예측하는 것 역시 문맥 분석에 따른 추론 기술 없이는 불가능하기 때문이다. 이런 예측 기술은 시간이 핵심 요소로 작용하는 동시통번역에서 중요한 역할을 한다.

효율적 텍스트 이해와 관련하여 분절 기술도 빠뜨릴 수 없는 기술이다. 같은 양의 정보를 담아도 언어마다 문법적 단위가 다를 뿐만 아니라 수어통번역 상황에서는 일정량의 정보를 다른 언어로 옮기는 데 시간적 제한이 있기 때문에 출발어의 문법적 단위는 수어통번역 과정에서 변형될 수밖에 없다. 이런 정보 분절 단위 혹은 의미 단위 또 혹은 기능 단위는 출발어와 도착어에 따라 각각 다르다.

2) 도착 텍스트 발신을 위한 기술

도착 텍스트 발신을 위한 기술은 다시 크게 출발 텍스트에 영향을 받는 기술과 도착 텍스트에 영향을 받는 기술로 나누어 볼 수 있다. 문법 단위 변환 기술이나 단어 내지 문구의 치환 기술은 출발어의 특징을 도착어에 반영하는 기술이기 때문에 출발어의 특성에 의해 결정될 수밖에 없다.

반면, 조직적 기억을 위한 연상 기술, 수어동시통번역에서의 수신 시차 조절 기술, 문체 조절 기술, 텍스트 요약 기술, 응집성 제고 기술 등은 도착어의 문법구조, 어휘 표현과 밀접한 관계에 있기 때문에 주로 도착어의 영향을 받는다.

이 중 텍스트 요약 기술은 시간에 쫓기는 동시통번역 시 특히 유용하다. 이때, 언어의 경제성을 살리면서도 중요한 내용을 빠뜨리지 않는 것이 관건이다. 이러한 텍스트 요약 기술의 하위기술로 선택 기술, 삭제 기술, 일반화 기술 등이 있다. 즉, 텍스트를 요약해 통역해야 할 때는 반드시 필요한 정보만을 선택하고 필요 없는 요소를 삭제할 수 있으며, 상세한 내용을 텍스트의 큰 틀을 해치지 않는 범위 내에서 일반화할 수 있다는 것이다.

이 밖에도 긴급 상황에서 사용할 수 있는 기술로 내용 중화, 내용 희석, 단순화 기술 및 단어 내지 문구 대체 기술, 확실한 내용을 파악할 때까지 사용하는 접근 기술 등이 있다. 내용 중화·희석의 경우, 민감한 상황에서 출발 텍스트의 표현이 지나치게 극단적일 때 사용할 수 있는 기술이다. 접근 기술은 현재 듣고 있는 내용을 확실히 파악하지 못했을 때 내용이 분명해질 때까지 일반적 내용에서 구체적 내용으로 조심스럽게 핵심에 접근해 나가는 기술을 말한다. 그러나 이런 임기응변식 기술을 연달아 사용해야 하는 경우, 통번역이 실패할 위기를 초래하기 쉽다. 이럴 때는 기반 지식과 추론을 이용한 교정 기술을 사용해야 한다.

이런 일련의 기술보다 한 차원 높은 기술로 모니터링 기술이 있다. 이

기술은 통번역사가 자신의 통번역물을 끊임없이 의식하고 점검하는 것을 말하며, 통역의 전 과정에 사용된다는 점에서 앞선 기술과 구분된다.

이들 기술은 일련의 훈련과 경험을 거쳐 부분적으로 자동화된다. 이런 자동화 역시 통번역 과정의 중요한 일부를 차지한다.

제3절   수어통역과 수어번역의 현장별 심화 기술

여기서 다시 한 번 점검해볼 것이 있다. 용어상의 개념 정의다. 개념에 대한 분명한 정리를 해야만 그에 따른 보다 심화된 통번역 기술을 정립할 수 있기 때문이다.

'통번역'은 통역과 번역의 상위개념(통번역 = 통역 + 번역)으로 설정할 수 있다. 한편, 번역은 통역을 포함하는 개념(번역 ≧ 통역)이다. 따라서 번역은 때때로 모든 종류의 통번역을 지칭하는 상위개념(통번역 = 번역)으로 사용될 수 있을 것이다. 즉, 수어번역은 곧 수어통번역이다. 앞서 통역과 번역의 큰 차이를 '즉시성'에 두었다. 통역과 번역은 즉시성이라는 측면에서 가장 구별된다. 이는 통역과 번역의 수행 기능을 중심으로 본 개념이다.

하지만 즉시성만으로는 통역과 번역의 차이를 모두 설명할 수는 없다. 가령, 이미 있는 자료를 통역할 경우 수어통역사는 녹화되거나 녹음된 음성언어를 수어로 통역할 수 있다. 이때 수어통역사는 그 사이에 필요한 표현을 생각해 보거나 수어 웹사전과 같은 보조수단을 이용할 수도 있다. 수어통역사는 농인의 수어 자료를 어떤 특정한 시간과 공간에서 음성으로 또는 문자로 통역할 수도 있다. 음성통역의 과정을 거쳐 문자통역을 할 수도 있다. 아예 수어통역사가 곧바로 속기사의 역할을 할 수도 있다. 머릿속에서는 자동으로 농인의 수어를 음성으로 통역하면서 동시에 문자로 전환할 수도 있다. 이는 문자통역이다. 다시 말해 '통역'인 것이다.

즉, 이 모든 활동은 수어통역의 범위에 포함된다. 물론 큰 틀에서는 번역이라고도 할 수 있겠지만 세부적으로 본다면 수어통번역 중에 출발 텍스트가 오직 한 번 제공되어 통번역물(결과물)을 출발 텍스트와 비교할 수 없다. 이 통번역물이 통번역사가 재차 수정할 수 없는, 일회적으로 생산된 텍스트라면 비록 수어번역에 가깝다고 하더라도 이는 통역물로 봐야 할 것이다.

따라서 통역과 번역의 개념 구분 기준은 통번역 도중 출발 텍스트가 주어지는 방식 그리고 통번역 완료 후의 잠재적 수정 가능성일 뿐, 수정 시간이 얼마나 길지, 짧을지에 있는 것은 아니다. 수정할 수 있는가 없는가에 달려 있는 것이다. 그러므로 즉시성이라는 측면을 보완할 수 있는 더욱 세밀한 개념적인 접근이 필요하다.

수어통번역은 그 자체로 통역 혹은 번역인 것이 아니라, '자료로 남느냐' 아니면 '발화와 수신이 이뤄지는 현장에서 소멸되느냐' 등과 같이 '통번역 결과의 영속성 유무'라는 기준에 따라 통역이 될 수도 있고 번역이 될 수도 있다. 즉, 수어통역은 그 첫 결과물이 곧 최종 결과물인 텍스트를 생산하는 행위이다. 반면 수어번역은 잠재적으로 임시적인 결과물을 생산하는 행위이다. 이 임시적인 결과물은 수정·보완이 가능하고 지속적이거나 영속적인 자료로 보관이 가능하다.

가령, 수어통역이나 수어번역은 다양한 미디어 영상으로도 가능하다. 인터넷이라는 사이버 공간을 통해 텍스트를 세계 어디로든 보내고는 그 내용을 재생해 통역하거나 번역할 수 있다. 앞서 언급했듯 심지어 수어번역사가 농인의 수어를 바로 옆에 앉아 글(문자)로 번역할 수도 있다. 이때 이 같은 행위가 음성통역의 과정을 거쳐(혹은 동시에) 산출된 문자통역인지 아니면 수어번역인지를 결정하는 기준은 번역된 텍스트가 검토·수정 가능한 조건이 되는지의 여부라고 말할 수 있다.

당연한 내용을 쪼개 개념을 세분화했다. 이 같이 개념적으로 정리해야 수어통번역 이론이 체계화되고 그 결과로 구체적인 기술이 나올 수 있다. 아직도 고민은 더 필요하다. 이제 구체적으로 현장별 심화 기술을 살펴보자.

1. 현장에 따른 수어통역 접근 방법과 심화 기술

현장에 따른 수어통역 접근 방법을 의사소통이 이뤄지는 바로 그 상황에서의 기능을 중심으로 구분해 살펴보자.

1) 지역사회통역

(1) 민원
민원 전달과정에서 민원이 해결되고 아울러 민원상의 피해가 발생하지 않도록 지원하는 통역이다.

민원과 관련된 용어의 개념과 의미를 분명하게 파악하고 담당자의 질문을 숙지한 후에 정확한 이해를 바탕으로 통역한다.

보호자가 같이 따라오지 않았는데 보호자도 알아야 할 내용일 때는 보호자에게도 동일한 내용을 전달해야 한다. 구체적으로, "이러한 상황입니다", "민원 결과의 회신 여부가 이렇게 된답니다" 하고 보호자에게도 민원통역을 수행하면서 취득한 정보의 내용을 전해야 한다.

민원 접수 과정과 접수처, 담당자 등에 관한 정보를 숙지한다. 민원 내역 및 구체적 내용도 파악해야 한다.

민원 내용을 전달하는 과정에서는 정확하고 효과적인 소통이 이뤄지도록 통역한다. 민원인의 의도를 민원을 접수받는 담당자 혹은 상담자가 정확하게 이해하도록 통역한다. 담당자 혹은 상담자의 조언과 충고, 전달하는 실제 내용을 민원인에게 정확하게 전달한다. 사후 처리가 명확하고 원활하게 이루어지도록 확인하여 고지한다.

민원통역의 경우 아주 구체적으로, 단계적으로, 정확하게 통역하려고 노력해야 한다. 단기적인 기억력을 발휘할 수 있는 기술력이 필요하다. 결국 행정 절차나 서비스 절차에 관한 전반적인 과정을 종합적으로 이해하고 있어야 한다.

수어통역을 수행할 때 서비스를 이용하는 농인의 수준과 의사소통 역량에 맞춰 반복적으로 계속 농인의 수어를 음성으로 통역함과 동시에 수어도 함께 사용해야 한다.

특히, 민원통역의 경우 민원이 해결될 때까지 통역업무가 지속될 수 있으므로 가급적 시간 여유를 최대한 감안해 통역서비스를 제공할 필요가 있다. 예를 들어, 전입신고 등과 같이 통역의 목적을 구체적으로 밝히고 통역서비스를 요구하는 의뢰인도 있지만, 단순히 동사무소 가자고 한 후 수급 신청, 전입신고, 아이들 바우처 신청 등 온갖 업무를 한꺼번에 즉석에서 요청하는 의뢰인도 있다. 수어통역사가 있을 때 일거에 모든 민원을 해결하길 원할 때가 빈번하다. 그래서 시간 여유를 두어야 한다.

민원통역에서 가장 중요한 부분은 역시 비밀보장이다. 철저히 비밀을 보장해야 한다.

(2) 금융·은행

농인이 원활한 경제활동을 할 수 있고 적절한 경제 수단을 사용해 경제적 어려움을 극복할 수 있게끔 지원하는 통역이다.

구체적으로는, 대출에 필요한 자료를 농인에게 알려 주고 준비하도록 한다. 금융기관과의 만남에서는 농인의 입장에서 원하는 바를 얻을 수 있도록 적극적인 중계자의 역할을 담당한다. 금융기관 이용 시 필요한 정보를 알려주고 통역한다.

사전에 은행 대출과 이자 등 금융 관련 지식을 숙지해야 한다. 아울러 금융 상품과 보험 등에 관해서도 어느 정도는 정확하게 알아야 한다. 만약 정보가 없을 때는 직원에게 어떤 상품이 있으며, 어떤 이득이 있는지 확인하는 것도 좋다.

(3) 장례식

유가족을 위로하고 원활한 장례식이 진행되도록 돕는 통역이다.

장례식통역에서 가장 중요한 기술은 공감 능력이다. 애도를 예로 들 수 있는데, 무조건 눈물을 흘리는 것이 아니라 같이 공감할 수 있는 정서적인 마음을 갖는 것이 중요하다. 즉, 공감적 공유 영역을 확장하는 기술이 기초가 된다. 이는 자연스럽게 애도하는 분위기를 잘 표현하는 수어통역으로 나타난다.

애도하는 분위기를 유지하면서도 통역하는 것을 절대 잊어서는 안 된다. 이를테면 통역업무 이외에도 장례식의 전 과정에서 전화 통화를 하거나 과도하게 핸드폰을 사용하는 일 등을 삼가야 한다.

화려하지 않은 복장을 착용해야 한다. 장례식에 맞는 검은 예복 계통의 옷이 유용하다. 아울러 용모도 정숙해야 한다.

장례 관련 수어 용어를 숙지하고 절차에 관해 사전에 정보를 수집하여, 원활한 장례식이 이뤄지도록 차분하면서도 유창하게 정확한 수어통역을 해야 한다.

(4) 결혼식

결혼식이 원활하게 진행되도록 지원하는 통역이다.

결혼식 당사자와 가족의 욕구를 잘 파악해 수어통역의 성격과 수준, 범위 등을 정한다. 수어통역사가 1명 필요할지, 아니면 2명 이상 필요할지, 수어통역사가 어떤 위치에서 통역해야 할지, 수어통역사의 통역이 원활하게 진행되기 위한 조명은 갖춰져 있는지 등을 꼼꼼하게 확인해야 한다.

결혼식 시나리오에 관해 사전 지식을 갖고 있어야 한다. 다양한 형태의 결혼식 정보와 관련 전문 용어를 효과적으로 사용하여 통역한다. 구체적으로, 축가는 한국노래인지 영어노래인지 등을 파악해야 한다.

밝고 화사한 분위기의 복장과 표정으로 통역한다. 신랑·신부와 가족, 하객이 의사소통에 어려움이 없도록 중개자의 역할을 충실하게 수행한다.

2) 회의통역

국제회의를 비롯해 공식적 회의가 원활하게 진행되도록 지원한다.

회의통역 시 가장 중요한 작업은 효과적인 위치 선정이다. 유연하면서도 시의적절한 위치 선정이 이루어져야 한다. 당당한 태도로 통역해야 하며 회의 중에 산출되는 많은 정보의 맥락을 일목요연하게 정리해서 전달하는 능력을 발휘해야 한다.

회의 중에 발언하는 사람을 제각각 구분하면서 통역해야 한다. 예를 들어 A라는 사람과 B라는 사람의 뉘앙스를 다르게 통역하거나, 음성언어의 독특성과 개성이 드러나도록 통역기술을 발휘해야 생동감 있게 전달될 수 있다. 당연히 음성통역을 할 경우에도 농인의 수어가 강하면 음성도 강하게 내는 등 강약 조절이 반드시 필요하다.

릴레이통역이 수행될 경우, 여러 나라의 언어, 즉 외국어가 순차적으로 발화되어 이를 통역하다 보면 자연히 휴지(休止) 현상이 빈번하게 일어난다. 이렇게 멈춰 있는 시간을 효과적으로 활용할 수 있어야 한다. 즉, 휴지를 효율적으로 사용할 수 있는 기술이 필요하다. 또한 릴레이통역의 경우 여러 언어가 사용되므로 각 통역사 간의 유기적인 협력과 조화가 이루어지게끔 노력해야 한다.

휴지는 꼭 릴레이통역에서만 일어나는 것은 아니다. 회의통역 시 상당히 자주 나타나는 현상이다. 그러므로 회의 내용을 직역하려고 노력하겠으나 의미 중심의 통역이 될 수밖에 없다는 사실을 미리 농인에게 고지하고 합의하는 것이 필요하다. 그런 후 휴지를 효과적으로 채울 수 있는 역량을 발휘해야 한다.

중요한 의사결정을 하거나 분명한 의사표현을 해야 하는 회의에서 혹 수어통역사가 잘못 이해해 통역의 오류 또는 왜곡, 과장 등과 같은 문제가 발생하면 그 책임은 전적으로 통역사에게 전가된다. 또한 전혀 잘못이 없음에도 억울하게 수어통역사에게 책임이 지우는 일이 생길 수도 있다. 그러므로 필요하다면 농인과 회의 구성원의 동의를 구해 회의 내용을 녹화하거나 녹음하는 것을 고려하는 것도 필요하다.

누구보다도 정확한 통역 역량을 갖추어 내용을 전달해야 하며 아울러 여러 방식의 통역(릴레이통역, 위스퍼링통역, 순차통역, 동시통역 등)을 동시에 해낼 수 있는 능력을 갖추어야 한다.

회의통역 시에 특히 주의해야 할 부분이 있다. 구체적으로는 첫째, 절망하지 말아야 한다. 둘째, 하품하지 말아야 한다. 셋째, 대충 얼버무리거나 주관적으로 해석해 통역하지 말아야 한다. 넷째, 침묵하지 말아야 한다. 즉, 수어를 멈춰서는 안 된다. 다섯째, 중도하차하지 말아야 한다. 다시 말해 포기한 듯 통역해선 안 된다.

위스퍼링통역을 해야 할 때에는 회의에 방해되지 않도록 지혜롭게 해야 한다. 농인과 상호작용이 가장 잘될 수 있는 근접 거리에서 효과적으로 통역해야 한다.

회의에서 나온 논의와 내용 등에 관해 비밀을 반드시 지켜야 한다.

3) 미디어 환경에서의 통역

다양한 정보와 문화를 접할 수 있게끔 지원하는 통역이다.

각 미디어 환경의 특성을 정확하게 파악하고 있어야 한다. 이와 더불어, 통역하는 프로그램의 성격과 그 프로그램을 시청할 대상자를 정확히 이해하여 통역해야 한다. 프로그램의 성격과 유형(뉴스, 다큐멘터리, 드라마, 예능 프로그램 등)에 따라 차별화된 수어통역을 해야 한다. 특히, 뉴스의 경우 순발력이 있어야 하며 동시에 신조어를 정확하게 이해해야 한다. 나아가 산업경제 및 금융 분야 뉴스에 나오는 다양한 용어도 수어로 표현할 수 있어야 한다. 다큐멘터리를 통역할 때는 화학과 물리, 환경, 기계공학, 인터넷, 에너지 등 다양한 과학기술 관련 전문 용어를 충분하게 숙지하고 있어야 한다. 방송토론회를 통역할 경우에는 정치 이슈, 각종 사회 제도와 현상 등에 대해 폭넓은 지식을 갖추어야 정확한 수어통역이 가능하다.

원고(혹은 대본, 시나리오 등)를 가능한 한 미리 받아 내용을 파악한다. 또한, 농인의 입장에서 최대한 이해하기 쉽도록 수어통역을 하기 위해 애써야 한다. 방송에서 나오는 효과음(천둥소리, 기차소리, 새소리, 물 흐르는 소리 등)과 배경음악을 어떻게 통역해야 할지 등 다양한 측면에서 수어통역의 수준과 범위를 심도 있게 고민하고 결정해야 한다.

카메라 이동과 관련해 수어를 제한된 화면공간 내에서 표현해야 하므로 공간을 효과적으로 활용한다. 수어가 잘 전달되기 위한 의견을 최대한 적극적으로 방송 제작진에게 제시한다.

4) 강연통역

농인이 강연통역을 통해 강연 내용을 이해하고, 자신의 생각과 느낀 점을 구체적으로 제시할 수 있게끔 한다.

강연 통역에서 가장 빈번하게 드러나야 할 기술은 유창성, 즉 유창한 통역이다.

강연의 내용을 확인하고, 농인의 연령대 및 학력 수준을 고려한 통역을 준비한다.

가능하다면 강연하는 사람의 원고를 미리 확인한다. 그래야 강연 내용을 정확하면서도 충분하게 숙지할 수 있다.

강연 현장에서의 위치를 확인한다. 농인이 수어통역을 잘 볼 수 있는 위치를 선정한다.

농인이 자신의 생각을 표현할 때 정확하게 통역해야 하며, 끝난 후에는 농인의 만족 여부를 확인한다.

5) 전화통역 및 화상통역

전화통역 및 화상통역은 특히 농인의 일상생활을 효과적으로 지원할 수 있다. 전화 및 화상통역의 각 장단점을 충분히 숙지해야 한다.

통화 전, 미리 소통해야 할 기본 내용을 파악한다. 상대에게 농인과 통역사를 소개해야 하며, 통화 중에는 농인의 의사만을 전달해야 한다. 또한 수어와 음성통역을 동시에 하므로 집중해야 한다.

통화를 마무리하기 전, 통화가 전달 내용 여부를 확인하고 종결하기

전에 종결 여부를 반드시 확인한다.

6) 종교통역

종교 생활을 통해 심리적 안정감을 느끼고 사회에 잘 적응할 수 있도록 지원하는 통역이다.

종교 행위 및 관련된 용어를 수어로 통역해야 하므로 전문적인 종교 용어와 교리 등에 대해 기본적으로 이해하고 있어야 한다.

종교적 의식의 내용을 농인의 수준에 맞게 통역한다.

종교적 의식의 형태에 따라 차별화된 통역이 필요하다. 가령, 기독교의 경우 설교통역과 찬양통역, 기도통역은 제각각의 특성을 살려 통역할 필요가 있다.

7) 직업통역

(1) 면접

정확하고 적절한 면접통역을 통해 취업이 성사되게끔 지원한다.

사업장과 사업주를 기본적으로 이해하고 있어야 한다. 역으로, 사업주가 농인을 올바르게 이해하게끔 도와야 한다. 농인에게는 면접 시 갖추어야 할 태도에 대해 고지하고, 취업 의지와 의욕 등을 확인한다. 면접 절차를 파악해 두는 것도 중요하다. 채용 여부에 관해 정보를 어떻게 얻을지 확인한다.

작업에 대한 충분히 설명하여, 농인의 이해를 도모해야 한다. 또한,

임금(시간 외 근무수당, 휴가비, 상여금 등), 근무 조건, 복리후생에 관해 정확하게 통역한다.

(2) 업무 내용

업무 내용을 정확하게 숙지한 후 농인이 직무에 충실하게끔 지원한다.

구체적인 직무에 대해 정확하게 이해하고 있어야 한다. 이를 토대로 담당할 업무에 관해 농인에게 충분히 설명한다. 농인이 업무 전달체계를 이해하는 것도 중요하다. 직장 내의 업무 규정을 엄수해야 함을 고지한다. 업무 중 일어날 수 있는 위험 상황에 대해 이야기하고, 대처 방안을 고지한다.

사업주나 상사가 농인을 이해하게끔 돕고, 업무 전달 방법에 대해 효과적으로 전달한다.

8) 교육통역

(1) 강의

농인 학생이 강의통역을 통해 강의의 내용을 충분히 이해하고 학습할 수 있게끔 한다.

강의를 접하는 농인 학생의 학업 능력과 선행된 학습 수준을 확인한다. 농인 학생이 이해할 수 있는 수준과 범위를 파악해야 한다. 또한 농인 학생의 강의에 대한 기대와 욕구를 파악한다.

강의 내용을 숙지하고 통역 준비를 한다. 강사(혹은 교수, 교사)의 원고를 수어통역사가 확실하게 이해해야 한다. 강의통역의 경우 일반적으로 전문용어가 많고 그 많은 용어를 표현할 수 있는 수어어휘가 부족하기 때문에 지화를 쓸 때가 빈번하다. 하지만 지화를 반복적으로 사용하게 되면 수어통역서비스를 제공받는 농인의 집중력과 이해도가 약화될 가능성이 크다. 이에 임시적으로 사용할 수 있는 수어를 농인과 합의해서 미리 임의적으로라도 만들어 두면 편리하게 통역할 수 있다.

강의 이후 혹은 강의 중에 질문과 답변, 토의 등이 진행되어 여러 사람이 말할 때 여자, 남자 또는 구체적으로 누가 어떤 이야기를 하는지를 구분해 통역할 필요가 있다.

통역업무를 수행한 후 통역의 질을 평가한다. 강의 관련 수어에 대한 충분한 이해와 실제 사용할 수 있는 유창성을 확보해야 한다. 학습자의 인지적 특성을 명확히 이해해야 하며 동시에 학습자의 학습 욕구를 정확히 파악하고 있어야 한다.

(2) 학사 행정

학사 생활에 필요한 서류 및 증명서를 필요한 때 맞게 제공하여 불이익을 당하지 않도록 돕는다.

어떤 서류(혹은 증명서)가 필요한지 파악한다. 관련한 학사 행정업무 담당자를 찾는다. 농인 학생이 원하는 것이 무엇인지 정확하게 음성으로 통역한다. 행정업무 담당자가 말하는 내용을 수어로 정확하게 전달한다. 농인 학생이 원하는 결과를 얻었는지 확인한다.

학사 행정에 대한 기본적인 지식을 숙지해야 한다. 학사 행정의 실무자에 대해 기본적인 정보를 알고 있어야 한다. 인터넷 사이트를 통해 사전에 처리해야 할 사항 등을 파악해야 한다.

(3) 면담

농인이 면담(혹은 상담)하고자 하는 내용에 대한 유익한 정보를 얻을 수 있게끔 지원한다.

기본적인 면담 지식에 관해 이해하고 있어야 한다. 농인과 상담자(혹은 면담자) 간 원활한 의사소통을 도모하기 위해 수어통역을 효과적으로 수행한다. 농인이 수어로 표현하는 내용을 정확하게 파악해 음성통역을 하고, 상담자의 말을 농인이 충분하게 이해하도록 수어통역을 한다. 농인의 욕구가 충족되었는지를 확인하다.

농인과 수어통역사 간의 신뢰관계가 중요한 영역이다. 수어통역사는 상담(혹은 면담) 내용에 대한 비밀을 반드시 지켜야 한다.

9) 의료통역

(1) 진료 접수

해당 의료 분과에 절차에 따라 어려움 없이 접수할 수 있도록 지원한다.

아픈 부위 및 증상을 확인한다. 접수에 필요한 보험카드, 주민등록증, 진료의뢰서 등에 관해 정보를 정확하게 수어통역을 한다. 원무과에 접수하고 해당 의료 분과 접수창구에서 원활한 소통이 되게끔 통역한다. 재진 시 진료 예약에 대한 확인과 정보를 통역한다.

의학 및 의료적 활동에 대한 지식을 갖고 있어야 한다. 병원의 접수 절차와 관련 정보 및 서류 등을 이해해야 한다. 건강보험(의료보장)과 의료서비스 전달체계에 대한 기본적인 지식을 숙지해야 한다. 의료윤리와 수어통역사의 직무윤리에 관한 지식을 가져야 한다.

(2) 진료 시

아픈 곳을 정확하게 설명하여 적절한 치료를 받을 수 있도록 한다.

의료 용어를 수어로 정확하면서도 적절하게 표현할 수 있어야 한다. 또한 효율적인 진료를 위해 통역의 위치를 잘 선정한다. 증상을 구체적으로 정확하게 전달하고, 의사의 진료 내용도 정확하게 전달한다. 의사 처방에 따라 각종 검사(혈액 검사, 방사선 촬영 등)가 필요하다면 어려움 없이 검사받을 수 있도록 통역한다. 최대한 편안한 환경에서 진료가 진행되도록 통역한다.

입퇴원 수속 절차를 알아야 한다. 입원이 필요할 시 수속 절차를 도울 뿐만 아니라 퇴원 시 수속 절차를 돕는다.

(3) 처방전 접수 시

치료에 필요한 처방을 받을 수 있도록 한다.

재활 및 의료사회복지와 관련한 기본지식을 숙지해야 한다. 처방전 접수(투약 및 주사)를 한다. 불편한 점이나 부가적인 요구 사항이 있는지 확인한다. 다양한 유형의 지지, 지원으로 활용할 수 있는 인적·물적 자원을 확인한다.

무엇보다도, 농인에 대한 비밀보장의 원칙을 준수해야 한다.

(4) 증명서 발행 관련

필요한 서류를 정확하게 발급받도록 지원한다.

각종 증명서 발급 절차를 숙지해야 한다. 필요한 서류를 파악한다. 담당 의사와 상의하여 발급 절차에 의해 필요한 서류를 발급받는다. 서류의 내용에 대해 궁금한 사항이 있는지 파악하고 분명하게 전달한다.

10) 경찰서통역

사실 관계를 명확하게 규명해야 하는 영역이다.

정확한 수어통역을 수행하기 위해 농통역사와 동행함을 원칙으로 한다. 발생할 수 있는 수어통역의 오류를 최소화하기 위해서이다. 이렇게 해야 청인 수어통역사도 안전하고, 서비스 이용자인 농인 고객도 안심할 수 있다.

사실 여부를 확인한다. 확인한 내용은 조목조목 상세하게 통역한다. 특히, 상황을 자세히 표현한다. 농인에게 반복해 질문하여 사실 여부를 재확인한다. 작성된 조서가 사실과 같은지를 반복해서 꼼꼼하게 확인한다.

수어로 대화가 불가능한 농인이라면 반드시 농통역사와 협업해야 한다. 부득이한 경우 그림이나 영상 혹은 사진 등을 이용해 정확한 상황을 설명하고 모든 자료를 보관한다.

법률 용어(피고인, 고소인, 피고소인, 피해자, 가해자 등과 같은 용어)나 민·형사 사건 등과 관련된 전문용어의 의미를 정확하게 파악해야 한다. 특히, 법률 용어의 경우 각 용어의 개념을 분명하게 구분해서 이해하고 있어야 한다. 기본적인 경찰 행정 서식과 조서에 관한 지식을 갖추는 것도 중요하다. 사건 처리 절차 및 경찰서의 기능과 업무(법원과 경찰의 기본적 업무상 차이)를 숙지해야 한다.

농인을 심리적으로 안정시키는 역할도 수행해야 한다. 농인에게 조사받을 사람의 권리에 대해 설명해 주어야 한다. 농인과 경찰관 모두에게 신뢰를 줄 수 있는 언행을 해야 한다.

11) 사법통역

(1) 법원
정확한 통역으로 올바른 판결이 내려질 수 있도록 기여한다.

법률 용어(민·형사, 사회복지 영역 등) 및 법률 상식(특히, 소송의 종류 및 절차 등)에 관한 이해를 갖춘다. 뜻을 모른다면 반드시 알아보고(혹은 확인하고) 뜻을 풀어서 통역한다. 한국의 법체계에 관한 전반적인 지식을 갖추고 있어야 한다.

농인에게는 편안한 인상을, 재판장에게는 신뢰를 줄 수 있는 언행을 하도록 유의한다. 전문가라는 자신감을 갖고 심리적으로 위축되지 말아야 하며 당당하게 통역한다. 이를 위해 사건에 대해 사전에 가능한 한 최선을 다해 숙지한다.

진술의 객관성에 충실하도록 한다. 농인의 수어를 최대한 빠짐없이 음성으로 통역해야 하며 농인의 비수지신호 및 비언어적인 표시를 임의적으로 해석하지 않아야 한다.

(2) 검찰
농인이 사건의 명확한 판단 근거를 제시하게 하고, 일관성 있는 진술을 하도록 도와 검사의 기소 여부를 결정하는 데 기여해야 한다.

경찰의 조서에 대한 사실 여부를 확인한다. 사건에 대한 사실 관계가 확실한지 반복해서 질문한다면, 정확하게 답변할 수 있도록 통역한다. 농인이 자신의 생각을 제대로 이야기하고 있는지 반복적으로 확인하면서 통역한다.

조사 내용을 구체적으로 기록해 나중에 농인이 불이익을 당하지 않도록 중요한 내용을 정리하여 보관한다.

12) 예술공연통역

농인의 다양한 문화적 경험의 수준을 높일 수 있는 영역이다.

예술공연에 관해 전반적으로 이해해야 한다. 작품의 의미 역시 사전에 파악해 둔다. 예술 공연이 주고자 하는 메시지를 농인이 전달받을 수 있도록 한다. 수어 표현에는 심미적 가치를 가미한다. 작품의 의미를 최대한 전달하기 위해 팀 통역을 고려할 수 있다.

2. 유형과 텍스트에 따른 수어번역 방법과 기술

수어를 제 1언어로 사용하는 농인의 수어 영상자료를 분석해 글과 말로 변환하는 작업, 그리고 반대로 글이나 음성정보를 수어로 바꾸는 작업은 모두 결코 만만하지 않다. 특히, 수어 영상자료를 글이나 음성으로 번역하는 일은 단순히 원자료의 의미를 이해한다고 해서 수월하게 작업할 수 있는 것이 아니다. 원메시지의 세부적인 내용까지 정확하게 이해해야 하며, 어형의 변화, 분류사, 굴절, 공간과 위치 관계 등과 같은 수어만의 독특한 표현 및 서술 방식, 비수지신호 등의 용법과 용례를 분명하게 알고 있어야 훌륭한 수어번역이 가능하다.

특히, 수어번역을 충실하게 수행하기 위해서는 무엇보다도 다음과 같은 세 가지 요소가 충족될 필요가 있다.

첫째, 정확한 의미를 효과적으로 전달하기 위해 단어 하나하나가 아니라 저자가 말하고자 하는 바를 충분하게 표현하는 것이 번역의 가장 중요한 사명이다. 수어번역은 청인사회의 문화와 사상을 받아들이는 데 사용되기도 하지만, 농인의 삶과 문화, 농사회의 현실과 농정체성을 청인사회에 소개하거나 안내하는 데도 크게 유용하다. 알려지지 않은 것을 제대로 알리고 외부의 것을 받아들임으로써 더욱더 풍요로운 농인사회를 만드는 것도 수어번역사의 역할이다. 더욱이 새로운 말이 쏟아져 나오는 변화무쌍한 청인사회와 보조를 맞추기 위해서는 신조어를 빠른 시간 안에 적절한 수어로 번역해 내는 일이 필요하다. 이때 새로운 수어어휘 및 표현 등을 제안해야 하는데, 당연히 의미 중심으로 변환해야 한다.

둘째, 출발어에 충실해야 한다. 출발어와 도착어가 서로 다른 문법과 표현 방식을 지닌 언어임을 명심해야 한다. 가령, 제대로 원문을 이해하지 못했거나 이해한 내용을 명확하게 표현하지 못할 경우 대체로 번역은 장황하게 늘어진다. 정곡을 찌르지 못하고 주변을 맴돌게 되기 때문이다. 이 경우, 원문의 메시지를 명쾌하게 전달하기는커녕 의미를 복잡하게 만들어 독자의 이해가 더뎌진다. 그러므로 원문에 대한 이해가 제대로 이뤄지도록 출발어 지식, 주제지식, 상황 지식을 모두 갖추어 독자에 맞는 명확한 번역을 하는 것이 필요하다.

셋째, 번역 대상 독자에 대한 충실성이다. 저자가 글이나 말, 혹은 수어를 쓰면서 대상으로 삼는 독자와 번역물의 대상 독자는 아주 드물게 일치하는 경우를 제외하고는 거의 대부분 다르다. 그러므로 독자를 이해시키려면 번역하는 사람이 먼저 이해해야 한다. 셀레스코비치는 번역을 정의하면서 "남에게 이해시키기 위해 내가 이해하는 것이다"라고 했다. 번역사가 저자가 말하고자 하는 바를 이해하지 못한다면 독자를 이해시킬 수도 없다. 번역의 핵심은 '번역사 자신이 먼저 이해하는 것'이다(Seleskovitch, 1992).

1) 직역과 의역의 이해

수어번역에는 직역과 의역에 관해 분명하게 이해하는 것이 중요하다.

직역은 원어로 쓰인 텍스트의 단어 하나하나를 목표어의 단어로 대체하는 작업이다. 반면, 의역은 원어로 쓰인 텍스트의 단어를 하나하나 대체하는 것이 아니라, 상황에 맞게 목표어로 옮기는 것이다.

번역을 충실한 번역과 자연스러움을 살린 번역으로 구분하여 나눌 때, 충실한 번역이라는 것은 전통적으로 원문을 가장 중요시해 원문의 형태와 단어를 그대로 옮기는 방법으로서의 직역을 일컫는다. 이에 반해 자연스러움을 살린 번역이란 원문보다 번역문을 중시해 마치 원래 목표어로 쓰인 것처럼 자연스럽게 읽히도록 번역하는 방법으로서의 의역을 뜻한다. 오늘날에는 번역문 독자를 고려하는 의역 방법이 많이 사용되는 경향이 있다.

다만 의역 시에 가장 주의해야 할 점은 오역이다. 오역의 빈번한 예는 다음과 같다. 첫째, 독자의 이해를 돕는다는 이유로 원문에 없는 말을 임의로 추가해 번역했는데 원래의 의미가 훼손되는 경우이다. 둘째, 원문에 나오는 단어를 임의로 다른 단어로 바꿔 번역한 결과 원래의 의미가 왜곡된 경우이다. 셋째, 원문에 나오는 어떤 구절은 생략해도 별 문제가 없다고 판단해 임의로 생략했는데 결과적으로 원래의 의미와 상이한 경우이다. 이상의 시도가 성공적으로 수행돼 원문의 의미를 훼손하거나 왜곡하거나 그 뜻이 달라지지 않는다면 이는 오히려 효과적인 번역이 될 수 있다. 하지만 그렇지 못하면 오역이 된다. 그러므로 의역은 대단히 신중하게 수행해야 한다.

의역과 관련해 번안과 개작의 개념을 반드시 이해해야 한다. 번역과는 달리, 외국 문학작품의 줄거리나 사건은 그대로 두고, 인물과 장소, 풍속과 인정 등을 자기 나라의 것으로 바꾸어 쓰는 일을 번안이라고 한다. 받아들일 수 있는 번역과 번안 간의 경계는 종종 불명확하다. 또한 텍스트와 문맥의 유형과 사회적 거리 등의 지배적인 표준에 따라 그 경계는 종종 변경된다. 한편, 의역의 범위를 벗어나 원문을 토대로 새 작품을 쓰듯 역자 마음대로 번역과 창작을 되풀이하는 경우가 있다. 이런 경우를 개작으로 지칭한다. 번역의 방법으로 개작은 특별한 경우를 제외하고는 허락되어서는 안 된다. 원문의 언어나 문화를 잘 모르는 역자가 모르는 부분을 마음대로 개작해 문장의 앞뒤를 적당하게 맞추는 식으로 번역을 감행하는 것은 원저자와 저작의 가치를 크게 훼손하는 행위가 될 수 있기 때문이다. 만약 번역사가 개작하기를 원한다면, 그는 독자에게 왜, 어떻게, 그리고 어디서 그 원문을 개작의 방법을 사용해 썼는지 반드시 설명해야 한다. 과잉번역이나 생략번역으로 원문이 언어구조적·의미적 차원에서 불확실한 번역문으로 다시 태어나 왜곡된 채 독자에게 전달된다면 이런 번역문으로 인해 원문이 치명적으로 평가 절하될 수도 있음을 명심해야 한다.

다음으로는 수어번역의 유형과 텍스트에 따른 수어번역의 방법과 기술(기법)을 구체적으로 살펴보자.

2) 수어번역의 기능적 유형과 텍스트에 따른 방법과 기술

수어번역이란 크게 수어 텍스트를 읽어 음성언어 내지 문자언어 텍스트로 쓰는 것, 그리고 음성언어 내지 문자언어 텍스트를 읽어 수어 텍스트로 쓰는 것 모두를 아우르는 활동을 뜻한다. 즉, 수어번역은 음성언어 내지 문자언어체계에서 수화언어체계로, 혹은 그 반대로 체계의 이동을 의미한다.

이렇게 하나의 언어적 체계에서 또 다른 하나의 언어적 체계로 텍스트를 이동시키는 행위가 수어번역이라고 해도 수어번역을 단순히 텍스트의 의미를 형식적으로 전달하는 과정이라고 할 수는 없다. 그 이유는 다음과 같다.

첫째, 텍스트의 의미를 형식적으로만이 아니라 형식과 내용이 모두 정확하게 원저작물의 의의와 의도대로 잘 전달되기 위해 결정적인 요소로 작용하는 것은 원저작물의 원메시지의 수용자인 번역사의 출발 텍스트 해석이기 때문이다. 박경리의 《토지》를 대하소설, 성장소설, 모험소설, 역사소설, 시대비판소설 중 어떤 것으로 보느냐에 따라 독자가 텍스트를 소화하는 방법이 결정적으로 달라지듯, 번역사에 의한 출발 텍스트 소화도 마찬가지다.

둘째, 번역사가 (특정한 이유에 의해) 선택하는 도착 텍스트의 기능이 중요한 수어번역의 요소가 되기 때문이다. 가령, 번역사는 《토지》를 대하소설의 특성을 살려 엄청난 양의 진지한 영상물로 번역할 수도 있고, 어린이 및 청소년용으로 요약해 쉽고 재미있게 번역할 수도 있다.

셋째, 작품과 그 번역 사이의 문화적 거리, 즉 시간적·공간적 차이는 텍스트의 기능을 변화시킬 수밖에 없기 때문이다. 예컨대, 박경리는 《토지》를 동시대 독자를 대상으로, 한국의 근대를 배경으로 하여 한 여성과 그 여성을 둘러싼 다양한 인간 군상을 통해 인생의 굴곡과 삶의 여러 측면을 드러내는 소설로 썼다. 반면, 현재 이 작품의 수어번역을 보는 농인 독자는 작품 속에서 과거 한국사의 생활상에 관한 정보를 접하게 된다. 출발 텍스트 수용자(당시 독자)와 도착 텍스트 수용자(농인) 간의 이러한 문화적 차이 때문에 문학작품을 번역할 때도 기능 변화가 일어난다. 또한 외국의 농인 독자는 《토지》를 한국 농인 독자와는 전혀 다르게 받아들일 것이다. 그뿐만 아니라 양쪽 언어와 문화를 다 아는 외국 독자가 출발 텍스트를 읽는 것과 번역을 통해, 즉 번역사가 이미 해놓은 해석의 필터를 통해 읽는 것도 다를 것이다.

여기서 주목해야 할 점이 있다. 텍스트는 처음부터 확정된 하나의 텍스트로 존재하지 않는다는 것이다. 텍스트는 수용자에 따라 이러저러한 텍스트로 읽히고 각각 독자적인 방식으로 전승된다. 번역사에 의해 해석되어 독자에게 읽히는 것 역시 한 예가 된다. 이에 수어번역을 단순히 특정한 한 가지 의미를 갖는 텍스트의 코드 전환이라고 할 수는 없다. 그래서 '이동'이라는 표현을 쓴 것이다. 수어번역은 텍스트 이해를 전제로 하고, 따라서 하나의 상황에서의 '텍스트'라는 대상물의 해석을 전제로 한다. 이처럼 번역은 텍스트 자체 의미뿐만 아니라 텍스트의 의의와 의도, 즉 한 상황 속에서의 텍스트 의의와 의도에 연계된다.

수어번역의 개념을 이렇게 정리하면 수어번역의 기능적 유형과 텍스트를 도출해낼 수 있다. 자연히 기능적 유형과 텍스트에 따라 번역 작업의 방향이 달라진다. 문어 텍스트인 한국어와 영상 텍스트인 한국수어 간 이동을 제1유형으로 본다. 제2유형은 한국수어와 외국수어 간 이동이다. 두 수어 모두 영상 텍스트이다. 제3유형은 문어 텍스트인 외국어와 영상 텍스트인 한국수어 간 이동이다. 이 중, 문어 텍스트를 영상 텍스트로 이동하는 영역을 중심으로 구체적 기술을 살펴보자.

3) 문어 텍스트 대상의 번역 유형에 따른 방법과 기술

문어 텍스트를 대상으로 이뤄지는 번역을 가장 전통적인 방식으로 분류한 것이 '문학번역'과 '비문학번역'으로 양분하는 것이다. 문학번역이란 문자 그대로 한 언어로 쓰여진 문학작품을 다른 문학작품으로 옮기는 것이고, 비문학번역은 문학작품 이외의 텍스트를 번역하는 것이다.

(1) 문학번역

문학번역은 가장 대표적인 번역 작업이면서 동시에 가장 어려운 번역이다. 개인과 사회의 질적인 활동을 설명하고, 작품에 따라 각기 다른 특수성을 지닌 미학적 본질과 풍부한 표현을 설명하는 일이다. 해당 국가의 문화와 작가의 특수성 및 문체 등을 잘 알아야 좋은 번역이 가능하다.

문학번역을 수행할 때는 시와 소설, 연극, 산문 등 장르마다 특수성이 있음을 이해하고, 이에 따른 번역 기법에 유의해야 한다. 문학번역의 주류는 순수문학이지만, 최근에는 미스터리·공포·추리·공상과학·판타지 소설, 그리고 로맨스, 아동문학 등도 늘어나는 추세이다.

(2) 비문학번역

학술서적, 교양서적, 실용서적, 비즈니스 관련 서적, 미술책, 그림책 등을 번역하는 경우와 예술공연이나 전시회 등에서 사용되는 자료를 번역하는 경우를 말한다. 최근에는 다양한 영상 자료에 요구되는 번역까지 포함한다.

① 학술번역

학술번역은 전문서적의 번역을 뜻한다. 이 경우 번역사는 특히 해당 분야의 전문용어에 주의해 번역해야 한다. 가급적 그 분야를 전공한 사람이 번역하는 것이 좋다. 되도록 세계 공용의 전문용어를 사용하도록 해야 한다. 전문용어는 새로운 것이 잇달아서 생겨나므로 번역사는 꾸준히 새로운 정보를 얻도록 힘써야 한다.

② 예술번역

예술번역은 그림, 음악 등 예술활동에 따르는 번역을 말한다. 전시회의 그림 제목이나 팸플릿 등을 번역할 때는 작가의 의도를 충분히 반영하도록 작가에 대해 조사와 연구를 해야 한다. 번역사는 작가와 작품을 충분히 이해한 후에 제목부터 정확하게 작가의 뜻을 전달하는 번역을 해야 한다. 이를 통해 올바른 작품 소개가 되어야 그 전시회의 성공을 돕는 번역이 될 것이다.

음악예술활동의 번역은 노래나 오페라의 가사를 번역하는 일로 정리할 수 있다. 이 경우 작사를 연구해야 함은 물론이고, 관중을 위한 무대의 번역이기 때문에 시대성이나 시간성을 고려하여 번역함으로써 관중이 쉽게 알아듣고 이해해야 하는 데 중점을 두어야 한다.

③ 영상번역

영화나 TV 등 다양한 미디어의 영상번역은 오늘날 빈번히 이뤄지고 있으며 갈수록 그 중요성도 더해지고 있다. 영상번역은 서적번역과 달리 시간에 제약이 있고 주인공의 행동, 표정에 따라 공간의 제약도 있으므로 이에 맞추어야 한다는 문제가 있다. 번역 작업에서 번역사가 해야 할 일로는 자막(혹은 수어) 넣기, 번역 대사 녹음(혹은 녹화)하기, 독백과 각주 달기 등이 있다. 자막 넣기나 번역 대사를 녹음할 때는 번역사가 영상을 보거나 음성을 들으면서 영상이나 음성에 맞도록 시간과 공간에 따라 적절하게 번역하는 기술이 필요하다.

결국 유형과 텍스트에 따른 수어번역 방법의 핵심은 해석이다. 텍스트에 대한 수어번역사의 해석이 가장 중요하다. 이 해석하는 능력이 결국은 수어번역의 방법에서 가장 중요한 핵심 역량이자 기술이다.

통역 노하우와 품질 평가

한국에서 수어통번역을 수행하는 수어통번역사는 통번역의 대상인 농인의 입장을 충분히 이해해야 할 경우가 많다. 특히, 방송통역이나 영상자료 제작에 투입되는 통역서비스, 강연이나 대중 집회 등과 같은 영역을 제외한, 개인 혹은 소집단을 대상으로 하는 수어통역 현장에서는 통역서비스 대상 농인과의 상호작용이 불가피하다. 따라서 수어통역을 수행하는 능력도 중요하지만, 서비스를 제공받는 농인의 통역에 대한 욕구와 기본적인 그들의 상황을 빠른 시간 내에 파악하는 것이 필요하다. 이에 통역 시에 서비스 이용자인 농인과의 상호작용에 기초한 통역 역량을 향상할 수 있는 몇 가지 실제적인 통역 노하우를 제시하고, 수어통역과 수어번역의 품질 평가에 대한 간략한 견해를 밝히는 것으로 마무리하고자 한다.

1. 실제적인 통역 노하우

1) 고려사항

(1) 통역 시 첫 만남부터 고려해야 할 사항

첫 만남을 포함해 서비스 이용자와의 통역을 통한 만남을 마지막 만남인 것처럼 최선을 다해 진정성을 갖고 임해야 한다.

제한된 시간 내에 화자의 메시지를 정확하게 모두 전달할 수 있다는 자신감이 통역 과정에서 분명하게 나타나야 한다.

통역과 관련해 서비스 이용자인 농인이 원하는 것에 귀를 기울인다.

서비스 이용자인 농인이 수어를 이해하는 방식과 그 사용 능력을 신뢰하고 방해하지 않는다.

무조건 내용 전부를 최대한 많이 그리고 빨리 전달하는 것만이 좋은 것은 아니다. 효과적으로 메시지의 의미를 얼마나 정확하게 전달해야 할지에 집중해야 한다. 그런 후 통역서비스 현장에서 어떻게 실천할지에 관해 스스로 질문한다.

수어통역을 통해 전달한 내용이 잘 되었는지를 측정하는 방법을 숙고한다.

(2) 유의해야 할 사항

통역의 방식과 수어 표현 등은 수어통역사가 익숙한 방식이 아닌, 서비스 이용자인 농인에게 적합한 방식이어야 한다. 그러나 그렇다고 해서 지나치게 서비스 이용자의 눈치를 봐서는 안 된다.

통역서비스가 제대로 전달되지 못했거나 실패했다고 여겨지는 경우, 심하게 자책하지 말고 오히려 향후 더 좋은 통역을 위한 대단히 유용한 시작일 수 있다고 자기 격려를 해야 한다.

수어통역사 자신의 부족한 부분을 고치기 위해 문제의 원인을 살펴보는 것도 중요하지만, 반대로 수어통역을 잘하거나 창의적인 표현 방식을 탁월하게 구사하는 훌륭한 수어통역사의 통역 장면을 보고 배우려는 것이 더 좋을 수 있다.

2) 수어통역 원칙과 역량강화 방법

(1) 농인과의 상호작용에 기초한 수어통역 10대 원칙

하나, 수어통역사의 통역이 크게 문제 되지 않으면 고치지 말고 그대로 유지한다. 지금 하는 통역에 자신감을 갖는다.

둘, 그럼에도 개선해야 할 부분이 있으면 가장 작은 부분부터, 즉 가장 쉽게 바꿀 수 있는 부분부터 고쳐 간다. 작은 변화가 큰 차이를 만든다.

셋, 개선한 부분이 농인으로부터 좋은 반응을 얻고 효과가 있다고 판단되면, 효과가 있는 방식을 계속한다.

넷, 하지만 효과가 없으면 다른 방식을 시도한다.

다섯, 수어통역을 수행할 때, 농인이 이해하기 쉽도록 의미가 훼손되지 않는 범위에서 단순함을 유지하되 지나치게 단순화하지는 말아야 한다.

여섯, 오랜 기간 습관화된 수어통역의 문제를 파악하는 것이 중요하다. 모르면 고칠 수 없다. 알고 이해하고 받아들여야만 고칠 수 있다.

일곱, 자신만의 개성과 독특성을 효과적으로 사용하고 발전시켜야 한다.

여덟, 자신의 부족한 점을 부각하기보다는 강점을 구축하는 수어통역 접근을 강화해야 한다.

아홉, 처음 수어와 통역에 관해 학습했던 방법을 다시 활용할 뿐만 아니라 최대화해야 한다. 종종 자신이 과거에 성공적으로 수행했던 학습 방법을 기억하지 못하거나 그것을 통해 배우지 못한다. 그러나 지금 이 자리까지 오게 했던 그 학습 방법이야말로 가장 자신에게 적합한 학습 방법이며 지금 이 순간에도 유효하다.

열, 통역 역량을 신장하는 방법은 일반화되거나 표준화될 수 없다. 모두에게 다 맞게 공식화된 방법보다는 자신이 원하고 익숙한 방법을 찾아야 한다. 그렇게 할 때, 그 방법을 더 잘 수용하고 훨씬 더 잘 이행할 가능성이 높다.

(2) 수어통역 역량강화 방법

SOLUTION에 기초한 역량강화 방법을 참고한다. 즉, 새로운 정보를 공유(*share updates*)하고, 관심사를 관찰(*observe interests*)한다. 희망과 목표를 경청(*listen to hopes and goals*)한다. 예외를 이해(*understand exception*)한다. 잠재력을 이끌어내며(*tap potential*) 성공을 상상한다(*imagine success*). 결과를 인정(*own outcomes*)하고, 기여한 것에 주목(*note contributions*)한다.

FOCUS에 기초한 역량강화 방법도 있다. 즉, 자유로운 대화(*free-talk*)를 추구하며, 유연하게 목표를 탐색(*openly explore goals*)한다. 자원과 예외 사항을 고려(*consider resources and exceptions*)한다. 원하는 미래를 이해(*understand the preferred future*)한다. 작은 단계를 밟도록 격려하고 지지(*sign up to small steps*)한다.

2. 수어통역과 수어번역 결과물의 품질 관리와 평가

수어통역과 수어번역 결과물을 평가하고 그 품질을 지속적으로 관리하기 위해서는 다음과 같은 평가 요소를 고려해야 한다.

1) 수어통역과 수어번역의 정확성

정확성을 평가하기 위해 다음과 같은 핵심 요소를 제시할 수 있다. 첫째, 수어문장의 완성도는 어떠했는가? 둘째, 일관성 있는 수어어휘를 사용했는가? 셋째, 화자의 출발어에 대한 이해력은 어느 정도인가? 넷째, 지문자와 지숫자 표현 능력은 어느 정도인가? 다섯째, 외래어를 수어단어로 잘 표현했는가? 여섯째, 왜곡 없이 표현했는가? 일곱째, 생략 없이 표현했는가? 여덟째, 의미 전달 오류 없이 표현했는가?

2) 수어통역과 수어번역의 유창성

수어통역과 수어번역의 유창성과 관련한 평가 요소는 다음과 같다. 첫째, 휴지 간격을 적절하게 사용했는가? 둘째, 수어의 강약, 리듬, 크기는 적절했는가?

3) 수어통역과 수어번역의 전문성

수어통역과 수어번역의 전문성과 관련한 평가 요소는 다음과 같다. 첫째, 수어 문법에 충실했는가? 둘째, 능숙하게 의역 통역했는가? 셋째, 관용적인 수어 표현을 능숙하게 활용했는가? 넷째, 비수지신호를 사용했는가? 다섯째, 공간 활용 능력은 어떠했는가?

수어통역과 수어번역 결과물의 품질을 효과적으로 관리하고 실제적으로 평가하는 일은 쉽지 않다. 그래서 구체적인 평가 지표도 아직은 개발되거나 상용화되지 못했다. 하지만 향후 수어통역과 수어번역 결과물에 대한 객관적이며 구체적인 평가는 점점 더 중요해질 것이다.

에필로그 /

원고를 일단락하고 보니 후련하면서도 또 한편으론 뭔가 아쉽기도 하고
허전하기도 하다. 그동안 강의와 강연을 하면서 정리한 글과 연구를 수
행한 이후 발표한 논문, 그리고 이번 기회에 새로 작성한 글을 모두 편
집하다 보니 각 장별로 내용의 수위가 다소 들쑥날쑥한 느낌이 들기도
한다. 그럼에도 전반적으로는 쉽게 읽히는 글이 되게끔 노력했다. 이
책을 읽는 독자가 이미 농사회와 연결되어 열심히 활동하는 수어통역
사, 수어번역사, 농인 지도자, 혹은 농인일 수도 있겠지만 또 다른 한
편으론 이 책을 통해 농인의 삶과 수어에 관심을 가질 잠재적 농사회 지
원자, 지지자일 수도 있겠다 싶어 가능한 대중적인 문체를 유지하려고
애썼다.

　많은 사람이 이 책을 읽었으면 좋겠다. 농인이 누구이며 농인의 삶은
어떠하고 농인이 쓰는 수어가 얼마나 소중한 언어인지를 알았으면 한
다. 농인과 청인이 농사회와 농문화를 자랑스러워하고, 귀하게 여기
며, 그 속에 들어와 함께했으면 한다. 농사회가 더욱 품격 있고, 멋진

문화적 모습으로 가득 차, 청인이 농인과 농문화를 동경하며 함께하고 싶어 하는 삶의 현장이 됐으면 한다.

변강석 교수가 최근에 쓴 《청능주의의 이해》라는 글에서 다루듯, 현실적으로는 청능주의(audism)가 여전히 한국사회를 지배하고 있으므로 이는 너무 꿈같은 희망일지 모른다. 변 교수에 의하면 청능주의란 소수자에 대한 억압의 한 형태로, 농인에 대한 소리로부터의 억압을 말한다. 즉, 청인이 우월하다고 믿고 농인에게 청인처럼 행동하라고 하는 것을 청능주의라 한다. 청인 중심의 정보로 이뤄진 현대사회에서 농인과 청인이 경쟁하면 농인은 청인보다 느리고 뒤처지는 것처럼 보일 것이다.

책을 낼 때마다 고마운 분이 늘 있다. 부족한 내 글을 읽고 기쁜 마음으로 감동의 추천사를 보내 주신 모든 분께 감사드린다. 추천사의 내용대로 그렇게 더 겸손하게 열정과 헌신으로 살아가려고 한다. 또한 이 책을 집필하는 데 필요한 기초 자료를 찾아준 강이슬 조교(강남대 일반대학원 사회복지학과 석사 과정)와 이 글의 초고를 윤독한 후 좋은 피드백과 코멘트를 준 제자 박종미 교수(강남대 사회복지전문대학원 박사 수료), 명혜진 선생(강남대 일반대학원 수화통번역학과 석사 수료)에게 고마운 마음을 전한다. 수어 모델로 수고해준 방대한 학생(농인, 강남대 사회복지학부 1학년)과 수어 사진을 정성껏 촬영해준 조병미 선생께도 큰 감사를 드린다.

그리고 이화여대와 함께 사회복지학을 국내 최초로 전공으로 개설해 사회복지사를 양성해 오고 있는 강남대 사회복지학부 동료 교수들과 수도권 최초의 대학원 과정의 수화언어통번역학과에서 수어통역사 및 수어번역사, 수어교원, 농인학 전문가 등을 양성하기 위해 함께 애쓰며 출강해 주시는 한국수어학 분야 최고의 교수진에게도 고마움을 전한다. 이들 교수들이 적극적으로 지지해 주고 동역하였기에 강남대에서 수어학 및 수어통번역학이 활발하게 연구되고 교육될 수 있었다.

아울러 강남대 일반대학원 수화언어통번역학과에 재학하고 있는 우수한 대학원생들과 분당 지구촌교회 농아부에서 함께 신앙생활하고 있는 농인 교인들에게도 감사드린다. 교수와 목사에게 학생과 교인이 없다면 그 존재 가치는 한없이 낮아질 수밖에 없다. 이들이 있었기에 내가 있는 것이다. 정말 고맙다.

끝으로 이 책을 낼 수 있도록 인도해 주시고 내게 가족을 허락해 주신 하나님께 감사드린다. 내 아내와 세 자녀(신건, 신영, 신혜)가 늘 든든한 지원군으로 함께해 주었기에 이 책이 가능했으며 이 모든 일을 하나님께서 주관하셨음을 고백한다.

이제 이 책을 마무리하면서 정호승 시인의 시집 《나는 희망을 거절한다》에 수록된 시 〈나무 그림자〉를 떠올려 본다.

햇살이 맑은 겨울날 / 잎을 다 떨어뜨린 나무 한 그루가 / 무심히 자기의 그림자를 바라본다. / 손에 휴대폰을 들고 길을 가던 사람이 / 자기 그림자를 이끌고 / 나무 그림자 속으로 걸어 들어가 전화를 한다. / 무슨 일로 화가 났는지 발을 구르고 / 허공에 삿대질까지 하며 / 나무 그림자를 마구 짓밟는다. / 나무 그림자는 몇 번 몸을 웅크리며 / 신음 소리를 내다가 / 사람을 품에 꼭 껴안고 아무 말이 없다.

다들 나더러 교수이면서 목사이고 사회복지사라고 한다. 내 정체성 가운데 첫 시작이자 핵심은 무엇일까? 수어통역사이며 수어번역사이다. 아련하다. 가슴이 콩닥콩닥 뛰면서도 아리아리하다. 농인을 바라다본다. 반갑고 기쁘고 좋아서 눈물이 난다. 사랑한다. 정작 농인에게 내가 '나무 그림자'라도 돼야 할 텐데, 그리 잘 못 산 것 같기도 하다. 이 책을 쓰면서 내 자신을 많이 돌아볼 수 있었다.

인생을 흔히 나그네길이라고 한다. 그 말이 사실이라면 인생이야말로 세월의 강물 따라 흘러가는, 정말 탄생부터 죽음까지 딱 요만큼만 허락되는, 그리고 너무 짧지도 너무 길지도 않은 단 한 번뿐인 시간일 것이다. 이렇게 단 한 번인 소중한 인생을 정말 원 없이 하고 싶은 일을 맘껏 하며 살아가고 있다는 생각을 했다. 그래서 좀더 사람답게 살고 사랑하고 사랑받는 행복한 사람이 되겠노라고 새삼 굳게 결심했다. 세상에서 크게 성공하고 돈을 많이 버는 것보다 훨씬 더 소중하고 아름다운 그 일이 내게는 농인과 함께하는 삶이라는 사실을 깨달았다. 이 모든 일을 행하신 하나님께 감사드린다.

2019년 겨울

강남대 연구실에서

이 준 우

미국·일본의 수어통역사 윤리강령

미국의 수어통역사 윤리강령 *

수어통역사는 임무와 관련된 모든 정보를 극비에 부친다.

수어통역사는 늘 그들의 서비스를 받는 사람이 가장 쉽게 이해할 수 있는 언어로 화자(話者)의 진의를 전달함으로써 메시지를 충실히 번역한다.

수어통역사는 권고, 조언 또는 개인적 의견을 제시하지 않는다.

수어통역사는 기술, 범위, 서비스 이용자와의 관계 등을 고려하여 신중하게 임무를 수락한다.

수어통역사는 전문성과 분별 있는 방법으로 서비스에 대한 보수를 청구한다.

수어통역사는 상황에 어울리는 방법으로 호응한다.

수어통역사는 워크숍 참가, 전문직 회의 참여, 전문직으로서 동료와의 상호작용, 이 분야의 최신 문헌 읽기 등으로 앞선 지식과 기술을 습득하기 위해 노력한다.

---

* National Registry of Interpreters for the Deaf, 1997.

수어통역사는 등록 통역사협회의 자격증이나 회원증이 유효한 기간 내에 윤리강령을 준수하며 높은 전문적 수준을 유지하기 위해 노력한다.

1. 농인을 위한 공인 수어통역사

농인을 위한 공인 수어통역사란 다음과 같은 서비스를 한 가지 또는 그 이상 수행하는 사람을 가리킨다.

통역: 말로 된 영어를 미국수어로, 미국수어를 말로 된 영어로 통역하는 것

음역: 말로 된 영어를 손짓기호영어나 혼합형 손짓언어로, 손짓기호영어나 혼합형 손짓영어를 말로 된 영어로, 말로 된 영어를 알기 쉬운 형태로 바꾼 묵음(默音)영어로 통역하는 것

몸짓 또는 마임 등 : 말로 된 영어를 몸짓이나 마임 등으로, 몸짓이나 마임 등을 말로 된 영어로 통역하는 것

농인을 위한 공인 수어통역사협회는 통역사 또는 음역사와 고객(청인 및 농인) 그리고 전문가의 의사소통의 권리를 보호하고 지도해 주기 위해 다음과 같은 윤리행동의 원리를 정립한다. 이 윤리강령은 모든 공인 수어통역사협회 회원과 자격증을 가진 비회원에게 적용된다.

이 강령은 대체적으로 통역사 또는 음역사의 행동을 구속하는 일반적 지침이지만 구체적 설명을 요하는 매우 특별한 상황이 점차 증가하고 있다. 따라서 공인 수어통역사협회는 이에 따른 적절한 지침을 발표할 계획이다.

2. 윤리강령

하나, 통역사나 음역사는 모든 통역 내용을 엄격히 비밀로 지켜야 한다.

통역사나 음역사는 통역서비스가 수행되고 있다는 사실을 포함해 통역업무에 대한 어떠한 정보도 밝혀선 안 된다. 심지어 대단하지 않게 보이는 정보라도 잘못 취급되면 해가 될 수 있다. 그러므로 이러한 개연성을 피하기 위해 통역사나 음역사는 통역업무에 대해 아무런 언급도 하지 말아야 한다.

회의나 정보가 공개적인 경우, 통역사나 음역사는 사리를 분별해 그 회의나 정보를 논의해야 한다. 만일 통역사나 음역사와 고객 사이에 문제가 발생하면 통역사나 음역사는 우선 고객과 의논해야 한다. 해결책을 찾기 어렵다면 양측은 자신에게 조언할 수 있는 제3의 인물의 의견에 따라야 한다.

또한, 현장 실습을 통해 통역 훈련생을 훈련시킬 때 훈련자는 정보 중 어떤 것이라도 누설하지 말아야 한다. 즉, 이름, 성별, 나이 등 고객의 신상정보, 통역업무가 발생한 년, 월, 일, 시 등 시간적 정보, 시(市)나 주(州) 또는 정부기관을 포함한 통역이 수행된 장소정보, 통역업무상 관련 인사들의 정보, 통역 상황에 관한 세부사항 등을 누설해서는 안 된다. 관련된 당사자의 신분을 부득이하게 밝혀야 하는 경우, 가급적 최소한의 정보만을 취급해야 한다.

둘, 통역사나 음역사는 통역서비스를 제공받는 사람이 즉각 이해할 수 있는 언어로, 언제나 화자의 의도와 본래의 뜻을 살려 메시지를 충실히 전달해야 한다.

통역사나 음역사는 편집자가 아니므로 말하고자 하는 내용 그대로 진술된 모든 것을 전달해야 한다. 이런 일은 통역사가 진술된 내용에 동의할 수 없거나 불경(不敬)한 말이 사용되어 거북한 느낌이 들 때 특히 지키기 어렵다. 통역사나 음역사는 자신이 진술된 내용에 전혀 책임이 없고, 다만 그것을 정확히 전달하는 데 책임이 있음을 잊지 말아야 한다. 만일 통역사나 음역사가 감정상 메시지를 정확히 전달하는 데 거부감을 느낀다면 통역업무에서 손을 떼야 한다.

말로 된 영어를 손짓 또는 묵음영어로 통역하는 경우, 통역사나 음역사는 미국수어, 손짓기호영어, 지화, 알기 쉽게 바꾼 묵음영어, 몸짓, 그림 또는 필담 등 어떤 것이든 농인이나 난청인이 가장 쉽게 이해할 수 있고 또 선호하는 방식으로 전달해야 한다. 통역사나 음역사와 농인 혹은 난청인은 실제 통역업무에 들어가기 전 얼마의 시간을 들여 서로 간의 소통 방식을 조정하는 데 써야 한다. 수어나 묵음영어를 통역하는 경우, 통역사나 음역사는 영어, 스페인어, 프랑스어 등 청인이 통용하는 구어형태의 언어로 말해야 한다.

셋, 통역사나 음역사는 상담이나 조언을 하거나 개인의 의사로 참견하지 말아야 한다.

통역사나 음역사가 진술된 내용 중 어느 부분도 생략해서는 안 되는 것처럼, 통역업무상 관련 인물이 부탁하더라도 그 통역 내용에 아무것도 추가해서는 안 된다. 통역사나 음역사는 둘이나 그 이상의 사람 간에 발생한 의사소통상의 어려움 때문에 통역업무에 개입하는 것뿐이다. 따라서 통역사나 음역사의 유일한 역할은 통역을 용이하게 진행하는 일이다. 그는 개인적으로 남의 일에 깊이 개입하지 말아야 한다. 그렇게 한다면 그는 그 결과에 대한 책임을 감수해야 하는데, 이 책임은 원래 통역사나 음역사에 속하는 것이 아니기 때문이다.

넷, 통역사나 음역사는 통역업무상 관련된 기술, 환경, 그리고 고객에 관해 심사숙고를 거친 후 통역 의뢰를 수락해야 한다.

통역사나 음역사는 자신의 능력에 맞는 업무만을 받아들여야 한다. 그러나 통역사나 음역사가 부족하거나, 당장 수행할 수 있는 통역사나 음역사가 특수한 상황에 대처할 수 있는 통역 기술을 지니지 못한다면 이런 상황을 고객에게 설명해야 한다. 만일 고객이 통역 기술의 수준을 상관하지 않고 통역서비스를 의뢰한다면 의뢰받은 통역사나 음역사는 그 통역 의뢰를 수락하느냐 거절하느냐 스스로 결정해야 한다.

어떤 상황은 통역사나 음역사와 고객에게는 불쾌할 수 있다. 종교, 정치, 인종 또는 성차별 등이 업무수행을 용이하게 하는 데 역효과를 줄 수 있다. 그러므로 통역사나 음역사는 자신이 어떤 상황에 연루될 가능성이 있다고 판단되는 통역 의뢰는 수락하지 말아야 한다.

통역사나 음역사는 내부의 감정을 감추기 어려우므로, 가족이나 개인적으로나 직업적으로 친근한 관계가 있는 자가 불편부당성을 유지하지 못하게 영향을 끼치는 상황이라면 대체로 통역서비스를 제공하는 것을 피해야 한다. 이러한 상황 아래서는, 특히 사법적 환경에서는 자신을 공정하게 지킬 수 있는 능력이 감소된다. 긴급한 상황이라면 통역사나 음역사가 가족이나 친구 혹은 가까운 동료에게 통역서비스를 제공해야 할 수도 있다. 그러나 그 경우 모든 관련자에게 통역사나 음역사로부터 통역 과정에 개인적으로 연루되어서는 안 된다는 주의를 전해야 한다.

다섯, 통역사나 음역사는 제공된 통역서비스에 대한 보수를 직업적이고 합법적인 방법으로 요구해야 한다.

통역사나 음역사는 통역업무에 상응하는 요금에 관해 알아야 하며 미국 공인수어통역사협회가 협정한 요금에 대한 정보를 고지받아야 한다. 다수의 지역에서는 통역사나 음역사를 위해 시간당 및 일당 임금의 순응률(임금, 물가, 세금 따위가 경제 상태에 따라 오르내리는 비율)이 확립되어 있다. 적절한 요금을 결정하기 위해 통역사나 음역사는 자기 자신의 기술수준, 자격의 수준, 경력 기간, 통역 청탁의 성격과 지역별 생계지수 가치를 알아야 한다.

통역사나 음역사가 무료로 통역서비스를 제공하는 것이 적절한 경우가 있다. 이럴 때에는 고객의 자존심이 상하지 않도록 신경을 써서 주의 깊게 처리해야 한다. 고객이 스스로 자선의 대상으로 느끼지 않도록 해야 한다. 무료서비스를 할 때 다른 통역사나 음역사의 생계가 보호되도록 주의를 기울여야 한다. 자유계약통역사나 음역사는 생계를 위해 통역 일에 매달릴지 모른다. 따라서 통역서비스에 대해 보수를 요구해야만 한다. 한편, 다른 정규직업을 가진 경우는 수입의 손실을 의식하지 않고 통역서비스를 하나의 호의로 베풀려 할지 모른다. 오히려 이런 경우가 더 문제가 될 소지가 많다. 통역서비스는 철저히 전문적인 활동이어야 한다.

여섯, 통역사나 음역사는 상황에 부합하는 자세로 행동해야 한다.

통역사나 음역사는 자신에게나 고객에게 그리고 미국 공인 수어통역사협회에 품위를 세워 주는, 즉 통역 장면의 상황에 부합하는 자세로 처신해야 한다. 상황에 부합하는 자세란 말의 의미는 다음과 같다. 첫째, 피부색에 조화되고 주의를 산만하게 하지 않는 옷차림을 한다. 둘째, 통역업무상 모든 면에 있어서 전문가다운 자세로 처리한다. 셋째, 항상 배우는 자세를 견지한다. 넷째, 공인 수어통역사협회 회원이거나 그 협회에서 발행하는 자격증을 소지한 전문가답게 윤리강령에 준하는 높은 직업적 기준을 유지한다.

일본의 수어통역사 윤리강령*

전 일본 수어통역사는 농인의 사회 참여를 막는 장벽이 사라지고, 농인의 완전한 사회 참여와 평등이 실현되기를 바라고 있다. 이 일은 수어통역사를 포함해 모든 사람의 자기실현으로 이어진다. 전 일본 수어통역사는 이와 같은 인식의 바탕 위에 서서 사회적으로 정당하게 평가될 수 있는 전문직으로서 서로 함께 모든 사회인과 폭넓게 협동하는 입장에서 여기 윤리강령을 정한다.

수어통역사는 모든 사람의 기본적 인권을 존중하며 이를 옹호한다.

수어통역사는 전문적인 기술과 지식을 구사하여 농인이 사회의 모든 장면에 주체적으로 참가할 수 있도록 노력한다.

수어통역사는 양호한 상태에서 업무를 수행할 수 있기를 바라므로, 소속하고 있는 기관 및 단체장으로 하여금 이 강령의 존엄과 이해를 촉진함으로써 업무의 개선 방향을 위해 노력한다.

수어통역사는 업무상 알게 된 농인 및 관계자에 관한 정보를 그 뜻에

---

* 일본수어통역사협회, 1998.

반해 제 3자에게 제공하지 않는다.

수어통역사는 기술과 지식의 향상을 위해 노력한다.

수어통역사는 자신의 기술이나 지식이 인권 침해나 반사회적 목적에 이용되는 결과가 되지 않도록 늘 검증한다.

수어통역사는 수어통역제도의 충실·발전 및 수어통역사 양성에 대한 연구 실천에 적극적으로 참가한다.

국문 문헌

강동욱(2002). "취업장애인 정보격차요인의 계량적 분석". 〈직업재활연구〉, 12(2): 23~42.

강윤주·이근용·정승원(2005). "청각장애인 직업재활을 위한 수화통역사의 역할과 역할의 우선순위". 〈직업재활연구〉, 15(1): 183~204.

강창욱(2012). "청각장애학생 언어지도 방향성 설정을 위한 반성과 대안". 〈특수교육저널: 이론과 실천〉, 13(4): 339~357.

강희조(2018). "4차 산업혁명 기반 스마트 재난안전관리 대응체계 구축". 〈디지털콘텐츠학회지〉, 19(3): 561~567.

고경자(2012). "농인의 언어와 상호작용에 관한 문화기술지 연구". 〈한국장애인복지학〉, 18: 105~126.

교육부(편)(1991). 《한글식 표준 수화》. 교육부.

곽정란·서영란·이정옥(2011). "농아동을 둔 농부모의 양육경험에 대한 질적 연구: 언어 선택을 중심으로". 〈특수교육저널: 이론과 실천〉, 12(1): 329~349.

국립국어원(편)(2017). 《2017년 한국수어 사용 실태 조사》. 국립국어원.

국립국어원·한국농아인협회(2005). 《한국수화사전》. 문화관광부.

_____(2009). 《청각장애인의 언어 사용 실태 연구: 언어 사용 실태와 수화에 대한 청인의 인식》. 국립국어원.

_____(2010). 《한국수화에 의한 한국어문법 교육》. 국립국어원.

국미경·박은영(2005). "수화통역사의 직업만족도 조사". 〈특수교육저널:

이론과 실천〉, 6(3): 247~262.

권순우(2002). "청각장애학생의 수화습득 과정에 대한 질적 연구". 대구대
특수교육대학원 특수교육학과 석사학위논문.

권재일(2004). "표준 수화사전 제정의 바람직한 방향". 문화관광부 한국표준
수화규범 제정 추진위원회(편), 《한국표준수화사전 편찬을 위한 공
청회》, 259~271쪽. 한국농아인협회.

권효순·김상용·이소원(2013). 《장애인 재난위기관리 매뉴얼 개발 및 보
급》. 서울특별시 소방재난본부 재난대응과.

금옥학술재단(편)(1982). 《표준수화사전》(標準手話辭典). 금옥학술문화재
단.

김 구·권용민(2014). "정보격차 진단을 위한 평가모형 및 지표 개발에 관
한 연구". 〈정책분석평가학회보〉, 24(1): 79~114.

김금재(2005). "수화통역센터 종사자들의 직무 및 직업 만족에 영향을 미치
는 요인에 관한 연구". 목포대 대학원 사회복지학과 석사학위논문.

김대진(2002). 《국제회의 통역교육》. 한국문화사.

김만인·최성규(2017). "청각장애인의 밤 활동에 관한 질적 연구". 〈특수교
육저널: 이론과 실천〉, 18(2): 125~154.

김미리혜(2011). "건강심리학 장면에서 가상현실과 증강현실의 활용". 〈한
국심리학회지: 건강〉, 16(4): 643~656.

김미옥·이미선(2013). "청각장애인의 의사소통 경험". 〈한국사회복지학〉,
65(2): 155~177.

김병하·강창욱(1992). "청각장애 자녀에 대한 어머니의 양육경험: 질적 분
석과 해석". 〈특수교육연구〉, 19: 21~35.

김삼찬·이선호 외 36인(2005). 《한국수화사전》. 형설출판사.

김성하(1999). "청각장애인의 취업현황과 문제점에 관한 연구: 취업직종을
중심으로". 강남대 대학원 사회사업학과 석사학위논문.

김승국(1983a). 《수화사전》. 단국대 출판부.

_____(1983b). "한국 수화의 심리언어학적 연구". 성균관대 대학원 심리학
과 박사학위논문.

_____(1993). 《(최신판)표준수화사전》. 오성출판사.

_____(1994). 《표준수화교본》. 오성출판사.

김승완·김회성·노성민(2017). "청각장애인 재난대응 욕구에 관한 연구". 〈재활복지〉, 21(2)：63~88.

김승완·노성민·김회성·이수연·이경민(2016). 《장애포괄적 재난위기관리 매뉴얼 개발 연구：청각장애인을 중심으로》. 한국장애인개발원.

김언경(2010). "수화통역사의 농문화 인식이 직무수행능력에 미치는 영향에 관한 연구". 대구대 대학원 사회복지학과 석사학위논문.

김연신(2012). "수화통역사의 역할에 관한 연구：수화통역의 영역과 수화통 역사의 역할 수준을 중심으로". 강남대 사회복지전문대학원 사회복지 학과 박사학위논문.

김영종(2017). "우리나라 '사회복지' 전달체계와 담론적 작용：역사적 형성과 경로, 쟁점". 〈한국사회복지학〉, 69(1)：175~197.

김유경·권순복(2017). "특수교육에 적용된 증강현실 기술의 국내외 연구동 향 분석". 〈특수교육재활과학연구〉, 56(2)：127~146.

김유미(2016). 《영혼에 닿은 언어：이 땅의 농인과 한국수어 이야기》. 홍성사.

김유진(2008). "대학 교육수화통역의 개선방안에 관한 연구". 나사렛대 재활 복지대학원 국제수화통역학전공 석사학위논문.

김인순·권성진·박지연·간기현·김향란(2011). 《최근 3년간 장애인보조기 구교부사업 지급실태 분석연구》. 한국장애인개발원.

김인순·이정수·김웅식·김진욱·김철환·권영숙(2013). 《장애인 위기상 황 대응매뉴얼 개발을 위한 시범(pilot) 연구》. 보건복지부 장애인정 책국.

김정언·노용환·최두진·정부연·김재경(2007). 《고령화와 정보격차：정 보격차의 결정요인 분석》. 정보통신정책연구원.

김지홍(2010). 《언어의 심층과 언어교육》. 경진.

김진일·윤장혁(2012). "모바일 증강현실을 이용한 해안 지진해일 대피 경 로 안내 시스템". 〈한국정보기술학회논문지〉, 10(12)：57~66.

김칠관(1998). 《한국수화 어원연구》. 인천성동학교.

_____(2003). 《수화통역 입문》. 천안：나사렛대 재활복지대학원 국제수화 통역학과.

_____(2006). "한국수화학의 연구 동향". 〈제8회 한국수화학회 학술대회 자 료집〉, 3~12.

_____(2008). "한국수화와 수화언어 환경". 〈제 10회 한국수화학회 학술대회 자료집〉, 9~16.

_____(2009). "한국수화 백 년의 회고: 안팎으로부터의 도전과 풀어야 할 과제". 〈제 11회 한국수화학회 학술대회 자료집〉, 9~26.

김태욱(2007). "한국 TV 수화통역방송에 대한 농인의 인지도 조사연구". 나사렛대 재활복지대학원 국제수화통역학전공 석사학위논문.

김태일 · 도수관(2005). "장애인과 비장애인의 정보격차분석". 〈사회복지정책〉, 21: 341~365.

김하수(2008). 《문제로서의 언어 1: 사회와 언어》. 커뮤니케이션북스.

_____(2014). 《문제로서의 언어 3: 소통과 언어》. 커뮤니케이션북스.

김 헌 · 오익표(2017). "시각필터 및 증강현실을 활용한 저시력 장애인의 실외 보행지원". 〈디자인학연구〉, 30(4): 71~84.

김현철(2005). "수화통역센터에 근무하는 수화통역사의 소진에 관한 연구". 나사렛대 재활복지대학원 국제수화통역학전공 석사학위논문.

남기현(2003). "한국수화의 통사적 수화 공간과 지형적 수화 공간". 단국대 대학원 특수교육학과 석사학위논문.

남성우(2006). 《통번역의 이해와 수행: 통번역학 지침서》. 한국문화사.

문화체육관광부 · 국립국어원(2017). "2017년 한국수어 사용 실태 조사". 국립국어원.

민은주(2013). "한국어-한국수화 동시통역 사례분석 및 평가에 관한 연구". 나사렛대 재활복지대학원 재활학과 박사학위논문.

박민희(2004). "수화통역사 제도의 개선방안에 관한 연구". 조선대 정책대학원 사회복지학과 석사학위논문.

박상희 · 권영주(2003). "청각장애 아동의 청능발달과 언어발달간의 상관관계 연구". 〈음성과학〉, 10(4): 255~261.

박소현 · 방정화(2011). "인공와우 착용 아동의 작업기억, 문장이해력과 문장인지도 간의 관계". 〈청능재활〉, 7(1): 40~50.

박영순(편)(2015). 《통번역학: 이론과 실제》. 백산출판사.

박정란(2010). "농인의 수화사용경험과 수화통역서비스이용 경험에 관한 질적 연구: 내러티브연구방법을 중심으로". 〈사회과학연구〉, 26(4): 93~122.

박종미(2011). "정보화 수준이 청각장애(농)인의 역량강화에 미치는 영향에 관한 연구". 강남대 사회복지전문대학원 사회복지학과 석사학위논문.

박종엽(2017). "수화통역사의 수화통역 경험에 관한 해석학적 연구". 〈한국 장애인복지학〉, 36: 113~147.

박종홍·신영환·김용균·정종문(2016). "재난대응 상황에서 웹 3.0 정보서 비스를 활용한 증강현실 기술 구현 방안". 〈인터넷정보학회논문지〉, 17(4): 61~68.

방해성(1999). 《자비의 수화교실》. 불광.

배융호·김남진·최성윤(2010). 《전국 관광지 장애인 편의시설 실태조사》. 한국관광공사.

배융호·소준영·박종근·함은구(2015). 《장애인근로자 안전대피 매뉴얼 개 발 연구》. 한국장애인고용공단 고용개발원.

백승훈(2005). "수화통역센터 활성화 방안 연구". 경남대 행정대학원 사회복 지학과 석사학위논문.

변지원(1992). "자연수화의 문형특성에 관한 연구". 단국대 대학원 석사학위 논문.

보건복지부(2014). 〈2014 장애인 실태조사〉(정책보고서 2014-73). 보건복 지부·한국보건사회연구원.

_____(2017a). "장애인 등록 현황"(2016년 12월 기준). http://www.mohw. go.kr/react/index.jsp.

_____(2017b). 〈2017년 장애인 실태조사〉(정책보고서 2017-90). 보건복 지부·한국보건사회연구원.

_____(2018a). "장애인 등록 현황"(2017년 12월 말 기준). http://www. mohw.go.kr/react/index.jsp.

_____(2018b). 〈2018년 장애인실태조사〉.

서울농아학교(1986). 《표준수화교본》.

석동일(1989). "한국 수화의 언어학적 분석". 대구대 대학원 박사학위논문.

손천식(1989). 《우리들의 수화》. 홍조출판사.

_____(1999). "한국수화의 관용표현". 〈수화·농문화를 생각하는 세미나〉 (제 1회 공개연구 발표회), 32~41. 한국수화학회.

손천식·엄미숙(2004). "수화 표제어의 뜻풀이와 용례". 문화관광부 한국표준수화규범 제정 추진위원회(편), 《한국표준수화사전 편찬을 위한 공청회》, 273~284쪽. 한국농아인협회.

송미연(2003). "수화통역서비스가 청각장애인의 직업적응에 미치는 효과에 관한 연구". 대구대 재활과학대학원 재활과학과 석사학위논문.

_____(2017). "TV뉴스 한국수화언어 통역의 통사 · 의미론적 분석". 강남대 대학원 수화통번역학과 석사학위논문.

송지향 · 김동욱(2014). "장애인의 스마트기기 사용능력 및 활용도에 관한 연구: 스마트기기 활용교육의 효과를 중심으로". 〈정보화정책〉, 21(2): 67~88.

신경림 · 고명숙 · 공병혜 · 김경선 · 김미영 · 김은하 · 노승옥 · 노영희 · 양진향 · 조명옥(2004). 《질적 연구 방법론》. 이화여대 출판부.

양옥경 · 이방원 · 이방현(2012). "사료분석을 통해 본 개화기(1876~1910년) 사회복지 현상 연구". 〈사회과학연구논총〉, 27: 107~147.

양윤영(2010). "청각장애대학생의 수화통역과 속기 지원 실태 연구". 나사렛대 재활복지대학원 국제수화통역학전공 석사학위논문.

엄미숙(1996). "한국수화의 통사론적 특징 분석". 대구대 대학원 특수교육학과 석사학위논문.

오수경 · 송미연(2017). "수화언어통역서비스에 대한 청각장애인의 주관적 인식 유형". 〈재활복지〉, 21(4): 1~31.

원성옥 · 강윤주(2007). "수화통역사의 직무 특성과 만족도 분석 연구". 〈특수교육저널: 이론과 실천〉, 8(2): 71~89.

원성옥 · 김경진 · 허 일(2013). "청각장애학생 교육에서의 수화 적용 방안". 〈특수교육저널: 이론과 실천〉, 14(4): 113~132.

원성옥 · 권순우 · 김지숙 · 김선영(2014). "농아동의 수화 교육 접근 현황 및 과제: 농인 당사자 입장에서 탐색". 〈특수교육저널: 이론과 실천〉, 15(4): 105~129.

원성옥 · 강미영 · 윤병천 · 이봉원 · 홍성은 · 변강석(2015). 《한국수어 말뭉치 기반 조사 및 시범 구축》. 국립국어원.

유지영(2002). "수화통역서비스 이용현황 및 만족도에 관한 연구". 대구대 사회복지대학원 사회복지학과 석사학위논문.

윤병천(2003). "한국수화의 비수지신호에 대한 언어학적 특성 연구". 대구대 대학원 특수교육학과 박사학위논문.

윤석민(2017). "한국수어(KSL) 연구의 필요성과 전망". 〈국어학〉, 83: 93~
118.

윤수종(편)(2019). 《소수자들의 삶과 기록: 사회를 움직이게 하고 열리게
하는 소수자들의 행진》. 문학들.

윤은희 · 최성규(2016). "청각장애 대학생들에게 통역이 주는 의미: D대학교
를 중심으로". 〈특수교육저널: 이론과 실천〉, 17(3): 183~209.

윤현주(2018). "청인 수어통역사의 수어통역에 대한 농인의 내러티브 연구".
강남대 일반대학원 수화통번역학과 석사학위논문.

이광렬 · 최상우 · 안성우 · 서유경 · 신영주(2006). "청각장애 학생의 인지과
정을 설명하는 변인 연구: PASS 모형의 관점에서". 〈특수교육재활과
학연구〉, 45(4): 325~350.

이규식 · 석동일 · 권도하 · 정옥란 · 강수균 · 김시영 · 신명선 · 이상희 · 황보명 ·
이옥분(2004). 《의사소통장애 치료교육》. 학지사.

이기호 · 배성한(2013). "증강현실의 공간적 개념에 관한 연구". 〈예술과 미
디어〉, 12(4): 213~232.

이미영(2005). "한국 수화통역사 양성을 위한 교육과정 연구". 나사렛대 재
활복지대학원 국제수화통역학전공 석사학위논문.

이병희 · 정진화 · 유재호 · 박대성(2011). "증강현실기반 운동 프로그램이 경
직형 뇌성마비아동의 발목관절 근력 및 보행능력에 미치는 영향".
〈특수교육재활과학연구〉, 50(4): 437~455.

이상신(1994). 《역사학 개론》. 신서원.

이성규 · 유숙렬 · 김상희 · 이성은 · 이세영(2000). 《장애인의 직업생활실태와
적합직종》. 직업안정연구원.

이영재(2013). "농인의 언어 의식과 수화 사용". 〈새국어생활〉, 23(2): 43~
64.

_____(2014). 《한국수화사전》의 사전학적 연구와 개선 방향 모색". 〈제16
회 한국수화학회 학술대회 자료집〉, 221~239.

이우승(2007). "장애인의 정보이용격차에 관한 연구". 경기대 사회복지대학
원 사회복지정책학전공 석사학위논문.

이운영(2017). "〈한국수화언어법〉 제정의 의의와 실제". 〈새국어생활〉, 27(2):

33~48.

이율하 · 허인영 · 함종만 · 유경미 · 손경애(2018). 《재미있게 보는 농문화》. 강원도 농아인협회.

이은지 · 박성준(2017). "증강현실기반 주택 내 고령자 인지증강 서비스". 〈대한건축학회 학술발표대회 논문집〉, 37(2): 324~327.

이정란(2005). "'농아인'이 경험하는 생활 제약에 관한 연구". 연세대 대학원 사회학과 석사학위논문.

이정자(2003). "수화통역사의 직업만족도에 미치는 영향 요인". 한림대 사회복지대학원 사회복지학과 석사학위논문.

이종민(2003). "농인수화자의 작업기억특성". 단국대 대학원 특수교육학과 석사학위논문.

이준우(1995). 《소리 없는 세계를 향하여: 농아인 선교 교육 지침서》. 여수룬.

_____(1997). 《고급수화》. 여수룬.

_____(2002a). 《농인 재활복지 개론》. 농아사회정보원.

_____(2002b). 《수화의 이해와 실제: 초급과정》. 나남.

_____(2003a). "한국 농 청소년의 농 정체성과 심리사회적 기능과의 관계에 관한 연구". 〈특수교육저널: 이론과 실천〉, 4(4): 173~204.

_____(2003b). 《수화의 이해와 실제: 중급과정》. 나남.

_____(2004a). 《농인과 수화》. 인간과복지.

_____(2004b). 《수화통역 입문》. 인간과복지.

_____(2006). 《수화의 이해와 실제》. 나남.

_____(2017). "수어를 모어로 하는 농인 이용자와 수어통역사의 수어통역 서비스 전달체계". 〈서울특별시 수어통역센터 지역지원본부 학술 세미나 주제발표〉, 1~18.

_____(2018a). "한국수어 연구의 방향과 제언". 〈한국장애인복지학〉, 40: 57~90.

_____(2018b). "한국수어통역서비스 전달체계에 관한 연구". 〈한국사회복지행정학회 춘계학술대회 자료집〉, 2018년 4호: 333~334.

_____(2018c). "수어통역서비스 전달체계 개선방안에 대한 청인 수어통역사의 인식과 욕구". 〈한국장애인복지학〉, 42: 191~226.

_____(2019). "수어와 농인의 삶에 대한 화용론적 성찰: 한국수어 연구에 대

한 반성을 곁들여". 〈제 21회 한국수어학회 학술대회 자료집〉, 25~
60.

이준우·김연신(2010). "청각장애인을 위한 통신중계서비스(TRS) 이용 결
정 요인에 관한 연구". 〈재활복지〉, 14(3): 195~223.

_____(2011a). 《데프 앤 데프: 농인과 친구가 되고 싶은 이들을 위한 안내
서》. 나남.

_____(2011b). "청각장애인의 사회경제적 특성이 정보격차 발생에 미치는
영향에 관한 연구: 문해능력의 매개효과를 중심으로". 〈재활복지〉,
15(4): 159~182.

이준우·남기현(2004). 《수화의 이해와 실제: 고급과정》. 나남.

_____(2014). 《한국 수어학 개론》. 나남.

이준우·박종미(2009). "청각장애인의 지식정보서비스 이용 욕구와 사회복
지실천 과제". 〈재활복지〉, 13(2): 257~285.

이준우·이현아(2017). "청각장애인의 위험 판단을 위한 소리 정보, 인지 조
건과 행동 반응에 관한 연구". 〈한국장애인복지학〉, 38: 149~180.

이준우·남기현·조준모(2018). "한국수어사전 편찬 방향을 위한 제언".
〈특수교육저널: 이론과 실천〉, 19(1): 137~156.

이준우·이현아·박종미(2018). "청각증강 기술 개발을 위한 청각장애인의
욕구조사: 위험상황 인식 및 의사소통 분야를 중심으로". 〈재활복
지〉, 22(3): 225~257.

이준우·김연신·송재순·한기열·홍유미(2010). 《한국수화 회화 첫걸음》.
나남.

이준우·서문진희·김연신·이미혜·박종미·송누리·조정환(2013). 《청각·
언어장애인(농아인)의 의사소통 접근성 강화방안 연구》. 보건복지부.

이준우·이현아·박종미·이한나. "청각증강 기술 개발을 위한 청각장애인
자료 수집 및 분석". 한국전자통신연구원.

이준우·조준모·김연신·남기현·홍성은·이미혜·엄미숙·변강석·박진우·
윤을로·장모아·강미영(2016). 《수형 기반 한국수어사전 구축》. 국
립국어원.

이준우·원성옥·남기현·도원영·강주해·윤철진·홍성은·이주애·변강석·
황창호·김만영·허인영·고덕인·박종미·이현화(2017). 《한국수어

사전 수어 뜻풀이와 용례 구축 및 정비》. 국립국어원.

이형열(2007). "청각장애인의 잦은 이직에 영향을 미치는 요인 분석". 〈장애와 고용〉, 17(1): 141~164.

이혜숙・고경자(2010). "농인의 가족 상호작용에 관한 문화 기술지 연구". 〈가족과 가족치료〉, 18(2): 213~236.

이혜숙・이미혜(2005). "농아인가족 의사소통 특성과 자녀역할에 관한 연구". 〈가족과 가족치료〉, 13(1): 57~78.

이홍수(편)(1999). 《외국어습득 및 교육과정론》. 한국문화사.

임현우・채성원(2011). "한국 노화성 난청의 현주소". 〈대한의사협회지〉, 54(9): 910~917.

장유리・서홍란(2015). "수화를 사용하는 청각장애부모의 건청자녀 양육경험에 관한 현상학적 연구". 〈한국장애인복지학〉, 29: 197~218.

장윤영・정호영(2010). "농인의 삶에 관한 질적 연구: 소리 세계의 이방인에서 수화로 소통하는 소수 집단의 주체로 가능성 찾기". 〈특수교육저널: 이론과 실천〉, 11(4): 515~543.

장진권(1995). "한국수화의 어원적 의미". 단국대 교육대학원 특수교육전공 석사학위논문.

_____(2000). "수화이용의 역사". 《농아인과 사회》. 한국농아인협회.

정 은(2002). "수화의 사회적 인정, 그 당위성에 관한 논의를 중심으로 의사 소통권과 사회통합의 연관적 의미 고찰". 〈특수교육저널: 이론과 실천〉, 3(3): 109~124.

정택진(2010). "청각장애대학생의 수화통역서비스 만족 요인에 관한 연구". 가톨릭대 사회복지대학원 장애인복지학과 석사학위논문.

정택진・이주순・오석균(2011). 《프리미엄 수화》. 을지글로벌.

정혜연(2008). 《통역학 개론》. 한국문화사.

정호정(2011). 《제대로 된 통역・번역의 이해》. 한국문화사.

정희원(2016). "대한민국 수화언어 정책의 현황과 전망". 《수화언어와 사회적 의사소통: 2016 국제학술대회 자료집》, 141~152쪽. 국립국어원.

조남신(2016). 《사전학》(한국슬라브문화연구원 슬라브어학총서 1). 한국문화사.

조영이(2011). "국내 G고등학교 농학생의 교육수화통역지원에 대한 질적 연구". 나사렛대 재활복지대학원 국제수화통역학 석사학위논문.

조오훈·유승혁·박미정·한종길·김응곤(2011). "스마트폰을 이용한 증강현실 재난 대피 안내 시스템". 〈한국전자통신학회 학술대회지〉, 5(2): 428~431.

조용순·권요한(2009). "농인의 농문화에 대한 태도와 스트레스, 삶의 만족도와의 관계". 〈특수아동교육연구〉, 11(1): 263~284.

조주은(2000). "한국과 미국의 장애인 정보불평등 실태". 〈정보화동향분석〉, 7(9).

지승용·오영탁(2017). "런던 그렌펠 타워 화재사고의 문제점과 대응방안". 〈한국화재소방학회 학술대회 논문집〉, 2017년 11월호: 99~100.

최두진·김지희(2004). "정보격차 패러다임의 전환과 생산적 정보활용 방안". 〈정보격차: 이슈리포트〉, 2(1): 1~41.

최상배(2010). "장애학생지원센터 수화통역사의 수화언어 동시통역 과정 분석: H대학 장애학생지원센터를 중심으로". 〈특수아동교육연구〉, 12(1): 23~45.

_____(2011a). "청각장애학교 고등부 교사의 수화언어 정확도, 표현 특징 및 질의응답 분석". 〈특수아동교육연구〉, 13(1): 265~289.

_____(2011b). "TV 수화언어 방송통역 분석". 〈특수아동교육연구〉, 13(3): 77~99.

_____(2012). "한국수화언어의 수형소 분석". 〈특수교육저널: 이론과 실천〉, 13(1): 233~256.

_____(2016). "수어능력 평가와 수어통역 평가의 내용과 방법 고찰". 〈한국청각·언어장애교육연구〉, 7(2): 23~36.

최상배·안성우(2003). 《한국수어의 이론》. 서현사.

최성규(편) (1997). 《청각장애아의 심리》. 특수교육.

최성규·윤은희(2001). "청각장애아동과 건청아동의 조작형태 특성에 기초한 인지발달 비교 연구". 〈특수교육저널: 이론과 실천〉, 2(4): 147~163.

최옥채(2012). "한국 사회복지학 비평". 〈한국사회복지학〉, 64(3): 231~255.

최옥채·구로키 야스히로(2011). 《일본 사회복지학 삼각측량》. 양서원.

최정화(1998).《통역번역입문》. 신론사.

_____(1999).《국제회의통역사 되는 길》. 한국언론자료간행회.

_____(2001).《통역/번역 노하우》. 넥서스.

최현숙(2013). "수화통역사·농통역사의 역할".〈열린전북〉, 161: 43~51.

하종아(2002). "한국 수화통역사의 활동실태에 관한 연구". 대구대 사회복지 개발대학원 사회복지학과 석사학위논문.

한국농아인협회(1999).《농아인과 사회》. 한국농아인협회.

_____(2001).《한국수화》. 한국농아인협회.

_____(2017). "수어통역사 자격 취득 현황". 내부자료.

한국청각장애자복지회(편)(2001).《사랑의 수화교실》. 수험사.

한국표준수화규범 제정 추진위원회(편)(2003).《한국수화 어원사전》. 한국 농아인협회.

한국표준수화규범 제정 추진위원회(편)(2004).《농인의 국제 수화》. 한국농 아인협회.

한국표준수화규범 제정 추진위원회(편)(2005).《한국수화사전》. 문화관광 부·한국농아인협회.

한국표준수화규범 제정 추진위원회(편)(2007a).《한국수화 문형사전》. 국 립국어원·한국농아인협회.

한국표준수화규범 제정 추진위원회(편)(2007b).《수화로 하는 애국가·국 기에 대한 맹세·한글날 노래》. 국립국어원·한국농아인협회.

한국표준수화규범 제정 추진위원회(편)(2008).《한국수화 1》. 휴먼컬처아 리랑.

한국표준수화규범 제정 추진위원회(편)(2009).《한국수화 2》. 휴먼컬처아 리랑.

한국표준수화규범 제정 추진위원회(편)(2010).《한국수화 3》. 휴먼컬처아 리랑.

허 일(2009). "농인의 언어와 사전: 수화 연구 및 사전 제작의 문제점과 개 선방안".〈청각장애학생의 한국어-수화 동영상 사전 개발을 위한 기 초연구 세미나 자료집〉, 8~69.

_____(2011). "정보 제시방식과 과제 난이도에 따른 청각장애학생의 학습 특성 연구".〈제 13회 한국수화학회 학술대회 자료집〉, 123~157.

_____ (2017). "수어를 모어로 하는 농인 이용자와 수어통역사의 수어통역 서비스 전달체계에 대한 토론 I". 〈서울특별시 수화통역센터 지역지원본부 학술 세미나 토론문〉, 21~30.

허 일·김경진 (2003). "대학에서의 수화통역의 문제점과 개선방안". 〈재활복지연구〉, 1: 159~185.

허 일·김만영 (2010). "한국수화 연구방법 현황과 과제". 〈제 12회 한국수화학회 학술대회 자료집〉, 21~45.

황도순 (1994). "농학생 수화의 통사구조와 발달". 단국대 대학원 특수교육학과 박사학위논문.

황순의 (2007). "설교수화통역사의 활동 현황과 만족도". 나사렛대 재활복지대학원 언어치료전공 석사학위논문.

황주희·이선화·김지혜 (2012). 《수화통역 실태 및 네트워크 구축방안 연구》. 한국장애인개발원.

_____ (2013). "청각장애인을 위한 수화통역서비스 의무제공 현황 및 활성화방안 모색: 사법, 의료영역을 중심으로". 〈한국장애인복지학〉, 20: 63~87.

황준호 (2005). "한국 방송의 수화통역 직무모형 개발에 관한 연구". 나사렛대 재활복지대학원 국제수화통역학전공 석사학위논문.

황창호 (2015). 《한국수어 표기 사전》. 미간행 책자.

번역 문헌

楊承淑 (2005). 《口譯敎學硏究: 理論與實踐》. 손지봉·김영민·안희정 (역) (2007), 《통역교육연구: 이론과 실천》. 한국문화사.

Birren, F. (1950). *Color Psychology and Color Therapy*. 김화중 (역) (1990), 《색채 심리》. 동국출판사.

Daniels, R. V. (1966). *Studying History How and Why*. 이호민 (역) (1993), 《역사연구: 어떻게 왜 해야 하나》. 민지사.

Eco, U. (2003). *Dire Quasi la Stessa Cosa*. 김운찬 (역) (2010), 《번역한다는 것》. 열린책들.

Miram, G. E. (1999). *Профессия: Переводчик*. 전지윤·김정희 (역) (2004), 《통역과 번역 그리고 통역사와 번역사》. 한국문화사.

Poulain, V. (2014). *Mots Qu'on Ne Me Dit Pas.* 권선영(역) (2015), 《수화, 소리, 사랑해!》. 한울림스페셜.

Pöchhacker, F. (2004). *Introducing Interpreting Studies.* 이연향·한미선·오미형(역) (2009), 《통역학 입문》. 이화여대 출판부.

Reiß, K. & Vermeer, H. J. (1984). *Grundlegung einer Allgemeinen Translationstheorie.* 안인경·정혜연·이정현(역) (2010), 《일반 통번역 이론 기초: 스코포스 이론》. 한국외대 출판부.

Seleskovitch, D. (1978). *Interpreting for International Conferences.* 정호정(역) (2002), 《국제회의 통역에의 초대》. 한국문화사.

영문 문헌

Acoustical Society of America (1982). *Specification of Hearing Aid Characteristics* (ANSI S3.22-1982). Published for the Acoustical Society of America by the American Institute of Physics.

Altshuler, K. Z. (1974). "The social and psychological development of the deaf child: Problems, their treatment and prevention". *American Annals of the Deaf,* 119(4): 365~376.

Anderson, D. & Reilly, J. (1997). "The puzzle of negation: How children move from communicative to grammatical negation in ASL". *Applied Psycholinguistics,* 18(4): 411~429.

Andrews, J. & Mason, J. (1986). "How do deaf children learn about prereading?". *American Annals of the Deaf,* 131(3): 210~217.

Anthony, D. (1966). "Seeing essential English". Unpublished Master's thesis. Eastern Michigan University Ypsilanti.

Baars, B. (1986). *The Cognitive Revolution in Psychology.* Guilford.

Bebko, J. M. (1984). "Memory and rehearsal characteristics of profoundly deaf children". *Journal of Experimental Child Psychology,* 38(3), 415~428.

_____(1998). "Learning, language, memory and reading: The role of language automatization and its impact on complex cognitive activities". *Journal of Deaf Studies and Deaf Education,* 3(1): 4~14.

Bellugi, U. (1991). "The link between hand and brain: Implications from a visual language". In Martin, D. (Ed.), *Advances in cognition, education, and deafness*, pp. 11~35. Gallaudet University Press.

Bellugi, U. & Fisher, S. (1972). "A comparison of sign language and spoken language". *Cognition*, 1(2): 173~200.

Bishop, M. & Hicks, S. (2005). "Orange eyes: Bimodal bilingualism in hearing adults from deaf families". *Sign Language Studies*, 5(2): 188~230.

Brien, D. (1992). *Dictionary of British Sign Language/English*. Faber and Faber.

Brown, P. & Brewer, L. (1996). "Cognitive processes of deaf and hearing skilled and less skilled readers". *Journal of Deaf Studies and Deaf Education*, 1(4): 263~270.

Carney, A. (1994). "Understanding speech intelligibility in the hearing impaired". In Butler, K. (Ed.), *Hearing Impairment and Language Disorders: Assessment and Intervention*, pp. 109~121. Aspen.

Chomsky, N. (1975). *Reflections on Language*. Pantheon Books.

Clark, E. (1973). "What's in a word?: On the child's acquisition of semantics in his first language". In Moores, T. (Ed.), *Cognitive Development and the Acquisition of Language*, pp. 65~110. Academic Press.

Clark, H. (1996). *Using Language*. Cambridge University Press.

Cokely, D. (1992). *Introduction for Interpretation: A Sociolinguistic Model*. Linstok.

Colonomos, B. (1992). *Processes in Interpreting and Transliterating: Making Them Work for You*(Video Ed.). Available from Front Range Community College.

Courtin, C. & Melot, A. (1998). "Development of theories of mind in deaf children". In Marschark, M. & Clark, M. D. (Eds.), *Psychological Perspectives on Deafness*, Vol. 2, pp: 79~102. Laurence Erlbaum.

da Silva, C. A., Fernandes, A. R., & Grohmann, A. P. (2014). "STAR: Speech therapy with augmented reality for children with autism spectrum disorders". In Cordeiro, J., Hammoudi, S., Maciaszek, L., Camp, O., & Filipe, J. (Eds.), *International Conference on Enterprise Information Systems 2014*, pp. 379~396. Springer.

Davis, H. & Silverman. S. R. (1978). *Hearing and Deafness*. Holt, Reinhart and Winston.

De Groot, A. M. B. (1997). "The cognitive study of translation and interpretation: Three approaches". In Danks, J. W., Shreve, G. M., Fountain, S. B., & McBeath, M. K. (Eds.), *Cognitive Processes in Translation and Interpreting*, pp. 25~26. Sage.

Engelman, A., Ivey, S. L., Tseng, W., Dahrouge, D., Brune, J., & Neuhauser, L. (2013). "Responding to the deaf in disasters: Establishing the need for systematic training for state-level emergency management agencies and community organizations". *BMC Health Services Research*, 13: 84.

Erikson, E. H. (1968). *Identity: Youth and Crisis*. W. W. Norton.

Fischer, L. C. (2000). "Cultural identity development and self concept of adults who are deaf: A comparative analysis". Arizona State University Doctoral dissertation.

Frishberg, N. (1990). *Interpreting: An Introduction*. Registry of Interpreters for the Deaf.

Furth, H. (1966). *Deafness and Learning: A Psychosocial Approach*. Wadsworth Publishing Company.

Fusfeld, D. R. (1970). "The basic economics of the urban and racial crisis". Research article, pp. 10~11.

Glickman, N. S. (1993). "Measuring deaf cultural identities: A preliminary investigation". *Rehabilitation Psychology*, 38(4): 275~283.

Glickman, N. S. & Harvey, M. A. (Eds.) (1996). *Culturally Affirmative Psychotherapy with Deaf Persons*. Erlbaum.

Goodnow, J. J. (1970). "The role of modalities in perceptual and cognitive development". In Hill, J. P. (Ed.), *Minnesota Symposia on Child Psychology*, Vol. 5. University of Minnesota Press.

Goodstein, H. & Brown, L. (2002). *Deaf Way Ⅱ: An International Celebration* (Program book). Gallaudet University Press.

Greenberg, M. & Kusche, C. (1989). "Cognitive, personal, and social development of deaf children and adolescents". In Wang, M., Reynolds, M., & Walberg, H. (Eds.), *The Handbook of Special Education: Research and Practice 3*, pp. 95~129. Pergamon.

Groce, N. E. (1985). *Everyone Here Spoke Sign Language*. Harvard University Press.

Grosjean, F. (1992). "The bilingual and the bicultural person in the hearing and in the deaf world". *Sign Language Studies*, 77(1): 307~320.

Harrington, T. (2000). "FAQ: Helen Keller Quotes". Gallaudet University Library. http://libguides. gallaudet. edu.

Holcomb, T. K. (1997). "Development of deaf bicultural identity". *American Annals of the Deaf*, 142(2): 89~93.

Humphrey, J. H. & Alcorn, B. J. (1994). *So You Want to be an Interpreter?: An Introduction to Sign Language Interpreting*. H & H Publishing.

Jacobs, M. L. (1974). *A Deaf Adult Speaks Out*. Gallaudet College Press.

Jamieson, J. (1995). "Visible thought: Deaf children's us of spoken & signed private speech". *Sign Language Studies*, 86: 63~80.

Jamieson, J. & Pedersen, E. (1993). "Deafness and mother-child interaction: Scaffolded instruction and the learning of problem-solving skills". *Early Development and Parenting*, 2(4): 229~242.

Johnston, T. (2003). "Language standardization and signed language dictionaries". *Sign Language Studies*, 3(4): 341~468.

Klima, E. & Bellugi, U. (1979). *The Signs of Language*. Harvard University Press.

Kozuh, Z., Hauptman, S., Kosec, P., & Debevc, M. (2015). Assessing the efficiency of using augmented reality for learning sign language. In International conference on Universal access in human-computer interaction, 404~415. springer, cham.

Lane, H. (1984). *When the Mind Hears: A History of the Deaf.* Random House.

_____(1988). "Is there a "psychology of the deaf?"". *Exceptional Children*, 55 (1): 7~19.

_____(1992). *The Mask of Benevolence: Disabling the Deaf Community.* Knopf.

Lane, H., Hoffmeister, R., & Bahan, B. (1996). *A Journey into the Deaf-World.* Dawn Sign Press.

Lederer, M. (1999). "The role of cognitive complements in interpreting". In Bowen, D. & Bowen, M. (Eds.), *Interpreting: Yesterday, Today, and Tomorrow*, pp. 53~66. John Benjamins Pub. Co.

Lee J. -A. & Choi S. -Y. (2017). "Repair strategies for hearing impaired adolescents based on sentence comprehension according to language ability". *Communication Sciences and Disorders*, 22 (2): 391~404.

Levine, E. S. (1981). *The Ecology of Early Deafness: Guides to Fashioning Environments and Psychological Assessments.* Columbia University Press.

Liddell, S. (1980). *American Sign Language Syntax.* Mouton.

Lucas, C. & Valli, C. (1989). "Language contact in the American Deaf community". In Lucas, C. (Ed.), *The Sociolinguistics of the Deaf Community*, pp. 11~40. Gallaudet University Press.

MacSweeney, M., Campbell, R., & Donlan, C. (1996). "Varieties of short-term memory coding in deaf teenagers". *Journal of Deaf Studies and Deaf Education*, 1 (4): 249~262.

Marczak, M. & Sewell, M. (1998). "Using focus groups for evaluation". Cybernet Evaluation. The University of Arizona Press. https://

cals. arizona. edu/sfcs/cyfernet/cyfar/focus. htm.

Masadeh, M. A. (2012). "Focus group: Reviews and practices". *International Journal of Applied Science and Technology*, 2(10): 63~68.

Maxwell, M. (1990). "Simultaneous communication : The state of the art and proposals for change". *Sign Language Studies*, 69, 333~390.

McIntire, M. L. & Sanderson, G. (1993). "Bye-bye! Bi-bi!: Questions of empowerment and role". In Plant-Moeller, J. (Ed.), *A Confluence of Diverse Relationships: Proceedings of the 13th National Convention of the Registry of Interpreters for the Deaf*, pp. 94~118. Registry of Interpreters for the Deaf.

McKee, R. & McKee, D. (2013). "Making an online dictionary of New Zealand sign language". *Lexikos*, 23(1): 500~531.

Meadow, K. (1972). "Sociolinguistics, sign language, and the deaf subculture". In O'Rourke, T. (Ed.), *Psycholinguistics & Total Communication: The State of the Art*, pp. 19~33. The American Annals of the Deaf.

Meadow-Orlans, K. (1993). "Sources of stress for mothers and fathers of deaf and hard of hearing infants". *American annals of the Deaf*, 140(4): 352~357.

Metzger, M. (2000). *Bilingualism & Identity in Deaf Communities*. Gallaudet University Press.

Moores, D. (1987). *Educating the Deaf: Psychology, Principles, and Practices*(3rd Ed.). Houghton Mifflin.

_____ (1996). *Education the Deaf: Psychology, Principles, and Practices* (4th Ed.). Houghton Mifflin.

Myklebust, H. (1960). *Development and Disorders of Written Language*. Grune & Stratton.

_____ (1964). *The Psychology of Deafness*(2nd Ed.). Grune & Stratton.

Napier, J. (2002). "University interpreting: Linguistic issues for consideration". *Journal of Deaf Studies and Deaf Education*, 7(4): 281~

301.

National Registry of Interpreters for the Deaf (1997). "Cumulative motion injury". Standard practice paper (brochure). National Registry of Interpreters for the Deaf.

Neuhauser, L., Ivey, S. L., Huang, D., Engelman, A., Tseng, W., Dahrouge, D., Gurung, S., & Kealey, M. (2013). "Availability and readability of emergency preparedness materials for deaf and hard-of-hearing and older adult populations: Issues and assessments". *PLoS ONE*, 8(2): 1~10.

Neuroth-Gimbrone, C. & Logiodice, C. (1992). "A cooperative bilingual language program for deaf adolescents". *Sign Language Studies*, 74: 79~91.

Nida, E. (1964). *Toward a Science of Translating: With Special Reference to Principles and Procedures Involved in Bible Translating*. Brill.

Nida, E. & Taber, C. (1969). *The Theory and Practice of Translation*. Brill.

Padden, C. (1998). "From the cultural to the bicultural: The modern deaf community". In Parasnis, I. (Ed.), *Cultural and language diversity and the Deaf experience*, pp. 79~98. Cambridge University Press.

Padden, C. & Humphries, T. (1988). *Deaf in America: Voices from a Culture*. Harvard University Press.

_____ (2005). *Inside Deaf Culture*. Harvard University Press.

Parton, B. S. (2017). "Glass vision 3D: Digital discovery for the deaf". *TechTrends*, 61(2): 141~146.

Paul, P. & Quigley, S. (1990). *Education and Deafness*. Longman.

Piaget, J. (1967). "Piaget's theory". In Mussen, P. & Carmichael, L. (Eds.), *Carmichael's Manual of Child Psychology*, vol. 1, pp. 703~732. Wiley.

Quigley, S. & Paul, P. (1990). *Language and Deafness*. Singular Publishing Group.

Rainer, J. D., Altshuler, K. Z., & Kallmann, F. J. (Eds.) (1969). *Family and Mental Health Problems in a Deaf Population* (2nd Ed.). Thomas.

Ramsdell, D. A. (1973). "The psychology of the hard-of-hearing and deafened adult". In Davis, H. & Silverman, S. R. (Eds.), *Hearing and Deafness*, pp. 435~437. Holt, Rinehart and Winston.

Ramsdell, D. A. (1991). "The psychology of the hard-of-hearing and deafened adult". In Davis, H. (Ed.), *Hearing and Deafness: A Guide for Laymen*. pp. 437.

Reagan, T. (1990). "Cultural considerations in the education of deaf children". In Moores, D. & Meadow-Orlans, K. (Eds.), *Educational and Developmental Aspects of Deafness*, pp. 73~84. Gallaudet University Press.

Robbins, A. (1994). "Guidelines for developing oral communication skills in children with cochlear implants". *Volta Review*, 96(5): 75~82.

Sachs, J. (1993). "The emergence of intentional communication". In Gleason, J. (Ed.), *The Development of Language* (3rd Ed.), pp. 39~64. Macmillan.

Sacks, O. (1989). *Seeing Voices: A Journal into the World of the Deaf.* University of California Press.

Schein, J. D. (1989). *At Home among Strangers*. Gallaudet University Press.

Schein, J. D. & Delk, M. T. (1974). *The Deaf Population of the United States*. National Association of the Deaf.

Schirmer, B. & Woolsey, M. L. (1997). "Effect of teacher questions on the reading comprehension of deaf children". *Journal of Deaf Studies and Deaf Education*, 2(1): 47~56.

Schlesinger, H. & Meadow, K. (1972). *Sound and Sign: Childhood Deafness and Mental Health.* University of California Press.

Schmalstieg, D. & Hollerer, T. (2016). *Augmented Reality: Principles and Practice*. Addison-Wesley.

Seal, B. C. (1998). *Best Practices in Educational Interpreting*. Ally and Bacon.

Seleskovitch, D. (1992). "Fundamentals of the interpretive theory of translation". In Plant-Moeller, J. (Ed.), *Expanding horizons: Proceedings of the 12th National Convention of the Registry of Interpreters for the Deaf*. Registry of Interpreters for the Deaf.

Shin, Y. S. & Hwang, H. J. (2017). "Mental health of the people with hearing impairment in Korea: A population-based cross-sectional study". *Korean Journal of Family Medicine*, 38(2): 57~63.

Stevenson, R. (1988). *Models of Language Development*. Open University Press.

Stewart, D. A., Schein, J. D., & Cartwright, B. E. (1998). *Sign Language Interpreting: Exploring its Art and Science*. Allyn & Bacon.

Stokoe, W. (1960). *Sign Language Structure: An Outline of the Visual Communication Systems of the American Deaf*. Studies in Linguistics Occasional Papers, 8. Univ. of Buffalo.

Stokoe, W., Casterline, D., & Croneberg, C. (1976). *A Dictionary of American Sign Language on Linguistic Principles* (Rev. Ed.). Linstok Press.

Stone, J. (1998). "Minority empowerment and the education of deaf people", In Parasnis, I. (Ed.), *Cultural and Language Diversity and the Deaf Experience*, pp. 171~180. Cambridge University Press.

Sue, S. & Zane, N. (1987). "The role of culture and cultural techniques in psychotherapy: A critique and reformulation". *American Psychologist*, 42(1): 37~45.

Supalla, T. (1986). "The classifier system in American sign language". In Craig, C. (Ed), *Noun Classes and Categorization: Proceedings of a Symposium on Categorization and Noun Classification*, pp. 181~214. John Benjamins Publishing Company.

Tervoort, B. (1970). "Input and interaction in deaf families, by Beppie van den Bogaerde". *Linguistics*, 39(1): 195~198.

Turner, O., Windfuhr K., & Kapur, N. (2007). "Suicide in deaf populations: A literature review". *Annals of General Psychiatry*, 6(1): 26.

Veas, E., Grasset, R., Kruijff, E., & Schmalstieg, D. (2012), "Extended overview techniques for outdoor augmented reality". *IEEE Transactions on Visualization and Computer Graphics*, 18(4): 565~572.

Vernon, M. & Andrews, J. (1990). *The Psychology of Deafness: Understanding Deaf and Hard-of-Hearing People*. White plains. Longman.

Weil, E., Wachterman, M., McCarthy, E. P., Davis, R. B., Iezzoni, L. I., Wee, C. C., & O'Day, B. (2002). "Obesity among adults with disabling conditions". *Journal of the American Medical Association*, 288(10): 1265~1268.

Weinberg, N. & Sterritt, M. (1986). "Disability and identity: A study of identity patterns in adolescents with hearing impairments". *Rehabilitation Psychology*, 31(2): 95~102.

White, B. (2006). "Disaster relief for deaf persons: Lessons from hurricanes Katrina and Rita". *Review of Disability Studies*, 2(3): 49~56.

Wilcox, S. (1989). *American Deaf Culture: An Anthology*. Linstok Press.

Winston, E. A. (1995). "An interpreted education: Inclusion or exclusion?". In Johnson, R. C. & Cohen, O. P. (Eds.), *Implications and Complications for Deaf Students of the Full Inclusion Movement*, pp. 55~62. Gallaudet University.

Woodward, J. (1982). "Beliefs about and attitudes toward deaf people and sign language on providence Ireland". In *How You Gonna Get To Heaven If You Can't Talk With Jesus: On Depathologizing Deafness*. T. J. Publishers, Inc.

Zwitserlood, I. (2010). "Sign language lexicography in the early 21st century and a recently published dictionary of sign language of the Netherlands". *International Journal of Lexicography*, 23(4)：443~476.

水野的(1997). "ヨーロッパの最新通譯理論". 〈言語〉, 26(9)：40~47.

기사 및 인터넷 자료

〈경인일보〉(2017. 8. 11). "외면당하는 '주택 소방시설 의무설치'".

〈비마이너〉(2014. 5. 9). "청각장애인 주택 가스 폭발, "사고 인지 대책 필요"".

〈연합뉴스〉(2013. 10. 18). "119 문자메시지 신고의 94%는 '잘못된 신고'".

_____(2016. 12. 15). ""말 못해도 늘 웃었는데" 청각장애인 환경미화원의 허망한 죽음."

〈함께걸음〉(2017. 2. 6). "대피로 찾을 수 없는 재난 속 청각장애인".

〈헤럴드경제〉(2015. 11. 10). "음성을 자막으로 보여주는 청각장애인 통역기."

BRIC(2016. 8. 12). "대한민국 미래 책임질 9대 국가전략 프로젝트 선정".

경기도의사소통원격지원센터. http://trs. or. k.

국립국어원. http://www. korean. go. kr

국립국어원 수형 기반 한국수어사전. http://sldict. korean. go. kr/signhand/hand/main. do.

국립국어원 한국수어사전. http://sldict. korean. go. kr.

국립서울농학교. https://www. seoulnong. sc. kr.

국제언어학연구소(SIL). www. sil. org.

국제음성협회. https://www. internationalphoneticassociation. org.

네덜란드 웹 수어사전. https://en. gebarencentrum. nl.

뉴질랜드 웹 수어사전. http://nzsl. vuw. ac. nz.

덴마크 웹 수어사전. http://www. tegnsprog. dk.

롯데 공식 블로그. http://blog. lotte. co. kr.

법제처 국가법령정보센터. http://law. go. kr.

서울삼성학교. http://samsung. sen. sc. kr.

영국수어 용어집. http://www. ssc. education. ed. ac. uk.

통계청 국가통계포털. http://kosis. kr.

핀란드 웹 수어사전. http://suvi. viittomat. net.

하네다공항 홈페이지. http://www. haneda-airport. jp/inter/kr/universal/
aurally. html.

한국복지대 한국어-수화사전. http://support. knuw. ac. kr/signdic.

한국연구재단 한국학술지인용색인(KCI). https://www. kci. go. kr.

한국장애인고용공단. http://www. kead. or. kr.

한국정보화진흥원. https://www. nia. or. kr.

한국정보화진흥원 손말이음센터. https://www. relaycall. or. kr.

호주수어 사인 뱅크. http://www. auslan. org. au.

Accessible Communication for the Deaf Sign Language Interpreting
Agency. http://www. acdasl. com.

Action on Hearing Loss. http://actiondeafness. org. uk.

ADA Requirements. "Effective Communication". http://www. ada. gov/
effective-comm. htm.

Communication Service for the Deaf, Inc. http://www. c-s-d. org.

Communication Services for the Deaf & Hard of Hearing. http://www.
csdhh. org.

Deaf Action. http://www. deafaction. org. uk.

Deaf Association of Hamburg. http://www. glvhh. de.

Deaf Communication By Innovation, Inc. http://www. deafcomm. net.

Deaf-Hearing Communication Centre, Inc. http://dhcc. org.

Greater Los Angeles Agency on Deafness, Inc. http://www. gladinc. org.

National Association of the Deaf Baden-Wurttemberg. http://www. lv-
gl-bw. de

Professional Association of Sign Language Interpreters in Berlin Branden-
burg(BGBB) e. V. http://www. bgbb. de.

Registry of Interpreters for the Deaf. http://www. rid. org.

U. S. Department of Justice Civil Rights Division. https://www. ada. gov.